COORDENAÇÃO EDITORIAL

Waldyane Zanca

A EXCELÊNCIA
na parentalidade

Literare Books
INTERNATIONAL
BRASIL · EUROPA · USA · JAPÃO

PRESIDENTE DO CONSELHO
Maurício Sita

PRESIDENTE
Alessandra Ksenhuck

VICE-PRESIDENTE
Julyana Rosa

DIRETORA DE PROJETOS
Gleide Santos

CONSULTORA DE PROJETOS
Daiane Almeida

GERENTE EDITORIAL
Anselmo Vasconcelos

ASSISTENTE EDITORIAL
Emerson Xavier

REVISORES
Laura Kerstenetzky e Sérgio Nascimento

CAPA E DESIGN EDITORIAL
Ana Paula Nunes Medeiros

DIAGRAMAÇÃO
Gabriel Uchima

IMPRESSÃO
Printi

Dados Internacionais de Catalogação na Publicação (CIP)
(Câmara Brasileira do Livro, SP, Brasil)

A Excelência na parentalidade / coordenação
editorial Waldyane Zanca. -- 1. ed. --
São Paulo : Literare Books International,
2025.

Vários autores.
Bibliografia.
ISBN 978-85-9455-485-7

1. Famílias - Aspectos psicológicos 2. Famílias -
Aspectos sociais 3. Pais e filhos - Relacionamentos
4. Parentalidade 5. Vida familiar I. Zanca, Waldyane.

25-294976.0 CDD-306.8742

Índices para catálogo sistemático:

1. Parentalidade : Sociologia 306.8742

Aline Graziele Benitez - Bibliotecária - CRB-1/3129

LITERARE BOOKS INTERNATIONAL LTDA.

Alameda dos Guatás, 102
Vila da Saúde – São Paulo, SP. CEP 04053-040
+55 11 2659-0968 | www.literarebooks.com.br
contato@literarebooks.com.br

MISTO
Papel | Apoiando o manejo florestal responsável
FSC® C196274

SUMÁRIO

PREFÁCIO

Falar de parentalidade é falar de algo que atravessa não apenas a vida das famílias, mas também a prática de todos os profissionais que escolhem caminhar lado a lado com pais, mães e cuidadores nessa jornada de educar.

Sou mãe, sou profissional, e sei que nesses dois papéis convivem tanto a alegria e o amor quanto o peso das responsabilidades e das incertezas. Quem trabalha com famílias sabe: não existe um modelo único, nem receitas prontas. Existe, sim, o desejo profundo de acertar, de oferecer às crianças a oportunidade de crescer em um ambiente seguro, respeitoso e cheio de afeto. E é nesse espaço, entre as demandas do dia a dia e a busca por conhecimento, que nasce este livro.

A excelência na parentalidade não fala de perfeição. Fala de caminhos possíveis. Fala de ciência e prática, de teoria e de vida real. Cada capítulo foi construído a partir de experiências sólidas de profissionais das mais diversas áreas – educação, psicologia, medicina, neurociência, pedagogia, coaching, entre outras – e, ao mesmo tempo, inspirado pela vivência cotidiana de mães, pais e cuidadores. É essa combinação que o torna único: porque quem escreve aqui entende, por dentro e por fora, o que significa ser família e o que significa apoiar famílias.

Este livro é para você, **profissional**, que diariamente encontra em sua prática os desafios das famílias contemporâneas. Que sabe da importância de oferecer ferramentas fundamentadas em evidências, mas também compreende que acolhimento, escuta e empatia são tão necessários quanto o conhecimento técnico.

E é também para você, **pai, mãe ou cuidador**, que tantas vezes sente o peso da culpa, da autocobrança e da expectativa social. Para você que busca formas de se conectar mais profundamente com seus filhos, de estabelecer limites com respeito, de lidar com o estresse, de equilibrar carreira e parentalidade, de apoiar a inclusão, de cultivar a resiliência, de preparar crianças para um mundo em constante transformação.

O que você encontrará aqui é um mosaico de temas essenciais:

- Como a autoestima das crianças se constrói.
- De que maneira os limites podem ser estabelecidos com amor.
- Como lidar com o luto, o estresse, os conflitos familiares.
- O impacto da inclusão, da sustentabilidade e da diversidade.
- A importância da empatia, da resiliência e da inteligência emocional.
- E, acima de tudo, o poder transformador do amor e da conexão genuína.

Cada página carrega não apenas teoria, mas também **práticas que podem ser aplicadas tanto no consultório, na sala de aula ou em programas de orientação, quanto dentro de casa, no dia a dia das famílias**.

Se existe excelência na parentalidade, ela não está na perfeição, mas no movimento constante de aprender, errar, recomeçar e crescer junto com nossos filhos. Ela está na coragem de buscar ajuda quando necessário, na humildade de ouvir, no compromisso de olhar para dentro e de se reinventar.

Que este livro seja um recurso para profissionais, um guia para famílias e, sobretudo, um **abraço coletivo** que nos lembra de que ninguém precisa trilhar essa jornada sozinho.

De mãe para mãe, de família para família, de profissional para profissional: que você encontre aqui inspiração, acolhimento e ferramentas para transformar a maneira como cuidamos de nossas crianças e, assim, o futuro que juntos estamos construindo.

Boa leitura!

Wal Zanca

CAPÍTULO 01

O futuro da parentalidade

Reflexões sobre as tendências futuras e o papel dos pais e profissionais na construção de um futuro melhor

Este capítulo explora as principais tendências que moldarão o futuro da parentalidade, destacando o papel crucial dos pais e dos profissionais que atuam com famílias. O texto ressalta ainda que, para preparar as próximas gerações para um mundo cada vez mais incerto, os pais e os cuidadores devem se tornar mentores e guias que cultivam o equilíbrio, a resiliência e a empatia.

Waldyane Zanca Coutinho

WALDYANE ZANCA COUTINHO

Educadora parental, é especialista em Educação Parental e Inteligência Emocional, em Performance Familiar, Neuropsicopedagogia e Neuroaprendizagem e em Coaching Escolar. Tem certificação internacional de Educação Parental em Disciplina Positiva pela Positive Discipline Association (PDA). É também graduanda em psicopedagogia e analista de perfil comportamental. Autora dos e-books *Como fortalecer a identidade do seu filho*, *Pais em formação* e *Relacionamento entre pais e filhos*. É coautora dos seguintes livros: *Desenvolvendo pais, fortalecendo filhos*; *Educação e afeto, o mundo da criança – vol. II*; *Pais em construção* e do *best-seller Autismo: quando o diagnóstico chega*. Também é coautora e coordenadora editorial do livro *Parentalidade: da teoria à prática.*

Contatos: waldyanezanca@gmail.com
Instagram: @walzancaoficial
71 99961 2050

A parentalidade, entendida como a prática de criar, educar e orientar os filhos ao longo de seu desenvolvimento, tem passado por transformações significativas ao longo das últimas décadas. Essas mudanças refletem as dinâmicas sociais, culturais, tecnológicas e econômicas de uma sociedade em constante evolução. Hoje, ser pai, mãe ou cuidador exige habilidades e competências que vão muito além do cuidado básico, envolvendo também aspectos emocionais, psicológicos e sociais.

O impacto das mudanças sociais, como a maior diversidade de configurações familiares, desafia os modelos tradicionais de criação e educação. A tecnologia, por sua vez, trouxe benefícios inegáveis, como o acesso a informações e recursos educativos, mas também apresentou novos desafios, como o equilíbrio entre o uso saudável de dispositivos digitais e a preservação de vínculos afetivos no ambiente familiar.

Diante desse cenário, olhar para o futuro da parentalidade significa reconhecer que o papel dos pais, cuidadores e dos profissionais que atuam com famílias será mais crucial do que nunca. Não basta apenas reagir às mudanças; é necessário assumir uma postura proativa e reflexiva. Os pais serão chamados a exercer uma parentalidade mais consciente, pautada por valores como empatia, inclusão e respeito às individualidades de seus filhos.

Além disso, profissionais que atuam com famílias – educadores, psicólogos, assistentes sociais, orientadores parentais, entre outros – terão a responsabilidade de apoiar essas transformações. Por meio de suas práticas, poderão promover estratégias que fortaleçam o vínculo familiar, estimulem o desenvolvimento pleno das crianças e assegurem o bem-estar de todos os envolvidos.

À medida que novas tendências emergem, como o crescimento da parentalidade positiva, o fortalecimento das políticas públicas voltadas para famílias e a maior valorização da saúde mental, torna-se claro que os pais e os cuidadores não apenas precisam se adaptar a essas mudanças, mas também se posicionar como agentes ativos na construção de um futuro mais equitativo e esperançoso.

Nesse sentido, a parentalidade transcende a esfera privada e assume um papel fundamental no tecido social. Pais e profissionais são peças-chave para formar cidadãos empáticos, resilientes e capazes de lidar com as complexidades do mundo contemporâneo. A construção de um futuro melhor para as próximas gerações começa hoje, com o esforço coletivo de criar um ambiente familiar mais acolhedor, respeitoso e preparado para enfrentar os desafios do amanhã.

Tendências futuras na parentalidade

Antes de mergulharmos nas tendências futuras da parentalidade, é essencial compreender o que significa parentalidade.

Segundo Negrão (2021),

> A parentalidade envolve assegurar a saúde e a segurança dos nossos filhos e filhas. Amá-los, cuidá-los, aceitá-los, encorajá-los e orientá-los. E ainda transmitir-lhes valores sociais e culturais, ajudá-los a desenvolver competências e recursos, de modo a tornarem-se crianças, jovens e depois adultos competentes e capazes de atingirem os seus objectivos.

Essa definição inclui não apenas os cuidados básicos, mas também o estabelecimento de vínculos afetivos profundos, a promoção da autonomia e a preparação para os desafios da vida adulta. É importante destacar que os adultos de referência podem não se limitar aos pais biológicos; incluem aqueles que desempenham papéis centrais no dia a dia da criança, gerando laços afetivos sólidos que moldam suas experiências nos primeiros anos de vida.

A parentalidade, na verdade, é um conceito dinâmico, que se transforma em resposta às mudanças sociais, culturais e tecnológicas. Compreender essa evolução nos permite não apenas reconhecer os desafios enfrentados ao longo do tempo, mas também nos preparar para construir um futuro mais inclusivo, equilibrado e promissor para as próximas gerações.

Compreendendo o seu significado e percebendo que a parentalidade é um conceito dinâmico, surgem algumas questões, quando pensamos em futuro, tais como: quais serão as tendências que moldarão o futuro da parentalidade? Como essas mudanças afetarão a forma como pais, cuidadores e profissionais que atuam com famílias abordam a criação e a educação das novas gerações? Ao explorar algumas dessas tendências, fica claro que a parentalidade do futuro demandará adaptações, criatividade e uma visão holística.

A influência da tecnologia no cotidiano familiar

Sem dúvida, uma das forças mais transformadoras no futuro da parentalidade será a tecnologia. Nas últimas décadas, já testemunhamos a crescente integração tecnológica no ambiente doméstico, desde brinquedos interativos e dispositivos como tablets e smartphones até a popularização de assistentes virtuais como Alexa e Google Home, que passaram a mediar as rotinas familiares. No entanto, o que vemos hoje é apenas o início de um processo que tende a se aprofundar, transformando a dinâmica entre pais e filhos de maneiras ainda mais impactantes.

No futuro, a tecnologia poderá desempenhar um papel fundamental no monitoramento do desenvolvimento infantil e no suporte educacional. Por exemplo, ferramentas baseadas em inteligência artificial poderão ajudar a identificar precocemente dificuldades de aprendizagem, sugerindo estratégias específicas para pais e professores.

No entanto, junto com as promessas da tecnologia vêm desafios significativos. Cadore destaca que um dos principais dilemas será encontrar um equilíbrio saudável entre a exposição às tecnologias e a preservação do tempo de qualidade em família, essencial para o desenvolvimento emocional e social das crianças. Como pais e cuidadores podem evitar que o uso excessivo de dispositivos digitais comprometa as interações presenciais, fundamentais para a criação de vínculos afetivos fortes?

Nesse cenário, os pais precisarão adotar uma postura consciente e crítica, estabelecendo limites claros e orientando os filhos no uso responsável da tecnologia. Mais do que evitar excessos, será necessário promover a alfabetização digital, ensinando as crianças a navegar neste ambiente de forma segura, ética e equilibrada.

Além disso, as famílias terão o desafio de preservar espaços livres de tecnologia, onde possam desfrutar de momentos de conexão autêntica, como refeições em conjunto, brincadeiras ao ar livre e conversas significativas. É nesse equilíbrio que reside a chave para integrar as inovações tecnológicas à vida familiar sem perder de vista o que realmente importa: os laços afetivos, a empatia e o desenvolvimento humano em sua plenitude.

Por fim, a influência crescente da tecnologia no futuro da parentalidade exige que os profissionais que atuam com famílias também se preparem para essa nova realidade. Educadores, terapeutas e psicólogos precisarão atualizar suas práticas, explorando como a tecnologia pode ser uma aliada no desenvolvimento infantil, mas também sabendo identificar e lidar com os possíveis efeitos adversos.

Diversidade familiar e inclusão

A diversidade familiar se consolidará como uma das características mais marcantes da parentalidade no futuro. As configurações familiares estão em constante evolução, desafiando modelos tradicionais e ampliando o conceito de família para abranger uma gama de estruturas.

Famílias compostas por casais do mesmo sexo, pais solteiros, famílias multigeracionais, famílias inter-raciais, crianças adotadas e famílias com membros que possuem necessidades especiais não apenas se tornarão mais comuns, mas também reivindicarão seu espaço na sociedade e no discurso público.

Conforme destaca Silva (2021):

> A família é o grupo social mais básico presente na sociedade e que faz parte das relações humanas. Quando falamos de família, estamos falando de um grupo de seres humanos que possuem relações afetivas ou ancestrais e/ou a que alguma ligação legal se impõe. [...]. No século XXI, a noção de família pode não ser necessariamente aquela tradicional, uma vez que novos valores têm influenciado consideravelmente a visão de muitos sobre o que de fato é a família.

Essa redefinição do conceito de família, incluindo não apenas laços biológicos, mas também relações legais e afetivas, reflete uma sociedade que valoriza cada vez mais a pluralidade, a inclusão e a liberdade de escolha.

A diversidade familiar vai além das estruturas formais. Trata-se de reconhecer e valorizar as diferentes histórias, dinâmicas e desafios que cada tipo de família enfrenta. Famílias multigeracionais, por exemplo, trazem à tona o enriquecimento cultural e afetivo que avós e outros parentes oferecem, enquanto famílias LGBTQIA+ destacam a importância da representatividade e do respeito aos direitos de todas as pessoas.

Além disso, é importante destacar o papel das famílias inter-raciais, que enfrentam tanto os desafios quanto as riquezas da convivência entre diferentes culturas, e das famílias com crianças adotadas ou com deficiência, que trazem à tona discussões sobre inclusão, aceitação e suporte emocional.

Embora essas famílias já sejam uma realidade, a luta por visibilidade, aceitação e equidade ainda persiste. A inclusão, nesse contexto, não é apenas um ideal; é uma necessidade para garantir que todas as famílias tenham o direito de existir, prosperar e serem respeitadas.

Mais do que um desafio, a diversidade familiar é uma oportunidade de enriquecimento social. As diferentes configurações familiares trazem novas perspectivas, valores e formas de enfrentar as dificuldades da vida. Em uma sociedade que reconhece e celebra essa diversidade, todos saem ganhando: as crianças crescem em um ambiente mais inclusivo, os pais encontram apoio e representatividade, e a comunidade em geral se torna mais resiliente e acolhedora.

Ao aceitar que a definição de família não é rígida, mas fluida e moldada por laços de afeto, respeito e compromisso, damos um passo em direção a uma sociedade mais empática e conectada.

No futuro, espera-se que a diversidade familiar não seja apenas aceita, mas também celebrada como um reflexo da riqueza humana. Isso exigirá esforços conjuntos de famílias, profissionais, comunidades e governos para criar um mundo onde todas as configurações familiares possam florescer com dignidade e respeito.

A inclusão deixará de ser apenas um ideal para se tornar uma prática diária, integrada em todos os aspectos da vida social, desde a educação até a formulação de políticas públicas. E assim, a diversidade familiar será reconhecida não apenas como uma realidade, mas como um elemento essencial para o progresso humano.

O papel dos profissionais que trabalham com parentalidade e famílias na construção de um futuro melhor

O papel dos profissionais que trabalham com parentalidade e famílias na construção de um futuro melhor será multifacetado, desafiador e, ao mesmo tempo, extremamente gratificante. Esses profissionais têm a responsabilidade de não apenas ajudar as famílias a lidar com as dificuldades cotidianas, mas também de atuar como agentes de transformação, promovendo mudanças positivas nas dinâmicas familiares e na forma como pais e filhos se relacionam.

Esses especialistas, como educadores parentais, psicólogos, terapeutas e assistentes sociais, entre outros, têm uma função crucial no fortalecimento das famílias e no desenvolvimento de habilidades que capacitem os pais a enfrentar os desafios do mundo moderno.

Sua orientação vai além da resolução de problemas pontuais, abrangendo a criação de uma base sólida para um desenvolvimento emocional, social e psicológico saudável. Profissionais bem preparados são capazes de ajudar os pais a cultivar uma visão holística da parentalidade, em que o foco está no desenvolvimento integral de seus filhos, considerando suas necessidades emocionais, sociais e cognitivas de maneira equilibrada.

Além disso, esses profissionais têm a missão de preparar as famílias para um futuro incerto, em que as mudanças tecnológicas e sociais exigem não apenas habilidades práticas, mas também uma adaptação contínua.

Ensinar pais a incentivar habilidades como pensamento crítico, empatia, criatividade e resiliência nas crianças será um dos maiores legados desses profissionais. Eles atuarão como facilitadores desse processo de adaptação, ajudando as famílias a compreenderem as implicações das novas tecnologias e como lidar com os desafios da modernidade, como o impacto das redes sociais, a pressão por desempenho e a crescente ansiedade coletiva.

Além disso, o futuro das crianças será profundamente influenciado pela maneira como os pais e os profissionais lidam com questões como a saúde mental, o bem-estar emocional e a construção de habilidades sociais. Ao trabalhar em conjunto com as famílias, esses profissionais têm o poder de cultivar uma geração mais empática, resiliente e capaz de construir um futuro mais equilibrado e harmonioso.

Conclusão: o potencial transformador da parentalidade no futuro

Em última análise, o futuro da parentalidade será construído por aqueles que têm a capacidade de se adaptar, aprender e colaborar de forma eficaz. Pais e profissionais, juntos, podem criar um ambiente de apoio mútuo, onde o desenvolvimento emocional, psicológico e social das crianças seja sempre a prioridade.

Ao adotar práticas de parentalidade mais conscientes, informadas e colaborativas, será possível não apenas enfrentar os desafios do presente, mas também garantir que as próximas gerações estejam preparadas para um futuro mais saudável, justo e promissor.

O papel dos profissionais de parentalidade, como agentes de transformação, será crucial nesse processo, pois são eles que fornecerão o apoio, as ferramentas e o conhecimento necessário para que famílias, comunidades e crianças cresçam e floresçam, construindo um futuro melhor para todos.

Referências

CADORE, F. M. *Primeira infância*. v. 2. São Paulo: Literare Books, 2021.

NEGRÃO, M. *Ser mãe, ser pai* – os desafios da parentalidade (Durante e após a pandemia). Ordem dos Psicólogos, 2021. Disponível em: https://www.ordemdospsicologos.pt/ficheiros/documentos/ser_mae_pai_desafios_parentalidade.pdf. Acesso em: 24 jun. 2025.

SILVA, D. N. Dia Internacional da Família. Mundo Educação, 2021. Disponível em: https://mundoeducacao.uol.com.br/datas-comemorativas/dia-internacional-familia.htm. Acesso em: 12 jun. 2025.

CAPÍTULO 02

Do silêncio à voz

A história da infância

A infância já foi silenciada, invisível, ignorada ou tratada como propriedade dos adultos. Durante milênios, crianças não eram vistas como sujeitos de direitos, mas como extensões da família ou da comunidade. Neste capítulo, traçamos uma linha do tempo e de consciência – da invisibilidade à valorização da infância, das heranças inconscientes à educação intencional e amorosa – para refletir sobre o papel da parentalidade na construção de um futuro mais humano. Com base em saberes milenares, na ciência contemporânea e na espiritualidade prática, percorremos um caminho de transformação para formar pais conscientes, capazes de guiar novas gerações com afeto, presença e propósito.

Alícia Lacerda

ALÍCIA LACERDA

Graduada em Comunicação Social pela Universidade do Estado da Bahia, possui especialização em Psicopedagogia, Coordenação, Gestão e Orientação Educacional. Tem certificações com reconhecimento do MEC em Análise Comportamental e Professional Self Coaching pelo Instituto Brasileiro de Coaching, Orientação Parental Neuroconsciente®, Educação em Disciplina Positiva pela Positive Discipline Association e é aluna da primeira turma da pós-graduação em Esepas (Educação Sexual, Emocional e Prevenção ao Abuso Sexual Infantil). Construiu uma sólida carreira em desenvolvimento humano e liderança de pessoas, com experiência em projetos de inserção de jovens – em situação de vulnerabilidade social no mercado de trabalho. Há 20 anos integra a equipe técnica pedagógica de uma renomada escola particular em Salvador, Bahia, atuando desde a Educação Infantil até o Ensino Fundamental. Seu trabalho é pautado por acolhimento, diálogo e construção coletiva de conhecimento. Como orientadora parental, atende a pais, cuidadores e educadores, promove rodas de conversa, workshops, palestras e formações com foco em parentalidade positiva, infância e sexualidade. Sua missão é clara: ajudar famílias e profissionais da infância a construírem vínculos mais conscientes, amorosos e respeitosos, promovendo o desenvolvimento de uma sociedade emocionalmente saudável, ética e compassiva. É mãe de Francisco, que inspira sua jornada de transformação e amor pela infância.

Contatos: aliciaparentalidadepositiva@gmail.com
Instagram: @parentalidadepositiva.oficial
55 71 98895 6126

Da invisibilidade à conexão: a infância e as gerações em diálogo

A história da infância é, em muitos aspectos, a história da invisibilidade. Durante séculos, crianças foram vistas como pequenas versões de adultos – força de trabalho, extensão da vontade familiar, objetos de controle ou correção. Na Idade Primitiva, eram parte funcional do clã. Na Antiguidade e na Idade Média, raramente reconheciam suas necessidades emocionais ou cognitivas; era mais importante obedecer do que sentir, trabalhar do que brincar.

Somente a partir da Idade Moderna, com o surgimento de filosofias humanistas e, mais tarde, com o Iluminismo e a Revolução Industrial, começou-se a delinear a ideia da infância como uma fase distinta do desenvolvimento humano. No século XX, os avanços da Psicologia, da Pedagogia e das legislações internacionais consolidaram essa mudança de paradigma. A infância passou a ser reconhecida como base do desenvolvimento integral – um tempo sagrado de formação emocional, física, mental e social.

Contudo, essa valorização ainda não é plena, pois persistem violências simbólicas, emocionais e físicas; a pressa, o adultocentrismo, a negação do direito ao brincar, ao descanso, à expressão autêntica. Ainda estamos caminhando da invisibilidade para a consciência. Mas, se olharmos para trás com honestidade, veremos que já avançamos. E para continuar avançando, precisamos compreender que a infância não existe isoladamente – ela é moldada pelo olhar da geração que a cria.

Compreender as gerações é compreender a história emocional da humanidade. Cada grupo carrega em si os reflexos de seu tempo: guerras, descobertas, avanços tecnológicos, transformações sociais e culturais – todos esses elementos moldam não apenas comportamentos, mas também crenças, feridas e formas de se relacionar.

Os baby boomers (1946-1964), nascidos no pós-guerra, valorizam a estabilidade e o esforço. Cresceram em lares rígidos, nos quais a repressão emocional era confundida com educação. A geração X (1965-1980) enfrentou mudanças rápidas – globalização, televisão, novos arranjos familiares – e tornou-se resiliente, mas, muitas vezes, solitária; foram os primeiros filhos "sozinhos em casa". Os millennials ou geração Y (1981-1996) vieram com a busca por propósito, equilíbrio e reconhecimento. Ouviram que poderiam "ser o que quisessem", mas vivem pressionados pela alta performance e pelo ideal de sucesso. A geração Z (1997-2012) cresceu nativa digital, com acesso à informação e com consciência crítica sobre pautas sociais. Questionam o mundo com clareza, mas enfrentam o peso da superexposição. Já a geração Alpha (a partir de 2013) nasce hiperconectada, imersa em tecnologias desde o berço; são filhos de pais mais conscientes e afetuosos, mas também mais ansiosos e exigentes consigo mesmos. E os betas (a partir de 2025), uma geração ainda em formação, surgem em um contexto de inteligência artificial, automação e relações cada vez mais mediadas por telas – o que nos leva a refletir: como oferecer presença real em um tempo de presenças virtuais?

Diante dessas diferenças, não é raro que pais e filhos pareçam falar línguas emocionais opostas. Os conflitos intergeracionais muitas vezes nascem da falta de escuta, da rigidez de padrões herdados e do medo de se vulnerabilizar. Mas a boa notícia é que essa comunicação pode ser ressignificada. Com consciência, ela deixa de ser ruído e se transforma em ponte – uma travessia em direção ao encontro, ao afeto e à cooperação.

Pais conscientes compreendem que educar não é impor, mas inspirar. Sabem que seus filhos não são versões melhoradas deles mesmos, mas indivíduos com histórias, temperamentos e ritmos próprios. Desenvolver a escuta empática, praticar a autorresponsabilidade emocional, abrir espaço para o diálogo e permitir-se aprender com os filhos são passos essenciais para construir relações baseadas no respeito e no amor mútuo.

Essa evolução do diálogo entre gerações não exige que as crianças "se calem para ouvir os mais velhos" – mas que os adultos também reaprendam a ouvir, com humildade, presença e curiosidade. Quando isso acontece, deixamos de ver as diferenças como ameaças e passamos a reconhecê-las como riquezas. Os conflitos não desaparecem, mas se transformam em oportunidades de crescimento compartilhado.

Unir as gerações é reconhecer as feridas que herdamos, curar as que geramos e preparar um terreno emocional mais fértil para o futuro. É ver, ouvir e valorizar a criança – não como um projeto de adulto, mas como um ser humano pleno de direitos e potências. Da invisibilidade à consciência, da rigidez à escuta, da repetição à transformação: essa é a jornada que pais, mães e educadores são chamados a trilhar. E nela, cada passo de conexão é também um passo em direção a um mundo mais humano, mais consciente e mais justo para todos.

Curar o passado, proteger o presente, libertar o futuro

Conhecer a própria história é um ato de coragem. A infância que vivemos, os pais que tivemos, os silêncios que habitamos, as palavras que faltaram ou feriram – tudo isso constrói a base emocional sobre a qual educamos nossos filhos. Quando ignoramos nossas próprias feridas, tendemos a repeti-las. Quando as acolhemos com consciência e compaixão, somos capazes de interromper padrões e oferecer algo novo: uma relação baseada no respeito, no amor e na verdade.

Curar o passado não significa acusar ou culpar nossos ancestrais; significa reconhecer que muitos pais fizeram o melhor que podiam com os recursos que tinham – emocionais, sociais e culturais. Honrar a ancestralidade é agradecer pelas raízes, mesmo quando dolorosas, e escolher, com maturidade, os frutos que queremos cultivar. Pais conscientes compreendem que o legado que deixam começa, essencialmente, pelo que decidem curar dentro de si.

Essa escolha individual, no entanto, precisa encontrar eco em um compromisso coletivo. A infância é um bem comum. Historicamente, já tratamos crianças como pequenas adultas, como propriedade, como mão de obra barata ou como seres invisíveis aos olhos da lei. Foram necessários séculos de luta para que sua proteção se tornasse pauta de direitos humanos. Documentos como a Declaração de Genebra (1924), a Declaração dos Direitos da Criança (1959), o Estatuto da Criança e do Adolescente – ECA (1990) e, mais recentemente, a Lei n. 14.826/2024, da parentalidade positiva e do direito ao brincar, que reconhece o brincar como direito fundamental, são marcos desse processo civilizatório.

Mas leis, por si sós, não mudam realidades; elas precisam ser acompanhadas por uma consciência social ativa e por uma cultura de cuidado. Proteger a infância é responsabilidade de todos: pais, educadores, profissionais da saúde, vizinhos, comunidade, Estado. Cada criança segura e amada é um pilar para a construção de uma sociedade mais justa e empática.

Infelizmente, ainda vivemos em um cenário alarmante. A violência contra crianças e adolescentes assume formas diversas: abuso físico, sexual, psicológico, negligência e abandono. Esses traumas deixam marcas invisíveis e profundas. Comprometem a autoestima, o desenvolvimento cerebral, os vínculos afetivos e a capacidade de confiar e amar. Muitas vezes, essas dores não tratadas se perpetuam como padrões de comportamento – transformando vítimas de ontem em adultos que, inconscientemente, repetem o que viveram.

Romper com essa cadeia exige compaixão, coragem e ação. Não basta indignar-se diante de uma estatística; é preciso agir – denunciar, acolher, educar, escutar e apoiar. Cada vez que um adulto protege uma criança, um ciclo de dor é interrompido e um novo futuro se torna possível. Proteger a infância não é apenas um dever legal, é um chamado ético e humano. Quando curamos nossas histórias e cuidamos das novas gerações com presença e respeito, estamos, na verdade, escrevendo um novo capítulo para a humanidade. Um capítulo no qual o passado é acolhido, o presente é responsabilidade compartilhada, e o futuro pode, enfim, florescer livre do medo.

Ciência, consciência e Universo: caminhos para uma parentalidade integral

Educar é um dos maiores atos de criação da realidade. E, para transformar verdadeiramente a experiência da parentalidade, precisamos ir além das técnicas: é necessário integrar ciência, consciência e afetividade, uma tríade poderosa que sustenta uma educação mais humana, intuitiva e expansiva.

A neurociência nos oferece comprovações valiosas: vínculos seguros moldam o cérebro em desenvolvimento. Afeto, presença e acolhimento não são apenas gestos amorosos, são experiências biológicas que ativam circuitos neurais fundamentais para a empatia, a autoestima, a memória afetiva e a autorregulação emocional. Cada vez que um adulto responde com calma a uma birra ou acolhe uma frustração infantil com escuta, está literalmente construindo conexões cerebrais saudáveis e duradouras. A educação positiva, por sua vez, reforça que o bem-estar emocional nasce de relações nutritivas, ambientes respeitosos e do reconhecimento das potencialidades individuais. Crianças que crescem em espaços onde são vistas, ouvidas e valorizadas tornam-se adultos mais resilientes, confiantes e abertos ao aprendizado.

Mas a ciência não está sozinha nessa jornada. A espiritualidade e os saberes ancestrais também oferecem mapas preciosos. A física quântica, por exemplo, propõe uma nova forma de olhar para o mundo: tudo é energia, tudo vibra, e a consciência do observador influencia a realidade observada. Ou seja, a intenção com que educamos importa tanto quanto a ação em si. O que pensamos, sentimos e vibramos afeta diretamente a qualidade dos vínculos com nossos filhos.

Neste capítulo, propomos uma visão da parentalidade como um processo evolutivo, com níveis que vão da sobrevivência à expansão da consciência. Essa jornada convida os adultos a revisitarem suas histórias, a reconhecerem suas feridas, a saírem do piloto automático e a assumirem a responsabilidade por sua própria transformação. Educar, afinal, não é um ato unilateral. Ninguém educa do topo da escada. Educamos caminhando juntos, lado a lado, aprendendo e crescendo com os filhos. E, para trilhar esse caminho com mais clareza e equilíbrio, podemos recorrer às Leis Herméticas do Caibalion – princípios milenares que revelam a dinâmica energética do universo e que podem inspirar uma parentalidade mais conectada ao fluxo da vida.

A Lei do Mentalismo diz que o universo é mental, que tudo começa no pensamento. Então, ao dominar a nossa mente, ampliamos nossa capacidade de transformar conscientemente a nossa existência. A Lei da Correspondência nos revela que nosso mundo interior se reflete na dinâmica familiar e que a harmonia no lar começa na harmonia individual. A Lei da Vibração nos mostra que nossas emoções e intenções geram frequências que impactam nos relacionamentos. A Lei da Polaridade ensina que todo desafio já contém a possibilidade de uma solução ou aprendizado – basta mudar o olhar, a atitude mental e a disposição para agir. A Lei do Ritmo revela que a vida pulsa em ciclos, que a oscilação emocional é natural, e que tudo passa – inclusive as fases difíceis da criação dos filhos. A Lei de Causa e Efeito incentiva-nos a refletir sobre as consequências de nossas escolhas e a cultivar hábitos que beneficiem o crescimento de todos. E a Lei do Gênero nos convida a reconhecer e a equilibrar as polaridades masculina e feminina em nós mesmos e na forma como nos relacionamos, promovendo uma parentalidade integral e adaptável.

Ao compreender e aplicar essas leis no cotidiano, pais e mães podem cultivar mais serenidade, presença e sabedoria. O choro noturno, a birra no supermercado, o medo na hora de dormir deixam de ser apenas "problemas" e passam a ser convites à conexão e à escuta amorosa. Parentalidade consciente é, portanto, uma prática que une razão e intuição, ciência e espiritualidade, passado e presente; é reconhecer que cada gesto importa, cada palavra reverbera, cada silêncio também fala. E que educar é, acima de tudo, um ato de amor – não um amor idealizado, mas um amor real, imperfeito, comprometido e em constante evolução.

A revolução do amor começa em casa

Em um mundo acelerado, fragmentado e carente de vínculos profundos, a verdadeira revolução começa no lar. Não com regras rígidas ou fórmulas infalíveis, mas com presença consciente, com um olhar amoroso e com a coragem de fazer diferente. A excelência na parentalidade não está na perfeição – ela habita na humildade de reconhecer os próprios limites, na disposição para aprender com os filhos e na capacidade de construir, a cada dia, um ambiente emocionalmente seguro.

Pais conscientes não educam a partir do controle, mas da conexão. Eles compreendem que toda relação genuína começa no autoconhecimento: em observar-se, curar feridas, rever crenças, acolher a criança que eles foram para melhor cuidar da infância que têm diante de si. Esse movimento interno transforma o lar em um território fértil de confiança, criatividade e pertencimento. E é aí que mora a verdadeira revolução: educar filhos livres, inteiros e amados por quem são, não por quem esperávamos que fossem.

Nesse contexto, o amor deixa de ser um sentimento abstrato e se torna prática transformadora. Amar uma criança é demonstrar afeto no toque, na escuta atenta, no tempo de qualidade; é brincar junto, dizer "não" com respeito, estabelecer limites coerentes, reparar os próprios erros e pedir perdão quando necessário. Amor é cuidado com o corpo, a mente e a alma; é nutrir a autonomia sem abandonar a presença; é proteger sem aprisionar; é guiar sem dominar. Educar com amor é um ato político, ético e espiritual; é resistir à cultura da pressa, da desconexão e da violência simbólica. É afirmar que o bem-estar emocional das crianças é prioridade, não luxo; que o cuidado com a infância é responsabilidade coletiva, mas começa em cada gesto cotidiano: no bom-dia com carinho, na paciência com a fase difícil, no exemplo coerente entre o que se diz e o que se faz.

Entre todas as expressões do amor, há uma que é essencial e muitas vezes negligenciada: o brincar. Brincar é a linguagem da infância; é como a criança se comunica com o mundo, processa emoções, compreende regras sociais e exercita a criatividade. Quando uma criança brinca, ela não está apenas se entretendo, está aprendendo a viver. Por isso, o brincar precisa ser respeitado, garantido e incentivado em todos os contextos: na família, na escola e na comunidade. A recente lei da parentalidade positiva e do direito ao brincar, que reconhece o brincar como um direito fundamental das crianças, é um marco histórico e ético. Ela ecoa o que tantos educadores, psicólogos e especialistas já afirmavam há décadas: brincar não é perda de tempo, é construção de identidade, saúde mental e competência social. Na perspectiva da parentalidade positiva, o brincar é a base da confiança, da escuta e do vínculo entre adultos e crianças. Resgatar o brincar é também resgatar a nossa própria humanidade; é permitir que a casa seja um espaço de risos, de histórias inventadas, de cabanas improvisadas na sala; é libertar-se da ilusão da produtividade constante e abrir espaço para o encontro genuíno; é reconhecer que a infância não volta – e que cada oportunidade de brincar com nossos filhos é uma chance de fortalecer laços que durarão para sempre.

Portanto, se quisermos um mundo mais justo, sensível e consciente, que essa transformação comece dentro de casa, com menos gritos e mais diálogos, com menos exigência e mais empatia, com menos pressa e mais presença. Porque educar com amor é o maior legado que podemos deixar – para nossos filhos e para o mundo.

Conclusão

A "excelência na parentalidade" não está em saber tudo, mas em estar disponível para aprender, escutar e amar com consciência. O futuro começa no colo, na escuta e no brincar de hoje – e cada adulto que se transforma abre caminho para a criança florescer. Ao revisitarmos a história da infância, curamos o ontem com coragem e protegemos o agora com amor. Não há mais espaço para repetições inconscientes: é tempo de escolhas intencionais. Educar é libertar, é ressignificar, é amar em movimento, por meio de atitudes, dedicação e presença ativa na jornada de crescimento do outro. A infância grita onde antes havia silêncio – e cabe a nós escutarmos. Escutar a infância é um ato profundo de transformação pessoal, familiar e social. Que sejamos pontes entre o que foi calado e o que hoje se expressa em liberdade. Que nossas casas sejam territórios de afeto, não de obediência cega. A revolução da infância é a revolução da consciência. E ela começa dentro – onde mora o adulto que um dia também foi criança.

Referências

BAUMAN, Z. *Sociedade líquida*. Rio de Janeiro: Zahar, 2007.

BRASIL. *Lei n. 14.826, de 20 de março de 2024*. Diário Oficial da União, Brasília, DF, 21 mar. 2024. Disponível em: https://www.planalto.gov.br/ccivil_03/_ato2023-2026/2024/lei/L14826.htm. Acesso em: 9 jun. 2025.

BRAZELTON, T. B.; GREENSPAN, S. *As necessidades essenciais das crianças:* o que toda criança precisa para ter uma vida emocional saudável. São Paulo: Martins Fontes, 2002.

DELORS, J. *et al. Educação*: um tesouro a descobrir. 2. ed. São Paulo: Cortez, 1998.

FÓRUM BRASILEIRO DE SEGURANÇA PÚBLICA. *Anuário brasileiro de segurança pública 2024*. São Paulo: FBSP, 2024.

HAIDT, J. *A geração ansiosa:* como a infância hiperconectada está causando uma epidemia de transtornos mentais. São Paulo: Companhia das Letras, 2024.

HOOKS, B. *Tudo sobre o amor:* novas perspectivas. São Paulo: Elefante, 2021.

KYBALION. *O Caibalion*: estudo da filosofia hermética do Antigo Egito e da Grécia. Trad. José H. M. de Souza. 9 ed. São Paulo: Pensamento, 2004.

KISHIMOTO, T. M. *O brincar e suas teorias*. 2. ed. São Paulo: Pioneira, 1994.

MATÉ, G. *Quando o corpo diz não*: o stress oculto e a ligação entre o stress e a doença. São Paulo: Alaúde, 2022.

MARCÍLIO, M. L. *História social da criança abandonada*. São Paulo: Hucitec, 1998.

NELSEN, J. *Disciplina positiva:* o guia clássico para pais e professores que desejam ajudar as crianças a desenvolverem autodisciplina, responsabilidade, cooperação e habilidades para resolver problemas. 3. ed. Barueri: Manole, 2015.

PIAGET, J. *O juízo moral na criança*. 4. ed. São Paulo: Pioneira, 1994.

RIZZINI, I. *A criança e a lei no Brasil*: revisitando a história. Rio de Janeiro: Edusu/USU, 2002.

SIEGEL, D. J.; BRYSON, T. P. *O cérebro da criança*: 12 estratégias revolucionárias para cultivar a mente em desenvolvimento do seu filho. Rio de Janeiro: Objetiva, 2013.

WALLON, H. *A evolução psicológica da criança*. São Paulo: Martins Fontes, 2007.

CAPÍTULO 03

A genuína conexão entre pais e filhos

Neste capítulo, exploraremos maneiras simples e poderosas de cultivar uma conexão genuína entre pais e filhos. O objetivo é ajudar pais e cuidadores a criarem memórias significativas e um vínculo emocional seguro que perdurará por toda a vida. Espero trazer inspiração para colocar em prática hábitos e ações intencionais que fortaleçam ainda mais essa conexão.

Ana Paula Waltrick Carvalhaes Dalmaschio

ANA PAULA WALTRICK CARVALHAES DALMASCHIO

Formada em Letras e Pedagogia, Mestre em Educação pela State University of New York (Suny), especialista em Orientação Educacional pelo Counseling Training Center (CTC) e pela Universidade La Salle. Recentemente, concluiu uma especialização em Psicologia Positiva, *Mindfulness* e Neurociência pela PUC-Campinas. É também especialista em *Coaching* Infantil (*KidCoaching*) pela Rio *Coaching*, *Cognitive Coaching* pela *Thinking Collaborative* [MR] e Educadora Parental certificada pela *Positive Discipline Association*. É mãe de uma adolescente e apaixonada pela arte de educar. Tem 24 anos de experiência em Educação, e hoje atua como Orientadora Educacional na School of the Nations, em Brasília, onde foca no desenvolvimento socioemocional dos alunos, promovendo um ambiente de aprendizado pautado no respeito, na empatia e no bem-estar. Sua trajetória inclui uma sólida atuação em educação internacional, além de um trabalho contínuo na formação de professores e no fortalecimento da parceria entre escola e família.

Contatos: dalmaschio.aninha@gmail.com
LinkedIn: Ana Paula Dalmaschio
Instagram: @anapaula.dalmaschio

O amor não é algo que damos ou recebemos; é algo que nutrimos e cultivamos, uma conexão que só pode ser cultivada entre duas pessoas quando existe dentro de cada uma delas.

Brené Brown

A parentalidade é uma das jornadas mais profundas e desafiadoras que alguém pode viver. Desde o momento em que uma criança chega ao mundo, os pais carregam a responsabilidade de guiar, cuidar e ajudar a moldar uma vida. O simples fato de você estar lendo este capítulo já demonstra sua intenção de aprimorar a conexão com seu filho, e isso, por si só, é motivo de orgulho!

Em meio à correria do dia a dia, é fácil se perder nas rotinas, nas responsabilidades e nas expectativas que aumentam a cada dia. No entanto, no cerne do bem-estar de uma criança está algo simples, mas profundamente significativo: a conexão. É claro que as crianças não necessitam apenas de alimento, um teto sob a cabeça e educação. Outras necessidades importantes são as de sentir-se vistas, ouvidas e valorizadas por quem realmente são. Elas anseiam por momentos de presença genuína, nos quais se sintam aceitas e amadas pela sua essência e individualidade.

O vínculo que os pais estão construindo com seus filhos hoje é a base para o futuro deles, é essencial para a sua autoestima, sua capacidade de criar relações significativas e seu bem-estar emocional. Pequenas ações intencionais geram um impacto profundo, fortalecendo a segurança que as crianças sentem ao lado de seus cuidadores. Não se trata de ser um pai ou uma mãe perfeita, porque esse feito nem é possível, trata-se de estar presente e em busca de aprimorar-se no papel parental.

O amor em ação: ver, ouvir e aceitar

- **Reflexão:** lembre-se de uma ocasião em que alguém fez você se sentir visto e ouvido. Essa experiência impactou seu relacionamento com essa pessoa?

Sabemos que o verdadeiro amor vai além das palavras, pois ele se expressa por meio de ações que demonstram atenção, presença e aceitação. Amar é enxergar o filho pelo indivíduo único que é, ouvir sua voz com empatia e acolhê-lo por inteiro, com suas qualidades e imperfeições.

É nas pequenas interações que o amor se torna visível: um olhar atento, um toque carinhoso e uma escuta ativa transmitem respeito e cuidado. Quando olhamos nos olhos da criança enquanto ela fala ou a abraça em momentos difíceis, estamos dizendo: "Você é importante, exatamente como é". Essa presença gera segurança e senso de pertencimento, fundamentais para o desenvolvimento humano.

Toda criança é única. É primordial conhecê-las e respeitá-las por quem realmente são, demonstrando interesse em sua personalidade, talentos e individualidade, além de demonstrar curiosidade e participar de suas paixões, seja esporte, arte, leitura ou quaisquer outras. O envolvimento dos pais comunica: "Me interesso pelas coisas que são importantes para você". "Eu te amo por quem você é, não pelo que você faz". Faça ao seu filho a seguinte pergunta: "Filho, você se sente amado por mim? Em que momentos?" Por mais difícil que seja ouvir a resposta de nossos filhos, é importante honrar e acolher a fala, em busca de melhorar o relacionamento e aprimorar as atitudes.

Aceitar o filho é um dos melhores presentes que os pais podem oferecer. Isso não significa ignorar erros ou abrir mão de limites, mas amá-lo incondicionalmente, com todas as suas forças e fraquezas. Quando os pais aceitam seus filhos como são, ensinam a eles habilidades de autoaceitação e o amor-próprio. É válido ressaltar que o amor verdadeiro é incondicional e deve estar presente não só nos sucessos, mas também nos momentos desafiadores, de aprendizado e crescimento.

O poder das palavras: encorajamento, sentimentos e comunicação

- **Reflexão:** você consegue se lembrar de alguma ocasião em que as palavras de alguém marcaram você profundamente? Que impacto quer que suas palavras tenham em seu filho?

As palavras têm o poder de moldar a forma como uma criança se percebe, se relaciona e enxerga o mundo à sua volta. O modo como os pais falam com seus filhos, seja por meio do tom de voz, de incentivos, elogios ou conversas sobre sentimentos, influencia diretamente sua resiliência emocional, autoestima e se transforma em sua voz interna.

É fundamental fazer elogios que destaquem esforço e caráter. Mais do que exaltar resultados, deve-se valorizar o processo e as atitudes positivas. Elogios como "Admiro seu esforço neste projeto" ou "Foi bonito ver sua gentileza com seu amigo" reforçam que seu valor vai além do desempenho, destacando esforço, perseverança e integridade. Crianças que são constantemente invalidadas e criticadas podem desenvolver insegurança em sua capacidade e podem evitar experimentar novos desafios por medo do erro ou julgamento.

Conversas abertas sobre sentimentos ajudam as crianças a compreenderem que eles fazem parte da experiência humana. Cada sentimento nos traz uma mensagem sobre nós mesmos e sobre aquilo que é importante para nós. Criar espaço para a expressão de emoções é fundamental para o desenvolvimento da inteligência emocional e da empatia. Para que os filhos não suprimam seus sentimentos como muitos de nós aprendemos na infância, é primordial validá-los, sejam eles alegria, frustração ou medo.

Frases como "Eu percebo que você está frustrado, e está tudo bem sentir-se assim", "Do que precisa para se sentir melhor?" ajudam a criança a compreender, aceitar e validar suas próprias emoções. Além disso, podemos ajudá-los a encontrar estratégias para lidar com sentimentos desafiadores como raiva e tristeza. Quando estamos presentes nesses momentos, reforçamos que eles não precisam lidar com esses sentimentos sozinhos. Também, é essencial validar os sentimentos e orientar os comportamentos associados a eles. Está tudo bem sentir raiva, mas não é certo agredir alguém para externar esse sentimento.

É essencial promover conversas abertas baseadas em compreensão mútua, pois diálogos significativos vão além de regras e ordens. Os filhos devem ser envolvidos na construção de combinados baseados nos valores, expectativas e rotinas da família e sua participação promovida na decisão das consequências, caso os combinados não sejam cumpridos. Os pais devem ouvir com atenção, fazer perguntas abertas e acolher a perspectiva da criança. Essa abordagem ensina que sua voz importa e estimula a colaboração e a resolução de problemas.

Quando a criança participa do processo de decisão é mais provável que ela se aproprie dos combinados, colabore e aceite as consequências para seus comportamentos e escolhas. O adulto deve exercer autoridade e coerência na decisão dos combinados e regras. É válido ressaltar que as consequências devem estar associadas ao comportamento inadequado e que a criança seja encorajada a reparar o erro. Tirar a sobremesa da criança porque ela derramou suco na mesa é incoerente. Pedir que a criança faça a limpeza da sujeira feita tem coerência e ensina habilidades de autonomia e reparo do erro.

A autora Jane Nelsen, em seu livro *Disciplina positiva*, destaca a importância de criar "conexão antes da correção". Ela explica que crianças que se sentem conectadas a seus pais tendem a reagir de forma mais positiva à disciplina e a apresentar menos comportamentos desafiadores. O vínculo afetivo entre pais e filhos proporciona um ambiente seguro para o desenvolvimento e o aprendizado, facilitando a compreensão sobre os limites e as consequências de suas atitudes. Sem essa conexão, a disciplina é percebida como punição, não como uma oportunidade de aprendizado e crescimento.

Tempo de qualidade: criando memórias significativas

- **Reflexão:** quais são as memórias de infância que você tem com seus pais que ainda trazem um "quentinho" para o seu coração?

Um dos maiores presentes que os pais podem oferecer aos filhos é a presença, tempo de qualidade, sem distrações, como se nada mais importasse naquele momento do que estar junto. Não falo de grandes gestos, mas de encontrar significado nas interações cotidianas, criando vínculos e segurança emocional. É muito comum associarmos memórias a eventos marcantes, como viagens, festas ou passeios caros.

No entanto, os momentos mais significativos costumam surgir nas situações simples do dia a dia: uma refeição em família, uma história antes de dormir ou uma conversa tranquila. Essas rotinas constroem laços e lembranças que permanecem para toda a vida. Ao investir tempo de qualidade com nossos filhos, comunicamos que eles são importantes. É isso mesmo, tempo de qualidade é investimento nesse vínculo especial.

A conexão emocional com nossos filhos nasce da atenção não dividida. É primordial priorizar momentos sem distrações, mesmo que breves. Muitos pais se culpam por não terem tempo. Entretanto, não é a duração do tempo juntos que conta, é a qualidade. Jogos de tabuleiro, caminhadas, cozinhar juntos, conversas significativas, entre outras opções fortalecem o vínculo e reforçam o sentimento de pertencimento de nossos filhos.

Esses momentos transmitem à criança que ela é parte essencial da família. Momentos que geram sentimentos profundos, tais como alegria e aconchego, tendem a ser registrados com maior intensidade pelo cérebro. Quanto mais conectados e presentes estivermos com nossos filhos, mais valiosas e duradouras serão as memórias que construímos.

Liderando pelo exemplo

- **Reflexão:** você consegue lembrar de um momento em que aprendeu algo importante observando as ações de seus pais, mais do que ouvindo suas palavras?

As crianças observam atentamente o comportamento dos adultos. Elas aprendem não apenas com nossas palavras, mas com nossos comportamentos e reações. Nossos exemplos diários ensinam valores e moldam o comportamento de nossos filhos. Os pais têm a oportunidade de demonstrar, por meio de ações, as atitudes que desejam que os filhos adotem, bem como os valores que querem que eles pratiquem em suas vidas.

Mais do que ouvir nossos conselhos, as crianças aprendem muito mais observando. Ao demonstrar gentileza e respeito em nossos relacionamentos, ensinamos essas qualidades a nossos filhos. Incoerências entre nossas palavras e ações, como pedir honestidade, mas agir com desonestidade, podem gerar confusão e desconfiança.

As crianças precisam perceber que nossos valores não mudam conforme as situações. Por isso, a consistência é fundamental. Demonstrar integridade e manter nossos princípios mesmo diante de dificuldades ensina que os valores são inegociáveis. Por exemplo, se valorizamos a honestidade, devemos praticá-la mesmo quando for desconfortável ou sabendo que teremos alguma consequência.

Muitos de nós crescemos sendo punidos por nossos erros, interpretando-os como ruins e até mesmo associando-os ao nosso valor como pessoas. É importante quebrar ciclos como esse e ensinar aos nossos filhos que erros são oportunidades de aprendizado e crescimento. Assumir nossos erros diante de nossos filhos, acompanhados de um pedido de desculpas sincero, ensina que vulnerabilidade não é fraqueza, mas sim um ato de respeito, amor e coragem. É uma oportunidade de mostrarmos que não somos perfeitos, que somos humanos, promovendo um ambiente de confiança e conexão.

Tecnologia: conectando-nos ao mundo, criando distância em nossos lares

- **Reflexão:** você já esteve em uma conversa na qual a outra pessoa estava distraída pelo celular? Como se sentiu?

A tecnologia é uma ferramenta poderosa que nos conecta com pessoas ao redor do mundo, proporciona acesso rápido ao conhecimento e oferece entretenimento e praticidade. Todavia, ao mesmo tempo que serve como ponte para o mundo, pode erguer um muro entre nós e aqueles que estão mais próximos, especialmente dentro de nossas casas. A presença constante de smartphones, tablets e computadores pode nos distrair das pessoas que mais amamos e prejudicar a qualidade de nossas interações.

As crianças podem ter dificuldade em competir por atenção quando os dispositivos estão sempre em uso, o que pode levá-las a sentir-se frustradas ou menos importantes. Podem, inclusive, buscar formas de chamar atenção negativa, por meio de comportamentos inadequados.

É importante ter intencionalidade de criar momentos e espaços sem tecnologia, onde os membros da família possam interagir. Estabelecer momentos específicos no dia sem telas, como as refeições em família ou a hora de dormir, pode promover uma comunicação mais autêntica e fortalecer os vínculos afetivos. Essas ocasiões permitem conversas mais profundas, contato visual, proximidade e o tipo de conexão emocional que a tecnologia frequentemente interrompe. Sabemos que ela chegou para ficar. Então, não se trata de tentar eliminá-la completamente, mas de encontrar um equilíbrio saudável.

- **Lembre-se:** uma conexão genuína com os filhos não vem da perfeição, mas da presença com amor e intenção. Ela floresce nos pequenos gestos, na escuta ativa, no afeto e no apoio incondicional. A parentalidade desafia, mas ao investir nessa relação, os pais cultivam um vínculo forte, criando uma base de amor e segurança para toda a vida. Desejo crescimento mútuo nessa linda e recompensante jornada!

Referências

BROWN, B. *A arte da imperfeição*. Rio de Janeiro: Sextante, 2020.

NELSON, J. *Disciplina positiva*, 3. ed. São Paulo: Manole, 2015.

SIEGEL, D. J.; HARTZELL, M. *Parentalidade consciente*. São Paulo: nVersos, 2014.

SIEGEL, D. J.; BRYSON, T. P. *Disciplina sem drama*. São Paulo: nVersos, 2016.

STEINER-ADAIR, C.; BARKER, T. H. *The big disconnect:* protecting childhood and family relationships in the digital age. New York: HarperCollins Publisher, 2013.

CAPÍTULO 04

Maternidade e carreira

Um equilíbrio possível e necessário

Como conciliar filhos e trabalho sem se anular? Neste capítulo, a autora revela sua vivência com o puerpério, a criação da rede Ohana e os aprendizados junto a milhares de mães. Um relato honesto sobre culpa, exaustão e os caminhos possíveis entre afeto, presença e autonomia feminina.

Cristiane Vasconcelos

CRISTIANE VASCONCELOS

Referência nacional em comunidades de apoio à maternidade, especialista em gestão de comunidades e criadora da Ohana, rede que conectou mais de 20 mil mães com escuta, acolhimento e pertencimento. Com uma trajetória marcada por propósito, foi premiada pela Meta como uma das principais líderes de comunidade do Brasil, palestrou no Facebook Community Summit e liderou eventos como a Semana Power Parentalidade e o Encontro Eco Ohana. Atua há mais de dez anos ao lado das maiores especialistas em parentalidade positiva do país, criando pontes entre mães, carreira, educação e saúde mental. É comunicadora, consultora de impacto, articuladora de redes de apoio e facilitadora de conversas difíceis, com passagens por empresas, ONGs e iniciativas sociais. Sua missão é clara: fortalecer mulheres em sua jornada como mães, sem que precisem abrir mão de si.

Contatos: @soucrisvasconcelos

Quando a dor virou propósito: minha jornada de maternidade real e a força de uma rede

Conciliar maternidade e carreira nunca foi simples para mim, mas com o tempo entendi que é possível e, mais do que isso, é um processo que muda a gente por dentro. Não se trata de encontrar uma fórmula perfeita, mas de reconhecer, mesmo no meio da exaustão e da culpa, que existe um caminho mais leve e verdadeiro, em que a gente pode ser inteira, mesmo quando tudo parece exigir que a gente se divida.

Quando meu filho nasceu, em 2016, vivi um puerpério solitário e desafiador, marcado por mastite, febre, noites em claro e uma sensação profunda de invisibilidade. Não havia escuta, nem apoio, nem espaço seguro para dizer: "Tá difícil pra mim". Foi dessa dor que nasceu o desejo de criar, para outras mulheres, o que eu não tive. Assim surgiu a Ohana, uma rede de apoio materno construída com empatia, escuta e pertencimento, que se tornou referência para milhares de mães e me colocou no centro das principais comunidades digitais voltadas à maternidade no Brasil.

A convivência com essas mães me mostrou que não nos falta força, mas estrutura, validação e espaços onde a vulnerabilidade não seja vista como fraqueza. Comecei a enxergar com mais clareza o peso da chamada "dupla jornada", a culpa que nos atravessa quando tentamos equilibrar prazos com lancheiras, a sensação constante de estar devendo em todos os papéis, mesmo dando tudo de si.

Esses desafios que tantas de nós vivemos não são exceção, mas a realidade de muitas mulheres no Brasil: segundo o IBGE, mais de 70% das mães com filhos de até três anos estão no mercado de trabalho, e mesmo assim, a responsabilidade pelo cuidado com os filhos continua recaindo majoritariamente sobre elas. Cerca de 50% dessas mulheres relatam dificuldade em conciliar os compromissos profissionais com as demandas da maternidade, e uma em cada quatro pensa em deixar o trabalho depois da chegada do primeiro filho. Isso não acontece por falta de ambição, mas por falta de suporte, por esgotamento emocional e pela pressão silenciosa de parecer dar conta de tudo, o tempo todo. Esses números não são apenas estatísticas, eles são rostos, histórias e dores que se repetem nas conversas que acompanhei diariamente com tantas mães em diferentes contextos.

Foi nesse contexto que mergulhei na parentalidade positiva, não como teoria, mas como prática viva e diária. Aprendi que educar com presença, escuta e respeito transforma não apenas os filhos, mas também a mulher que escolhe esse caminho. Entendi que a maternidade não precisa ser solitária, que conexões entre mães, sejam presenciais ou digitais, podem ser a base para construirmos rotinas mais possíveis, mais humanas e menos adoecidas.

Hoje, depois de acompanhar de perto a realidade de milhares de mulheres e colaborar com as maiores especialistas em orientação parental do país, sigo ajudando mães a encontrar equilíbrio entre a carreira e a criação de filhos. Sem romantismo, mas com verdade, escolhas conscientes e vínculos reais. E é sobre esses caminhos que eu vou te contar a partir de agora.

O mapa da rotina: onde mora o caos e onde brota o possível

Durante muito tempo, acreditei que o problema era comigo, que eu não sabia me organizar, que outras mães davam conta porque eram mais disciplinadas, mais focadas, mais fortes, e que o que faltava em mim era empenho, vontade ou capacidade. Só que a verdade é que eu estava tentando me encaixar em uma estrutura que nunca foi feita para mim, nem para nenhuma mãe, uma rotina pensada para pessoas que não têm responsabilidade emocional, física e mental de sustentar um lar e criar um filho. Uma estrutura que exige que a gente siga produzindo no mesmo ritmo, mesmo quando o nosso mundo por dentro está virando de cabeça para baixo.

Foi só quando eu tive coragem de olhar de verdade para minha rotina, com mais gentileza, que comecei a perceber onde estavam os vazamentos de energia, os momentos em que eu funcionava no automático, os espaços em que estava sem realmente estar, porque meu corpo estava presente, mas minha mente já estava no próximo compromisso, na próxima demanda, no próximo "tem que fazer", e foi nesse olhar mais atento, mais sincero, que comecei a perceber que eu estava cansada não só pelas tarefas em si, mas pelo peso invisível que elas carregavam.

Eu acordava com a sensação de já estar atrasada. Antes mesmo de sair da cama, eu já pensava nos e-mails não respondidos, no lanche que eu tinha esquecido de preparar, na lista de tarefas da escola, na reunião do trabalho, tudo misturado em uma avalanche silenciosa que começava o dia com um gosto amargo de frustração e culpa, porque eu queria estar inteira em tudo, mas sabia que isso era impossível, e mesmo sabendo, eu insistia, tentava, me cobrava, como se eu precisasse provar alguma coisa para alguém.

Um belo dia, eu decidi fazer um experimento muito simples, mas profundamente revelador: comecei a anotar minha rotina. Não só o que eu fazia, mas como eu me sentia em cada momento. Eu queria entender onde morava o cansaço, onde nascia a irritação, onde eu me sentia drenada, e onde, mesmo em meio ao caos, eu me sentia viva, presente, conectada. E foi ali, naquelas anotações, que eu comecei a perceber que muito do meu desgaste não vinha do excesso de tarefas, mas do excesso de autocobrança, da ideia de que eu precisava dar conta de tudo sozinha, sem ajuda, sem pausa, sem falhar.

Foi nesse caos que criei três perguntas que carrego comigo até hoje e compartilho com todas as mães que acompanho. Perguntas que parecem simples, mas que abriram em mim um imenso espaço de reflexão e reorganização interna. Convido você agora a fazer esse exercício junto comigo, sem pressa, sem filtro, com a coragem de escutar o que vier:

1. O que, de tudo que eu faço no meu dia, realmente importa para mim e para quem eu amo?
2. O que eu posso dividir com outras pessoas, delegar com leveza ou simplesmente deixar de fazer sem carregar culpa?
3. O que eu sigo repetindo no piloto automático, só porque esperam de mim, mesmo quando isso me afasta da minha essência?

Essas perguntas me colocaram frente a frente com escolhas que eu evitava fazer. Tive que dizer não para muitas coisas, abrir mão do controle, aceitar ajuda, pedir apoio, reconhecer que algumas tarefas podiam esperar, outras podiam ser feitas de outro jeito, e algumas nem precisavam mais estar na minha lista, porque não faziam mais sentido, porque não representavam mais quem eu sou hoje, nem o que eu quero construir com o meu filho, com a minha casa, com a minha vida.

Nesse caminho, aprendi que rotina não é sobre encaixar tudo em um cronograma apertado, mas sim sobre escolher com consciência onde colocar a minha presença, meu afeto, minha atenção, porque nem tudo é prioridade, e quando tudo vira prioridade, a gente se perde, a gente adoece, a gente deixa de viver para apenas sobreviver.

Aprendi também que o sucesso profissional pode mudar de forma ao longo da vida. Hoje, sucesso para mim é ter a liberdade de estar onde realmente importa, é poder desligar o computador no meio da tarde porque meu filho está chorando e precisa de colo, é construir uma carreira alinhada aos meus valores, com espaço para respirar, para ser mãe, para ser mulher, para ser gente.

Com o tempo, percebi que muitas mães estavam vivendo o mesmo ciclo que eu: tentando dar conta de tudo, perdidas no meio do excesso. E foi ouvindo essas mulheres, entendendo suas histórias e realidades tão diversas, que eu fui cocriando, junto delas, caminhos mais leves, mais humanos, mais reais. Caminhos que não ignoram os desafios, mas que respeitam os limites, os afetos, os ritmos de cada uma, porque nenhuma rotina serve para todas, e nenhuma resposta virá de fora; ela precisa nascer da escuta interna, da coragem de fazer diferente. Mesmo quando ninguém entende, mesmo quando parece pouco, mesmo quando a gente ainda sente medo.

Hoje, eu continuo acompanhando mães em comunidades lideradas pelas maiores especialistas do país em parentalidade positiva, sigo sendo ponte, sendo presença. Sendo testemunha de tantas transformações silenciosas que começam quando uma mulher, pela primeira vez, sente que não está mais sozinha, que pode, sim, ser mãe e ter carreira; ser afetuosa e firme; estar cansada e ainda ser potente; ser imperfeita e, mesmo assim, inteira. Mesmo quando ninguém entende o caminho que escolhe trilhar, quando o que consegue fazer parece pouco, quando ainda há medo, é exatamente nesse lugar real, imperfeito e corajoso que a mudança começa.

Nesse movimento, ao longo de tantos encontros reais, que percebi que a transformação não está nas grandes viradas, mas nos pequenos ajustes, nas escolhas diárias, no olhar mais compassivo que a gente começa a ter por si mesma. Quando entende que não precisa provar nada para ninguém, que a vida não precisa ser perfeita para ser significativa, que a rotina pode ser um espaço de reencontro e não de punição, que a maternidade pode, sim, ser um caminho de fortalecimento e não de anulação.

Na próxima parte, vou compartilhar contigo esses caminhos que construímos coletivamente ao longo dos anos, caminhos que nasceram da escuta, da prática e da verdade. Caminhos que não prometem uma vida perfeita, mas que te oferecem pontos de apoio, para que você possa encontrar o seu próprio equilíbrio, com mais leveza, mais presença e menos culpa.

Caminhos possíveis: presença, escolhas e pertencimento

Ao longo desses anos caminhando com outras mães, dentro e fora das comunidades, aprendi que equilíbrio não é um destino fixo. É uma construção diária, feita de pequenas escolhas conscientes, de pausas que a gente aprende a respeitar, de limites que a gente aprende a colocar. Mesmo quando o mundo inteiro insiste que deveríamos estar disponíveis para tudo, o tempo todo.

Equilíbrio, para mim, hoje, tem muito mais a ver com clareza do que com controle, tem a ver com saber onde eu quero estar, mesmo que nem sempre consiga. Tem a ver com fazer o melhor possível com o que eu tenho agora, sem precisar me anular ou me provar, e isso, quando nasce de dentro, muda tudo ao redor.

Não é sobre ser mais produtiva, é sobre ser mais honesta com o que importa, é sobre construir uma rotina que respeita quem você é, que acolhe o momento em que você está, que entende que maternidade não combina com perfeição, mas com presença, e que carreira não precisa significar ausência, mas sim alinhamento com aquilo que você acredita.

Hoje eu vejo, com muita clareza, que o que mantém uma mãe em pé não é a quantidade de tarefas que ela risca da lista, mas a qualidade das trocas que ela sustenta, os vínculos que ela nutre, o apoio que ela aceita, a gentileza que ela oferece a si mesma quando as coisas não saem como o planejado.

Por isso, o que quero deixar aqui, com toda a minha verdade, é que você não precisa dar conta sozinha, você não precisa se encaixar em um modelo que não respeita sua história, você não precisa se culpar por querer seguir sonhando, criando, trabalhando e sendo mãe do seu jeito.

Existe um caminho em que maternidade e carreira não competem, mas se fortalecem, um caminho no qual as pausas fazem parte do processo, a escuta vira ferramenta de transformação e os vínculos criam sustentação para que a gente possa ser mais inteira e menos sobrecarregada.

Continuo acompanhando mulheres que estão construindo esse caminho dia após dia, na vida real, com todas as imperfeições que cabem em uma rotina com filhos, boletos, prazos, decisões e afetos. Mulheres que seguem resistindo ao modelo exaustivo e abrindo espaço para uma nova forma de viver e criar.

Se tem algo que aprendi com elas, e comigo mesma, é que não existe maternidade excelente sem autocompaixão, sem apoio mútuo, sem espaço para sentir e refazer o percurso quantas vezes forem necessárias.

Essa é a minha entrega, meu convite e meu testemunho: é possível encontrar um jeito mais humano, mais consciente e mais verdadeiro de viver essa experiência que transforma tudo, basta que você não tente fazer isso sozinha.

Referências

IBGE – Instituto Brasileiro de Geografia e Estatística. *Estatísticas de gênero*: indicadores sociais das mulheres no Brasil. Rio de Janeiro: IBGE, 2021. Disponível em: https://www.ibge.gov.br. Acesso em: 6 jul. 2025.

GUTMAN, L. *A maternidade e o encontro com a própria sombra*. São Paulo: Ágora, 2010.

IACONELLI, V. *Mal-estar na maternidade*: do infanticídio à função materna. São Paulo: Companhia das Letras, 2017.

CAPÍTULO 05

Desmistificando a excelência na parentalidade

Se há uma fórmula que os pais e mães gostariam de descobrir é a da parentalidade perfeita. Contudo, o que seria essa perfeição? Quem está apto a julgá-la? Neste capítulo, buscaremos responder a esses questionamentos, além de abordarmos as principais causas e consequências do esgotamento e adoecimento de pais e cuidadores. Apresentaremos, ainda, estratégias para que os pais possam enfrentar essa autocobrança excessiva, a fim de vivermos uma parentalidade mais saudável para todos.

Fabiana de Carvalho Veras Acioli Lins Sampaio

FABIANA DE CARVALHO VERAS ACIOLI LINS SAMPAIO

Médica pela Faculdade de Saúde, Ciências Humanas e Tecnológicas do Piauí – Novafapi (2012). Residência Médica em Ginecologia e Obstetrícia pelo Instituto de Medicina Integral Prof. Fernando Figueira – Imip (2015). Pós-graduação em Infertilidade Conjugal e Reprodução Humana Assistida pela Faculdade de Ciências Médicas da Santa Casa de São Paulo (2016). Título de Especialista em Ginecologia e Obstetrícia pela Associação Médica Brasileira e Federação Brasileira das Associações de Ginecologia e Obstetrícia – AMB/Febrasgo (2017). Educadora Parental com Certificação em Disciplina Positiva pela Positive Discipline Association – PDA (2024). Certificação em Disciplina Positiva para Profissionais da Educação Infantil pela Positive Discipline Association – PDA (2024). Mentoria Somos Escolar – Mentoria para Educadores Parentais no Contexto Educacional (2025). Aluna de formação integral em Educação Parental – Fiep. MÃE (minha melhor e mais importante missão!).

Contatos: drafabiana.acioli@gmail.com
Instagram: @fabianaacioliparentalidade
Facebook: www.facebook.com/fabiana.acioli.7

Não ter mãe é um problema, mas ter excesso de mãe é muito pior!

Donald Winnicott

Vivemos em uma época em que a busca pela excelência no exercício parental tem se tornado quase um atributo definidor do caráter de pais e mães, indispensável para sua aceitação e valorização (a partir de si mesmos e da sociedade). As redes sociais e os meios de comunicação em massa estão repletos de imagens de famílias sorridentes, crianças impecavelmente vestidas e pais que parecem dominar a arte de equilibrar trabalho, lazer, autocuidado, afazeres domésticos e criação de filhos.

No entanto, é fundamental que questionemos: essa imagem é realmente atingível ou é apenas reflexo de expectativas irreais e de uma pressão sociocultural que transforma a parentalidade em uma performance? Queremos ser os pais que nossos filhos precisam ou atender a um padrão imposto como ideal?

O padrão irrealista

A ideia de ser um pai ou mãe perfeito é frequentemente alimentada por um sistema que promove comparações constantes. Redes sociais, grupos de pais e até mesmo conselhos bem intencionados criam um extenso e, muitas vezes, conflituoso "manual de boas práticas" que se torna difícil – senão impossível – de seguir.

Esses padrões idealizados frequentemente ignoram a complexidade da vida real: o cansaço, as limitações financeiras e emocionais, a ausência de uma rede de apoio adequada, a quantidade de filhos, a necessidade de cumprirmos horários para o trabalho, a escola e as atividades extracurriculares, a vida conjugal e mais uma série de desafios.

A pressão por essa perfeição tem um custo alto. Muitos pais acabam se sentindo culpados por não conseguirem atender às expectativas que a sociedade (ou eles mesmos) impõem. Essa culpa pode vir acompanhada de sentimentos como vergonha, raiva e solidão, consumindo nossos pensamentos e se transformando em angústia, autocobrança excessiva e, em casos extremos, esgotamento e adoecimento mental.

A teoria da mãe suficientemente boa

O psicanalista britânico Donald Winnicott apresentou, em meados do século XX, uma ideia inquietante e, ao mesmo tempo, reconfortante: não precisamos ser pais perfeitos, apenas suficientemente bons. Para Winnicott (1983), o conceito de mãe suficientemente boa refere-se àquela que consegue atender às necessidades fundamentais do filho, sem necessariamente oferecer uma experiência sem falhas.

Nos primeiros meses de vida, o bebê precisa de cuidados intensivos e quase ininterruptos. Contudo, à medida que cresce, a mãe suficientemente boa começa a introduzir, de forma gradual e cuidadosa, pequenas frustrações, permitindo que a criança desenvolva habilidades essenciais, como a capacidade de lidar com as adversidades da vida e de resolução de problemas.

Os pais que não atendem imediatamente a cada demanda da criança ou cometem algumas falhas no processo acabam contribuindo para um desenvolvimento emocional saudável desse indivíduo, ajudando-o a construir um senso de individualidade e a se adaptar ao mundo real, que inevitavelmente apresenta desafios e limitações.

Assim, a mãe suficientemente boa não é aquela que nunca erra, mas aquela que, ao errar, se mantém presente, oferecendo suporte emocional e um ambiente seguro. Responder às necessidades de seu filho de forma adequada e sensível não necessariamente significa atendê-las prontamente e sem erros. As falhas dos pais criam oportunidades para que as crianças aprendam sobre limites, resiliência e a imperfeição inerente à vida e aos seres humanos. Como sabiamente nos lembra Jane Nelsen em seu livro *Disciplina positiva* (2015, p. 32), "os erros são maravilhosas oportunidades para aprender".

O preço da busca pela perfeição

Na tentativa de atingir a perfeição, os pais, muitas vezes, colocam suas próprias necessidades em segundo plano, o que pode gerar um ciclo de desgaste emocional que afeta não apenas a eles, mas, também, seus filhos. Crianças que crescem em ambientes onde a perfeição é o objetivo podem internalizar esse conceito, o que, não raro, resulta em sentimentos de inadequação, baixa autoestima ou medo de falhar.

Em contrapartida, pais que abraçam sua humanidade e imperfeições ensinam às crianças lições valiosas sobre compaixão, aceitação e o valor do esforço acima do resultado.

A pressão da sociedade e a culpa parental

A sociedade desempenha papel crucial na imposição de expectativas irreais sobre os pais, especialmente sobre as mães. Se aqueles já enfrentam pressões para desempenhar bem seus papéis, estas carregam o peso adicional de normas culturais que idealizam a maternidade como uma vocação inata.

Exemplos comuns ilustram essa dinâmica: mães que trabalham fora são, muitas vezes, questionadas sobre sua capacidade de conciliar carreira e família, enquanto pais que fazem o mesmo raramente enfrentam tais indagações; a amamentação também se torna um aspecto de intensa cobrança, com mães bombardeadas com mensagens de que o melhor e único caminho aceitável para seu filho é o aleitamento materno, desconsiderando-se condições individuais de saúde física e mental, trabalho ou preferências pessoais.

Além disso, há a constante necessidade de conciliar múltiplos papéis: a mãe que deve ser carinhosa, disponível, produtiva no trabalho, presente nos eventos escolares e usufruir de uma vida social é a mesma mulher que deve manter o bom funcionamento da casa, cabelos e unhas bem cuidados, uma vida conjugal saudável e boa saúde mental. Essa extensa lista de exigências gera um ciclo interminável de culpa e autocobrança.

A culpa materna: gatilhos e consequências

A culpa materna é um fenômeno recorrente alimentado por diversos gatilhos, como comparações sociais, julgamentos externos e a idealização de uma parentalidade perfeita.

As redes sociais podem criar uma ilusão de que outras mães estão se saindo melhor, alimentando comparações injustas e irreais; julgamentos externos, vindos de familiares, amigos ou até estranhos, também reforçam essa sensação de que nunca se está fazendo o suficiente; e frases como "por que você não está amamentando?" ou "você não deveria trabalhar tanto com filhos pequenos" ecoam expectativas rígidas que não levam em conta as realidades individuais.

A idealização de uma parentalidade perfeita é, talvez, o gatilho mais prejudicial. Pais e mães são frequentemente levados a acreditar que qualquer erro pode causar danos irreparáveis aos filhos, o que cria uma atmosfera de constante vigilância e autocobrança. Essa pressão não apenas prejudica os pais, mas, também, pode criar um ambiente tenso e pouco saudável para as crianças.

Na realidade, a culpa, em si, não é algo terrível, podendo até ser protetora, nos impulsionando por um melhor caminho, uma vez que nos leva a reparar e corrigir nossos erros. No entanto, pode ser debilitante quando acompanhada de censura e autodepreciação, virando um ponto de obsessão diária e podendo levar ao burnout parental ou ao adoecimento mental.

Os impactos da autocobrança excessiva

A autocobrança excessiva é uma das principais consequências da busca por uma parentalidade perfeita e pode trazer sérios prejuízos para a saúde mental e emocional dos pais e dos filhos, bem como para a dinâmica familiar. Pais que se cobram constantemente tendem a experimentar níveis elevados de estresse, podendo culminar no chamado burnout parental – uma exaustão emocional e física extrema decorrente do desgaste intenso e frequente relacionado às responsabilidades parentais.

O burnout parental surge quando há um desequilíbrio entre exigências e recursos, ou seja, quando os pais não têm recursos suficientes para lidar com as demandas da criação dos filhos e pode ser caracterizado por: sensação de extrema exaustão do papel de pais, percepção de diferenças entre o exercício parental no início e no momento atual, dificuldade de sentir prazer ao desempenhar as atividades parentais e distanciamento emocional ou afetivo dos filhos.

Como consequência disso, podemos citar a negligência e violência parental, depressão e ansiedade, ideação suicida, distúrbios do sono, vícios (como álcool, drogas, compras, celular, entre outros) e problemas conjugais.

Além do burnout, a autocobrança excessiva pode levar diretamente a ansiedade e depressão. Pais que vivem sob a pressão de serem perfeitos tendem a enxergar falhas menores como grandes fracassos, gerando um ciclo de culpa, vergonha, autodepreciação e inadequação. Essa pressão também pode se refletir nas interações familiares, criando um ambiente tenso, conflituoso e cheio de expectativas inatingíveis.

Impactos nos filhos

A autocobrança dos pais não afeta apenas a eles mesmos, mas, também, repercute diretamente nos filhos. Quando os pais se colocam nessa posição, eles podem, involuntariamente, projetar essa necessidade de perfeição em suas crianças, levando-as a sentir que precisam corresponder a padrões elevados ou que não podem falhar.

Filhos de pais excessivamente autocríticos podem desenvolver insegurança, ansiedade e uma dependência da validação externa. Além disso, a exposição constante ao estresse parental pode prejudicar o desenvolvimento cognitivo e emocional das crianças, comprometendo a concentração e a aprendizagem e dificultando a criação de vínculos afetivos saudáveis e a construção de uma autoimagem positiva, acarretando baixa autoestima e diminuição do senso de autovalor.

Por outro lado, pais que reconhecem suas limitações e aceitam suas imperfeições modelam para os filhos uma postura mais saudável em relação à vida. Eles ensinam que errar faz parte do aprendizado e que a autocompaixão e a aceitação de si mesmo são fundamentais para o bem-estar emocional.

Como os profissionais de parentalidade podem abordar o tema

Os profissionais da parentalidade desempenham papel essencial na promoção de uma visão mais saudável e realista do exercício parental, transformando-o em uma experiência mais humana e menos idealizada. A seguir, trago algumas sugestões de como desmistificar a ideia de excelência e aliviar a pressão da perfeição sobre os pais.

- **Validação emocional**: reconhecer e aceitar os sentimentos e experiências dos pais sem julgamentos. É importante ensiná-los a identificarem as próprias emoções e os impactos de suas vivências nos filhos e compartilhar que é natural sentir frustração, medo ou culpa, por exemplo, diante de tantos desafios.
- **Educação sobre a mãe suficientemente boa**: expor a teoria de forma acessível, utilizando-a como ferramenta para o alívio da culpa e a redefinição de expectativas.
- **Incentivo ao autocuidado**: orientar os pais sobre a necessidade de cuidarem de si mesmos para que possam estar emocionalmente disponíveis para seus filhos. O profissional da parentalidade pode ajudar os pais e cuidadores a identificarem as áreas negligenciadas e oferecer estratégias práticas de autocuidado.
- **Criação de um ambiente seguro para o diálogo**: além da escuta ativa, os profissionais podem promover rodas de conversa, workshops ou grupos de pais, permitindo a troca de experiências entre pares e incentivando a construção de uma comunidade de apoio.

Orientações práticas para lidar com a autocobrança e a culpa no exercício parental

E se, ao invés de buscarmos um padrão ditado pela sociedade, focarmos em criar uma conexão autêntica com nossos filhos, oferecendo um ambiente seguro e amoroso onde eles possam crescer e se desenvolver? Para isso, faz-se necessário:

- Evitar comparações com outros pais ou famílias, reconhecendo que cada família é única, focando nas suas prioridades, limitando o tempo gasto em redes sociais e priorizando interações que oferecem apoio e inspiração.
- Estabelecer expectativas realistas para si mesmos e para os filhos, levando em conta a idade e o estágio de desenvolvimento em que se encontram e definindo metas viáveis, aceitando que você é humano e, como tal, tem limitações.
- Celebrar pequenos progressos e vitórias no exercício parental. Uma boa estratégia é criar rituais diários de gratidão, refletindo sobre algo positivo que aconteceu no dia.
- Aceitar a imperfeição, reconhecendo que errar faz parte do aprendizado e do processo de educar. Pedir desculpas a seus filhos perante uma falha lhes trará importantes lições sobre humildade e responsabilidade.
- Priorizar a relação, investindo em momentos de qualidade, mesmo que simples.

Conclusão: a beleza da parentalidade imperfeita

A parentalidade é, antes de tudo, uma jornada humana e, como tal, está repleta de imperfeições e aprendizados. Longe de ser um roteiro linear, é um constante exercício de adaptação, crescimento e entrega. Ao desmistificarmos a excelência na parentalidade, abrimos espaço para enxergar sua verdadeira essência: a construção de uma relação profunda e significativa entre pais e filhos, baseada em amor, presença e autenticidade.

Não é a perfeição que molda uma criança ou fortalece uma família, mas a capacidade de estar presente, ouvir, se conectar e oferecer segurança emocional, mesmo diante de desafios e erros. É nesses momentos de vulnerabilidade e esforço genuíno que se encontram os maiores aprendizados e os laços mais fortes.

Para pais e cuidadores, fica o lembrete: você não precisa ser perfeito, apenas suficiente. O suficiente para amar, cuidar, estar presente e mostrar aos seus filhos que ser humano é, muitas vezes, errar e tentar novamente. O suficiente não é um padrão medíocre; é algo alcançável e significativo que permite espaço para crescimento e amadurecimento, tanto para você quanto para seus filhos.

A busca pela excelência pode ser exaustiva, mas a busca pela autenticidade é libertadora. Permita-se ser um modelo de humanidade para seus filhos, mostrando que imperfeições são, além de normais, necessárias. Lembre-se de que o amor genuíno, aquele que aceita o outro como é, é a maior herança que você pode oferecer.

Que essa mensagem seja uma luz para todos os pais e cuidadores: você é suficiente! Sua presença importa, seu amor é poderoso e sua autenticidade, mais do que qualquer ideal de perfeição, é o que transforma e enriquece a vida de seus filhos.

Referências

BROWN, B. *A coragem de ser imperfeito*: como aceitar a própria vulnerabilidade, vencer a vergonha e ousar ser quem você é. Trad. Joel Macedo. Rio de Janeiro: Sextante, 2013.

MIKOLAJCZAK, M.; GROSS, J. J.; ROSKAM, I. Parental burnout: what is it, and why does it matter? *Clinical Psychological Science*, v. 7, n. 6, p. 1319-1329, ago./nov. 2019. Disponível em: https://doi.org/10.1177/2167702619858430. Acesso em: 3 fev. 2025.

NEFF, K. *Autocompaixão*: pare de se torturar e deixe a insegurança para trás. Trad. Beatriz Marcante Flores. Teresópolis: Lúcida Letra, 2017.

NELSEN, J. *Disciplina positiva*. Trad. Bernadette Pereira Rodrigues e Samantha Schreier Susyn. 3. ed. Santana de Parnaíba: Manole, 2015.

SANTOS, A. L.; MANSUR-ALVES, M. *Exaustão invisível*: revelando os desafios do burnout parental e sua relação com a saúde mental: apresentação de resultados de pesquisa. Belo Horizonte: UFMG, 2024. Disponível em: https://lablavisufmg.com.br/2025/01/15/05-exaustao-invisivel-revelando-os-desafios-do-burnout-parental-e--sua-relacao-com-a-saude-mental-2024-ana-leticia-senobio-dos-santos-marcela-mansur-alves/. Acesso em: 9 fev. 2025.

WINNICOTT, D. *O ambiente e os processos de maturação:* estudos sobre a teoria do desenvolvimento emocional. Trad. Irineo Constantino Schuch Ortiz. Porto Alegre: Artmed, 1983.

CAPÍTULO 06

Como ajudar seus filhos a viverem o luto quando a dor também é sua?

O objetivo é abordar o luto e a morte quando ela acontece dentro da família (pai/mãe/irmãos). Contudo, não com as bases teóricas que em algumas literaturas nos fazem tentar entender em qual fase do luto estamos, mas sim com relação a como aqueles que ficaram vão conseguir continuar vivendo e se adaptar a uma nova vida com esta dor.

Gláucia Marini

GLÁUCIA MARINI

Professora desde 1995, formada em Letras pelas Faculdades Integradas Senador Fláquer (1996), Santo André/SP, e em Pedagogia pela Uninove (2009) Bauru/SP. Além disso, possui pós-graduação em: Língua Portuguesa pela Unisagrado (1999); e em Educação Infantil (2022), Pedagogia Sistêmica (2022), Neuroaprendizagem (2023) e Educação Parental (2024), ambas pela Unina, de Curitiba, Paraná. Pós-graduanda em Luto Parental e Perinatal, pela Metropolitana. Com 30 anos de experiência em sala de aula com crianças na Educação Infantil, no Ensino Fundamental e Ensino Médio, além de seus familiares nas reuniões de pais. Tem uma filha de 24 anos. Apaixonada pelo comportamento humano e pelas relações familiares, buscou formação e caminhos para poder orientar famílias acerca de seus conflitos e suas dificuldades com a parentalidade.

Contatos: Instagram: @glauciamarini
Facebook: Glaucia Marini – Educadora Parental
14 99838 2588 (Clínica)
14 99795 7881 (WhatsApp)

Primeiro, precisamos entender que:

> uma perda assim cresce e se altera dentro do coração dos nossos filhos, mudando não somente com a passagem do tempo, mas também com a capacidade mutável deles de absorver e reagir à morte do pai, da mãe ou de um irmão (Devine, 2021, p. 88).

Vivemos como se a vida fosse eterna. E, quando a morte chega, ela entra de supetão, sem bater na porta. Para muitas pessoas não há explicação, não há entendimento, é no susto. Ela vem com uma força que, com o passar dos dias, só é possível entender como se de alguma maneira fosse chegada a hora.

Depois disso, passamos dias anestesiados entre um dormir e acordar, tentando espantar o pesadelo e não ter que viver a nova realidade. A vida depois da perda de alguém que nos é muito amado, próximo e importante, se torna triste, difícil, pesada e dolorosa. É o luto que chegou. Isto é luto, sem definições teóricas.

Este luto não tem hora para ir embora. Ele chega cheio dos mais variados sintomas físicos e emocionais. É preciso fazer um esforço enorme, em um eterno exercício de adaptação a tudo o que se vivia ou se conhecia até então, para, com o passar dos dias, meses e anos, a partir de muito acolhimento e entendimento dessa perda, dessa dor, conseguir se ressignificar – primeiramente enquanto ser humano – para que, só assim, eu consiga acolher e ressignificar a dor do outro (filhos) e tudo ir se reintegrando à nova vida.

Longe de mim querer fazer aqui uma nova edição de tudo o que já foi escrito sobre o luto, muito menos trazer uma receita mágica que faça com que essa dor passe.

Quero apenas compartilhar o luto a partir de uma perspectiva mais amorosa, prestativa e acolhedora para a prática dentro da família, a fim de que possam ajudar uns aos outros nos momentos de necessidade, para sentirem-se amados e apoiados, olhando para o luto como uma condição a ser transformada.

Porém, como diz Megan Devine na introdução de seu livro *Tudo bem não estar bem*: "ao mudar o foco do luto como problema a ser solucionado para uma experiência a ser cuidada, podemos oferecer o que mais queremos para nós mesmos: compreensão, compaixão, validação e um caminho para atravessar a dor".

Impensável e inevitável

Esta família, um mês após a morte do pai de forma trágica, teve os atendimentos de Educação Parental iniciados com a mãe. O pai veio a falecer uma semana após um acidente ocorrido na cozinha da casa da família.

Ele era alegre, forte e saudável, tinha um casal de filhos e a esposa, que amava. Costumava aos domingos preparar carne em uma chapa alimentada por álcool, quando em uma fatalidade a mãe estava na sala com as crianças, em determinado momento o fogão pegou fogo, e ele, após apagar o fogo dele no chuveiro, foi tirar o gás do fogão para evitar uma explosão maior.

Além das graves queimaduras, o agravante foi ter inalado gás. Foi socorrido pela esposa, pelo Samu e pelos bombeiros, mas seu estado era muito grave. Após uma semana de internação e muito sofrimento, ele descansou, a família não sofreu queimaduras, porém presenciou tudo.

Assar carne dessa forma era uma prática comum para ele e de repente um acidente mudou tudo na vida de todos da família.

Em nossa cultura não costumamos falar sobre a perda e muitas vezes não sabemos como agir, nem o que dizer a um amigo ou parente próximo quando a dor dele é imensa.

Há perdas que não têm lado positivo, não há palavra que console, simplesmente porque há dores que nunca sairão de nossas vidas e precisaremos aprender a suportar isso, cuidar de nós mesmos e ao mesmo tempo de nossos filhos e esta era a dor da mãe que ficou.

No dia, ela socorreu o pai, consolou os filhos e o acompanhou por uma semana na esperança de que se restabelecesse. Depois, teve de aprender a lidar com a ausência, a solidão, o luto, o amor e a perda, dela e dos filhos; dos quais cada um teve sua reação particular à dor.

Toda família, quando perde alguém assim, literalmente se desconstrói e será preciso reconstruir esse novo caminho a partir desta perda; assim, entra a educação parental no acolhimento, no apoio à mãe, que se sente só, para iluminar estratégias a fim de amenizar a dor dos filhos e ajudá-la a lidar com as dificuldades comportamentais que viriam após o ocorrido.

É necessário encontrar luz em meio a tanta escuridão. Não é porque não há cura para o luto que não se pode fazer nada a respeito dele. É preciso continuar a viver, e viver, em um primeiro momento, é o que se pode fazer.

Após a validação dos sentimentos e emoções de quem está sofrendo, por parte de quem o cerca, conversas sinceras e mais prontidão em ouvir do que falar, abrir-se-ão espaços com momentos de calma que poderão tornar as coisas mais fáceis de serem suportadas.

Perceberão como encontrar ou ser apoio para alguém e receber companheirismo verdadeiro, podem fazer com que o sofrimento e o amor caminhem juntos. O amor que nunca deixará de existir, será o que lhe sustentará nesta nova jornada a caminho do seu novo Eu a partir do que lhe aconteceu.

Nossa cultura ocidental é incapaz de encarar a dor. Não somos preparados para este momento; e quando ele acontece, queremos logo que tudo seja esquecido e volte a ser como era antes.

Nada nunca voltará a ser como antes. Só existe o hoje. E neste agora é preciso lidar com essa dor. Nesse sentido, Devine (2021, p. 34) nos ensina que "precisamos que a realidade da nossa perda seja compreendida, não depreciada, não diluída. Parece contraintuitivo, mas o verdadeiro consolo do luto está em reconhecer a dor, não em tentar fazê-la passar".

Dez formas de vivermos o luto familiar

Então, é a partir desta nova perspectiva de acolhimento ao luto que essas estratégias foram pensadas para o atendimento na parentalidade.

1. Acolher todas as emoções expressas em forma de comportamento, com carinho, paciência e diálogo, para que os filhos consigam verbalizar o que estão sentindo ou pensando, para que diminuam os conflitos e cessem a agressividade entre os irmãos e mães/filhos, bem como outros sintomas: dor no corpo, febre, diarreia e outras manifestações somatizadas em função do luto.
2. Respeitar o tempo de cada um. Crianças, adolescentes, jovens ou adultos, conforme sua personalidade, irão reagir de forma particular a essa dor. Uns querem e necessitam falar sobre ela, outros não aceitam porque dói demais. Essas individualidades precisam ser respeitadas, pois com o passar do tempo e do acolhimento a rigidez tende a diminuir, sentimentos são validados e a pessoa que manifestou esta dificuldade começa a entender o que está sentindo e por quê.

3. Encontrar formas de concretizar esse amor. Fazer camiseta com foto, organizar álbuns de fotografias, caderno para registro de memórias, também ajudam a processar o luto, pois preservar lembranças e se alimentar do amor que ficou nos sustentará para seguirmos em frente.
4. Receber apoio de amigos e familiares para ajudar com questões burocráticas que bombardeiam o pós-morte para quem ficou.
5. Ouvir uns aos outros, sem interromper quem estiver falando, transformando os sentimentos e as memórias em consciência emocional, preparando-os para a vida com resiliência a partir do que tiver acontecido.
6. Não alimentar nenhum tipo de atitude agressiva com agressividade, não bater, nem castigar para punir maus comportamentos. Mostrar-lhes, por meio do diálogo, as consequências das atitudes diretamente ligadas ao que a criança ou o adolescente tenha feito.
7. Fazer da hora de ir dormir um momento especial de conexão, conversa e oração. Para que isso ocorra, a prática de leitura que levará a este momento, deverá ser iniciada uma hora antes do horário em que os filhos começam a sentir sono. Isso também ajudará a relaxar e a fazer a higiene do sono sem o uso de telas.
8. Pensar e fazer as mudanças necessárias para melhor adequação da rotina da família. Talvez seja preciso rever a escola em que se estuda, o transporte até ela, informar a direção e aos professores que trabalham diretamente com a criança ou adolescente para um melhor acolhimento do luto e apoio neste processo de readaptação à nova vida.
9. O sistema familiar possui uma ordem hierárquica a partir dos pais e do nascimento de cada um dos filhos. É preciso manter cada um na sua posição na parentalidade, quem ficou dos pais em primeiro lugar, os filhos em seus lugares de filhos e de irmãos; por exemplo, não cabe ao irmão mais velho querer educar o mais novo, assumindo um papel que não lhe pertence. Não podemos permitir que mais conflitos se formem a partir disso e nem que se tornem adultos antes do tempo.
10. Verbalizar os momentos de atenção para cada um dos filhos, a fim de amenizar a disputa entre eles por quem ficou, e envolvê-los nas atividades domésticas simples, fará com que se sintam mais próximos e pertencentes.

Com o passar do tempo, os sintomas físicos (dor, sensação de aperto no peito, nó na garganta, dificuldade de respiração, fadiga) e as reações emocionais mais severas (ansiedade, agitação, desamparo, irritabilidade, angústia, hostilidade, revolta) tendem a ir se amenizando.

Entretanto, é preciso muito amor, paciência e conversas sinceras para que tudo se reconstrua. Fatos simples do cotidiano tomam proporções desafiadoras: voltar para a escola, ir ao supermercado, ir brincar na pracinha, ir ao shopping, como serão os primeiros aniversários e datas festivas para cada um; tudo precisa ser muito bem pensado, prevendo já que muitas lágrimas ou sorrisos podem aflorar quando revisitamos estes momentos e tudo bem. Ou seja, *Tudo bem não estar bem*, como diz o título do livro de Megan Devine.

Conforme o sofrimento vai se amenizando, o sorriso reaparece. Nestes momentos, é comum as famílias receberem comentários inconvenientes, pois a sociedade "espera" que se permaneça na dor. O fato de estarem sorrindo não aumenta nem diminui a dor de ninguém. A vida de todos na família precisa prosseguir, se for preciso, tenha coragem de dizer isso a quem não esteja respeitando sua forma de viver o seu luto, pois a dor é só sua, não cabe a ninguém julgar suas atitudes neste momento.

Observamos que as barreiras vão sendo vencidas, momentos vão sendo ressignificados, a proximidade vai acontecendo e, com isso, a rotina familiar vai se tornando mais tranquila e harmônica.

Cito a fala de uma mãe como exemplo, acerca das orientações nos atendimentos como educadora parental, para que outras famílias possam se nortear sobre como agir em meio a tanta dor, pois nós, muitas vezes, não sabemos. E, além disso, nossa cultura, até então, também não costuma nos ensinar: "a Educação Parental me abriu um norte, uma bússola para eu seguir um caminho porque eu estava perdida. E está dando certo. Eu perdi meu marido, não perdi meus filhos. Eu preciso fazer o melhor por eles".

Portanto, quando não souberem o que dizer diante de tamanha dor, se permita não dizer nada, mas se sente ao lado desta pessoa, ouça tudo o que ela precisa dizer, permita que ela chore o quanto precisar, faça companhia, busque uma água, recolha o lixo da casa e coloque-o para fora, ajude com os animais de estimação, ofereça um colo, colo cura, "segure suas mãos" e apenas não as solte durante o processo. Ou simplesmente diga: "Estou aqui! Sinto muito pelo que aconteceu! Para o que precisar estarei aqui!" E esteja presente... Porque quem ficou se preocupará primeiramente com a dor de seus filhos e certamente precisará de alguém que "olhe" por ela.

Uma pessoa enlutada necessita de espaços de dor, o que não quer dizer que necessite ser de um profissional da saúde. Todos nós podemos oferecer acolhimento, ajuda com as coisas do cotidiano ou companhia; nos dias ou momentos mais difíceis, oferecer uma escuta ativa e empática.

Na nossa frágil condição humana, podemos acolher e, também, sermos acolhidos por nossos filhos. Essa troca, em que reconhecem em nós o seu sofrimento, permite que eles e nós, pais, lidemos com a dor de forma mútua, o que nos prepara para a eventualidade da perda de um de nós no futuro.

É preciso viver um dia de cada vez. E se em determinados dias fazer o mínimo for impossível, está tudo bem também. É preciso dar tempo às emoções, para serem digeridas e transformadas. Mas se este processo se tornar doloroso demais a ponto de comprometer a execução e o desempenho de tarefas simples no trabalho e na rotina familiar, percebendo-se "fisicamente doente", será preciso buscar ajuda profissional em médicos, psicólogos e grupos de apoio ao luto.

Fatos não podem ser mudados, somente suportados até que reaprendamos a viver a partir daquele momento em que de repente tudo mudou. A morte muda a gente em tudo, ela muda o nosso mundo. Em muitas situações, só nos restarão lágrimas porque nem as palavras conseguiremos encontrar.

Espero, assim, que este capítulo ajude você a suportar o necessário, com mais gentileza e amor consigo mesmo. Para isso, relembro um trecho extraído do livro *A morte é um dia que vale a pena viver*, de Ana Cláudia Quintana Arantes: "As lágrimas são feitas de água salgada, como o mar. Chorar essa emoção é como tomar banho de mar de dentro para fora. Tudo pode morrer, exceto o Amor. Só o Amor merece a imortalidade dentro de nós" (Arantes, 2022, p. 200).

Referências

ARANTES, A. C. Q. *A morte é um dia que vale a pena viver.* Rio de Janeiro: Sextante, 2022.

DEVINE, M. *Tudo bem não estar bem.* Rio de Janeiro Sextante, 2021.

CAPÍTULO 07

Como ajudar os pais na Educação Sexual durante a adolescência

A Educação Sexual faz parte do exercício da parentalidade e é uma parte importante para o desenvolvimento saudável dos filhos. Deve ser adequada, respeitosa e inclusiva, apoiando o bem-estar dos jovens. Como profissionais da saúde, sabemos que essa realidade não é fácil e nem comum a todas as famílias. Nesse sentido, este capítulo serve como guia de orientação para profissionais auxiliarem famílias e para que pais aprendam a abordar o tema com seus filhos adolescentes.

Joana Quintella e Renata Jannuzzi

JOANA QUINTELLA

Especialista em Neurociência Clínica, Orientação Parental, Educação Socioemocional e Sexual de crianças e adolescentes. Tem formação em Psicologia da Educação e Terapia Cognitivo-Comportamental. Realiza atendimentos presenciais e on-line. Criadora de programas educacionais sobre saúde mental, com atuação em projetos e oficinas para o público infantojuvenil em escolas. Formação em Inteligência Emocional pelo Instituto Técnico de Inovação em Portugal. Coautora do livro *Parentalidade: da teoria à prática.*

Contatos: quintellajoana@gmail.com
Instagram: @espacoacolhimento
+351 92619 4918

RENATA JANNUZZI

Psicóloga clínica de crianças, adolescentes e adultos com atendimentos on-line e presencial. Mestre em Psicologia da Saúde e Neuropsicologia pela Universidade de Aveiro. Pós-graduada em Terapia Cognitivo-Comportamental, MBA em Gestão de Pessoas pela FGV, Especialista em Orientação Parental, Educadora Sexual infantojuvenil, formação em Inteligência Emocional pelo Instituto Técnico de Inovação e Formadora certificada em Competências Pedagógicas. Realiza palestras e workshops em diversos contextos e é criadora de projetos sobre saúde mental na infância e adolescência realizados em escolas em Portugal. Coautora do livro *Parentalidade: da teoria à prática.*

Contatos: r.bloisejannuzzi@gmail.com
Instagram: @psicologarenatajannuzzi
@espacoacolhimento
+351 93254 4512

Você sabia que a Educação Sexual começa no ventre? A forma como a mãe toca na barriga, o jeito como fala com o feto durante a sua formação. Depois do nascimento, como os cuidadores conversam com ele, como olham, a forma como ele é tocado, como brincam, toda essa afetividade que recebem ao longo do seu desenvolvimento é o centro da Educação Sexual, Emocional e da proteção ao abuso sexual. Todas estão interligadas.

Conforme eles crescem, ensina-se sobre consentimento e respeito pelo seu corpo e pelo corpo do outro, fala-se de intimidade, privacidade, nomeiam-se as partes íntimas, sempre respeitando a faixa etária e o desenvolvimento da criança. Com a chegada da pré-adolescência é importante que meninos e meninas tenham conhecimento sobre todas as transformações corporais; por exemplo, a maturação dos órgãos, a menstruação e os novos cuidados com a higiene. Pode ser o momento de começar a aprofundar outros assuntos, conforme eles vão perguntando e demonstrando dúvidas. O mais importante é que não fiquem sem respostas. Quem cresce recebendo Educação Sexual vai ter uma estrutura emocional diferenciada, vai conseguir aceitar e expressar suas emoções de forma mais assertiva. O quanto estamos preparados para fazer tudo isso com naturalidade?

A adolescência não pede licença, ela chega com tudo, transformando a relação entre pais e filhos. De repente, a presença dos pais já não é tão solicitada, e a autonomia dos filhos ganha espaço. É um período de intensas mudanças físicas, emocionais e comportamentais, em que experiências, amizades e descobertas se tornam prioridade. Tudo o que foi ensinado será posto à prova, mas agora sem tanta abertura para interferências parentais. Compreender a intensidade dessa fase e manter o vínculo com o adolescente é essencial para o equilíbrio familiar.

O nosso cérebro é dividido em duas partes, a racional e a emocional. Durante a adolescência, o lado racional do cérebro está em desenvolvimento e termina de se formar por volta de 25 anos de idade. A parte do cérebro que está no comando das suas atitudes, dos seus comportamentos, na hora de fazer as suas escolhas, dos seus pensamentos, de completamente tudo, é o lado emocional. Isso explica a impulsividade, as mudanças de humor e os desafios comportamentais, como as viradas de olho e a intensidade na hora de se comunicar. É um alívio para vocês, pais, entenderem que não é uma escolha do adolescente?

Nesse sentido, o profissional deve ajudar a família a criar estratégias eficazes e respeitosas e combater rótulos como "rebeldes" ou "preguiçosos". Assim, todos podem viver essa etapa como uma oportunidade de aprendizado mútuo.

No passado, predominava a educação tradicional, baseada mais na proibição do que na orientação e prevenção, sem debates abertos sobre temas essenciais como a Educação Sexual, que hoje é cientificamente comprovado que é parte fundamental do processo de educação. Muitos lares ainda sofrem com a educação tradicional e adiam o diálogo sobre sexualidade, seja por achar desnecessário, por medo, vergonha ou falta de preparo. E por que será que você adia tanto essa conversa? O que te impede de falar?

Diferentemente das gerações anteriores, hoje temos a influência da tecnologia e um maior acesso à informação. Essa facilidade com que as informações chegam faz com que os jovens saibam muito, mas sem profundidade. Por isso, os pais não podem estar sozinhos no exercício da parentalidade. Para garantir que sejam fonte de orientação segura e assertiva, os pais precisam enfrentar o desafio de desconstruir tabus, estereótipos e preconceitos e abrir a mente para o novo. Isso não significa aceitar tudo, mas estar atualizado sobre as mudanças e não tentar lutar contra elas, pois elas já estão acontecendo, querendo ou não. Se não houve na infância essa conexão entre pais, filhos e a Educação Sexual, possivelmente esses pais vão encontrar mais barreiras na adolescência, o que não quer dizer que não haja mais tempo para isso.

Antes de orientar os adolescentes, é essencial que os pais reflitam sobre suas próprias vivências e dificuldades ao falar sobre sexualidade: Como foram incentivados a se expressarem? Eram atendidos em suas necessidades básicas, e receberam orientações sobre cuidados com o corpo e privacidade? Como lidaram com as mudanças da adolescência, se tiveram suas dúvidas esclarecidas e de que forma descobriram o que era sexo? Ao guiá-los nessa análise, o profissional os ajuda a entenderem como a sua criação influencia suas percepções, sua forma de abordagem sobre o tema e como lidam com a sexualidade dos filhos hoje. E atualmente, como vivem a sexualidade? Permitem-se dançar do jeito que querem ou dar uma gargalhada alta quando sentem vontade? A sexualidade é sempre como você se vê e se sente no mundo. Reprimir a sexualidade, seja a própria ou a do adolescente, significa reprimir a vida e a sua essência.

Diante das reflexões o profissional poderá identificar se existe alguma dor, avaliar se houve alguma falta para não passar adiante, entender as maiores preocupações ou qualquer outra questão pessoal, e juntos encontrar a melhor forma de conduzir a Educação Sexual dentro das possibilidades e que faça sentido para essa família. E vocês, pais? Sentem algum desconforto em abordar esses temas com seu filho? Algum medo do que pode escutar e não saber como lidar com a situação?

O profissional também precisa identificar possíveis crenças limitantes e quais são as barreiras para acontecer esse diálogo. Pode ser necessário desconstruir uma série de questões para poderem conversar e orientar o adolescente. Muitos pais temem que falar sobre sexo é incentivar ou liberar a vida sexual ativa dos filhos. O receio de fornecer informações precoces ou excessivas é comum, o que muitas vezes bloqueia o canal de comunicação entre pais e filhos.

No entanto, estudos comprovam que o diálogo aberto promove decisões mais ponderadas e seguras, reduzindo riscos e fortalecendo a comunicação na família. Um exemplo disso é a Orientação Técnica Internacional sobre Educação em Sexualidade (Unesco, 2010), na qual se diz que a iniciação sexual muito precoce acontece justamente pela falta de Educação Sexual. Os jovens bem informados geralmente demoram mais para iniciar suas relações, pois procuram o momento e o parceiro certo para se relacionarem. O termo "sexual" na Educação Sexual não se refere apenas a sexo ou orientação sexual, mas à sexualidade como um todo. Para evitar mal entendidos, é importante que o profissional explique de forma breve e clara que a sexualidade envolve diversos aspectos, como saúde, corpo, emoções, relacionamentos, identidade, comportamento e é o caminho para a prevenção ao abuso e violências sexuais.

A Organização Mundial da Saúde (OMS, 2010) define "sexo" como características biológicas e fisiológicas que diferenciam homens e mulheres. E a "orientação sexual" como parte natural de quem somos. Não é uma "opção" ou "preferência", é ter, sentir ou desenvolver atração afetiva, emocional e sexual por pessoas do sexo oposto, do mesmo sexo ou por ambos. E o que é sexualidade? Sexualidade, como parte da personalidade de cada um, é uma necessidade básica e um aspecto do ser humano que não pode ser separado de outros aspectos da vida. A sexualidade influencia pensamentos, sentimentos, ações e interações e, portanto, a saúde física e mental. É a energia que há no ser humano que o leva à busca de prazer e bem-estar em todas as áreas da sua vida. É como eu me vejo no mundo, como eu me sinto, como eu me relaciono com tudo que está ao meu redor, como eu desejo ser escutado, tocado e visto. Na visão de Abdo (2010), a Sexualidade é o principal polo estruturante da personalidade e da identidade do indivíduo. Quando você toma um banho relaxante depois de um dia atarefado, quando você come o seu prato preferido, se você está gostando de ler este capítulo, quando você dá um mergulho no mar, são prazeres na sua sexualidade. Quando você faz um sexo muito bom, é um prazer naquela parte da sua sexualidade, na relação sexual. A sexualidade é um todo e o sexo é uma parte desse todo.

Na adolescência, a sexualidade não é diferente, é a força da vida, onde o adolescente desperta para o mundo. É quando surgem os desejos sexuais. O adolescente começa a sentir vontade de beijar, de tocar, vem a excitação, o querer e o desejar outros corpos e ter relações sexuais. Nesse sentido, a Educação Sexual se faz urgente, o adolescente precisa de instruções para vivenciar esse despertar de forma segura, tanto para ele quanto para as pessoas com quem ele se relaciona. Entre os assuntos indispensáveis, tanto para o menino quanto para a menina, é falar sobre a importância do consentimento, do respeito, do uso de preservativo e suas funções, o chamado "não é não" quando o parceiro(a) não quiser avançar na intimidade, os relacionamentos abusivos entre amigos e namorados e aprender o que é uma relação saudável.

Podem surgir, nesta fase, comportamentos de risco que afetam a sua saúde física e mental, muitas vezes influenciados por seus pares ou pela busca de aceitação. A falta de conhecimento agrava riscos como gravidez indesejada, infecções sexualmente transmissíveis (IST), relações prejudiciais, vulnerabilidade ao abuso sexual, confusão sobre questões de identidade e orientação sexual, entre outras.

Dessa maneira, profissionais devem alertar sobre pornografia on-line, segurança digital e os perigos dos relacionamentos virtuais. Assim como um adolescente de 14 anos não pode dirigir por imaturidade cerebral, também não pode ser deixado sem orientação no uso da internet. Monitoramento respeitoso e limites são essenciais.

Assim, observa-se que promover a Educação Sexual é um processo contínuo e sua abordagem ocorre o tempo todo, mesmo que não seja a sua intenção. Agora o seu filho já é um adolescente, você já entendeu a importância da Educação Sexual, mas você nunca tocou no assunto e não sabe como começar essa conversa. Esse adolescente começa a ter os primeiros relacionamentos, surgindo uma preocupação muito grande.

Não é necessário formalidade ou fazer uma palestra sobre o tema. Jovens não gostam de serem encarados, de sermões, de contato visual quando não estão à vontade. Aproveite enquanto estiver dirigindo ou preparando uma refeição para a conversa fluir com mais facilidade; a ideia é que seja o mais natural possível. Outra sugestão é contar sobre suas próprias experiências, eles adoram ouvir as histórias dos pais e isso ajuda na aproximação entre vocês. O ideal é ir aos poucos e assim você terá mais tempo para a escuta ativa, refletir melhor sobre o que ele falou e o que poderá ser dito em uma próxima vez. Assistir a um filme ou a uma série de adolescentes, além de ser uma boa opção, é mais uma chance de conexão. Aproveite o gancho de alguma coisa que esteja acontecendo e a partir disso desenvolva uma conversa que estimule uma reflexão. Faça perguntas abertas que não possam ser respondidas com "sim", "não", "bom" ou "não sei".

Em quaisquer que sejam as circunstâncias, é muito importante tentar pedir a opinião deles primeiro e escutar o que eles pensam, sem repressões. Assim, você vai estar valorizando a perspectiva deles sobre as coisas, e por mais que você não concorde, mostra que você se interessa e respeita o ponto de vista, sendo também um exemplo de como agir quando as pessoas pensam diferente. Colocar-se no lugar do adolescente pode te ajudar a pensar no que fazer e agir de maneira respeitosa; por exemplo, ninguém gosta de ser chamado atenção o tempo todo, não se sentir respeitado dentro de casa, ouvido ou valorizado, sem espaço para dizer o que pensa, por que com ele seria diferente? Não há relação que seja saudável sem empatia, escuta e com atitudes autoritárias.

Evite conversar com seu adolescente quando as emoções dele estiverem em alta, para que ele possa te ouvir melhor. Não desista da primeira tentativa, nem sempre eles serão receptivos, insista com paciência. Mesmo que ele rejeite sua companhia, mantenha-se presente e interessado. Resgatar ou criar um vínculo com conexão é fundamental para que suas orientações sejam valorizadas, promovendo a segurança, a integridade e o bem-estar dele.

Acreditamos ser impossível formar uma geração melhor sem que seja superado o que ainda carregamos da educação tradicional e sermos efetivos para uma Educação Sexual saudável e consciente. Que a Educação Sexual na adolescência venha para transformar as dúvidas e inquietudes em informação, promovendo um leque de valores fundamentais para que eles possam ter autonomia para fazerem boas escolhas.

É preciso, desse modo, enxergar a sexualidade com naturalidade, a fim de construir uma base sólida para a saúde emocional dos jovens, na formação de seres humanos íntegros e, enfim, contribuir para uma educação mais completa e humanizada.

Referências

ABDO, C. *Sexualidade humana e seus transtornos*. 3. ed. São Paulo: Leitura Médica, 2010.

NELSEN, J.; LOTT, L. *Disciplina positiva para adolescentes:* uma abordagem gentil e firme na educação dos filhos. 3. ed. São Paulo: Manole, 2019.

PERRY, P. *O livro que gostaria que os seus pais tivessem lido* (e que seus filhos agradecem que leiam também). Lisboa: Arena, 2020.

UNESCO. Orientação técnica internacional sobre educação em sexualidade. Uma abordagem baseada em evidências para escolas, professores e educadores em saúde. *Razões em favor da educação em sexualidade*. v. 1. [*S.l.*]: Unesco, 2010. Disponível em: https://www.educadores.diaadia.pr.gov.br/arquivos/File/cadernos_tematicos/orientacao_tecnica_internacional_sexualidade.pdf. Acesso em: 6 jun. 2025.

WORLD HEALTH ORGANIZATION. *Defining sexual health*. Disponível em: https://www.who.int/teams/sexual-and-reproductive-health-and-research/key-areas-of-work/sexual-health/defining-sexual-health. Acesso em: 3 jul. 2025.

CAPÍTULO 08

Família vs. escola e disciplina positiva

Nem tudo acontece como os livros sugerem, como os especialistas indicam e como as campanhas sobre inclusão trazem na mídia. Mas este capítulo vem para nos mostrar que é possível fazer diferente, fazer o humanamente possível e construir um processo de inclusão de sucesso, com amor e respeito. A parceria família vs. escola e Disciplina Positiva venceu dessa vez!

Karine Brito

KARINE BRITO

Psicóloga graduada pela Universidade Católica de Pernambuco (2002). Neuropsicóloga e educadora parental. Atuação na área clínica e escolar há mais de 20 anos, atendendo ao público infantil, adolescente e adulto. Facilitadora em rodas de conversa e grupos terapêuticos para crianças, adolescentes e adultos. Realiza acompanhamento e orientação familiar e, na área de educação, como psicóloga escolar, acompanha a educação infantil e de adolescentes.

Contatos: karineabritoo@gmail.com
Instagram: @arboreser.psicologia
81 98866 8858

"Lugar de criança é na escola". Quem nunca ouviu essa frase? É com ela que Renato Caminha (2024) fala da pedagogia como uma das ciências mais importantes para a formação educacional e protocolar de uma criança. Segundo ele, vivemos hoje uma sociedade "pedocêntrica", ou seja, uma configuração social na qual diversas ciências investem energia buscando desvendar os enigmas da infância. E é nesse ambiente, um universo rico em estímulos, que a nossa história acontece.

Foi logo no início do ano, tudo novo de novo, parecia um dia como outro qualquer, organizar o perfil das turmas, acompanhar as crianças que estavam na colônia de férias, enfim, mais um dia na minha semana. Mas algo estava por vir, e eu nem imaginava. A recepcionista anunciou que havia chegado uma família nova que gostaria de conversar com a coordenação; e naquele momento eu estava disponível, a psicóloga da escola, e como eu acredito que tudo acontece como tem que acontecer, eu de fato era a pessoa certa para atender essa família! Por quê?

Ao chegar na recepção, estava uma bela mulher, muito arrumada, bem cuidada, com um sorriso largo no rosto, mas seu olhar era um pedido de ajuda. Percebi assim que dei bom dia! Muito bem, após ela conhecer a estrutura física do colégio, os serviços que oferecemos, seguimos para minha sala. A ideia agora seria apresentar a proposta pedagógica e ouvir a família.

Perguntei o que acharam do colégio e o que esperavam de nós em relação a seu filho, um garoto de oito anos, filho de um casal que já tinha uma filha 14 anos mais velha. Hoje penso que foi aí, nesse momento, que demos início ao processo de acolhimento e história de amor com essa criança.

A mãe, de postura impecável, mostrou sua fragilidade e sofrimento, acumulados durante oito anos junto com seu filho. Ela enfrentou muitos "nãos", portas fechadas, julgamentos, críticas e pouca ajuda. A frase mais ouvida foi: "Que mãe é essa que não dá 'limites' ao filho?".

Ela abriu uma pasta com histórico médico e terapias. Havia laudos com diagnósticos variados – TDAH, TEA e TOD. Muitas crianças hoje têm esses diagnósticos e passam horas em terapia para regular o comportamento, lidar com frustrações e emoções, e desenvolver estratégias para manter o foco.

A lista de terapias é infinita. J. B., como irei chamá-lo para preservar sua identidade, vinha de uma relação desgastada com seu colégio anterior, marcada por momentos de raiva intensa e birras. Além disso, ele estava chegando com um déficit pedagógico significativo, provavelmente fruto de seus diagnósticos. Eu pensava: E agora? Como faremos com essa criança? Quem terá disponibilidade para acolher, apoiar e fazê-lo prosperar? Disciplina positiva? Educação tradicional? Conversas e acordos? Ou seguiremos regras rígidas? Precisava conhecer essa criança e entender o que estava por vir.

Encerramos o encontro com a mãe, pedi que trouxesse J. B. na manhã seguinte e agendamos com a recepção. Fui para casa pensativa e preocupada, sabendo que teria muitas vidas para administrar: J. B., a professora, uma família ansiosa e toda a equipe da escola. Quando conhecemos J. B., ele se mostrou receptivo e comunicativo, participando das atividades propostas.

Na recepção, ao final, a mãe chamou J. B. para ir embora, mas ele queria ficar no parque. Quando ela explicou que precisava trabalhar, ele gritou, agitou os braços e correu em direção à porta, sendo contido pelo porteiro para evitar que se machucasse. Após uma longa conversa e promessas da mãe, ele se acalmou e foi para casa tranquilamente.

As aulas começaram no final de janeiro, e J. B. chegou cheio de energia, visivelmente alegre. Apresentamos os novatos e veteranos, e todos seguiram com suas professoras. Na segunda semana de aula, durante o intervalo, ocorreu o primeiro conflito. A explosão de raiva foi intensa. Cheguei ao pátio e encontrei cadeiras no chão, uma porta aberta com um empurrão e um colega machucado. J. B. estava emocionalmente frustrado e fisicamente agitado.

Enquanto observava a cena, senti raiva pelo descontrole dele e percebi que todos esperavam que minhas palavras transformassem J. B. na criança mais calma do mundo, e para sempre. Lembrei-me de uma frase da Disciplina Positiva: "De onde tiramos a absurda ideia de que, para levar uma criança a agir melhor, precisamos antes fazê-la se sentir pior?". Tomei coragem e, com o coração, me aproximei de J. B., conectando-me com ele.

Em silêncio, segurei suas mãos e ele aceitou. Busquei na memória uma ferramenta para ajudá-lo nos momentos desafiadores do ambiente escolar.

Aos poucos, ele se acalmou, o choro cessou e pudemos conversar. Em vez de dar um sermão, resolvi usar Disciplina Positiva, focando na solução e estimulando sua curiosidade e reflexão. Perguntei como ele se sentia sobre o ocorrido e o que poderia fazer diferente para não machucar a si mesmo ou aos outros. Para minha surpresa, ele pediu desculpas espontaneamente e mostrou arrependimento.

A Disciplina Positiva propõe uma educação baseada na cooperação e respeito, sendo firme, mas também gentil. Essa teoria sugere que, ao nos conectarmos com a criança e demonstrarmos que nos importamos, elas tendem a cooperar e seguir as regras. Foi fundamental olhar nos olhos de J. B., mostrar que entendia sua frustração e deixá-lo expressar seu sofrimento.

Pais e professores muitas vezes têm dificuldade em ser gentis e firmes ao mesmo tempo porque, quando uma criança nos chateia, não temos vontade de tratá-la com gentileza. No entanto, para que aprendam a controlar seu comportamento, precisamos primeiro controlar o nosso. Às vezes, é necessário dar uma "pausa positiva" e retomar a questão quando estivermos mais tranquilos, buscando uma solução, em vez de um culpado. A punição raramente ensina, ao contrário da reflexão sobre o erro.

De acordo com a Disciplina Positiva, controlar excessivamente o comportamento das crianças leva à dependência de terceiros para aprovação ou desaprovação, e não ensina responsabilidade, cooperação ou busca por soluções. Nosso aluno precisava ser acolhido e responsabilizado por suas escolhas, desenvolvendo autoconfiança e segurança para fazer escolhas assertivas.

Após o primeiro mês de aula, desenvolvemos um perfil individual e coletivo do aluno e convidamos a família para firmar acordos. A confiança era essencial para legitimar nossas intervenções, mostrando a J. B. que estava seguro conosco e em comunhão com seus pais. Nossas conversas foram francas, esclarecendo que seríamos firmes e respeitosos.

Com o tempo, J. B. enfrentava desafios e desorganizações semanais, mas os colaboradores do colégio começaram a entender seu movimento, construindo uma relação de respeito e carinho, apesar das dificuldades. Na sala de aula, onde as crianças tinham diferentes constituições emocionais, as atitudes agressivas e sem controle emocional assustavam os colegas e causavam caos, com carteiras ao chão e atividades amassadas ou rasgadas.

Mas o que mais doía no coração era ouvi-lo dizer que não sabia fazer, que queria morrer, que, por favor, uma de nós, acabasse logo com aquilo. Ele chorava um choro muito sentido, acho que passeava entre a raiva sob a frustração e a vergonha por agir sem controle. E, assim, partíamos para mais uma intervenção de acolher, compreender seu sentimento, sua ideia, mas que definitivamente aquela não era a melhor forma de resolver.

Fizemos alguns combinados e ele aos poucos foi conseguindo cumprir, se sentia bem e expressava sua satisfação, sempre que conseguia seguir o combinado. Daí em diante, experimentando a sensação de bem-estar que chegava, todas as vezes que agia com mais gentileza e cooperação.

Vocês querem saber o dia em que tive a certeza de que estava no caminho certo? Estava saindo com ele da sala da coordenação pedagógica, ele chorava muito porque tinha se desentendido com um colega no intervalo, lá fomos nós resolver. Nesse caminho, encontramos dois bebês da educação infantil. Um deles deixou cair um brinquedo que levava nas mãos; ele imediatamente parou e disse: só um minuto, tia. Deixa eu ajudar esse bebê! Apanhou o objeto e entregou à criança em meio a um belo sorriso de alegria! Ali, tudo passou, não existia mais raiva ou choro, ele olhou para mim e pediu para voltar para sua sala porque não poderia perder mais aula!

Sabe o que me veio à cabeça? O que Jane Nelsen (2015) nos diz, que crianças costumam colaborar quando se sentem aceitas e importantes, necessidade básica e primária de todos nós, sermos aceitos e pertencentes. Descobri a partir daí que J. B. tinha uma excelente habilidade para ouvir os colegas e gostava de nos ajudar a encontrar soluções para os conflitos alheios. É claro que mostrei a ele essa habilidade e que poderia usar a seu próprio favor.

Sempre que ele estava conosco e que algum problema chegava, perguntava a ele o que ele achava que eu poderia fazer, como eu poderia resolver? Assim, mais e mais ele foi se sentindo aceito e parte importante do nosso quebra-cabeça. A tendência? Colaborar sempre que era necessário. Que habilidade de vida estamos ajudando a desenvolver aqui? Responsabilidade social. Uma criança que se sente autoconfiante, se sente capaz de ajudar o outro e o sentimento nessa ação é de felicidade e prazer, por estar contribuindo com a sua comunidade, seja sua escola, sua casa ou outro ambiente.

J. B. era recebido todas as manhãs por sua professora com um abraço carinhoso e um beijo na testa, eu ficava de longe olhando e admirando a atitude daquela professora, que com tanta sabedoria e amor acolhia seus alunos. De cá ficava me perguntando, será que essas crianças sabem o quanto seus professores se importam com elas?

No livro *Disciplina positiva em sala de aula* (2017, p. 65), Jane Nelsen afirma que: "A percepção das crianças de que seus professores se importam com elas é o ingrediente primário para desenvolver o seu senso de conexão (serem aceitas e terem importância)".

Acredito que seria importante, você como professor se perguntar primeiro "Quanto eu me importo com meus alunos?". Depois, "será que meus alunos sabem o quanto eu me importo com eles?". J. B., com certeza, sabia o quanto tia F. se importava com ele. Ela foi peça-chave nessa construção de autoestima, ela era referência para J. B.

Nesse momento, é importante ressaltar que nosso aluno, como foi dito lá no comecinho do texto, chegou aqui com alguma dificuldade pedagógica; de fato, ele apresentava uma dificuldade na leitura e interpretação, o que leva a outras inúmeras dificuldades.

Tia F. aos poucos foi nos mostrando que não se tratava simplesmente de uma dificuldade, mas sim da crença de que nada ele sabia, de uma autoconfiança que ainda não havia sido construída, faltava para J. B. alguém que o encorajasse a se arriscar, a tentar e errar e errar, até acertar e que tudo bem, o processo é assim, cheio de erros e acertos, cheio de dificuldades e conquistas, e assim, aos poucos J. B. estava na lousa, fazendo contas de matemática e nos surpreendendo com sua capacidade de aceitar nossa ajuda, nossa orientação, J. B. se superava a cada dia, a cada avaliação, a cada momento de leitura e nos trabalhos em grupo.

Segundo Nelsen (2017), antes da correção, a conexão, ou seja, quanto mais conectado com a escola o aluno esteja, maior seu nível de aproveitamento acadêmico, e consequentemente a redução na evasão, no número de faltas, conflitos, bullying. Quanto mais se sentir importante, cuidado, mais a criança tende a colaborar, o senso de pertencimento em destaque sempre nas relações, sejam elas entre pessoas ou entre pessoas e instituições.

De acordo com Donald Winnicott (*apud* Perry, 2020, p. 78): "[...] ao observar crianças brincando de esconde-esconde: É uma alegria estar escondido e um desastre não ser encontrado".

Recentemente, ouvi de uma colega que esteve comigo a todo tempo no processo de J. B. que tudo era mais difícil porque sentíamos o que ele sentia, sofríamos seu sofrimento, chorávamos seu choro, mas terminamos o ano sorrindo seu sorriso!

É assim que entendemos aqui o processo de inclusão, com amor, respeito e principalmente acreditar que uma educação gentil e firme transforma as relações, deixa tudo acontecer! Estivemos juntos a todo instante, psicologia, coordenação, professores e família. Nossa base? Disciplina positiva!

Referências

CAMINHA, R. M. *Mitos da parentalidade*: livrando os pais da culpa infundada. Porto Alegre: Artmed, 2024.

NELSEN, J. *Disciplina positiva*. São Paulo: Manole, 2015.

NELSEN, J. *Disciplina positiva em sala de aula*. São Paulo: Manole, 2017.

PERRY, P. *O livro que você gostaria que seus pais tivessem lido (e seus filhos ficarão gratos por você ler)*. São Paulo: Fontanar, 2020.

CAPÍTULO 09

Crianças com deficiência

Inclusão e suporte

A inclusão de crianças com deficiência é essencial para garantir oportunidades plenas de participação social. Envolve não apenas permitir sua presença em espaços comuns, mas garantir sua participação ativa, com os apoios adequados. Este capítulo aborda estratégias para apoiar essas crianças em casa e na escola, considerando acessibilidade, metodologias de ensino, suporte emocional e redes de apoio.

Larissa Lemgruber e Sabrina Azevedo

LARISSA LEMGRUBER

Neuropsicóloga com experiência há mais de dez anos com o público infanto-juvenil. Também é especialista em intervenções cognitivas e comportamentais em crianças, intervenção ABA (Applied Behavior Analysis) pelo Child Behavior Institute of Miami e formação no sistema de comunicação por troca de figuras (PECs). Sócia-fundadora do Instituto Vínculo, em Brasília, que atua em uma abordagem multidisciplinar focada no desenvolvimento integral de crianças atípicas e no seu processo de inclusão. Em sua vida, além da prática profissional também é mãe de duas meninas maravilhosas que a inspiram diariamente. Para ela, os estímulos certos no momento certo podem transformar vidas.

Contatos: lari.lemgruber@gmail.com
Instagram: @larissalemgruber.neuropsi
@inst.vinculo
61 99993 8739

SABRINA AZEVEDO

Graduada em Pedagogia pela Universidade de Brasília, atua há mais de dez anos com inclusão escolar de estudantes neurodivergentes, adequação curricular e alfabetização de pessoas com dificuldades de aprendizagem. Sócia-fundadora do Instituto Vínculo em Brasília, é pós-graduada em Psicopedagogia e especialista em Neurociência e Educação, unindo prática e estudos constantes. Já palestrou em congressos e escolas. Sonha em abrir um café inclusivo. Acredita que a alegria deve estar presente em todos os ambientes, inclusive no clínico. É mãe de um menino lindo que recarrega sua alegria e inspira sua caminhada todos os dias.

Contatos: sabrina.cezario@gmail.com
Instagram: @psicopedagoga_sabrina_azevedo
@inst.vinculo
61 99993 8739

Quando se fala em inclusão, pode-se pensar em mudança de paradigma. Paradigmas são modelos: modelos de conduta, de pensamento, de agir, de falar. Dessa forma, mudar um paradigma envolve mudar modelos e conceitos já existentes para que novos constructos sejam criados. Nesse sentido, a inclusão de pessoas neuroatípicas em ambientes diversos é uma grande mudança.

As escolas precisam repensar suas ações. Modelos de aprendizagem que antes eram vistos como únicos são modificados com novas descobertas e estudos científicos. Famílias de crianças consideradas típicas percebem um novo papel na educação de seus filhos: ensiná-los a compreender as diferenças e a não gerar exclusão. O governo precisa revisitar (e revisar) as políticas públicas já existentes para formular outras que abarquem esse público. A inclusão promove reflexão para novas ações e é um acontecimento essencial e necessário.

Toda mudança envolve desafios para os que estão envolvidos. No caso da inclusão, desafio para os que merecem estar incluídos, e para os que participam desse processo direta ou indiretamente. Ferramentas e estratégias vêm sendo criadas e constantemente atualizadas a partir de estudos e experiências das famílias. Professores e equipe escolar deverão buscar novos conhecimentos para conseguirem transformar suas escolas em ambientes acolhedores.

Para compreender a inclusão de crianças com deficiência e pensar em estratégias eficazes para apoiá-las, é fundamental entender alguns conceitos-chave que permeiam esse tema. Inclusão e acessibilidade são princípios fundamentais para garantir a participação dessas crianças na sociedade. Além disso, é necessário conhecer as diferentes formas de deficiência e os direitos assegurados pela legislação, que oferecem suporte e proteção para sua integração e desenvolvimento.

A inclusão é um princípio que busca garantir que todas as pessoas, independentemente de suas condições físicas, intelectuais ou sociais, tenham acesso igualitário a oportunidades e direitos. No contexto da infância, a inclusão envolve criar ambientes em que crianças com e sem deficiência possam aprender, brincar e interagir sem barreiras. Esse processo não significa apenas permitir a presença dessas crianças em espaços comuns, mas garantir que elas participem ativamente, com os apoios necessários para seu pleno desenvolvimento.

Já a acessibilidade refere-se às condições que permitem que todas as pessoas possam utilizar, com segurança e autonomia, os espaços físicos, recursos educacionais e meios de comunicação. No caso das crianças com deficiência, a acessibilidade pode envolver desde adaptações arquitetônicas, como rampas e banheiros adaptados, até recursos pedagógicos diferenciados, como materiais em Braille, tecnologias assistivas, intérpretes de Libras e metodologias de ensino que atendam a diferentes estilos de aprendizagem.

De acordo com Santos *et al.* (2016):

> o termo necessidades especiais engloba num sentido amplo todas as pessoas que são portadoras de alguma deficiência, seja esta, de ordem física, cognitiva, socioeconômico e/ou cultural, que interfiram na acessibilidade, à qual, o indivíduo tem direito de adquirir ou usufruir (*ipsis litteris*).

Cada uma dessas condições exige estratégias específicas de apoio para garantir que a criança tenha as mesmas oportunidades de aprendizado e participação que as demais.

No Brasil, a legislação garante uma série de direitos às crianças com deficiência, visando a sua inclusão e proteção. Além dessas leis, há outras normativas que garantem benefícios e assistência às crianças com deficiência e suas famílias. Busque sempre informações.

Criando um ambiente inclusivo em casa: adaptações e estratégias para pais

O ambiente familiar desempenha um papel fundamental no desenvolvimento de todas as crianças, mas naquelas com deficiência eles são ainda mais urgentes. Além de oferecer segurança e conforto, a casa deve ser um espaço inclusivo, que favoreça a autonomia, bem-estar emocional e desenvolvimento das habilidades da criança.

Para isso, é importante considerar três aspectos principais: as adaptações físicas, o ambiente emocional e social e as estratégias para os pais promoverem uma rotina acolhedora e funcional.

Cada criança tem necessidades específicas, mas algumas adaptações físicas podem ser feitas para garantir mais acessibilidade e independência. Algumas sugestões incluem:

- **Mobilidade e segurança**: ajustes como a instalação de corrimãos, barras de apoio no banheiro e rampas podem facilitar a locomoção, também garantem espaço livre para circulação.
- **Estimulação sensorial**: para crianças com qualquer quadro que envolva sensibilidade sensorial, é importante criar um ambiente que evite sobrecargas. Cores suaves, iluminação menos intensa e direta e materiais com diferentes texturas podem ser utilizados conforme a necessidade da criança. Algumas crianças se autorregulam com o uso de balanços; se for o seu caso, instalar um pode ser uma boa opção!
- **Materiais acessíveis**: se a criança possui deficiência visual, é possível investir em etiquetas em Braille e brinquedos com texturas diferenciadas e aspectos sonoros. Já para crianças com deficiência auditiva, lembretes visuais e materiais complementares podem ser úteis.

A inclusão começa dentro de casa, com a valorização das potencialidades da criança e o incentivo a sua participação na rotina familiar. Algumas estratégias para fortalecer o ambiente emocional e social incluem dar espaço para que a criança expresse suas emoções e necessidades de forma verbal ou não verbal; até a tecnologia pode facilitar essa comunicação.

Além disso, algumas crianças podem precisar de mais tempo para realizar tarefas diárias, dificuldade no que chamamos de "velocidade de processamento" ou até mesmo atencional; para isso, pode-se criar uma rotina visual para que a criança não se perca ao longo da execução e podem ser dados comandos curtos e fragmentados, melhorando a compreensão. Independentemente da escolha feita, celebrar as pequenas conquistas da criança, sem compará-la a outras, reforça a autoestima, promovendo autonomia e autoconfiança.

Ser pai ou mãe de uma criança com deficiência pode ser desafiador, mas também enriquecedor. Busque informação e apoio. Grupos de apoio e redes de pais podem ser fontes valiosas de troca de experiências. Cuidar da saúde mental dos pais também é essencial. Buscar bem-estar ajuda a manter um ambiente mais equilibrado e acolhedor.

Criar um ambiente inclusivo em casa não significa eliminar desafios, mas sim proporcionar à criança oportunidades para crescer e se desenvolver no seu próprio ritmo, sentindo-se valorizada. O amor, o respeito e a adaptação às necessidades individuais são os pilares para uma casa de fato inclusiva.

Ambiente da escola: da acessibilidade à capacitação

Inclusão escolar é um tema bastante recente no Brasil. Segundo Mendes (2010), o marco histórico da educação especial no país foi a criação do Instituto dos Meninos Cegos em 1854 no Rio de Janeiro, a partir de inspiração europeia.

Foi apenas na década de 1970 que a ideia de inserir em espaços particulares as pessoas que possuem necessidades educacionais foi substituída pela concepção de que algumas destas pessoas deveriam estar inseridas nas mesmas classes de todos os outros estudantes.

Assim, no final da década de 1970 foram implantados "os primeiros cursos de formação de professores na área de educação especial ao nível do terceiro grau e os primeiros programas de pós-graduação a se dedicarem à área de educação especial" (Nunes *et al.*, 1999; Bueno, 2002 *apud* Mendes 2010, p. 101).

Atualmente, a escola começa a se tornar um espaço promotor e desenvolvedor de habilidades para e pela inclusão. É importante reconhecer o ambiente escolar como um local privilegiado para o desenvolvimento de diversas habilidades. Como salientam Belizário Filho & Lowenthal (2012, p. 138), a inclusão escolar pede que novos contextos escolares sejam criados, para que todos os estudantes, independentemente de suas condições, possam participar da escola.

Os estudantes inseridos no público-alvo da Educação Especial muitas vezes apresentam dificuldade de aprendizagem quando precisam seguir um currículo padrão sem adequações que contemplem sua individualidade, subjetividade e potencialidades. Perante esses desafios, favorecer a inserção ativa desse público no ambiente escolar é desafiador e a participação colaborativa de todos os que participam do universo escolar é essencial para que o processo avance.

O PEI deve conter os conteúdos e as adequações pedagógicas referentes a esses conteúdos, mas também quaisquer objetivos que se relacionem às dificuldades das crianças.

De acordo com Barbosa (2019), em seu trabalho "Conhecimentos necessários para elaborar o Plano Educacional Individualizado", o PEI pode conter identificação do educando; relatório sobre a história do estudante cedido pela família, pelos terapeutas e até mesmo pelo educando; necessidades específicas que ele possa apresentar; habilidades e potencialidades que possua; métodos de avaliação; objetivos traçados após uma análise bem-feita e revisão do documento periodicamente e sempre que necessário. O PEI é um documento ativo durante o ano escolar.

Após a confecção do PEI, diversas ferramentas podem ser requeridas e utilizadas a partir da demanda de cada educando. Algumas delas são utilização da sala de recursos, adequação de atividades e avaliações ao nível do estudante, turmas reduzidas, utilização de comunicação aumentativa para viabilizar a socialização e a expansão da criança no ambiente escolar, presença de um acompanhante e muitas outras. Com objetivos bem traçados e que estão conectados com a realidade da criança, as adequações escolares se tornam mais tangíveis.

É importante salientar que a participação das famílias no processo de formulação do PEI e no acompanhamento da execução das propostas é essencial. A família conhece o estudante e enfrenta desafios diários com ele. Assim, a escola deve ouvir atentamente os relatos dos familiares para que o estudante seja visto em sua totalidade.

A luta para garantir as diferentes adaptações necessárias para os nossos estudantes está acontecendo e as famílias já conseguiram vencer diversas batalhas. Contudo, o caminho ainda é longo e é preciso continuar mostrando as necessidades dos estudantes com necessidades especiais educacionais, bem como todas as suas potencialidades e capacidades. Assim, construiremos uma educação mais digna e menos capacitista.

Parcerias e redes de apoio: o caminho para uma inclusão efetiva

Pais e cuidadores desempenham um papel fundamental, mas contar com parcerias e redes de apoio pode fazer toda a diferença na qualidade de vida da criança e da família. O suporte pode vir da família, da equipe de profissionais especializados, programas governamentais e redes comunitárias que oferecem acolhimento e informações essenciais para lidar com os desafios do dia a dia.

Cada criança com deficiência possui demandas específicas que exigem acompanhamento de diferentes especialistas. O trabalho multidisciplinar é essencial para garantir que o desenvolvimento da criança seja abordado de forma integral. Entre os principais profissionais que podem compor essa equipe, estão médicos especialistas, terapeutas ocupacionais, fonoaudiólogos, psicólogos, educadores especializados e fisioterapeutas. O ideal é que haja sempre contato entre os profissionais e com a família, favorecendo o desenvolvimento da criança.

Além do suporte dos profissionais, o Brasil possui políticas públicas e programas voltados para a inclusão e o suporte de crianças com deficiência ou transtornos do desenvolvimento: Benefício de Prestação Continuada (BPC/LOAS), Centro Especializado em Reabilitação (CER), Programa de Atendimento Educacional Especializado (AEE), Passe Livre para pessoas com deficiência, isenção de impostos na compra de veículos adaptados, sistemas de cotas para educação e mercado de trabalho, dentre outros. Ademais, muitas cidades possuem projetos locais de apoio a famílias de crianças com deficiência, busque informações.

Por fim, mas não menos importante, o suporte emocional e a troca de informações entre famílias que passam por experiências similares são fundamentais para o bem-estar dos pais e o desenvolvimento da criança. Redes de apoio ajudam a reduzir o isolamento, oferecer acolhimento e compartilhar soluções práticas para os desafios do cotidiano. É comum encontrarmos grupos de pais (virtuais ou encontros presenciais), ONGs e associações, projetos sociais ou redes de apoio escolar.

Contar com uma rede de apoio amplia as possibilidades de inclusão e desenvolvimento da criança. Nenhuma família precisa enfrentar os desafios sozinha. A união entre pais, profissionais, escolas e políticas públicas fortalece a luta pela inclusão e garante que cada criança receba o suporte necessário para crescer com dignidade e respeito.

A inclusão acontece quando se aprende com as diferenças e não com as igualdades.

Paulo Freire

Referências

BARBOSA, V. B. *Conhecimentos necessários para elaborar o Plano Educacional Individualizado - PEI.* Produto educacional (Mestrado Profissional em Ensino de Ciências – ProfEPT) – Instituto Federal de Educação, Rio Pomba, 2019.

BELIZÁRIO FILHO, J.; LOWENTHAL, R. A inclusão escolar e os transtornos do espectro do autismo. *In*: SCHMIDT, C. (Org.). *Autismo, educação e transdisciplinaridade.* Campinas, São Paulo: Papirus, 2012, p. 125-138.

BRASIL. *Lei nº 13.146, de 6 de julho de 2015.* Institui a Lei Brasileira de Inclusão da Pessoa com Deficiência (Estatuto da Pessoa com Deficiência). Diário Oficial da União, Brasília, DF, 7 jul. 2015.

BUENO, J. G. S. *A educação especial nas universidades brasileiras.* Brasília: MEC, Secretaria de Educação Especial, 2002.

MENDES, E. G. Breve histórico da Educação Especial no Brasil. *Revista Educación y Pedagogía,* v. 22, n. 57, 2010.

NUNES, L. R. P. *et al. A pós-graduação em Educação Especial no Brasil:* análise crítica da produção discente. *Revista Brasileira de Educação Especial,* Piracicaba, v. 3, n. 5, p. 113-126, 1999.

OLIVEIRA, R. Q. *et al.* A inclusão de pessoas com necessidades especiais no ensino superior. *Revista Brasileira de Educação Especial,* v. 22, n. 2, p. 299-314, 2016.

CAPÍTULO 10

Autonomia e independência

Neste capítulo, os profissionais encontrarão estratégias valiosas para ensinar os pais a promover a autonomia e independência em seus filhos desde a infância. Enfatiza a importância de respeitar o ritmo individual de cada criança, equilibrando a liberdade de aprendizado com os limites necessários. Para contribuir no desenvolvimento de crianças e adultos mais seguros, resilientes e emocionalmente saudáveis.

Lenize Objuth Baptista

LENIZE OBJUTH BAPTISTA

Mãe de um casal, casada, nascida em 1996. De São José dos Pinhais/Curitiba. Formada em Administração pela Faculdade Positivo, pós-graduada em Educação Parental pela Faculdade Focus e Educadora Parental certificada em Disciplina Positiva pela PDA BRASIL. Com uma forte paixão pela parentalidade consciente, dedica-se a orientar pais e responsáveis a construírem relações mais saudáveis e respeitosas com seus filhos. Acredita que, por meio do conhecimento e da aplicação de práticas positivas, é possível transformar a maternidade e a paternidade em jornadas mais leves e significativas. Além da formação acadêmica, sua experiência como mãe a impulsiona a oferecer suporte empático e prático para famílias que desejam educar com amor, respeito e conexão.

Contatos: baptistalenize@gmail.com
Instagram: @lenize_baptista
TikTok: lenize_baptista
YouTube: lenize_baptista
41 9 8859 8244

A autonomia e a independência são habilidades que começam a ser desenvolvidas desde bebê. Cada faixa etária tem um tipo de desenvolvimento motor e cognitivo que deve ser respeitado. Nosso papel como educador é orientar os responsáveis para que entendam a diferença entre permitir e incentivar a autonomia da criança. Apenas permitir que a criança faça algo por conta própria não é suficiente, é preciso estimular e apoiar esse desenvolvimento de forma ativa.

Independência e autonomia infantil são conceitos relacionados, mas possuem algumas distinções importantes. A **independência** muitas vezes é algo mais "prático", refere-se à capacidade da criança de realizar tarefas sozinha, sem depender de outros, enquanto a **autonomia** vai além e envolve a capacidade de tomar decisões e agir de forma consciente, levando em conta suas próprias escolhas e as consequências delas, e essas capacidades começam a se formar nos primeiros meses de vida. Nem sempre uma criança independente é autônoma. E muitas vezes os pais querem que a criança saiba, mesmo antes de ser ensinada a saber!

Para que esses aspectos se desenvolvam de forma saudável, é necessário equilíbrio. É essencial ensinar os pais a equilibrar a liberdade com o suporte adequado. Muitas vezes, eles acreditam que incentivar a autonomia significa deixar a criança fazer tudo sozinha, quando, na verdade, o apoio e a supervisão são fundamentais para que ela aprenda com segurança.

A autonomia infantil é um dos pilares para o desenvolvimento saudável da criança, ao realizar tarefas de forma independente, ela vai adquirindo um senso de responsabilidade e habilidade para lidar com desafios. Além disso, essa autonomia contribui para a construção de uma identidade própria, à medida que a criança experimenta, faz escolhas e aprende com os erros e acertos.

Como profissionais, temos um papel fundamental em orientar os pais sobre a importância de proporcionar oportunidades que fortaleçam a confiança e a autonomia das crianças. Supervisão e orientação são fundamentais nesse processo, pois garantem que a criança se sinta amparada, mesmo enquanto experimenta novas habilidades e aprende com os erros. Falando em erros, eles são ótimas oportunidades para aprender! Pois permitem que as crianças desenvolvam habilidades como a persistência, a resiliência e a criatividade. Então, os pais também precisam aprender a dar esse espaço para a criança experimentar e errar.

A superproteção pode impedi-los de aprender a lidar com as dificuldades da vida. As frustrações, por mais dolorosas que sejam no momento, são importantes para o desenvolvimento emocional e psicológico. Elas ajudam a criar resiliência, a capacidade de se adaptar, resolver problemas e a lidar com as adversidades de forma mais saudável.

Uma referência muito clara para isso é o filme *Procurando Nemo*. Ele explora os conceitos de superproteção e a necessidade de permitir que os jovens assumam riscos e descubram o mundo por si mesmos. Marlin (pai de Nemo) aprende que, por mais que queira proteger Nemo dos perigos do oceano, ele também precisa confiar em seu filho e permitir que ele cresça e se torne independente.

Claro, a proteção e o carinho são essenciais, mas intervenções excessivas dos adultos impedem o aprendizado natural da criança. O ideal é oferecer apoio sem impedir que ela passe pelo processo de tentativa e erro. Ao permitir que ele enfrente desafios e consequências, de maneira gradual e segura, a criança vai aprendendo a lidar com o mundo ao seu redor, o que é um aprendizado fundamental para sua vida adulta.

Devemos ensinar aos pais que é preciso criar um ambiente seguro e estimulante, onde a criança se sinta à vontade para explorar e tentar coisas novas sem medo de errar. Quando damos espaço para que elas se envolvam ativamente em tarefas cotidianas, não só desenvolvem habilidades práticas, mas isso também reforça a sensação de competência e pertencimento.

Para desenvolver a independência infantil, é possível estimular a criança a tomar decisões, resolver problemas e a se expressar. Portanto, a independência da criança não se constrói apenas pode meio da liberdade, em que a criança é livre para fazer o que quiser. Dar liberdade sem estabelecer limites não desenvolve autonomia, mas sim falta de estrutura. A criança precisa aprender sobre regras e responsabilidades desde cedo para se tornar um adulto mais equilibrado. É preciso estabelecer limites claros, mas ainda dar liberdade dentro desses limites.

Aspectos importantes sobre a independência e a autonomia infantil:

1. **Desenvolvimento gradual e respeito pelo ritmo da criança**: a independência e a autonomia se desenvolvem de forma gradual, começando com ações simples e ganhando complexidade à medida que a criança cresce. Mas respeitar o ritmo de desenvolvimento de cada criança é essencial.
2. **Autoconfiança e autoestima**: quando a criança é incentivada a ser independente, ela começa a acreditar em sua capacidade de realizar tarefas por conta própria, o que fortalece sua autoestima. A autonomia, ao permitir que a criança tome decisões e resolva problemas, também contribui para a construção de uma imagem positiva de si mesma.
3. **Capacidade de tomar decisões**: a autonomia envolve dar à criança a oportunidade de tomar decisões, mesmo que essas decisões sejam pequenas no início (como escolher uma roupa ou um lanche). Isso desenvolve a capacidade de reflexão, julgamento e responsabilidade.
4. **Erros como oportunidade de aprendizado**: a independência e a autonomia estão intimamente ligadas ao aprendizado por meio da tentativa e erro. Quando a criança é incentivada a tentar sozinha, ela naturalmente cometerá erros, mas esses erros são oportunidades valiosas de aprendizado.
5. **Responsabilidade e resolução de problemas**: a independência vai além de realizar tarefas sozinha, ela envolve também aprender a ser responsável por suas escolhas. Quando uma criança se torna mais independente, ela começa a entender que suas ações têm consequências. A autonomia também desenvolve a habilidade de resolver problemas de forma criativa e pensar em alternativas para situações desafiadoras.
6. **Habilidades sociais e interação com os outros**: crianças independentes e autônomas também tendem a ter mais facilidade em interagir com os outros. Elas sabem o que querem, podem expressar suas preferências de maneira clara e, ao mesmo tempo, são capazes de negociar e colaborar com os outros. Isso também se reflete na capacidade dos pais de lidarem com conflitos de forma mais madura, já que elas aprendem a assumir responsabilidade por suas ações.
7. **Equilíbrio entre liberdade e limite**: para que a independência e a autonomia se desenvolvam de forma saudável, é essencial que haja um equilíbrio entre liberdade e limites. A criança precisa ter liberdade para explorar, mas também compreender que há regras e responsabilidades a serem seguidas.

8. **Promoção de um ambiente estimulante e seguro**: criar um ambiente que favoreça a independência envolve proporcionar à criança oportunidades para explorar e agir por conta própria de maneira segura. Isso inclui oferecer tarefas apropriadas para a idade, brinquedos e materiais que estimulem a criatividade e a exploração, além de uma atmosfera de confiança e apoio emocional.
9. **Autonomia emocional**: além das habilidades práticas e cognitivas, a autonomia também envolve o desenvolvimento emocional. A criança precisa aprender a lidar com seus sentimentos de forma autônoma, o que pode incluir reconhecer suas emoções, expressá-las e encontrar maneiras de lidar com frustrações e desafios. A independência emocional é crucial para o bem-estar psicológico da criança ao longo da vida.
10. **Modelagem positiva pelos adultos**: os adultos têm um papel crucial na formação da independência e autonomia infantil, pois são modelos de comportamento. Crianças observam e imitam os adultos, portanto, demonstrar confiança, respeito pelas decisões e capacidade de resolver problemas de forma autônoma ajuda a encorajar essas atitudes nelas.

A autonomia e a independência caminham juntas, e há várias **estratégias** que podem ser adotadas para promovê-las no dia a dia das crianças:

- **Primeiros anos (comer sozinha)**: nos primeiros anos, a criança começa a aprender a usar suas habilidades motoras finas para segurar alimentos ou uma colherzinha, desenvolvendo coordenação e confiança. Isso é um dos primeiros passos para a autonomia, mesmo que o adulto esteja supervisionando.
- **Até os três anos (tarefas simples)**: nesse período, as crianças começam a compreender rotinas e a noção de organização simples, como guardar brinquedos ou colocar roupas sujas no cesto. Isso as ajuda a entender a importância de colaborar nas tarefas diárias e dá a elas uma sensação de controle sobre seu ambiente.
- **Por volta dos três anos (higiene e escolha)**: nessa faixa etária, a criança já começa a ter interesse em cuidar de sua higiene pessoal, como escovar os dentes e ir ao banheiro sozinha. Além disso, também começam a escolher suas roupas e até mesmo seu lanche, o que favorece o desenvolvimento da tomada de decisões e da responsabilidade sobre o próprio corpo.

- **Cinco anos (tarefas mais complexas)**: quando chegam aos cinco anos, as crianças começam a ser capazes de realizar tarefas mais complexas, como arrumar a cama ou ajudar nas atividades domésticas. Isso é muito importante para reforçar o conceito de que todos na casa têm responsabilidades, o que contribui para o desenvolvimento de habilidades sociais e emocionais.
- **A partir dos sete anos (autonomia mais ampla)**: ao redor dos sete anos, as crianças podem começar a se responsabilizar por tarefas maiores e mais independentes, como cuidar de um pet, atravessar a rua sozinhas e até realizar algumas atividades domésticas de forma mais autônoma, como arrumar a casa e colaborar em mais tarefas com os adultos.

Ensinar crianças a desenvolver habilidades exige paciência, constância e empatia. Cada criança tem seu próprio ritmo de aprendizado, e o papel do adulto é oferecer suporte sem apressar o processo.

É muito importante orientar os pais para incentivem as crianças nesses momentos, fazendo uma brincadeira de "quem guarda mais rápido" ou colocando músicas para tornar isso mais divertido. Podemos também sugerir que os pais escolham **uma ou duas ações práticas** para implementar ao longo dos dias, como:

- "Nesta semana, vou deixar meu filho escovar os dentes sozinho antes de eu conferir."
- "Nesta semana, vou deixar meu filho vestir a roupa sozinho, sem ajudá-lo."

Passar ações práticas para os pais faz com que eles percebam que **pequenos detalhes do dia a dia podem virar hábitos positivos**, eles se sentem mais confiantes para estimular a independência dos filhos. Ao invés de mudanças radicais, o ideal é sugerir **ações simples e práticas**, que possam ser aplicadas gradualmente.

Outra questão importante é analisarmos que as crianças também têm seu próprio ritmo e percepção de prioridade, que nem sempre coincidem com a dos adultos. O fundamental é ensiná-las sobre responsabilidade e autonomia, permitindo que compreendam que certas tarefas são delas e que precisam ser cumpridas. A autonomia não pode ser imposta. Se a criança for pressionada além do que consegue, pode desenvolver insegurança ao invés de confiança.

Em vez de impor tarefas com ordens diretas, perguntar **"quando você acha que consegue fazer isso?"** ajuda a criança a desenvolver responsabilidade sem que se sinta pressionada. Dessa forma, a criança se sente respeitada e aprende a gerenciar suas próprias responsabilidades de forma mais natural.

Nesse sentido, podemos ensinar os pais a criar uma rotina previsível, que ajude a criança a compreender suas responsabilidades e a se organizar melhor. Pequenos hábitos diários fazem toda a diferença a longo prazo. Pode parecer que são apenas tarefas do dia a dia, mas irão se refletir por toda a vida da criança. Cada pequena atitude que ela tenha agora, mais fácil será para ela desenvolver outros tipos de habilidades no futuro.

A **independência** e a **autonomia infantil**, que parecem ser apenas uma fase da infância, influenciam diretamente na formação de um adulto capaz de tomar decisões, lidar com desafios e manter uma vida equilibrada. Essas características funcionam como pilares para a formação de adultos seguros, responsáveis e resilientes. Pais e educadores desempenham um papel crucial nesse processo, oferecendo oportunidades para que as crianças desenvolvam essas habilidades em um ambiente seguro e encorajador.

Referências

NELSEN, J. *Disciplina positiva*. 3. ed. São Paulo: Manole, 2013.

NELSEN, J.; LOTT, L.; GLENN, S. *Disciplina positiva de A a Z:* 1001 soluções para os desafios da parentalidade. 3. ed. São Paulo: Manole, 2020.

PROCURANDO NEMO. Direção: Andrew Stanton, Lee Unkrich. Produção: Pixar Animation Studios. EUA: Walt Disney Pictures, 2003. Filme (1h 40min).

CAPÍTULO 11

Educação sustentável

Ensinar sobre sustentabilidade é deixar um propósito, um legado, para a nova geração. A primeira escola dos filhos vem dos exemplos e ensinamentos de sua família. A sustentabilidade parental vai além do ensino direcionado: ela também se manifesta no comportamento do dia a dia. Não se trata apenas de cuidar da natureza, mas também de promover o equilíbrio emocional, social, ético e financeiro dos filhos.

Luana Tavares

LUANA TAVARES

Formada em Administração e Tecnologia em Mecatrônica, possui MBA em Marketing e é mestranda em Empreendedorismo e Inovação, além de ter cursos extensivos de desenvolvimento humano, e ser presidente da Câmara Setorial de Máquinas e Equipamentos para Gravação, Impressão, Acabamento e Conversão (CSMEG) da Associação Brasileira da Indústria de Máquinas e Equipamentos (ABIMAQ), CEO e founder das empresas Vacuum Center e do Instituto de Termoformagem. Palestrante e mentora em sustentabilidade, criatividade, inovação, empreendedorismo e termoformagem, atua há mais de 28 anos na indústria plástica e encartelados como especialista em termoformagem. Vem contribuindo com milhares de empresas dos mais diversos setores, tais como agronegócio, cosméticos, automobilístico, médico/hospitalar dentre outros. Sua missão é fomentar o empreendedorismo e contribuir para um mundo sustentável, levando conhecimento e soluções inovadoras.

Contatos: Instagram: luanatavares.ll
LinkedIn: luanatavaresll
11 98476 4545

Quando falamos de sustentabilidade, logo pensamos no ponto de vista ambiental, mas vamos abordar o tema como um todo, e além da ecologia, vou lhes apresentar também a parte que envolve o social e as responsabilidades éticas.

Mas, afinal, o que é a sustentabilidade?

Do ponto de vista ambiental, sustentabilidade é encontrar um equilíbrio entre o que o planeta nos oferece e como consumimos seus recursos, envolvendo o cuidado com a água, a energia, os alimentos, entre outros, de maneira consciente, sem comprometer o futuro. Pensando em uma dimensão social da sustentabilidade, podemos enfatizar a importância da educação, da igualdade de condições, de vidas dignas, saúde, respeito e empatia entre as pessoas, sempre com atenção à diversidade e à inclusão. Por fim, a sustentabilidade também se relaciona com a ética, a transparência das ações, a responsabilidade e a honestidade.

E para trazer tudo isso às famílias no dia a dia, vamos abordar os tópicos a seguir.

Educação socioambiental

Educar as crianças sobre a conexão entre os seres humanos, os seres vivos e o meio ambiente é conectá-las ao mundo.

Tudo que nós, seres humanos, fazemos impacta não só nossas vidas, mas todo o planeta, toda a cadeia. A forma de nos alimentar, de consumir, de locomover, de ensinar, de respeitar uns aos outros, a natureza, os seres vivos.

A educação socioambiental começa com o conhecimento básico da natureza. Vamos iniciar com o ecossistema, que é um conjunto de seres vivos que interagem entre si em uma área determinada, como: animais, plantas e microrganismos; e os elementos não vivos, o meio ambiente, como:

luz solar, água, solo, clima. Essas interações entre os seres vivos e o meio ambiente resultam em um fluxo constante de energia e ciclos de nutrientes, mantendo o equilíbrio e a sustentabilidade do sistema.

Quando nós, seres humanos, não temos responsabilidade, que é um dos pilares da sustentabilidade, impactamos todo o ecossistema. Isso acontece, por exemplo, quando não cuidamos da água, deixando de economizar o mínimo ou de usá-la com consciência em um simples gesto, como tomar um banho rápido. Imagine então o solo: quantos seres vivos e quanta biodiversidade existem ali? Quando descartamos indevidamente os resíduos, provocando uma catástrofe ambiental, emitindo o famoso gás carbônico em excesso, descompensando todo o ecossistema, provocando o clima, trazendo fortes chuvas, cujo resultado estamos sofrendo, com os desabamentos e as inundações. Outra irresponsabilidade é o desmatamento, que provoca altas temperaturas e acaba mais e mais com a biodiversidade.

Os maiores professores são os pais, por isso é muito importante instruí-los sobre esse tema tão importante, para que eles mudem, a partir de seus filhos, seu próprio futuro.

Mas, afinal, o que é a biodiversidade? São as diversas formas de vida no planeta, incluindo os ecossistemas, genes e espécies de organismos vivos: "os visíveis", como plantas e animais; e os microrganismos, "os invisíveis a olho nu", como as bactérias. Quando se entende a importância da biodiversidade, a responsabilidade sustentável tem um início. A biodiversidade oferece uma série de "serviços ecossistêmicos" que são vitais para a vida humana, como a purificação da água, o controle de pragas, a polinização de plantas, a regulação do clima e a produção de oxigênio. Muitas das nossas necessidades, como alimentos, medicamentos, combustível e materiais, vêm da biodiversidade.

Com essa simples explicação, fica claro que o primeiro pilar da sustentabilidade está na ética responsável, pois se nós mesmos não contribuirmos com o mínimo, vai chegar uma hora em que não existirão mais alimentos, água, energia, seres vivos ou o próprio planeta.

Sustentabilidade socioeconômica

Agora que entendemos a importância de não poluirmos com resíduos o meio ambiente, vamos entender como podemos contribuir com o lixo sustentável e ajudar os pais a envolver seus filhos nessa ação conjunta de sustentabilidade.

Podemos propor aos pais que realizem a separação seletiva dos resíduos e os identifiquem corretamente ao colocá-los para a coleta. Melhor ainda é dividir essa tarefa, fazendo todos participarem, envolvendo os filhos. Com essa ação, estaremos fazendo uma grande contribuição.

Quando pensamos em sustentabilidade, a ideia é reaproveitar ao máximo os resíduos, dando a eles sempre um novo início, sem que vão para o aterro. Esse é o conceito da economia circular: manter o produto em uso, de modo que, sempre que for descartado, possa ser reciclado e regenerado, retornando como o mesmo item ou sendo reutilizado de outra forma, diferente da original; como exemplo, as garrafas plásticas que podem se transformar em roupas.

Separar o lixo é muito importante, pois dessa forma todos contribuem para promover também a economia da sociedade, gerando empregos, como o dos catadores, que têm na coleta uma forma de sustento ao reciclar materiais como plástico, vidro, latas e papel. Por isso, a separação e a identificação dos resíduos são fundamentais. A proposta é que os pais ensinem os filhos a desenvolver empatia pelo próximo, mostrando que sempre podemos contribuir uns com os outros.

Os resíduos orgânicos, quando aproveitados em compostagem, viram adubo, ajudando o solo a se nutrir. Olha a importância do descarte seletivo, como podemos contribuir, com uma simples ação, para a humanidade e o planeta.

Alimentação sustentável

A alimentação é um aspecto importante da sustentabilidade socioeconômica. Muitos pais podem promover práticas alimentares que favoreçam tanto a saúde da família quanto a responsabilidade ao meio ambiente.

É importante manter uma alimentação saudável, mostrando às crianças que a natureza já produz os alimentos e que, quanto menos processados, mais sustentáveis e benéficos eles são para a saúde.

Quanto mais processado industrialmente o alimento, menos nutritivo ele se torna. Um simples fato doméstico, como o ato de congelar ou esquentar, também faz perder propriedades, fora que, sustentavelmente falando, contribuímos com o consumo menos ambiental, por ter que utilizar mais recursos, como energia.

Vamos ainda mais longe, explorar aqui o quanto as escolhas alimentares impactam tanto o bem-estar do corpo quanto o equilíbrio do planeta. Podemos até ir além, como dizia Hipócrates: "Que teu alimento seja teu remédio". Os alimentos naturais, frescos e minimamente processados oferecem os nutrientes essenciais para o funcionamento do corpo, prevenindo doenças e fortalecendo a imunidade, contudo, ainda preservando a natureza.

Quanto mais naturais forem os alimentos ingeridos, mais saudáveis e sustentáveis nos tornamos. Vamos falar de algumas práticas que podemos sugerir aos pais para contribuir e ensinar seus filhos com essas ações: escolher alimentos sazonais, que significa consumir o alimento daquela estação, sendo ainda mais saudável por não utilizar métodos artificiais por conta do seu cultivo fora de época ou longos transportes que impactam no ambiente. Outra escolha significativa é optar pelo sistema alimentar regenerativo, aquele que visa restaurar a saúde do solo, aumentando a biodiversidade e reduzindo as mudanças climáticas, como quem faz o uso da compostagem, por exemplo.

Se pararmos para pensar, o alimento é o nosso remédio, como a água, por exemplo, que, quando não ingerida em quantidade suficiente, pode causar desidratação e dores de cabeça. E como a maioria dos pais estão acostumados a lidar com isso? Em vez de tratar a causa com a ingestão de água, há a cultura de usar remédios sintéticos para dores de cabeça. Veja a importância da sustentabilidade na saúde, não só dos filhos, mas dos pais também. A mudança de hábitos gera qualidade de vida para todos os familiares, pois o exemplo de um é a mudança de um todo.

A sustentabilidade na saúde humana é essencial, e, por isso, estamos cada vez mais doentes, física e mentalmente. Tudo tem uma correlação. Por isso, enfatizo a importância da educação alimentar e da busca, por meio de exames clínicos, pela causa do que sentimos, em vez de apenas tratar os sintomas.

Depois dessa importante abordagem sobre a alimentação, vamos sugerir que os pais expliquem aos filhos sobre os alimentos naturais, mostrando o que estão consumindo, o porquê de beber água e de comer frutas ou verduras da época de colheita. Assim, eles melhoram a própria saúde, a de seus filhos e contribuem, de forma natural, para a sustentabilidade.

Conscientização sustentável emocional

Ensinar sustentabilidade não é apenas sobre a ação em si, mas também sobre desenvolver valores emocionais e uma consciência ecológica. A sustentabilidade está intimamente ligada ao respeito, à empatia e à cooperação.

Vamos abraçar o conceito de cuidar de nós e dos outros por meio da preservação do meio ambiente. Ensinar amor e respeito por todos os seres vivos, por todo o ecossistema, a biodiversidade, enfim, o planeta. Esse cuidado inclui ações como cultivar alimentos e não desperdiçar comida ou recursos naturais.

Quando falamos em valores como o cuidado, o respeito mútuo e a empatia, falamos de as crianças se verem como parte integrante do mundo, entendendo que suas ações geram impacto nas gerações futuras, que elas precisam desenvolver responsabilidade em relação ao bem-estar coletivo e à preservação do planeta. Por isso, é fundamental orientar os pais a ensinarem esses princípios aos filhos.

A natureza cura, não só por meio do alimento, mas também pelo ar puro que respiramos e pelo bem-estar que proporciona quando criamos memórias afetivas com nossos familiares, ao fazer um piquenique, brincar ao ar livre, caminhar em uma trilha ou nadar no rio ou no mar.

Estamos vivendo em uma era avançada, com muita informação, e muitos pais estão perdidos sobre como criar seus filhos. Por isso, temos o dever de incentivar os pais a ensinarem suas crianças a buscar equilíbrio entre a tecnologia e o meio ambiente, mostrando a elas o quanto é saudável, mental e emocionalmente, estar em parques e se divertir de uma forma mais equilibrada.

Uma dica é sugerir os esportes sustentáveis, que são praticados ao ar livre, pois eles podem proporcionar um bem-estar físico, emocional e social. Olha a importância de pensar o esporte como um meio sustentável de promover saúde às crianças.

Sustentabilidade social

Não podemos deixar de destacar a importância da inclusão, orientando os pais a ensinarem às crianças sobre o "ser diferente", cultivando a empatia e o respeito mútuo, independentemente de gênero, cor da pele, religião, classe social, localidade ou deficiências físicas e mentais.

Estamos em uma era em que precisamos olhar para o ser humano com respeito, independentemente das suas escolhas ou não escolhas. Somos todos iguais perante a natureza humana, e é preciso agir de forma solidária, ajudando uns aos outros.

Devemos mostrar com nossas ações que a sustentabilidade social significa promover bem-estar em um ambiente cada vez mais fragilizado emocionalmente, e que essa realidade pode ser transformada por meio do amor, do respeito, da educação, da gratidão e da gentileza. Independentemente da posição social, cumprimentar com um simples "bom dia" demonstra empatia, consideração e afeto. Lembre-se: como pais ou educadores, somos exemplos constantes, ensinando pelo comportamento.

Tecnologias e inovações sustentáveis

Não podemos descartar o mundo digital de hoje. A tecnologia pode ser uma aliada para a educação socioambiental, como usar aplicativos e recursos digitais para ensinar sobre o impacto ambiental, ou se precaver com as mudanças climáticas, por exemplo, salvando vidas em catástrofes ambientais.

Atualmente, temos muitos projetos voltados à tecnologia de energia solar, uma energia sustentável. Temos também inovações voltadas para o combustível verde derivado do hidrogênio, produzido com base em energia renovável. E, cada vez mais, as empresas têm buscado inovações sustentáveis, considerando a pegada de carbono, como no caso de tintas que absorvem a poluição do ar.

O futuro da inovação está em aproveitar todos os recursos o máximo possível por diversas vezes, promovendo a economia circular, e preservar cada vez mais o meio ambiente.

O que os pais podem fazer com as crianças para contribuir com a inovação? Inovar é usar a criatividade para inventar ou reinventar. Para incentivar os pequenos, é fundamental estimular a imaginação por meio do brincar sustentável, que é uma forma de se divertir e aprender valorizando a preservação do meio ambiente e o uso responsável dos recursos naturais, como nas brincadeiras ao ar livre.

Não podemos esquecer que a geração das crianças de hoje está ligada à tecnologia. A ideia é encontrar um equilíbrio entre ambos, e aqui vai uma sugestão aos pais: estimular os filhos a usar a tecnologia para pesquisar e, juntos, criar novos brinquedos a partir de outros materiais, como transformar uma caixa de papelão em um carrinho, entre outras coisas.

O futuro começa com as escolhas que fazemos hoje. Que tal escolher ensinar um legado sustentável entre gerações?

CAPÍTULO 12

Trabalhando a autoestima das crianças

Pilar do desenvolvimento emocional e social

O capítulo explora a importância da autoestima na infância, mostrando como as interações familiares e sociais influenciam a autoconfiança. Destaca o impacto de críticas e comparações, ressaltando a necessidade de elogios construtivos e disciplina positiva. Também apresenta estratégias para fortalecer a autoimagem e a resiliência da criança, promovendo um desenvolvimento emocional saudável.

Maria Aparecida Branco Pastori

MARIA APARECIDA BRANCO PASTORI

Mestre em Educação pela Uniso (2005), com graduação em Odontologia pela Unesp (1975) e especialização em Psicodrama Organizacional pela Unifran (1998). Possui vasta formação complementar em áreas como biossegurança, inteligência emocional e desenvolvimento pessoal. Sua experiência profissional inclui atuação como palestrante e professora visitante em empresas renomadas, ministrando treinamentos voltados a liderança, motivação e desenvolvimento organizacional. Trabalhou com organizações como Gühring Brasil, Eduzz, Bic Brasil, Senai, Yazaki, entre outras, liderando workshops e formações em temas como "Desperte Campeão", liderança e alinhamento sistêmico. Sua trajetória combina expertise acadêmica e prática na capacitação de profissionais, fortalecendo equipes e potencializando resultados empresariais.

Contatos: www.cidapastori.com.br
Instagram: @cida.pastori
15 99825 2598

A autoestima é um dos pilares do desenvolvimento infantil, influenciando a forma como as crianças se enxergam, enfrentam desafios e constroem relações. Definida como a percepção de valor próprio e confiança nas próprias capacidades, a autoestima é essencial para o equilíbrio emocional e social. Quando fortalecida, permite que as crianças desenvolvam resiliência e interajam positivamente com o mundo.

Estudos indicam que a autoestima se constrói a partir de experiências na infância, especialmente nas interações com pais, familiares e professores. Segundo a APA (2021), o reconhecimento e o acolhimento dos cuidadores são cruciais para a construção de uma autoimagem positiva. Esse processo está em constante evolução e é influenciado pelo ambiente e pelo incentivo ao enfrentamento de desafios.

Crianças com autoestima positiva tendem a ser mais resilientes e bem-sucedidas, enquanto a baixa autoestima pode levar a dificuldades emocionais, como ansiedade e retraimento social (Harter, 1999). O equilíbrio entre apoio emocional e limites claros é fundamental para evitar autoestima instável. A autora enfatiza que a verdadeira autoestima se baseia em realizações concretas e pertencimento, não em elogios superficiais.

Criar um ambiente saudável permite que as crianças aceitem suas imperfeições, celebrem conquistas e lidem com desafios, fortalecendo sua confiança e senso de valor próprio.

Respeito mútuo e autonomia

O desenvolvimento moral infantil envolve interações sociais e limites claros. Piaget (1994) descreve que, na heteronomia (até 11 anos), as regras são vistas como impostas, enquanto na autonomia (a partir de 12 anos), são construídas coletivamente com base no respeito mútuo. Um ambiente colaborativo fortalece a autonomia e o senso de justiça.

Um exemplo disso ocorre quando uma criança perde um jogo e, ao invés de minimizar sua frustração, um cuidador valida seu sentimento: "eu entendo que você está chateado, mas sua dedicação foi incrível!". Isso ensina a processar emoções de forma saudável.

Além disso, o reconhecimento do esforço e a valorização da singularidade são essenciais. Em vez de dizer "bom trabalho", prefira: "você organizou muito bem seus brinquedos hoje", destacando uma ação específica e promovendo competência.

Evitar comparações e competitividade excessiva

Comparações podem prejudicar a autoestima infantil. Segundo Susan Harter (1999), crianças frequentemente comparadas se sentem inadequadas. Por exemplo, uma comparação negativa seria: "por que você não pode ser tão organizado quanto seu irmão?".

Para evitar esse efeito negativo, uma solução é valorizar as qualidades individuais, dizendo: "você fez um ótimo trabalho organizando seus brinquedos hoje!". Esse tipo de abordagem reforça a autoestima da criança e reconhece seus esforços de forma positiva.

Críticas destrutivas e expectativas irrealistas

Críticas duras impactam a percepção de valor próprio. Albert Ellis (1962) aponta que mensagens negativas internalizadas podem gerar crenças limitantes. Um exemplo disso é quando se diz: "você nunca faz nada direito".

Para lidar melhor com essas situações, é recomendável substituir essas críticas por comentários construtivos, como: "vamos tentar arrumar os brinquedos juntos". Essa mudança na abordagem promove colaboração e encoraja o desenvolvimento da autoconfiança na criança.

Exigir mais do que a criança pode realizar gera frustração. Lev Vygotsky (1978) destaca que os desafios devem estar um pouco acima da capacidade da criança, mas com apoio. Um exemplo negativo é forçar uma criança a ler perfeitamente antes de estar pronta.

Em vez disso, é importante valorizar progressos: "seu desenho está melhorando a cada dia". Esse tipo de incentivo respeita o ritmo de desenvolvimento da criança e contribui para sua motivação e autoconfiança.

Disciplina positiva e validação das emoções

Punições severas e humilhações podem minar a autoestima. De acordo com Jane Nelsen (2006), a disciplina deve ensinar, não punir. Um exemplo negativo é chamar a criança de preguiçosa em público.

Como alternativa, é mais eficaz usar consequências naturais e lógicas: "se os brinquedos ficarem espalhados, podemos perder peças, vamos guardá-los juntos". Essa abordagem ensina responsabilidade de forma respeitosa e construtiva.

Além disso, John Bowlby (1988) destaca que ignorar emoções pode prejudicar a conexão emocional da criança. Um exemplo negativo é dizer "não foi nada, pare de chorar".

Para fortalecer o vínculo emocional, é fundamental validar sentimentos: "vejo que você está triste porque seu amigo não quis brincar, estou aqui para ajudar". Tal atitude demonstra empatia e acolhimento, elementos essenciais para o desenvolvimento emocional saudável.

Apoio dos pais e cuidadores

Pais e cuidadores têm um papel fundamental no desenvolvimento da autoestima infantil. Estudos de Bowlby mostram que vínculos seguros promovem uma autoimagem positiva. Além disso, o comportamento dos pais influencia o aprendizado, servindo como modelo de confiança e resiliência.

Jane Nelsen, autora de *Disciplina positiva* (1981), ressalta: "crianças se comportam melhor quando se sentem melhor". O educador parental pode auxiliar os pais na construção de um ambiente saudável ao refletirem sobre práticas familiares que influenciam o senso de valor da criança. Questões como:

- Quais mensagens a criança recebe sobre si mesma?
- Como elogios, críticas e expectativas são transmitidos?
- O ambiente familiar promove ou limita o senso de valor?

Nesse sentido, Baumeister *et al.* (2003) reforçam que a autoestima está diretamente ligada a melhores resultados emocionais e sociais.

Estratégias práticas para pais

- **Modelar a autoaceitação**: crianças aprendem mais pelo exemplo do que por palavras. Carol Dweck, em *Mindset* (2006), afirma que crianças que observam comportamentos resilientes tendem a internalizá-los.
- **Elogios construtivos e específicos**: evitar elogios genéricos. Haim Ginott (1965) destaca que reconhecer o esforço aumenta a

competência. Então, em vez de "você é tão inteligente", prefira "você trabalhou duro nesse projeto e isso trouxe um ótimo resultado".

- **Evitar comparações**: Thomas Gordon (1970) alerta que comparações corroem a autoaceitação.
- **Promover o encorajamento**: segundo Albert Bandura (1997), a autoeficácia surge da experiência de enfrentar desafios. Pequenos gestos de incentivo fortalecem a confiança.

Suporte emocional aos pais

O educador parental deve também apoiar os pais, ajudando-os a lidar com suas próprias inseguranças. Brené Brown (2012) afirma: "quando os pais se permitem vulnerabilidade, criam um ambiente onde a criança sente que é seguro ser imperfeita e, ainda assim, amada".

Conclusão

O fortalecimento da autoestima infantil não depende apenas de palavras positivas, mas de um ambiente que equilibre apoio emocional, desafios realistas e respeito mútuo. Quando pais, cuidadores e educadores trabalham juntos, ajudam a construir uma base sólida para que as crianças cresçam confiantes e resilientes, preparadas para enfrentar os desafios da vida.

Referências

AMERICAN PSYCHOLOGICAL ASSOCIATION. *Building your resilience*. Washington (DC): APA, 2021. Disponível em: https://www.apa.org/topics/resilience. Acesso em: 24 jul. 2025.

BANDURA, A. *Self-efficacy*: the exercise of control. New York: W. H. Freeman, 1997.

BAUMEISTER, R. *et al.* Does high self-esteem cause better performance, interpersonal success, happiness, or healthier lifestyles? *Psychological Science in the Public Interest*, v. 4, n. 1, p. 1-44, 2003. Doi: 10.1111/1529-1006.01431. Disponível em: https://pubmed.ncbi.nlm.nih.gov/26151640/. Acesso em: 8 ago. 2025.

BOWLBY, J. A. *Secure base*: parent-child attachment and healthy human development. New York: Basic Books, 1988.

BROWN, B. *A coragem de ser imperfeito*. Rio de Janeiro: Sextante, 2012.

DWECK, C. S. *Mindset*: the new psychology of success. New York: Random House, 2006.

ELLIS, A. *Reason and emotion in psychotherapy*. New York: Lyle Stuart, 1962.

GINOTT, H. G. Z. *Entre pais e filhos*: novas soluções para velhos problemas.

Rio de Janeiro: Bloch, 1965.

GORDON, T. *Parent effectiveness training*: the tested new way to raise responsible children. [*S. l.*]: Peter H. Wyden, 1970.

HARTER, S. *The construction of the self*: developmental and sociocultural foundations. New York: Guilford Press, 1999.

NELSEN, J. *Positive discipline*. New York: Ballantine Books, 2006.

PIAGET, J. *O julgamento moral na criança*. São Paulo: Summus Editorial, 1994.

VYGOTSKY, L. S. *Mind in society*: the development of higher psychological processes. Cambridge: Harvard University Press, 1978.

CAPÍTULO 13

A neurociência e o amor a serviço da família, da escola e dos cuidadores no desenvolvimento infantil

O amor deve ser a essência de toda a prática educativa

Compreender os fundamentos da neurociência aplicada à infância oferece uma base sólida para educar e cuidar das crianças de maneira consciente e embasada. O conhecimento sobre o desenvolvimento cerebral, a plasticidade neural, as funções executivas, o apego e o papel dos neurotransmissores possibilita que pais e educadores adotem práticas mais assertivas, promovendo não apenas o bem-estar emocional, mas também o desenvolvimento integral e saudável da criança.

Maria Virgínia Barreto

MARIA VIRGÍNIA BARRETO

Filha de Domingos R. Sena e Marialva Pita Barreto, esposa de Rubens Américo, mãe de Lais, Rubio e Laércio e avó amorosa, construiu uma vida dedicada à educação e ao cuidado humano. Nasceu em Ubatã, no interior da Bahia, e viveu sua infância em Aurelino Leal. Aos 18 anos, iniciou sua trajetória como professora primária da rede pública, em 1983, permanecendo na sala de aula e na coordenação pedagógica por mais de 30 anos. Cada etapa reforçava sua certeza: **educar é um ato de amor que une escola e família**. Movida pelo desejo de compreender mais profundamente a essência humana, tornou-se psicanalista e, mais tarde, educadora parental neuroconsciente. Nessa formação, encontrou na neurociência um alicerce para ampliar sua prática, ajudando pais, mães e educadores a fortalecer vínculos e transformar histórias. Sua caminhada é marcada por dedicação, sensibilidade e compromisso com a infância – o lugar onde tudo começa.

Contatos: Linkedin: https://www.linkedin.com/in/virginia-barreto-92973326/
Instagram: @mariavirginia.parentalpositiva
73 99999 1753

Os bebês não se preocupam em errar ou se humilhar. Caminham, caem, levantam-se. Simplesmente seguem adiante. O que poderia dar fim a esse exuberante aprendizado?

Caroll S. Dweck
(ph.D. especialista em psicologia do desenvolvimento)

O amor é uma força poderosa que transcende barreiras e transforma vidas. Na parentalidade e na educação, a aplicação da sabedoria do amor pode criar ambientes enriquecedores e positivos que promovem o desenvolvimento integral das crianças. Este capítulo explora como o amor, quando praticado de forma consciente e intencional, pode ser uma ferramenta eficaz para construir relacionamentos saudáveis e educar com compaixão e respeito.

A prática do amor, quando aliada ao conhecimento e autoconhecimento, pode chegar à família, aos educadores e à sociedade como um todo, alcançando os objetivos de uma educação positiva e amorosa, de modo a recriar uma sociedade com adultos emocionalmente equilibrados e felizes.

Assim, este capítulo foi escrito com a finalidade de habilitar pais, educadores, cuidadores e todos os adultos que de alguma forma estão presentes na vida de alguma criança.

Quando e como o processo do desenvolvimento infantil começa? Os estudos da vida intrauterina mostram que, ainda no ventre materno, o processo do desenvolvimento humano já se inicia. A expressão corporal e o choro já demonstram que o bebê expressa conforto ou desconforto; o olhar consciente do cuidador terá grande influência em seu desenvolvimento: conhecer a neurobiologia do seu filho.

A neurobiologia infantil estuda o desenvolvimento do cérebro na primeira infância e como ele é influenciado por fatores genéticos, ambientais e experiências de vida, ou seja, a epigenética.

A natureza do bebê é sempre expressar o que está sentindo: conforto ou desconforto. E é fundamental que a família saiba identificar o desconforto para que os cuidados necessários sejam atendidos.

Desenvolvimento cerebral infantil

O desenvolvimento do cérebro infantil é um processo dinâmico e contínuo que começa antes do nascimento e se estende até a adolescência. Durante a infância, o cérebro passa por períodos críticos de crescimento e plasticidade, nos quais as experiências e os ambientes têm um impacto significativo. As conexões neurais se formam, se fortalecem ou se podam com base nas interações e nos estímulos recebidos.

Nos primeiros anos de vida, o cérebro cresce a um ritmo impressionante, com trilhões de sinapses sendo formadas. Essa fase de crescimento é uma janela de oportunidade para influenciar positivamente o desenvolvimento cognitivo, emocional e social das crianças. Compreender esses períodos críticos pode ajudar pais e educadores a fornecer as experiências adequadas que promovam o desenvolvimento saudável.

Plasticidade cerebral

A plasticidade cerebral refere-se à capacidade do cérebro de se reorganizar e formar novas conexões ao longo da vida. Na infância, essa plasticidade é particularmente alta, permitindo que as crianças aprendam rapidamente e se adaptem às mudanças. No entanto, a plasticidade também significa que o cérebro infantil é altamente suscetível a influências ambientais, tanto positivas quanto negativas.

Experiências enriquecedoras, como interação social, jogos educativos e leitura, promovem a formação de conexões neurais fortes. Por outro lado, a exposição a estresse crônico, negligência ou ambientes desfavoráveis pode ter impactos negativos duradouros. Pais e educadores, ao compreenderem a plasticidade cerebral, podem criar ambientes que maximizem o potencial de aprendizado e desenvolvimento das crianças.

Neurotransmissores e emoções

Os neurotransmissores são substâncias químicas que transmitem sinais entre os neurônios. Eles desempenham um papel crucial na regulação do humor, das emoções e do comportamento. Dopamina, serotonina, ocitocina e cortisol são alguns dos neurotransmissores mais estudados em relação à infância.

A dopamina está associada à motivação e à recompensa; a serotonina, ao humor e à ansiedade; a ocitocina, aos vínculos afetivos; e o cortisol, ao estresse. Compreender como esses neurotransmissores funcionam pode ajudar pais e educadores a identificar e abordar problemas emocionais e comportamentais nas crianças, promovendo um ambiente mais equilibrado e harmonioso.

Funções executivas

As funções executivas são um conjunto de habilidades cognitivas que incluem controle inibitório, memória de trabalho e flexibilidade cognitiva. Estas habilidades são essenciais para o sucesso acadêmico e a regulação emocional. A neurociência revela que as funções executivas se desenvolvem principalmente no córtex pré-frontal, uma área do cérebro que continua a amadurecer até a idade adulta.

Promover o desenvolvimento das funções executivas desde cedo pode ser feito por meio de atividades que envolvam planejamento, resolução de problemas e autorregulação. Jogos que exigem que as crianças sigam regras, tarefas que envolvem memória sequencial e práticas de mindfulness são exemplos de como fortalecer essas habilidades.

Apegos e relações interpessoais

O apego seguro é estabelecido por meio de interações consistentes e responsivas entre a criança e seus cuidadores. Isso deve acontecer desde o nascimento, sendo fundamental para seu desenvolvimento emocional e social. A neurociência mostra que as relações de apego afetam a estrutura e a função do cérebro, influenciando áreas como a amígdala (envolvida nas respostas emocionais) e o córtex orbitofrontal (associado à regulação emocional).

Crianças que desenvolvem um apego seguro tendem a ter melhor capacidade de lidar com o estresse, maior autoestima e habilidades sociais mais fortes. Pais e educadores podem promover um apego seguro oferecendo presença, atenção, empatia e respostas sensíveis às necessidades emocionais das crianças.

Desenvolvimento emocional e social

O desenvolvimento emocional e social na infância é a base para a formação de relacionamentos saudáveis e a regulação das emoções na vida adulta. As interações iniciais com os pais, cuidadores e outros adultos significativos estabelecem padrões de apego que influenciam a maneira como os indivíduos se relacionam com os outros ao longo da vida. Um apego seguro, caracterizado por interações consistentes e responsivas, está associado a uma maior autoestima, melhor regulação emocional e habilidades sociais mais fortes.

Por outro lado, um apego inseguro pode levar a dificuldades em formar e manter relacionamentos, problemas de confiança e uma maior vulnerabilidade ao estresse e à ansiedade. Crianças que experimentam negligência, abuso ou ambientes familiares disfuncionais têm maior probabilidade de enfrentar desafios emocionais e sociais na vida adulta.

Desenvolvimento cognitivo

As experiências cognitivas na infância, como a exposição a estímulos variados, a prática de habilidades de resolução de problemas e a interação com o ambiente, moldam o desenvolvimento do cérebro e as habilidades intelectuais. O cérebro infantil é altamente plástico, e as experiências durante os primeiros anos de vida têm um impacto profundo na estrutura e na função cerebral.

Crianças estimuladas cognitivamente e com acesso a um ambiente rico em experiências de aprendizado têm maior probabilidade de desenvolver habilidades cognitivas robustas, como pensamento crítico, criatividade e capacidade de aprendizagem ao longo da vida. Por outro lado, a falta de estimulação cognitiva pode resultar em atrasos no desenvolvimento e em dificuldades acadêmicas que persistem na vida adulta.

Estratégias de apoio: desenvolvimento cerebral

Aqui estão algumas estratégias práticas para apoiar o desenvolvimento saudável do cérebro infantil:

- **Estimulação sensorial adequada**: proporcionar uma variedade de estímulos sensoriais, como sons, texturas, cores e movimentos, ajuda a promover o desenvolvimento neural. Brincadeiras sensoriais e atividades exploratórias são especialmente benéficas.
- **Ritmo e rotina**: estabelecer rotinas diárias previsíveis ajuda a criar um senso de segurança e estabilidade, o que é fundamental para o desenvolvimento cerebral. As rotinas ajudam a regular o relógio biológico das crianças e a reduzir o estresse.
- **Interação social positiva**: as interações sociais positivas são cruciais para o desenvolvimento cerebral. Conversar, brincar e compartilhar experiências com as crianças promove conexões neurais relacionadas a linguagem, empatia e habilidades sociais.

- **Nutrição adequada**: uma alimentação equilibrada e rica em nutrientes é essencial para o desenvolvimento cerebral. Nutrientes como ômega-3, ferro e vitaminas do complexo B desempenham papéis importantes no crescimento e na função cerebral.
- **Sono de qualidade**: o sono é vital para a consolidação da memória e o desenvolvimento neural. Garantir que as crianças tenham uma rotina de sono adequada e um ambiente propício para dormir é fundamental.

Referências

ABRAHÃO, T. *Pais que evoluem.* São Paulo: Literare Books International, 2020.

DWECK, C. S. *Mindset*: a nova psicologia do sucesso. Rio de Janeiro: Objetiva, 2017.

GOLEMAN, D. *Inteligência emocional.* Rio de Janeiro: Objetiva, 1996.

CAPÍTULO 14

Impactos do estresse parental

Como o ambiente afeta o desenvolvimento das crianças

Este capítulo aborda os impactos negativos do estresse parental no desenvolvimento infantil, destacando como o cortisol afeta o comportamento das crianças. Enfatiza a importância da autoeducação dos pais, que devem acolher sua criança interior para que suas dores emocionais não impactem a forma como educam seus filhos e destaca o papel crucial do educador parental, que apoia os pais na compreensão da dinâmica familiar e na quebra de ciclos da educação tradicional, promovendo práticas mais respeitosas e saudáveis.

Misnara Brisot

MISNARA BRISOT

Neuropsicopedagoga, especialista em Parentalidade, educadora emocional, idealizadora do Programa "Mundo das Emoções", orientadora parental na Maple Bear de Joinville/SC e autora do livro infantil *Luka no mundo das emoções*. Com um profundo compromisso com a Educação Respeitosa, Misnara auxilia pais na construção de relacionamentos saudáveis com seus filhos e apoia escolas na implementação de ferramentas para o gerenciamento de sala de aula, promovendo um ambiente mais harmonioso. Com dedicação e paixão, fortalece vínculos familiares e incentiva uma educação baseada no respeito e no afeto, essenciais para o desenvolvimento saudável das crianças.

Contatos: misnara.f.b@gmail.com
Instagram: @misnaramentoraparental

Maria acordou esgotada. Seu filho mais novo havia despertado várias vezes durante a madrugada, e a filha mais velha foi para sua cama no meio da noite. Assim que abriu os olhos, lembrou-se do trabalho atrasado que precisava entregar naquele dia e da consulta médica que vinha tentando marcar há dias.

No decorrer do dia, Maria não conseguiu finalizar todas as demandas que havia planejado e, quando pediu para sua filha tomar banho e ela respondeu que não ia, Maria explodiu emocionalmente. Naquele momento, despejou toda a carga acumulada de um dia que poderia ser atípico, mas que, ultimamente, vinha sendo mais típico do que ela gostaria.

O estresse parental tem visitado os lares com frequência crescente. A sobrecarga de trabalho, a rotina exaustiva, os afazeres domésticos, os conflitos conjugais, a falta de uma rede de apoio e uma sociedade que cobra imediatismo, produtividade incessante e perfeição – como se fosse possível dar conta de tudo ao mesmo tempo, sem pausa ou falha.

Muitas vezes nos vemos sufocados, incapazes de atender a todas as demandas externas e internas e, sem perceber, acabamos extravasando – onde? Nos filhos.

Eles, que dependem de nós para amor e orientação, tornam-se, em momentos de estresse extremo, o alvo das nossas explosões emocionais. Não porque queremos, mas porque estamos sobrecarregados e sem recursos internos suficientes para lidar com tudo. O estresse parental não é apenas resultado das demandas externas, mas também do peso de uma cultura que nos faz acreditar que não podemos falhar.

Como afirma Alexandre Coimbra (2021, p. 30), em seu livro *Toda ansiedade merece um abraço*, "sofremos a influência dessa cultura que repete seu mantra infinitamente: 'tenha pressa, ande rápido, está faltando muita coisa e o dia está acabando!".

Mas por que explodimos com nossos filhos? Por que gritamos? Por que é tão difícil lidar com o estresse? Muitas vezes, somos frutos de uma educação tradicional em que não aprendemos sobre educação emocional ou como lidar com nossas próprias emoções. Crescemos acreditando que a criança deve "obedecer" e, muitas vezes, interpretamos seu comportamento como desafiador, sem considerar suas necessidades ou limites.

Quando explodimos, estamos, na verdade, extravasando os problemas acumulados ao longo do dia ou até de semanas. É uma tentativa inconsciente de aliviar a pressão interna, mas feita de maneira disfuncional, porque não aprendemos a nos autorregular de forma saudável. O grito, então, fala por nós – não só pela raiva ou frustração do momento, mas também pelo cansaço, sobrecarga e solidão que muitas vezes sentimos em silêncio. Ele se torna uma válvula de escape, embora quase sempre acompanhado pelo arrependimento.

Estresse parental e o cérebro infantil: a visão da neurociência

Durante muito tempo, os impactos do estresse parental no desenvolvimento infantil não receberam a devida atenção. Muitas famílias conviviam com gritos constantes e com o estresse dos cuidadores principais se espalhando pela dinâmica familiar, mas os prejuízos emocionais e comportamentais para as crianças não eram amplamente discutidos.

Hoje, felizmente, contamos com a neurociência comprovando como o estresse parental pode ser prejudicial para o desenvolvimento da criança – tanto a curto quanto a longo prazo.

Quando falamos sobre o estresse parental dentro da dinâmica familiar, estamos nos referindo à constância de um ambiente marcado por gritos, ameaças, castigos e/ou palmadas. Trata-se de um adulto tão desconectado de sua própria essência que está presente na vida dos filhos apenas fisicamente.

Quando a criança vive em um ambiente estressante, sua amígdala cerebral, responsável por detectar perigos, é ativada, liberando cortisol e adrenalina, preparando o corpo para reagir a uma ameaça. Isso faz com que a criança, constantemente em alerta, perceba o ambiente como perigoso, pronta para reagir a estímulos como um grito, ativando a amígdala como se estivesse diante de uma ameaça real.

A liberação de cortisol deixa a criança agitada e reativa, alimentando um ciclo de estresse, já que esse mesmo hormônio também é liberado no adulto. No fim, isso resulta em um ciclo em que adultos estressados criam crianças igualmente estressadas.

É urgente quebrar esse ciclo!

O vilão: excesso de cortisol

O excesso de cortisol prejudica o desenvolvimento infantil, criando um ambiente familiar instável e aumentando a insegurança e a ansiedade nas crianças, dificultando seu processo de autorregulação emocional. Como o córtex pré-frontal das crianças só se desenvolve completamente por volta dos 25 anos, elas dependem da corregulação emocional, em que o adulto as ajuda a nomear e gerenciar suas emoções.

No entanto, se o adulto estiver desregulado ou emocionalmente indisponível, como a criança conseguirá se regular?

O excesso do cortisol pode prejudicar as interações entre pais e filhos, comprometendo atividades importantes para o aprendizado e o apego seguro, que são essenciais para o desenvolvimento saudável das crianças. O apego seguro é fundamental, pois é por meio dele que a criança aprende, acredita em sua capacidade e se desenvolve. Em um ambiente tenso, as crianças podem ter dificuldades de concentração, baixa autoestima e problemas de socialização, afetando seu bem-estar emocional e suas relações interpessoais.

O excesso de cortisol, resultante do estresse, também impacta negativamente o sono das crianças, tornando-o agitado e não restaurador. Esse distúrbio do sono contribui para um estado constante de alerta, o que pode aumentar o risco de desenvolver transtornos como ansiedade e depressão ao longo da vida, comprometendo o desenvolvimento emocional e cognitivo.

ACE's – *Adverse Childhood Experiences* (Experiências Adversas na Infância)

Um dos maiores e mais importantes estudos de saúde pública, conhecido como ACEs (*Adverse Childhood Experiences*), foi amplamente discutido e teve início na Califórnia. Esse estudo identifica as dez experiências adversas da infância mais comuns e analisa como a exposição a essas adversidades pode impactar profundamente a saúde física e mental ao longo da vida.

Os resultados do estudo demonstram que crianças expostas a abusos emocionais, negligência ou ambientes familiares instáveis enfrentam um risco significativamente maior de desenvolver problemas de saúde física e mental na idade adulta. Em ambientes onde o estresse parental gera abuso emocional, os níveis elevados de cortisol – o hormônio do estresse – podem prejudicar o desenvolvimento cerebral infantil. Esse estado constante de alerta interfere em funções cognitivas importantes, como memória e aprendizado, e pode até comprometer o sistema imunológico.

As dez experiências adversas da infância (ACEs):

1. **Abuso físico**: causar danos intencionais à criança, como tapas, surras, lesões ou fraturas, através de ações como bater, socar ou chutar.
2. **Abuso sexual**: envolver crianças em atividades sexuais, exploração sexual ou pornografia, incluindo exposição indecente e prostituição infantil.
3. **Abuso emocional**: comportamentos que prejudicam a saúde mental da criança, como menosprezo, rejeição, humilhação, ameaça e isolamento.
4. **Negligência física**: falha em prover as necessidades básicas da criança, como comida, abrigo, roupas e cuidados médicos.
5. **Negligência emocional**: ignorar as necessidades emocionais da criança, não fornecendo apoio social ou cuidados adequados à saúde mental.
6. **Doença mental em um dos pais**: a presença de um transtorno mental em um dos pais pode afetar o cuidado e a modelagem de comportamentos adequados para a criança.
7. **Pai e/ou mãe encarcerados**: crianças com pais presos podem enfrentar desafios emocionais, como sentimentos de abandono e a ausência de um modelo comportamental positivo.
8. **Violência doméstica**: testemunhar violência contra o cuidador principal, geralmente a mãe, causa trauma na criança, especialmente se a violência é perpetrada pelo pai.
9. **Abuso de substâncias**: o uso de substâncias em casa pode levar à negligência e outros abusos, criando um ambiente inseguro para a criança.
10. **Divórcio ou perda de um dos pais**: o divórcio pode afetar emocionalmente as crianças, especialmente quando há brigas ou quando a criança sente culpa pela separação dos pais.

Como diz Telma Abrahão, em seu livro *Educar é um ato de amor, mas também de ciência* (2022, p. 180):

> Viver em modo de alerta por meses e anos pode danificar nossos corpos. Com o tempo, a grande presença de adrenalina e cortisol aumenta a pressão arterial, enfraquece o coração e compromete o sistema circulatório.

O cérebro de uma criança que cresce em um ambiente de alta tensão entra frequentemente em "modo de sobrevivência". O excesso de cortisol pode alterar o funcionamento da amígdala, do hipocampo (responsável pela memória) e do córtex pré-frontal (envolvido no planejamento, na autorregulação emocional e na tomada de decisões). Essas alterações podem resultar em dificuldades na regulação emocional e no desempenho acadêmico, além de aumentar a propensão a comportamentos agressivos ou retraídos.

Autoeducar-se é o caminho

O processo de autoeducação e autoconhecimento é o caminho para melhorar dinâmicas estressantes. Quando falamos sobre o estresse parental, enfrentamos um desafio comum: adultos sem educação emocional criando filhos que também não a possuem. Sem termos aprendido isso na infância, é difícil oferecer algo que nunca tivemos.

Vivemos em uma sociedade em que o estresse parental é normalizado, como se fosse uma parte natural do educar. Embora os desafios sejam inevitáveis, isso não significa que devemos aceitar o caos como regra. É possível criar filhos com mais tranquilidade – e isso começa pelo adulto.

Quando nasce um filho, não nasce automaticamente uma mãe. Nasce um adulto influenciado pela educação que recebeu, muitas vezes repetindo padrões tradicionais. Isso não desmerece nossos pais, que fizeram o melhor com os recursos que tinham.

Autoeducar-se significa buscar conhecimento, entender nossos traumas e reconhecer que, muitas vezes, o comportamento das crianças reflete mais sobre nós do que sobre elas. Envolve reconhecer gatilhos emocionais, lidar com questões internas e oferecer um cuidado mais equilibrado e empático.

O poder do educador parental e sua atuação prática no processo de autoeducação

Além de orientar as famílias sobre comportamento infantil, o educador parental atua diretamente no processo de autoeducação dos pais, ajudando-os a ampliar sua consciência emocional. Esse trabalho vai além de oferecer estratégias: trata-se de identificar e ressignificar crenças, gatilhos e padrões emocionais que afetam as relações familiares.

Um recurso importante nesse processo é o diário da auto-observação, que permite aos pais identificar os gatilhos que geram comportamentos automáticos. O objetivo é investigar: *Qual foi o gatilho? Que pensamentos surgiram? Quais foram os sintomas físicos? Quais expectativas estavam presentes?* Esse exercício ajuda os pais a compreenderem as raízes emocionais de suas reações e a quebrar ciclos negativos.

Outro aspecto essencial é o olhar para a criança interior. Utilizando a ferramenta "Como se eu fosse criança", o educador parental incentiva os pais a refletirem sobre suas experiências na infância: *Você se sentia amado? Seguro? Suas emoções eram validadas?*

Essa autoexploração, baseada na "*Theory of Holes*" – abordagem Diamante para a autorrealização, criada pelo escritor norte-americano e professor A. H. Almaas –, revela como necessidades de apego não atendidas criam "buracos interiores" – espaços emocionais vazios onde deveria haver segurança e amor. Onde havia a possibilidade de uma flor crescer, muitas vezes restou um vazio que, na vida adulta, tentamos preencher de maneiras disfuncionais.

Esses "buracos" podem se manifestar de diversas formas, como o sentimento de ser indesejado, a necessidade de controle, a desconfiança nos próprios sentimentos ou a busca por validação constante. Quando esse vazio é ativado – ou seja, quando um gatilho emocional desperta a dor da falta de amor ou segurança –, tendemos a culpar os outros por expor essa fragilidade ou muitas vezes a refletir essa dor em nossos filhos, manifestando menos paciência, dificuldade de conexão e apego, entre outros comportamentos. Sem o vazio, a mesma situação externa não teria o mesmo impacto emocional.

O educador parental, então, ajuda os pais a reconhecerem esses gatilhos e a lidar com o vazio de maneira saudável, promovendo ferramentas como meditação, mindfulness e o diário de autoeducação. Esse diário é uma prática que combina o estabelecimento de um propósito para o mês, como um mantra, estratégias e ações diárias, sempre alinhadas ao trabalho de autorregulação emocional e ressignificação interna.

Esse processo não apenas transforma a relação dos pais consigo mesmos, mas também com seus filhos. Sabemos que o estresse tóxico na infância impacta profundamente o desenvolvimento emocional, mas ao ampliarmos nossa consciência e autorregulação, podemos quebrar ciclos e oferecer um ambiente mais seguro e acolhedor. Não se trata de perfeição, mas de reduzir danos; e lembre-se: "para educar o outro, é preciso antes educar a si mesmo".

Vamos juntos?

Referências

ABRAHÃO, T. *Educar é um ato de amor, mas também é ciência.* São Paulo: Literare Books International, 2022.

ALMAAS, A. H. *Theory of holes.* [S.d.] Disponível em: https://www.diamondapproach.org/public-page/theory-holes. Acesso em: 8 ago. 2025.

COIMBRA, A. *Toda ansiedade merece um abraço.* São Paulo: Paidós, 2021.

CAPÍTULO 15

Apoio emocional para pais

Neste capítulo, refletiremos sobre a importância do apoio emocional para os pais, visto que o sofrimento emocional destes afeta a relação com os filhos. Também mostraremos estratégias para que os profissionais possam identificar algum tipo de sofrimento e para que pais e cuidadores reconheçam e atendam às suas próprias necessidades sem culpa. Afinal, pais que se cuidam são pais mais presentes, equilibrados e capazes de oferecer um ambiente seguro, amoroso e acolhedor para os filhos.

Natália Zinezi e Nayara Pacce

NATÁLIA ZINEZI

Graduação em Medicina pela Pontifícia Universidade Católica de São Paulo (PUC-SP). Residência Médica em Medicina de Família e Comunidade pela Faculdade de Medicina da Universidade de São Paulo (FMUSP). Pós-graduação em Cuidados Paliativos Adulto pelo Hospital Sírio Libanês (HSL). Como médica de Família e Comunidade, atua no atendimento de pacientes e suas famílias em seus diferentes estágios.

Contatos: zinezi.natalia@gmail.com
Instagram: @natalia.zinezi

NAYARA PACCE

Graduação em Medicina pela Pontifícia Universidade Católica de São Paulo (PUC-SP). Pós-graduação em Medicina de Família e Comunidade pela Universidade Federal de São Paulo (Unifesp). Pós-graduação em Geriatria pelo Instituto de Ensino e Pesquisa do Hospital Israelita Albert Einstein. Pós-graduada em Cuidados Paliativos no Adulto pela Faculdade do Hospital Sírio-Libanês. Atua com enfoque na saúde como bem-estar biopsicossocial de pais e avós.

Contatos: nayara.pacce@gmail.com
Instagram: @dra.nayarapacce

Introdução

Um fruto, antes de tornar-se fruto, um dia foi uma flor em uma planta. E essa planta só teve condições de dar fruto porque foi alimentada com sol e outros elementos de forma suficiente, além de também ter necessitado de condições climáticas favoráveis. Vemos por meio da experiência de agricultores e de pessoas que gostam de cultivar árvores frutíferas que, quando há falta de algum desses elementos, o fruto não se desenvolve direito. De maneira análoga, para que as crianças cresçam de forma saudável em seu aspecto físico, emocional e social, elas também necessitam que seus pais estejam nutridos de igual forma.

A parentalidade é uma das experiências mais transformadoras da vida, mas também uma das mais desafiadoras. Desde os primeiros dias, os pais são imersos em um turbilhão de emoções, responsabilidades e expectativas. Muitas vezes, a cultura do "sacrifício materno" e da "força paterna" os leva a acreditar que cuidar de si mesmos é secundário ou até egoísta. No entanto, ignorar suas próprias necessidades pode ter um impacto profundo não apenas sobre eles, mas também sobre os filhos.

Vimos, em capítulos anteriores, o quanto o estresse dos pais se reflete na saúde dos filhos. Nonose *et al.* (2014) exploraram as manifestações de vulnerabilidade emocional em pais de crianças com deficiência. Embora a pesquisa tenha abordado uma dinâmica familiar específica, os achados revelaram que a sobrecarga física e emocional dos pais pode levar a sentimentos de desproteção, ansiedade e depressão nos filhos. Isso sugere que o autocuidado parental é crucial para manter um ambiente saudável para o desenvolvimento emocional das crianças.

A chegada de um filho, independentemente do modelo familiar, sempre traz repercussões no funcionamento da família em seus aspectos mais subjetivos e concretos. Dificuldades em organização da rotina, dificuldade em ter disponibilidade para os filhos, dificuldade no diálogo, entre outras coisas, são queixas comuns.

Reconhecendo a necessidade de autocuidado dos pais

Cometeremos um erro se padronizarmos nosso cuidado, visto que cada família possui contexto e funcionamento singulares. Desse modo, a cada novo atendimento, devemos nos atentar para que nossas pré-concepções não nos impeçam de olhar para cada família como única. Ao longo da nossa trajetória como profissionais, vamos acumulando experiências que nos agregam muito conhecimento. Mas, ao mesmo tempo, podem nos fazer interpretar novas informações de acordo com as crenças que formamos a partir da interpretação de atendimentos passados. Ao nos propormos a olhar para cada família como única, passamos a entrar em contato com a forma como esta, em específico, vê o mundo, o que também reforça a construção de vínculo. Assim, seremos mais assertivos em reconhecermos as necessidades dos pais.

Uma das formas de compreendermos melhor a necessidade dos pais é entender o que está por trás das demandas que eles trazem em relação aos filhos. Por exemplo, pode haver outras demandas atrás de uma necessidade de apoio para a birra de um filho. Se simplificamos o apoio terapêutico a instrumentalizar a família para lidar com a birra, não estaremos de fato resolvendo o real problema, o que pode diminuir a chance de aderência terapêutica. Estas são algumas perguntas que podem ser direcionadas aos pais ou cuidadores que ajudarão na compreensão das demandas:

- O que você sente quando seu filho tem determinado comportamento?
- Por que você acha que ele faz isso (explorar a interpretação, a ideia que tem sobre determinado fato)?
- O quanto esse comportamento tem interferido no funcionamento da sua família?
- Qual é sua expectativa em relação a como posso te ajudar com esse atendimento?

Além disso, também é importante compreender os pais e cuidadores como um todo, em seu contexto familiar, em seu ambiente de trabalho, na sua rotina, em suas atividades de lazer, além de suas condições socioeconômicas e suas condições de saúde.

Segundo a OMS (1948), "saúde é o estado de completo bem-estar físico, mental e social e não apenas a ausência de doença". Contudo, ainda é pouco difundido que saúde é também a sensação de bem-estar, o que aumenta as chances de muitas necessidades em saúde não serem vistas como algo que precisa de atenção, ainda mais em se tratando de pais, que facilmente colocam suas necessidades em segundo plano diante de tantas demandas para equilibrar.

Estes são alguns elementos que devem ser avaliados no atendimento em busca de possível sofrimento dos pais:

- Mudança de papéis.
- Mudanças no padrão sócio-financeiro.
- Intensificação de conflitos familiares prévios.
- Mudança no relacionamento entre os pais.
- Sobrecarga de funções.
- Sintomas físicos.
- Qualidade do sono.
- Emoções.

Escuta ativa

Quando começamos a explorar a escuta ativa, uma dúvida frequente pode surgir: o que realmente significa escutar? É comum confundir "ouvir" com "escutar". Ouvir é, muitas vezes, um ato passivo, uma sequência de sons que entram pelo ouvido.

Escuta ativa é um envolvimento verdadeiro com quem está falando, significa realmente estar presente, conectado, disposto a compreender o que o outro está tentando dizer. Um gesto simples pode fazer toda a diferença. Além disso, é importante nos atentarmos à nossa comunicação não verbal, se nossa postura, expressão facial e tom de voz também estão transmitindo atenção e interesse pelo que a pessoa à nossa frente está comunicando.

Escuta ativa é também sobre criar um espaço seguro. Construir um ambiente onde os pais sintam que podem expressar qualquer pensamento ou sentimento sem medo de serem julgados.

Para concluir, não interrompa as falas, permita-se escutar. Muitas vezes, os pais podem ser interrompidos por questionamentos clínicos antes mesmo que tenham terminado de falar. Isso ocorre quando o profissional assume uma postura mais ativa na compreensão dos sinais e sintomas.

Contudo, iniciar e conduzir o atendimento dessa forma pode ter como consequência chegar a uma conclusão diagnóstica precipitada e incompleta. Ao escutar, não interrompa até que tenham terminado de falar, faça perguntas abertas que encorajem os pais a falarem mais a fundo sobre suas emoções. Além disso, sempre mantenha o contato visual, verbal e não verbal.

O mito da autossuficiência

Ao longo da história, socialmente, fomos ensinados que mostrar vulnerabilidade é um sinal de fraqueza. Ao mesmo tempo, estamos rodeados de exigências sobre nosso desempenho em diferentes papéis. Além das exigências externas, há também as exigências internas de cada um consigo mesmo, como ideias internalizadas sobre ser mãe ou pai.

Mesmo que de forma indireta, vivemos rodeados de informações sobre o que é ser o "pai perfeito" ou a "mãe perfeita", principalmente quando nos atentamos às informações compartilhadas nas redes sociais. Esses ideais construídos sobre parentalidade perfeita automaticamente geram comparações interpessoais, o que faz muitos pais se sentirem falhando em seus papéis.

Por conta disso, um dos apoios mais importantes que os pais podem receber é a desmistificação da ideia de autossuficiência. Como seres humanos, inegavelmente todos nós nos irritamos, nos frustramos, nos cansamos. E mais, a parentalidade é um processo contínuo de aperfeiçoamento. Em cada fase vivem-se novos aprendizados e novas habilidades vão sendo adquiridas.

Assim, não é necessário ter todas as respostas nem desempenhar papéis perfeitos. Aliás, há uma frase que diz que "não há maternidade perfeita, mas há maternidade possível". Da mesma forma, não há parentalidade perfeita, mas há parentalidade possível.

Nesse sentido, o possível é aquilo que cada um consegue entregar de acordo com suas condições emocionais, físicas, econômicas e sociais. E não deve haver espaço para comparações. Caso ela exista, que seja cada um se comparando consigo mesmo, observando a própria história e como ela pode ser vivida com mais qualidade, a cada novo dia.

Como buscar ajuda

Há algumas maneiras de orientarmos os pais a buscarem ajuda, além do apoio profissional:

- Incentive os pais a compartilharem seus sentimentos, principalmente com os parceiros, amigos ou com alguém em quem confiam. O ato de verbalizar pode trazer mais clareza e alívio para as emoções.
- Conscientize-os de que o descanso é necessário, mesmo que de forma simples, como uma leitura calmante ou um banho relaxante. Naturalmente, o descanso leva a maior regulação emocional. Então, quando

os pais investem no seu bem-estar e na sua saúde emocional, consequentemente estão investindo no bem-estar e na saúde da sua família.

- Mostre-lhes a grandeza de não terem receio em pedir e aceitar ajuda. Isso não é um sinal de fraqueza nem de falha, mas um ato de amor próprio e familiar.
- Ajude-os a reconhecerem as suas emoções. Afinal, esse ato pode abrir portas para um autocuidado genuíno que não dá apenas vazão ao que sentem, mas também traz um olhar atento para as necessidades emocionais dos filhos. É por meio desse acolhimento mútuo que as transformações acontecem.

Conclusão

Tornar-se pai ou mãe é uma das experiências mais transformadoras da vida, independentemente da forma pela qual as pessoas se tornam pais. Nem sempre esse novo papel é planejado, às vezes chega como uma surpresa, positiva ou negativa. Contudo, que os pais que chegam até nós possam acreditar que, ao trabalharem no seu bem-estar, estarão não apenas cuidando de si, mas também criando um jardim fértil onde seus filhos poderão crescer e florescer.

A parentalidade não é apenas um exercício de cuidado e amor, mas também um constante aprendizado e oportunidade sobre como lidar com nossas próprias imperfeições, inseguranças, além da necessidade de adaptar-se à realidade única de cada filho.

Referências

GRISSINGER, M. 'Inattentional blindness': what captures your attention? *Pharmacy and Therapeutics*, v. 37, p. 542-555, 2012.

LOPES, J. M. C. Consulta e abordagem centrada na pessoa. *In:* GUSSO, G.; LOPES, J. M. C. (org.). *Tratado de medicina de família e comunidade*: princípios, formação e prática. Porto Alegre: Artmed, 2012.

NONOSE, E. R. S. *et al.* Saúde mental de pais de crianças e adolescentes que necessitam de atenção especial à saúde. *Revista Brasileira de Enfermagem* (REBEN), 2024. Disponível em: https://www.scielo.br/j/reben/a/3vp7zTcG4ZnrvW4rBLJKTQB/?lang=pt. Acesso em: 15 fev. 2025.

ORGANIZAÇÃO MUNDIAL DA SAÚDE (OMS). Constituição. Genebra: OMS, 1948. Disponível em: https://www.who.int/about/governance/constitution. Acesso em: 13 fev. 2025.

ORNELAS, R. H.; CRUZ, M. R. P. Construção da relação. *In:* GUSSO, G.; DOHMS, M. *Comunicação clínica*: aperfeiçoando os encontros em saúde. Porto Alegre: Artmed, 2021.

CAPÍTULO 16

Estratégias para gerenciar conflitos familiares

Neste capítulo, os pais encontrarão estratégias para desenvolver um ambiente familiar harmonioso, onde conflitos são resolvidos de forma respeitosa, abordando os impactos na saúde mental. Abordaremos o papel dos pais como modelos na resolução de conflitos e estratégias práticas para promover um ambiente familiar seguro para o desenvolvimento infantil.

Priscila Iob

PRISCILA IOB

Neuropsicóloga e psicóloga infantojuvenil. Especialização em Terapia Cognitivo-Comportamental aplicada a crianças e adolescentes. Educadora parental certificada pela Positive Discipline Association (PDA/EUA). Facilitadora do Programa Encorajando Pais. Especialização em Saúde Mental. Especializanda em Psicopatologia.

Contatos: psi.priscilaiob@gmail.com
Instagram: @psi.priscilaiob
63 99220 7172

Desenvolver um ambiente familiar respeitoso, com regras claras e firmes, onde é demonstrado respeito tanto pelos adultos quanto pelas crianças, é proporcionar um espaço que fortalece os laços familiares e também ensina valiosas habilidades emocionais aos filhos.

Os conflitos familiares são inevitáveis, mas a forma como são resolvidos pode impactar profundamente a saúde mental de todos os membros da família. Segundo Gottman (2015), pais que possuem habilidades para resolver conflitos conseguem promover um ambiente emocionalmente saudável e harmônico e ajudam a formar filhos emocionalmente equilibrados e resilientes.

Iremos, no decorrer deste capítulo, entender a importância dessas relações e aprender estratégias para resolução de conflitos familiares, manejo de estresse e frustrações de maneira construtiva.

A importância de resolver conflitos de forma respeitosa no ambiente familiar

O cérebro da criança se desenvolve melhor em um ambiente onde ela se sente emocionalmente segura, compreendida e ouvida. As interações familiares influenciam diretamente a forma como as crianças lidam com suas emoções e aprendem a enfrentar frustrações (Siegel, 2015). Dessa forma, famílias que conseguem resolver conflitos de forma saudável, com foco em como resolver o problema, constroem ambientes emocionalmente seguros para todos os familiares.

Quando os conflitos são enfrentados com diálogo e cooperação, os membros da família aprendem a lidar melhor com suas emoções e a enfrentar frustrações de maneira mais construtiva, de acordo com Nelsen (2015). Outro fator que ajuda a desenvolver a inteligência emocional é ensinar as crianças a nomearem e a regularem suas emoções, proporcionando assim um desenvolvimento emocional equilibrado. Os pais precisam desenvolver relações baseadas em confiança e empatia, pilares que sustentam a resolução saudável de conflitos.

Para poder ensinar habilidades emocionais de reconhecimento das emoções e autocontrole, primeiro os pais precisam ter em si essas habilidades desenvolvidas. A forma como os adultos resolvem os conflitos entre si e com as crianças são modelos de aprendizagem. Crianças que crescem em lares onde os pais modelam comportamentos saudáveis de resolução de problemas tendem a se tornar adultos com maior capacidade de adaptação emocional.

O oposto também é verdadeiro. Goleman (1995) explica que as famílias que lidam com os conflitos de maneira explosiva ou com silêncio prolongado podem gerar filhos que reproduzam esses comportamentos disfuncionais na vida adulta.

Precisamos, nesse contexto, lembrar que o modo como os conflitos são resolvidos na infância influencia a forma como os indivíduos, já adultos, lidam com situações adversas.

Os pais são modelos de comportamento

Na infância, as crianças aprendem pelo exemplo, os pais são modelos de aprendizagem para os filhos; dessa forma, a frase "faça o que eu digo, mas não faça o que eu faço" reflete uma discrepância que é pouco efetiva na educação das crianças, especialmente quando analisada sob a perspectiva da neurociência.

As crianças observam atentamente como os adultos lidam com diferentes situações, desde questões emocionais até a maneira como seguem regras e normas sociais. Quando há uma discrepância entre o que os pais dizem e o que fazem, a criança tende a seguir o exemplo observado, pois o comportamento dos pais oferece um modelo concreto de ação, enquanto as palavras são apenas uma abstração.

Isso acontece devido aos neurônios-espelho, que são células cerebrais envolvidas na capacidade de imitar e entender as ações de outros, fundamentais no aprendizado por observação. As crianças aprendem de forma prática, consideram mais como seus pais se comportam do que ouvindo o que eles dizem.

Ou seja, os neurônios-espelho fazem com que o comportamento parental tenha um impacto direto sobre a maneira como a criança vai agir. Por isso, Siegel (2015) & Nelsen (2015) enfatizam a importância de os pais serem modelos consistentes de comportamento para guiar de forma eficaz o desenvolvimento emocional e social dos filhos.

Portanto, um ambiente familiar saudável, onde os conflitos são tratados de maneira aberta e construtiva, previne o surgimento de problemas de saúde mental e desenvolve habilidades socioemocionais. Pais que são exemplos na gestão de conflitos ajudam a reduzir o estresse crônico em seus filhos, promovendo uma atmosfera de segurança emocional.

Quando os pais demonstram habilidades de autocontrole, escuta ativa e empatia durante os conflitos, as crianças internalizam essas práticas como formas adequadas de lidar com situações desafiadoras.

A forma como os pais lidam com suas próprias emoções, especialmente em momentos de estresse, ensina os filhos a regular suas próprias emoções. De acordo com Gottman (2015) e Rosenberg (2006), pais que conseguem reconhecer e nomear suas emoções em meio a um conflito, e que expressam suas necessidades de forma clara e respeitosa, estão ensinando aos filhos uma das habilidades mais importantes para a vida: a capacidade de regular emoções e enfrentar adversidades.

Estratégias práticas para resolver conflitos

Desenvolva uma comunicação empática e não violenta

A comunicação não violenta (CNV) foi desenvolvida por Marshall Rosenberg (2006). Ela ajuda a focar nas necessidades e sentimentos de cada parte envolvida, auxiliando a resolver conflitos familiares de maneira mais eficaz e respeitosa.

Ao usar essa abordagem, os pais podem modelar comportamentos de escuta ativa e expressão clara das necessidades, promovendo a cooperação e a resolução de problemas com os filhos. Ela enfatiza a importância de expressar sentimentos e necessidades de forma clara e empática, permitindo que pais e filhos dialoguem sobre suas frustrações sem recorrer a críticas ou agressividade.

Ajude seu filho a expressar os sentimentos

Saber perceber, interpretar e expressar emoções é uma capacidade essencial para compreender e controlar as emoções, favorecendo, assim, um relacionamento saudável com os outros e consigo mesmo. Aprender essas habilidades começa na família, juntamente com os pais. Esses devem ajudar os filhos a identificar as emoções, descrevê-las e compreendê-las em situações do dia a dia.

Os pais podem ensinar a criança a nomear sentimentos, a falar de si própria e se conhecer, explica Weber (2005). Um exemplo prático seria: se seu filho demonstra raiva em uma situação, os pais podem dizer: "Você parece estar bravo com alguma coisa. Vamos ver o que é?" ou "Por que você está tão bravo?". A fala deve ser empática e acolhedora, lembrando que a criança aprende com o exemplo de comportamento dos pais.

Ensine autocontrole

Aprender a lidar com a frustração e ter autocontrole diante de desafios é uma habilidade essencial para a vida e é muito comum que os pais queiram proteger os filhos desse sentimento. A capacidade de autocontrole emocional é uma das bases da inteligência emocional, de acordo com Goleman (1995). Uma estratégia eficaz para ensinar essa habilidade é os pais ajudarem a criança a identificar o que está sentindo e a explorar alternativas saudáveis para lidar com a situação, tendo o foco em como resolver o problema.

Pode-se guiar a criança por meio de perguntas, como "O que você pode fazer diferente na próxima vez?" ou "Como podemos resolver isso juntos?". Isso ensina a criança a encontrar soluções para seus próprios problemas, promovendo autonomia e desenvolvendo a capacidade de pensar em alternativas e resolver problemas.

Criar um "Espaço da Calma"

Essa ferramenta irá ajudar as crianças a se acalmarem quando estiverem irritadas ou chateadas, aprendendo a autorregulação. Criar esse espaço onde a criança possa se acalmar de maneira eficiente vai ajudá-la a aprender a manejar suas emoções. Os pais podem direcionar fazendo a pergunta: "Ajudaria você ir para o seu 'lugar da calma' (escolher um nome com a criança)?", lembrando que não deve ser usada como forma de castigo ou punição, e sim como uma possibilidade de a criança aprender a regular a emoção. Para crianças menores de três anos, é sugerido que os pais tirem um tempo junto à criança.

Pode ter itens como massinha, lápis de cor para pintar e desenhar, livros, brinquedos favoritos ou o que fizer sentido para aquela criança. O adulto pode sugerir, caso a criança não consiga dizer nenhum. As telas não são recomendadas porque estimulam o cérebro em vez de acalmar.

- Dica de livro: *O espaço mágico que acalma* (Nelsen, 2020).

Fale de maneira assertiva

A maneira como falamos com nossos filhos impacta diretamente na forma como eles se veem e constroem a sua autoimagem e autoestima. Como já vimos, os pais são modelos de comportamento e no ensinamento de habilidades que esperamos que eles tenham. A forma como nos comunicamos gera mais estresse ou não no ambiente familiar. Segundo Weber (2005), trocar algumas expressões ajuda a deixar a fala mais respeitosa. Observe a diferença no impacto que cada frase traz:

- A frase "O que há de errado com você?" é uma pergunta sem resposta. Tente: "Você ofendeu sua irmã, peça desculpas agora".
- A frase "Por que você fez isso?" deixa a criança sem clareza no que responder. Tente: "Você escondeu o brinquedo do seu irmão e ele está chorando. Vamos pegá-lo pra devolver, ok?".
- A frase "Se você me amasse de verdade, não teria feito isso" não tem a ver com o comportamento inadequado; e deixar a criança culpada não ensina habilidades. Tente: "Pare o que você está fazendo".

Estabeleça regras e limites claros

Uma forma eficaz de prevenir conflitos e lidar com frustrações é estabelecer rotinas e limites claros. Nelsen (2015) argumenta que crianças precisam de previsibilidade para se sentirem seguras. Ter rotina com horários regulares para refeições, brincadeiras e sono ajuda a reduzir o estresse, tanto para as crianças quanto para os pais. Além disso, a definição de limites claros e consistentes oferece à criança a segurança de saber o que esperar, diminuindo assim comportamentos impulsivos ou desafiadores.

Reforce o bom comportamento

O reforço pode ser um dos maiores aliados dos pais na hora de ensinar bons comportamentos. Reforçar um comportamento significa aumentar a probabilidade de que ele aconteça novamente, e isso pode ser tanto de um comportamento adequado quanto de um comportamento inadequado. Aumentar a frequência de bons comportamentos ajuda a diminuir brigas e estresse no ambiente familiar.

A todo momento estamos sendo reforçados pelos nossos comportamentos, como trabalhar para receber o salário no final do mês (reforço). Reforços não são chantagens nem elogios soltos, é importante descrever o comportamento, dizer "Boa menina!" quando sua filha arruma o quarto, não se refere ao comportamento, mas dizer "Muito bem, como você é cuidadosa com suas coisas" ou "Gosto da maneira como você organiza suas coisas, assim a casa fica sempre organizada" deixa claro qual foi o comportamento que ela demonstrou. É importante que a criança perceba a relação entre o comportamento e a consequência (reforço).

Para que um reforço seja positivo, deve-se levar em consideração três pontos importantes: 1. O reforço tem que ser algo de que a criança goste; 2. Deve ser fornecido logo após o comportamento acontecer; 3. O reforço deve ser fornecido somente após o comportamento acontecer, nunca antes (Fava, 2021).

Concluindo

Não há famílias em que os conflitos não existam, mas construir um ambiente familiar onde os desentendimentos são resolvidos de maneira empática e respeitosa tem um impacto significativo na saúde mental de todos os membros. Pais que agem como modelos de habilidades de resolução de conflitos e de regulação emocional oferecem aos filhos um valioso conjunto de ferramentas para lidar com frustrações e decepções, desenvolvendo a inteligência emocional.

Estratégias como a comunicação empática, ensinar a expressar os sentimentos e aprender autocontrole, a criação de espaços para acalmar e estabelecer regras e limites claros não apenas promovem a harmonia familiar, mas também fortalecem o desenvolvimento emocional das crianças, preparando-as para enfrentarem os desafios da vida de maneira mais resiliente.

Referências

FAVA, D. C. *Orientação para pais*: o que é preciso saber para cuidar dos filhos. Belo Horizonte: Artesã, 2021.

GOLEMAN, D. *Inteligência emocional.* Rio de Janeiro: Objetiva, 1995.

GOTTMAN, J. *Famílias que dão certo*. São Paulo: Record, 2015.

NELSEN, J. *Disciplina positiva:* o guia clássico para pais e professores que desejam ajudar as crianças a desenvolverem autodisciplina, responsabilidade, cooperação e habilidades para resolver problemas. Trad. Bernadete P. Rodrigues e Fernanda Lee. Barueri: Manole, 2015.

NELSEN, J. *O espaço mágico que acalma*. Trad. Bernadete P. Rodrigues e Fernanda Lee. Santana de Parnaíba: Manole, 2019.

ROSENBERG, M. B. *Comunicação não-violenta*: técnicas para aprimorar relacionamentos pessoais e profissionais. Trad. Mario Vilela. São Paulo: Ágora, 2006.

SIEGEL, D. J.; BRYSON, T. P. *O cérebro da criança:* 12 estratégias revolucionárias para nutrir a mente em desenvolvimento do seu filho e ajudar a família prosperar. São Paulo: nVersos, 2015.

WEBER, L. *Eduque com carinho*. Curitiba: Juruá, 2007.

CAPÍTULO 17

Disciplina positiva

Uma abordagem respeitosa

A disciplina positiva é uma abordagem transformadora que equilibra respeito, gentileza e firmeza. No ambiente familiar ou escolar, ela é uma ferramenta poderosa para ensinar habilidades de vida, construir conexões significativas e promover um ambiente de aprendizado respeitoso. Este capítulo revela como aplicá-la no dia a dia, criando bases para uma educação mais humana e efetiva.

Priscila Romanizio

PRISCILA ROMANIZIO

Mãe da Luiza e da Laura, advogada, com mestrado (LL.M) em *International Business Law* pela National University of Singapore. Tem formação como educadora parental pela Positive Discipline Association (PDA) e pela Faculdade Focus (programa Bete P. Rodrigues). Atua como consultora jurídica para o mercado financeiro e de capitais e o terceiro setor, em que também atua com voluntariado e suporte parental a famílias de crianças e adolescentes atendidos pelas organizações.

Contatos: priscila@impacthoconsultoria.com
Instagram: @afloreacoruja
@promanizio

Disciplina é um tema que desperta sentimentos mistos para muitos de nós. Alguns se lembram dos castigos e chineladas que marcaram sua infância; outros podem se sentir perdidos tentando equilibrar firmeza e gentileza no papel de educar. Mas e se a disciplina pudesse ser algo completamente diferente?

A disciplina positiva nos mostra que educar não precisa ser sinônimo de imposição ou controle. É possível ensinar respeito e responsabilidade sem recorrer a punições, criando um ambiente onde crianças e adultos podem crescer e aprender juntos.

Este capítulo é um convite para olhar para a disciplina sob uma nova perspectiva. Aqui, não se trata de controle, mas de construção. Não de castigos, mas de oportunidades. Vamos explorar, juntos, como a disciplina positiva pode transformar o ambiente familiar e escolar, tornando-os mais harmoniosos, respeitosos e enriquecedores – para todos.

O que é a disciplina positiva?

Embora pareça moderna, a disciplina positiva tem raízes nos estudos do psiquiatra Alfred Adler e de seu discípulo Rudolf Dreikurs, no início do século XX. Eles revolucionaram a psicologia ao defender que o comportamento humano é guiado pela necessidade de pertencimento e importância – princípios centrais dessa abordagem até hoje.

Mais tarde, Jane Nelsen, Lynn Lott e outros especialistas expandiram esses conceitos, moldando a disciplina positiva como a conhecemos. Neste capítulo, exploraremos como aplicá-la no ambiente familiar e na escola.

São pilares da disciplina positiva:

- **Crenças e respeito mútuo**: a disciplina positiva nos convida a olhar além do comportamento visível da criança e compreender as crenças ou necessidades que o motivam. Muitas vezes, comportamentos desafiadores são expressões de sentimentos não verbalizados, como insegurança ou desejo de conexão. Reconhecer essas motivações e abordar as crianças com respeito mútuo é essencial para promover um ambiente de aprendizado e cooperação.

Por exemplo, em vez de reagir com impaciência a uma criança que interrompe constantemente, é possível dizer: "Vejo que você tem algo importante para me dizer. Assim que eu terminar de falar com sua irmã, quero ouvir você." Esse tipo de abordagem reconhece a necessidade de atenção da criança sem ignorar o limite necessário para o momento.

- **Comunicação firme e gentil**: ensinar com respeito não significa abdicar de limites. Para muitos pais e educadores, ser firme e gentil ao mesmo tempo pode parecer contraditório. Contudo, na disciplina positiva, aliar empatia pelas emoções à definição clara de expectativas cria um ambiente seguro no qual essa aparente contradição pode coexistir.

  Um exemplo prático que profissionais podem sugerir aos pais é: "Eu entendo que você está frustrado porque quer brincar mais. Mas agora é hora de guardar os brinquedos. Vamos fazer isso juntos?"

  Neste contexto, o adulto reconhece a emoção da criança enquanto estabelece um limite com respeito e firmeza, convidando-a a participar ativamente do processo de organização.

- **Compreensão das fases de desenvolvimento infantil**: compreender as diferentes fases do desenvolvimento infantil é essencial para que profissionais da área da educação e psicologia possam orientar pais e cuidadores a ajustarem suas expectativas em relação às capacidades e aos comportamentos das crianças. Cada fase apresenta desafios e necessidades distintas, e alinhar essas expectativas pode prevenir frustrações desnecessárias e, ainda, criar oportunidades valiosas de aprendizado e desenvolvimento emocional.

  Por exemplo, no contexto de uma criança pequena que ainda está desenvolvendo habilidades de compartilhamento, é mais eficaz adotar uma abordagem orientada para o ensino do comportamento esperado do que impor ordens rígidas. Em vez de dizer: "Pare de pegar o brinquedo do seu irmão!", o adulto pode sugerir algo como: "Eu sei que você quer brincar com isso agora, mas que tal esperarmos a vez dele?". Essa orientação modela empatia e autocontrole, e promove o entendimento de normas sociais de forma gradual e respeitosa.

- **Cooperação e solução de problemas**: envolver as crianças na busca por soluções promove o desenvolvimento da autoestima, senso de responsabilidade, cooperação e a confiança em sua capacidade de contribuir de forma significativa.

Profissionais podem orientar pais e cuidadores a incentivar esse envolvimento no cotidiano. Por exemplo, ao lidar com situações como a organização de um ambiente, o adulto pode oferecer um modelo inicial e, em seguida, estimular a participação ativa da criança: "Como você acha que podemos arrumar essa bagunça? Que tal começarmos pelos livros no chão?". Essa prática ensina habilidades de resolução de problemas de forma colaborativa, ao mesmo tempo que reforça a importância da contribuição individual.

Como aplicar a disciplina positiva no ambiente familiar

A disciplina positiva oferece um universo de possibilidades quando se trata de criar um ambiente mais respeitoso, acolhedor e colaborativo dentro de casa. Embora o foco principal sejam as crianças, é importante lembrar que sua aplicação vai muito além delas. Na verdade, a conscientização pelos adultos é um primeiro passo essencial para que possamos desempenhar o papel de modelo, que é tão importante no desenvolvimento infantil.

A responsabilidade de formar indivíduos capazes, independentes e emocionalmente saudáveis pode parecer esmagadora em alguns momentos. Mas a verdade é que a parentalidade também é um dos papéis mais gratificantes que podemos assumir. Quando conseguimos criar conexões baseadas em respeito mútuo, encorajamento e empatia, não estamos apenas ensinando nossas crianças; estamos crescendo junto com elas.

Convido você, como profissional da educação parental, psicologia ou áreas relacionadas, a refletir sobre formas de implementar os princípios da disciplina positiva no ambiente familiar. Essas ferramentas podem ser apresentadas aos pais e cuidadores como estratégias eficazes para enfrentar desafios cotidianos, como gerenciar comportamentos desafiadores, promover o uso construtivo do tempo livre (sem telas) e incentivar o envolvimento das crianças nas atividades domésticas.

Lidando com o comportamento desafiador

Quando uma criança se comporta de forma desafiadora, é comum que pais e cuidadores sintam frustração ou insegurança quanto à melhor abordagem. Muitas vezes, a resposta automática é recorrer a punições ou à conhecida chantagem, na esperança de corrigir o comportamento rapidamente. Contudo, como profissionais da área, sabemos que essas práticas podem interromper o comportamento temporariamente, mas não ensinam habilidades nem fortalecem o vínculo entre adultos e crianças.

E então, como orientar os pais e cuidadores?

- **Passo 1**: identifique o motivo do comportamento. Ajude-os a se questionarem: "O que essa criança está tentando me comunicar?". Frequentemente, o comportamento inadequado é a expressão de uma necessidade ou emoção não verbalizada.
- **Passo 2**: acolha a emoção, corrija o comportamento. Sugira que digam algo como "Entendo que você está se sentindo [nomeie o sentimento] porque quer brincar, mas agora é hora de guardar os brinquedos. Como podemos fazer isso juntos?". Isso ensina a validação emocional enquanto orienta o comportamento.
- **Passo 3**: se necessário, use a pausa positiva. Oriente-os a oferecerem à criança um momento de pausa para se acalmar, não como punição, mas como oportunidade para autorregulação. Explique que, nesse momento, o acolhimento e a segurança devem prevalecer, evitando explicações excessivas que a criança pode não compreender. Ao final, quando já estiver mais calmo, sugira que uma conversa seja feita para que a criança compreenda, em poucas palavras, as consequências do seu comportamento.

Promover pertencimento e incentivar escolhas

As crianças desenvolvem um senso de pertencimento e significado quando têm responsabilidades reais e participam ativamente das dinâmicas familiares. Envolver as crianças em tarefas, em casa, apropriadas para a idade também ensina habilidades práticas e fortalece a cooperação.

Como orientar os pais e os educadores nesse sentido?

- **Ofereça escolhas simples**: incentive os adultos a envolverem as crianças em tarefas cotidianas com opções que promovam autonomia. Por exemplo: "Você prefere ajudar a guardar os talheres ou dobrar as toalhas?". Isso reforça o senso de controle e responsabilidade.
- **Torne as tarefas divertidas**: sugira estratégias para transformar atividades em momentos lúdicos, como colocar música ou introduzir um elemento de brincadeira: "Vamos ver se você consegue lavar esse copo em 30 segundos. Valendo!".
- **Valorize o esforço, não a perfeição**: oriente os cuidadores a ajustarem suas expectativas e reconhecerem o empenho das crianças, mesmo quando o resultado não for perfeito. Reforce a importância de

frases como: "Obrigada por ajudar a arrumar a mesa! Você fez um ótimo trabalho." Ao mesmo tempo, alerte para o cuidado com elogios excessivos, que podem criar uma dependência de validação externa. O reconhecimento do esforço é suficiente para fortalecer o senso de contribuição.

- **Estabeleça limites claros**: ajude os adultos a combinarem escolhas com limites. Por exemplo: "Você pode escolher o lanche, mas ele deve ser algo saudável." Essa prática promove responsabilidade dentro de um contexto seguro.
- **Respeite as decisões da criança sempre que possível**: explique que respeitar as escolhas das crianças, dentro de limites previamente definidos, é essencial para construir confiança e senso de pertencimento.

Aplicar a disciplina positiva no ambiente familiar não significa eliminar conflitos ou alcançar a perfeição, mas sim criar um ambiente onde respeito, colaboração e aprendizado sejam prioridades. Como profissionais, nossa orientação pode capacitar os cuidadores a construir essa base com segurança e confiança.

Como aplicar a disciplina positiva em sala de aula

A sala de aula pode ser vista como um microcosmo social, onde interações diárias representam desafios e oportunidades para o desenvolvimento de professores e alunos. Gerenciar esse ambiente diversificado, composto por múltiplas expectativas e necessidades, exige estratégias fundamentadas em princípios que promovam relações saudáveis e eficazes. Nesse contexto, a disciplina positiva emerge como uma abordagem poderosa, fornecendo ferramentas que reforçam o respeito mútuo, a cooperação e o aprendizado.

- **Conexão antes da correção**: estabelecer uma conexão genuína com os alunos é o primeiro passo para a gestão de sala de aula eficaz. Para educadores, é essencial enxergar cada aluno como um indivíduo único. Incentive práticas que valorizem a singularidade dos estudantes, como cumprimentá-los pelo nome, dedicar um momento inicial da aula para check-ins emocionais ou mostrar interesse autêntico em suas ideias e opiniões. Essas práticas podem ser trabalhadas em workshops com professores, destacando como a construção de laços de confiança afeta positivamente o clima da sala e a disposição dos alunos para aprender.
- **Foco no encorajamento**: encorajar os esforços dos alunos é uma prática central na disciplina positiva, pois fortalece a autoestima e promove a motivação intrínseca. Ao orientar professores, destaque a importân-

cia de reconhecer o processo em vez de focar apenas no resultado, utilizando feedback específico, autêntico e direcionado. Por exemplo, em vez de elogiar genericamente com um "bom trabalho", sugira comentários como: "Gostei de como você organizou seus argumentos neste texto." Isso ajuda os educadores a criarem ambientes onde os alunos se sintam valorizados e seguros para errar e aprender, transformando a sala de aula em um espaço de crescimento significativo.

- **Soluções, não punições**: envolver os alunos na resolução de problemas é uma estratégia poderosa para desenvolver responsabilidade e pensamento crítico. Oriente os professores a abordarem conflitos e comportamentos desafiadores de forma construtiva, convidando os estudantes a colaborar na busca por soluções. Por exemplo, em vez de retirar o recreio como punição, sugerir: "Como podemos organizar juntos o material que você bagunçou?". Essa abordagem não apenas desenvolve habilidades de pensamento crítico, mas também promove um senso de pertencimento e engajamento.

A adoção da disciplina positiva na sala de aula é um processo gradual, mas com impactos duradouros. Além de reduzir conflitos, fortalece a relação professor-aluno e desenvolve competências socioemocionais essenciais, como empatia e autorregulação.

Conclusão

Educar crianças é também um caminho de redescoberta para os adultos, equilibrando firmeza e gentileza, conexão e independência. No ambiente escolar ou familiar, esses espaços moldam valores e habilidades para a vida. Para quem atua com educação parental e desenvolvimento infantil, a disciplina positiva é transformadora. Com estratégias práticas, promove conexões genuínas e prepara as crianças para os desafios da vida, ao mesmo tempo que leva os adultos a refletirem sobre suas interações.

Como podemos apoiar pais e educadores na adoção de práticas que transformam momentos cotidianos em aprendizados duradouros? Essa reflexão é o primeiro passo para mudanças que impactam o presente e moldam o futuro.

Referências

NELSEN, J.; ERWIN, C.; DUFFY R. A. *Disciplina positiva para crianças de 0 a 3 anos*: como criar filhos confiantes e capazes. Barueri: Manole, 2018.

NELSEN, J. *Disciplina positiva*: o guia clássico para pais e professores que desejam ajudar as crianças a desenvolver autodisciplina, responsabilidade, cooperação e habilidades para resolver problemas. Santana de Parnaíba: Manole, 2015.

NELSEN, J.; LOTT L.; GLENN H. S. *Disciplina positiva em sala de aula*: como desenvolver o respeito mútuo, a cooperação e a responsabilidade em sua sala de aula. Santana de Parnaíba: Manole, 2017.

CAPÍTULO 18

O papel da educação parental na formação do caráter

O presente capítulo visa trazer um conhecimento teórico e sugestões práticas acerca da moral e da ética que fundamentam a ação parental na formação do caráter dos filhos. A discussão busca, em um primeiro momento, exemplificar tanto uma situação inadequada quanto outra assertiva, corriqueiras, nas quais pode se observar a importância dos aspectos de moralidade e caráter. Posteriormente, propõe-se uma fundamentação teórica sobre moral, ética, caráter e virtudes e algumas reflexões sobre a importância do papel da educação parental como base para a formação do caráter. Por fim, sugerem-se caminhos para o ensino e a prática de virtudes baseados em uma vida rica em exemplos e atuação diária e essência de vida. A educação parental para a formação do caráter pressupõe o constante falar, mostrar, corrigir, espelhar, ensinar e perseverar nos ensinamentos aos seus filhos. Tanto pais como educadores parentais podem se beneficiar das sugestões e reflexões obtidas neste texto.

Raquel Faconti

RAQUEL FACONTI

Mestre em Educação pela UEL, na área de Filosofia com ênfase na Ética. Especialista em Educação Especial, Psicopedagogia e Neuropsicopedagogia. Graduada em Pedagogia pelo Cesulon (atual Unifil em Londrina/PR), na qual recebeu uma láurea acadêmica. Atua como especialista em Psicopedagogia Clínica e Institucional desde 1991. Autora de livros e capítulos na área de educação e psicopedagogia. Consultora da Megaquality Brasil, com experiência em assessments e mentorias em empresas públicas e privadas para o desenvolvimento de profissionais. Consultora de escolas públicas e particulares para formação de professores, desenvolvimento de professores e inclusão. Consultora da GAE Consultoria e Projetos Educacionais Ltda. Ampla experiência em orientação de pais e adolescentes, por meio de Orientação Educacional, em Anos Finais do Ensino Fundamental e Ensino Médio. Atualmente, além da clínica, atua como consultora psicopedagógica na Maple Bear de Londrina, na área de Special Needs. Docente (em licença) de cursos de graduação e pós-graduação.

Contatos: educa.raquelfaconti@gmail.com
Linkedin: Raquel Faconti
Lattes: http://lattes.cnpq.br/0375615500315762
43 9112 3056 (Clínica e WhatsApp)

Ao iniciar nossa reflexão, gostaria de dividir com o leitor duas situações que irão introduzir o tema que abordaremos neste capítulo. Presenciei, dia desses, uma cena muito triste e moralmente reprovável. Estávamos, eu e minha irmã, em um sacolão perto de nossa casa, aguardando na fila do caixa para pagar nossa compra quando vimos uma mãe abrindo uma caixa de uvas; ela desprendeu três uvas do cacho, limpou-as em sua blusa e deu aos dois filhinhos e comeu a terceira. Não pegou a caixa violada e tampouco a colocou em suas compras. Continuou andando, tranquilamente pelo sacolão, como se nada tivesse acontecido.

Detalhe: não foi um furto famélico. A mãe, visivelmente, tinha condições de adquirir a caixinha de uva e muito mais coisas pelo sacolão, como o fez, durante suas compras. Eu e minha irmã ficamos tão indignadas com a situação e precisamos nos conter para não falar nada àquela jovem senhora. Até porque, hoje em dia, infelizmente, vivemos quase uma ditadura do errado que virou certo e, dependendo de como a situação evoluísse, poderíamos até sermos responsabilizadas por constrangimento ilegal.

Vocês imaginam esta situação? No caixa, ao falarmos com o filho do dono do sacolão, ele, resignado, nos explicou que isso era uma prática comum e que aconteciam situações muito piores. Vocês já se depararam com situações como essas? Pois, então, aqui há uma demonstração de falta de ética dessa mãe em relação ao sacolão; um comportamento moralmente reprovável (não deixa de ser uma subtração de um bem alheio, mesmo que seja uma perda insignificante para o sacolão, mas será uma perda para quem vai comprar a caixinha de uva violada e com uvinhas a menos); e uma incapacidade de pensar nos outros (ausência total de alteridade). E, então, o que falar do caráter? Como esta mãe ensina moralidade e virtudes aos filhos?

Outro exemplo que proponho, também, acontece no dia a dia, porém, ao contrário da primeira cena, esta acalenta o coração.

A cena se passa em uma fila de cantina escolar: a criança encontra uma carteira bem colorida com bichinhos alegres e rechonchudos caída ao chão, em um cantinho próximo ao caixa da cantina. Não havia nome da parte de fora; então, a criança a abriu para verificar se havia o nome na parte interna do objeto. Não, não havia nenhuma identificação, mas havia três notas de cem reais.

Esta criança poderia ter ficado com a carteira e com o dinheiro. Afinal, em tempos atuais, infelizmente, tem sido comum ações que se ocupam de "levar vantagens" e obter ganhos inapropriados, mas, ao contrário, ela decidiu pelo comportamento mais moralmente adequado às circunstâncias: a devolução!

Após comprar seu lanche, dirigiu-se até a coordenação da escola e entregou a carteira encontrada aos responsáveis para que o "dono" do objeto e dos valores monetários pudesse ser identificado por meio de adultos e responsáveis pela escola. Ou seja, além de não ficar com um pertence que não era seu, buscou em seu repertório de comportamentos (podemos acrescentar, aqui: vivências, aprendizagens tácitas, instruções/ensino explícito e aprendizagem espelhada por adultos) mais assertivos de tentar resolver a situação que era encontrar o verdadeiro proprietário da carteira e do dinheiro.

Certamente, a criança citada na cena acima possui base moral e virtudes relevantes que lhe foram ensinadas, assim como consegue generalizar comportamentos mais assertivos estimados para determinadas situações. As crianças precisam vivenciar e ter modelos de comportamentos a serem replicados quando situações semelhantes àquelas que foram exercitadas e vivenciadas em suas famílias de origem ocorrerem.

Dessa forma, quando estiverem diante de situações que demandam escolhas comportamentais éticas e moralmente adequadas poderão fazê-las baseadas em aproximação com seu repertório interno. Ao seguir nessa linha de raciocínio, a base de formação moral e de virtudes da criança é fundamental para o desenvolvimento de seu caráter que precisa ser moldado e forjado por meio de exemplos e orientações fornecidas pelos pais, que são fonte, inspiração e modelo para os filhos.

O exemplo parental é tão vital para seus filhos quanto o ar que respiram. Tanto que cabe utilizar a reflexão de Confúcio: "a palavra convence, mas o exemplo arrasta" (552 a.C. – 489 a.C., aproximadamente), uma máxima a ser refletida sobre a importância do espelhamento das ações parentais aos filhos, ou seja, educa-se mais pelo exemplo e pela consistência das ações do que só e unicamente por palavras.

A parentalidade auxilia e dá o suporte para o desenvolvimento do caráter da criança. O caráter é um dos componentes da personalidade do sujeito e, mesmo que haja outras variáveis contribuintes para o desenvolvimento da pessoa (questões genéticas, meio ambiente externo alheio à família, características de desenvolvimento, aspectos espirituais e religiosos, entre outros), o meio ambiente é um grande retroalimentador de padrões morais para a criança, ela bebe da axiologia do grupo (Visca, 1984), especificamente o familiar; por esse fato, bons e coerentes exemplos com a forma de pensar, agir e viver dos pais ajudam na criação de repertórios morais.

Dessa forma, possibilitam uma reflexão profunda sobre os comportamentos, o que ajudará a criança e o adolescente a escolher as melhores ações a serem empregadas visando ao BEM supremo, no sentido aristotélico.

Mas, o que é o bem supremo aristotélico, o que é moral e ética e o que todos estes entes têm a ver com o caráter? Como esses conceitos são importantes para pais? Primeiramente, precisamos compreender que a ética, muitas vezes, é confundida com a moral e vice-versa, em função das raízes históricas dos termos, o que gera essa confusão etimológica.

A palavra e ato *ética* vem do grego, *ethos*, e significa costume, enquanto a palavra e ato moral vem do latim e, também, significa costume. Essa proximidade de significados leva as pessoas a considerarem que tanto a moral quanto a ética se referem à mesma situação conceitual. Podemos compreender melhor a diferenciação com as contribuições de Vasquez (1997, p. 14 *apud* Faconti, 2006):

> Assim como problemas teóricos morais não se identificam com os problemas práticos, embora estejam estritamente relacionados, também não se podem confundir a ética e a moral. A ética não cria a moral. Conquanto seja certo que toda moral supõe determinados princípios, normas e comportamentos, não é a ética que os estabelece numa determinada comunidade. A ética depara com uma experiência histórico-social no terreno da moral, ou seja, com uma série de práticas morais já em vigor e, partindo delas, procura determinar a essência moral, sua origem, as condições objetivas e subjetivas do ato moral, as fontes da avaliação moral, a natureza e a função dos juízos morais, os critérios de justificação destes juízos e o princípio que rege a mudança e a sucessão de diferentes sistemas morais.

A regulação e reflexão da moral vêm sendo construídas, cultural e historicamente, desde os primórdios da ontogênese, passando pelo código de Hamurabi (século XVIII a.C.); Exame de Consciência Livro dos Mortos (século XV a. C); e o Decálogo Dez Mandamentos (século VIII a XII a. C), entre outras contribuições de filósofos como Aristóteles. Todos eles sobrepostos e guardadas as diferenças culturais, em síntese, preconizam comportamentos para uma vida pautada em virtudes e na prática do bem.

Uma vez feita a diferenciação entre moral e ética, fica posto que a moral é um conjunto de costumes e normas que possibilitam o encaminhamento de ações assertivas que nos ajudam a conviver e coexistir de forma respeitosa e com alteridade entre seres humanos e animais.

No sentido aristotélico, ética é a capacidade reflexiva sobre os comportamentos morais, ou seja, a felicidade de cada pessoa pressupõe a felicidade de todas as outras envolvidas direta ou indiretamente com as ações individuais; não há ética onde não se há respeito ao próximo e igualdade de direitos do ponto de vista aristotélico.

A busca por justiça, equidade, respeito mútuo, bondade, solidariedade torna o ser humano feliz (bem supremo) e isso só é possível por meio do autovalor, da dignidade, do ser respeitado e ser amado em uma via de mão dupla: assim como para si, também, se espera e se faz pelos outros, antes de almejar para si essas virtudes e ações, as faz para os outros em um princípio claro de alteridade.

Segundo Faconti (2006, p. 26):

> A questão central da Teoria Aristotélica das Virtudes alude ao que nós queremos em nossa vida, indagando qual a finalidade de nossas ações. A resposta, ou seja, a justificativa para as nossas ações, é a busca da felicidade (eudaimonia). Essa felicidade de que fala Aristóteles não consiste em uma alegria momentânea nem em uma euforia efêmera, mas sim em um estado duradouro de satisfação. Aristóteles afirma que é preciso desconsiderar motivos pessoais e subjetivos para se alcançar a felicidade, pois o homem é feliz apenas quando realiza bem a sua função (ergon) própria, a sua razão. Assim, o bem supremo constitui uma condição de bem-estar duradouro, conquistada pela realização da racionalidade humana, que é a finalidade da vida virtuosa. Apenas o desenvolvimento da capacidade racional do ser humano poderá proporcionar-lhe uma vida plena, que é a excelência moral do ser humano (Borges; Dall'Agnol e Dutra, 2002, p. 11).

Precisamos compreender que o caráter (do grego *kharaktêr,* marca gravada, sulcada, sinal gravado) descreve os traços morais da personalidade, se refere às características regulatórias da personalidade e se desenvolve de forma complexa em base neuropsicológica relacionada a processos intencionais e metacognitivos. Sofre, como supramencionado, influências genéticas e ambientais. Também conhecido como índole, envolve características como: honestidade, confiabilidade, responsabilidade, honra, solidariedade, entre muitas outras.

O caráter de uma pessoa pode ser medido e compreendido pela confiança que lhe é depositada e a forma que ela inspira aos que estão em seu entorno, também pode ser medido pela retidão das suas ações e por suas relações honestas.

Enquanto as virtudes (do latim *virtus* – excelência, força, poder) são qualidades morais e sociais, com grande peso intelectual e psicológico, elas são disposições do dia a dia, habituais que permitem a uma pessoa que opta pelo bem, praticá-lo, dar o melhor de si para alcançá-lo como propósito de vida final, mesmo que ninguém fique sabendo, mesmo que ninguém esteja vendo. É fazer o que é certo e não fazer o que é errado, manter-se firme no propósito de fazer o bem independentemente da situação.

Então, como a educação parental pode atuar, de fato, na formação do caráter?

Primeiramente, tem que haver equilíbrio entre coerência e consistência. A coerência deve estar centrada na autopercepção e reflexão parental: sou coerente na forma como ajo, como penso e vivo? Essa é a primeira pergunta que os pais precisam fazer a si mesmos.

Não adianta ter um pensamento e ter uma prática dissonante, tampouco é possível viver de uma forma e agir de outra. Ou seja, o pensar, agir e viver com coerência são um bom caminho para que os pais possam seguir para seu próprio bem, no sentido aristotélico, para a busca da felicidade para si, para seu filho ou filhos e para o próximo.

Outro ponto importante sobre a coerência e a tríade do agir-viver-pensar é a não sinalização de falsas virtudes. É salutar que os pais façam um exame de consciência muito profundo nesse sentido, pois o uso de falsas virtudes é nefasto para o fomento e o desenvolvimento do caráter dos filhos.

Além da coerência, é necessária a consistência na educação parental. Ensinar os filhos envolve um trabalho árduo, persistente, resiliente e diário. Reforçar os comportamentos adequados e extinguir os inadequados são uma tarefa diuturna, e todas as situações devem ser aproveitadas. A consistência do ato educativo (seja para ensinar ou reforçar um aprendizado ou para corrigir e refutar um comportamento inadequado) garantirá o bom desenvolvimento de virtudes e, principalmente, do caráter.

Um segundo ponto que pode auxiliar os pais nessa direção é que esses devem considerar, assim como sugerido por Aristóteles (Faconti, 2006), que o sumo bem é a felicidade que deve ser alcançada eticamente; ela é um fim último a ser alcançado em qualquer ação humana. Essas ações precisam ser praticadas virtuosamente e devem comportar: compaixão e misericórdia, polidez, fidelidade, prudência, temperança, coragem, justiça, generosidade, verdade, tolerância, gratidão, coragem, humildade, simplicidade, tolerância, doçura, boa-fé, humor e amor.

É importante ressaltar que todas essas virtudes devem ser vivenciadas, exemplificadas, discutidas e praticadas no dia a dia e são importantes coadjuvantes na formação do caráter.

Um terceiro ponto a ser considerado na formação do caráter que pode ajudar a educação parental são as contribuições de Immanuel Kant, por meio de seu texto "Resposta à pergunta: o que é esclarecimento?", no qual preconiza que precisamos abandonar nossa menoridade intelectual e sermos responsáveis por nosso conhecimento e esclarecimento. O nosso entendimento e esclarecimento nos leva a assumir responsabilidades pelas ações que cometemos de forma racional, ética e coerente. E, nisso, reside a ética, a ação, o pensar e o viver que dar-se-ão de forma esclarecida na interação com o outro e com o meio (Faconti, 2006).

Ao se tornar esclarecido, se é responsável por suas ações, omissões e, portanto, pelas consequências. Dessa forma, a educação parental assume a necessidade de conhecer seu compromisso com o ensino do caráter de seus filhos e de responsabilizar-se por ela.

Embora, como já dito no texto, existem vários fatores que contribuem para o desenvolvimento do sujeito, a educação parental exerce grande influência e papel decisivo para o filho; os pais precisam assumir, ocupar-se e responsabilizar-se pela tarefa de formação de caráter. Esconder-se com irresponsabilidade atrás da ignorância ou falta de conhecimento se constitui em um ato de minoridade intelectual, de desrespeito, de omissão, de falta de amor, de ética e, até mesmo, de caráter em relação aos filhos.

Ao finalizar as sugestões de uma educação parental centrada para a formação do caráter, não posso deixar de citar, talvez, a mais importante: a espiritualidade. Ter um pensamento elevado e sabermos que vivemos por um determinado período curto nesta terra, que viemos sem nada e morreremos sem levar nada, apenas nossas ações, nos ajuda a encontrar motivação e sentido na ética, na moralidade e na formação do caráter.

Como sou católica, acredito firmemente em uma educação e em um desenvolvimento humano Cristocêntrico. Seguir os ensinamentos do Nosso Senhor Jesus Cristo e seguir principalmente os dez mandamentos ajuda-nos profundamente a pensar, agir e viver de forma ética; ajuda-nos a refletir melhor sobre nossas escolhas comportamentais e as virtudes que nos ajudarão a forjar nosso caráter para que depois possamos educar nossos filhos. Uma vez edificados e obstinados a viver em comunhão com Deus, teremos melhores condições de exercer a educação parental de filhos com ênfase na formação do caráter.

Como o educador parental pode contribuir com a mentoria de pais para ajudá-los na educação do caráter dos filhos?

De certa forma, os educadores parentais precisam estar alinhados e em consonância entre o que orientam e o que são enquanto exemplo e essência de vida, como já exposto em outro texto que trata da ética na parentalidade profissional,[1] do qual recomendo a leitura. Não há como atuar na orientação de pais, ensinando-os para formação do caráter de filhos, se o profissional não tiver uma base moral sólida, uma profunda experiência ética e em comunhão com as virtudes.

Do ponto de vista técnico, o educador parental precisa conhecer as fases do desenvolvimento infantil e da adolescência à luz de conhecimentos como a psicanálise e as neurociências. Precisa compreender as bases teóricas que subsidiam a compreensão da formação da personalidade, do caráter e compreender os aspectos cognitivos, evolutivos e a interação e contribuição do meio ambiente.

O educador parental pode usar histórias com virtudes, aquelas leituras que levam à reflexão sobre "a moral" da história e fornecer aos pais esses poderosos recursos para ensiná-los a contar histórias morais e virtuosas para seus filhos. Por exemplo, as fábulas de Esopo, irmãos Grimm e histórias bíblicas.

Outro recurso que pode ser trabalhado, principalmente para ensinar pais de adolescentes, é o uso das Forças de Caráter: uso do VIA Survey Assessment ou Teste VIA de Forças de Caráter. Os pais podem ser orientados a promover, aos seus filhos, oportunidades de frequentar esportes coletivos; atividades de empreendedorismo e responsabilidade social; participação de ações de caridade (sem publicidade); frequentar igrejas e grupos de jovens; entre outros.

É claro que o educador parental precisa enfatizar aos pais que esses precisam acompanhar de forma crítica, responsável e presencialmente todos esses eventos, para que de fato eles possam oferecer uma imersão fecunda e abundante para o desenvolvimento do caráter dos jovens.

1 FACONTI, R. Ética na parentalidade profissional. *In*: ZANCA, W. (coord.). *Parentalidade: da teoria à prática*. São Paulo: Literare Books Internacional, 2024.

É importante que o educador parental também proporcione aos pais o uso de jogos como um recurso lúdico, mas muito eficiente para o desenvolvimento moral. Jogos coletivos, de tabuleiro e de estratégia envolvem muitos comportamentos morais e lúdicos.

Seguir as regras, aprender a ganhar e perder, respeitar o oponente, entre outras possibilidades, assim como o próprio objetivo do jogo em si mesmo, são fontes ricas para exercitar o caráter. Não obstante, é importante que o educador parental oriente aos pais que a confiança, o respeito mútuo, a autoridade respeitosa e protetora, o amor e o cuidado são atitudes fundamentais para o alicerce e o ensino do caráter.

Espero que você, pai e mãe, possa se beneficiar dessas sugestões para atuar de forma consciente, responsável e ética na formação de caráter de seu filho, pois, como disse Coelho Neto, "é na educação dos filhos que se revelam as virtudes dos pais".

Ao querido educador parental, espero ter contribuído com sua prática e reflexões. Com um enorme abraço, amor, ética e responsabilidade.

Raquel

Referências

FACONTI, R. M. B. *O pensar, o agir e o viver do professor:* sua teoria e sua prática em relação aos portadores de necessidades especiais. 2006. Dissertação (Mestrado em Educação) – Universidade Estadual de Londrina, Londrina 2006.

FACONTI, R. Ética na parentalidade profissional. *In*: ZANCA, W. (coord.). *Parentalidade:* da teoria à prática. São Paulo: Literare Books Internacional, 2024.

KANT, I. *Textos seletos*. Petrópolis: Vozes, 1974.

VALLADRO, L.; BORNHEIM, G. *Ética a Nicômaco de Aristóteles*. São Paulo: Abril Cultural, 1984.

CAPÍTULO 19

Criando os pequenos com empatia

Construir e nomear sentimentos na infância

É uma honra poder compartilhar estas questões sobre emoções na primeira infância junto com todos. O dia a dia das crianças é observando os adultos e o que acontece ao seu redor. É certo que a criança desenvolve empatia, mas é preciso primeiro entender suas próprias emoções. Os pequenos, quando conseguem nomear seus próprios sentimentos, como tristeza, raiva e alegria, demonstram maior compreensão de como agir com empatia. Vamos refletir um pouco sobre o trabalho que precisamos desenvolver para chegar neste estágio de identificar suas emoções e colocá-las em prática.

Renata Cottet

RENATA COTTET

Mestre em Educação pela Universidade Cidade de São Paulo (2019). Graduada em Pedagogia e pós-graduada em Psicopedagogia – Faculdades Oswaldo Cruz (2006 e 2016). Atualmente, está como presidente da Instituição Apana (desde 2019) e professora do Ensino Superior na área das licenciaturas. Autora de cinco artigos já publicados na área de Políticas Públicas da Educação infantil e coautora dos livros *Educação e afeto: as linguagens do amor para uma aprendizagem significativa* e *Parentalidade: da teoria à prática.*

Contatos: renatacottet35@gmail.com
Lattes: http://lattes.cnpq.br/5483525836462074
11 9 7088 8857

Neste capítulo, convido todos os profissionais parentais, pais, mães e responsáveis a viajar comigo em uma jornada de reflexões sobre como podemos construir e reconhecer a empatia como um sentimento, tendo como a primeira infância nosso destino.

Seria ela a capacidade de se identificar com outra pessoa, se colocar no lugar do próximo e entender como ele se sente ou o que deseja? Estas são reflexões que fazemos todas as vezes que tocamos neste assunto. Podemos dizer então que se trata da possibilidade de construir relações, promover bem-estar emocional próprio com grupos diversos. Isso porque, quando nos colocamos no lugar de outra pessoa, pensamos antes de agir para evitar que ela possa ser ferida de alguma forma.

De origem grega, empatia significa ter a habilidade de entender a necessidade do outro. É ter a capacidade de vivenciar a dor e a alegria de outra pessoa, mesmo que a ligação entre elas não seja algo próximo ou extraordinário.

A família desempenha papel central na construção das emoções da criança, é o primeiro ambiente em que ela aprende sobre sentimentos, interações sociais e autorregulação emocional. A maneira como o núcleo familiar lida com suas próprias emoções e interage com a criança cria as bases para o desenvolvimento emocional saudável. Ao praticarmos a empatia, realizamos uma função importante de nossa inteligência, o reconhecimento e a compreensão de nossos próprios sentimentos e os de outras pessoas. Muitas vezes, acreditamos que a empatia deve ser praticada apenas pelos adultos, mas crianças também têm problemas e podem sentir angústias, raiva e tristeza em suas vivências, apresentando dificuldades em colocar a empatia em prática.

A família e os mais próximos podem, o quanto antes, proporcionar às crianças momentos e situações para que elas pratiquem esse sentimento, não evitando que elas vivenciem estas situações; afinal, nos dias de hoje, é importante tentar sempre entender o ponto de vista do outro, exercendo a generosidade e a tolerância com o próximo. Vamos entender um pouco mais sobre a construção deste sentimento na infância.

Tudo começa pela inteligência emocional!

Já ouviram falar que as crianças também têm esta inteligência emocional? Ela se refere à capacidade de reconhecer, verbalizar e gerir as próprias emoções, bem como respeitar as do outro. Consiste em uma competência de grande relevância para a vida das pessoas, por isso é fundamental que seja trabalhada desde a infância. A inteligência emocional hoje faz parte do currículo das escolas como habilidade a ser trabalhada nas crianças.

Segundo a Base Nacional Comum Curricular (BNCC), é uma habilidade a ser adquirida:

> Conhecer-se, apreciar-se e cuidar de sua saúde física e emocional, compreendendo-se na diversidade humana e reconhecendo suas emoções e as dos outros, com autocrítica e capacidade para lidar com elas (Brasil, 2018, p. 10).

O desenvolvimento dessas competências contribui positivamente com a aquisição de diversas habilidades que auxiliam os pequenos em um crescimento saudável de forma integral. Entretanto, quando as crianças são estimuladas a desenvolvê-la, elas adquirem tanto habilidades intrapessoais, como autonomia, autoconfiança e resiliência, quanto interpessoais, a exemplo de empatia, cooperação e respeito.

Segundo Goleman (1995), a inteligência emocional diz respeito às capacidades de reconhecimento das nossas próprias emoções e dos outros, de automotivação e gerenciamento dos sentimentos internos, bem como dos relacionamentos.

Entendemos que uma criança emocionalmente inteligente pode se sentir e parecer equilibrada e contente. As habilidades emocionais podem ser desenvolvidas a partir da primeira infância, desenvolvendo a inteligência emocional alcançando resultados significativos no aprendizado e nos relacionamentos. Compreender o desenvolvimento emocional na criança é fundamental para que familiares e educadores possam ajudá-la a lidar com suas emoções. Quando o indivíduo não sabe reconhecer, expressar e gerenciar as próprias emoções, bem como se relacionar de modo pacífico e empático, tem menores chances de se sentir feliz e realizado em sua vida pessoal, profissional e social.

Difícil? Porém, temos informações bem animadoras, a inteligência emocional não é inata aos sujeitos; ao contrário, é uma habilidade que pode ser trabalhada e desenvolvida como qualquer outra, ela demanda conscientização e prática. Neste nosso encontro, vamos trazer várias práticas e situações que no dia a dia poderão contribuir para a construção destas emoções de forma qualitativa para todos. Vamos lá…

A infância é considerada o melhor período para começar a ensinar e exercitar a inteligência emocional, uma vez que, o quanto antes forem estimuladas as habilidades que a envolvem, maior a possibilidade de se tornarem respostas naturais às situações e, principalmente, aos desafios.

Podemos dizer que os benefícios não se restringem ao momento em que os indivíduos são crianças, mas valem para toda a vida, já que, em geral, os adultos mais bem-sucedidos, seguros e felizes tiveram uma boa educação das emoções. Saber reconhecer as próprias emoções é o primeiro passo para aprender a controlá-las. O autoconhecimento é, assim, uma importante ferramenta para a criança alcançar a autorregulação emocional, ou seja, refletir antes de reagir.

Não conseguir identificar, comunicar e administrar os sentimentos acentua a carga de estresse infantil, podendo desencadear transtornos de ansiedade, por exemplo, algo muito comum hoje em dia em nossas crianças. Os dias difíceis, as frustrações e as situações indesejadas fazem parte da vida, o que não significa que seja fácil lidar com elas. Para as crianças, muitas vezes passa ser ainda mais difícil aceitação, trazendo reações adversas como birra, choro ou grito, caso ouçam um "não".

Os profissionais parentais que trabalham com essas práticas junto às famílias afirmam que crianças com inteligência emocional apresentam rendimento escolar avançado, menores níveis de estresse e, ainda, maior capacidade de lidar com os desafios e de estabelecer relações positivas e felizes. Além disso, os benefícios se estendem de forma positiva para a vida adulta, nos âmbitos pessoal, social e profissional.

O papel dos educadores parentais na construção da empatia na primeira infância

Os educadores parentais têm como estratégia de trabalho apresentar a importância da empatia dentro das famílias. Trabalhar esse sentimento não é apenas uma questão de orientação, mas também de aprendizado e prática. Os educadores parentais, especializados na dinâmica familiar, fornecem às famílias ferramentas e estratégias necessárias para desenvolverem essa habilidade.

Por meio de práticas do dia a dia, os educadores parentais orientam os pais sobre como se comunicar de maneira empática com seus filhos, de como reconhecer e validar suas emoções e como resolver conflitos de forma construtiva. Auxiliam os familiares a entenderem a importância da empatia no desenvolvimento emocional e social das crianças, incentivando práticas que promovam a compaixão, o respeito e a colaboração mútua nas diversas situações nas quais as crianças estão envolvidas todos os dias.

Pode-se entender que a família é o modelo primário de comportamento para seus filhos. Orientar todos a demonstrarem empatia em suas interações diárias, seja ouvindo atentamente as preocupações de seus filhos ou ao ajudar um vizinho em dificuldades, ensina aos filhos a importância de se colocar no lugar do outro.

Temos outra estratégia importante que deve ser levada em consideração. Já ouviram falar na escuta ativa? Essa escuta envolve prestar atenção ao que seus filhos têm a dizer, sem interromper ou julgar. Quando as crianças se sentem verdadeiramente ouvidas, são mais propensas a desenvolver empatia pelos outros.

Este trabalho em incentivar a família a compartilhar suas experiências, em que todos têm a oportunidade de expressar seus pensamentos e sentimentos, ajuda a construir empatia, permite que todos os envolvidos compreendam melhor as perspectivas uns dos outros. Ao integrar essas práticas na rotina familiar, os pais podem ajudar seus filhos a desenvolverem habilidades empáticas que os acompanharão ao longo da vida, promovendo relacionamentos saudáveis entre todos, tornando os comportamentos sociais mais compreensíveis, e a empatia é valorizada e cultivada como uma qualidade fundamental do ser humano.

A criança precisa aprender a reconhecer como se sente

Vale a pena ensinar a criança a diferenciar e nomear cada tipo de emoção. Podemos iniciar este trabalho em casa: contar histórias e incentivá-los a se colocar no lugar da personagem, por meio dos livros infantis, são uma ferramenta poderosa para ensinar empatia. Ao ler histórias com personagens que enfrentam diferentes desafios, pergunte à criança como ela acha que os personagens se sentem e o que fariam no lugar deles. Isso estimula o entendimento emocional e a capacidade de se colocar no lugar do outro, brincar de descobrir a emoção por detrás de cada expressão facial ou tom de voz e fazer perguntas; desta forma lúdica, conseguimos fazer com que a criança viva a experiência com os personagens sem se expor.

Verbalizar os próprios sentimentos é algo sempre desafiador; e isso só pode ser encorajado por meio do diálogo sincero e sensível. Os pequenos precisam ter muita segurança no adulto, por isso forçá-los a falar não é um bom caminho. Em geral, uma forma eficiente de desenvolver a comunicação emocional infantil é por meio das artes (dança, teatro e pintura) e dos esportes; são estratégias favoráveis para desenvolver esta expressão. Então, ter ou proporcionar este momento se torna muito significativo.

Em casa, sempre é possível propor o trabalho em equipe. Fazer uma receita de bolo, arrumar um cômodo da casa, ajudar a colocar a mesa ou até mesmo a compra no supermercado em conjunto permite que o diálogo e a empatia sejam exercidos livremente, mesmo com as crianças bem pequenas. Isso porque há um objetivo em comum, que só pode ser atingido por meio da cooperação de todos. Sabemos que as crianças pequenas aprendem, sobretudo, pelo exemplo. Dificilmente elas terão atitudes de respeito consigo mesmas e com os outros se não forem tratadas com igual respeito. Então, devemos sempre evitar acusações, risos ou qualquer tipo de comentário que as deixem envergonhadas de seus sentimentos. Acolhimento e exemplo, sempre.

Você quer educar? Seja educado. E ser educado não é falar "licença" e "obrigado". Ser educado é ser ético, progressivo, competente e feliz.

Içami Tiba

Nem todo dia é bom. Em alguns, podemos estar estressados com um problema ou tristes com alguma situação desagradável. Nesses casos, é comum que as crianças perguntem o que você tem ou o que está acontecendo. Quando isso ocorrer, evite proteger a criança de sentimentos adversos, como a tristeza.

Ao fazer isso, você pode passar a imagem de que ele deve esconder as suas emoções também. Então, em vez de dizer que você está cansado, explique o que está sentindo e como ela pode ajudar nessa situação.

É claro que você não precisa entrar em detalhes, mas é importante que a criança entenda e aprenda a reconhecer esse tipo de sentimento nas pessoas. Nunca mentir faz parte do processo, a criança também precisa vivenciar os dias bons e os dias ruins; está no contexto da vida.

Quando uma criança sabe que pode expressar suas emoções sem ser julgada ou punida, ela aprende que sentimentos, mesmo os desafiadores, são naturais e fazem parte da vida. Nessas situações, os adultos desempenham um papel essencial ao mostrar que existem formas saudáveis de lidar com essas emoções.

Outro ponto muito importante é ensinar a autorregulação. As crianças precisam entender que, embora não possam evitar sentir certas emoções, elas têm o poder de escolher como reagir. Práticas simples, como ensinar a respirar fundo quando estão nervosas ou ajudá-las a pensar em soluções para um problema, são ferramentas poderosas para que elas desenvolvam controle emocional.

Ter um espaço para tomar as próprias decisões e lidar com os desafios sozinhas é muito bom para que o amadurecimento emocional aconteça. Estimular a autonomia possibilita que desenvolvam autocontrole e autoconfiança. Percebemos que ao permitir que as crianças enfrentem desafios com apoio, e não com interferência, elas desenvolvem confiança e autonomia para superar dificuldades futuras.

A construção emocional na infância não acontece da noite para o dia. É um processo contínuo que requer paciência, persistência, carinho e apoio. Com as ferramentas certas, as crianças podem crescer emocionalmente equilibradas e preparadas para enfrentar os desafios da vida, e o quanto antes forem oferecidas oportunidades para as crianças trabalharem as suas emoções, maiores serão os benefícios para a sua vida.

Por fim, o exemplo dos adultos é crucial. Os pequenos observam e aprendem com os seus e com o que está ao seu redor o tempo todo. Quando a família e os responsáveis praticam empatia, paciência e habilidade em lidar com seus próprios sentimentos, as crianças passam a ter modelos a seguir e aprendem que é possível lidar com emoções de maneira construtiva e amorosa.

Os profissionais parentais também podem ajudar a família a reconhecerem e validarem as emoções de seus filhos. Incentive-os a nomear as emoções mostrando compreensão e apoio. Nós adultos somos responsáveis por este trabalho, não podemos deixar para depois ou para as telas resolverem esta questão. O contato humano ainda é o melhor caminho para as relações humanas.

Referências

BRASIL. Ministério da Educação. *Base Nacional Comum Curricular*. Brasília, 2018.

GOLEMAN, D. *Inteligência emocional.* Rio de Janeiro: Objetiva, 1995.

TRAVERS, M. 4 Maneiras de Criar Crianças com Inteligência Emocional. *Forbes*, 4 mar. 2025. Disponível em: https://forbes.com.br/forbessaude/2025/03/4-maneiras-de-criar-criancas-com-inteligencia-emocional/. Acesso em: 10 jun. 2025.

CAPÍTULO 20

Como ensinar resiliência para as crianças

Preparando os filhos para superar desafios

O capítulo aborda de forma sensível e prática como pais, responsáveis e educadores podem contribuir para o desenvolvimento da resiliência nas crianças desde os primeiros anos. Por meio de orientações claras, destaca a importância de cultivar a confiança, a autoestima, a empatia e o apoio emocional no dia a dia, além de incentivar a autonomia, a persistência e o valor das brincadeiras com propósito. O texto reforça que o exemplo dos adultos é essencial nesse processo e que, mais do que proteger, é preciso preparar a criança para enfrentar desafios com equilíbrio emocional. Com isso, o capítulo se torna um guia valioso para uma parentalidade mais consciente, afetiva e fortalecedora.

Roberta Nunes

ROBERTA NUNES

Mãe da Júlia, a maternidade a tirou do automático e despertou o desejo de viver e educar com mais propósito. Foi por meio dos estudos, das vivências e da escuta atenta às famílias que encontrou seu caminho: ajudar pais, mães e educadores a construírem relações mais conscientes, respeitosas e afetivas com as crianças. Tem mais de dez anos de experiência na educação, conciliando a atuação como coordenadora escolar, educadora parental e mentora de famílias em atendimentos individuais e em grupo. Caminha com empatia, escuta ativa e ferramentas práticas – sempre com o olhar atento à infância e ao adulto que a conduz. É pedagoga, psicopedagoga, coordenadora pedagógica, educadora parental com certificação internacional em Disciplina Positiva, facilitadora em Comunicação Não Violenta (CNV) e especialista em Alfabetização e Letramento.

Contatos: robertabnunes1983@gmail.com
Instagram: @betabnunes
WhatsApp: 71 99243 4462

Um vencedor é um sonhador que nunca desiste.

Nelson Mandela

Falar sobre resiliência é abordar uma das competências emocionais mais importantes para a vida. Trata-se da capacidade de se recuperar e se adaptar diante de situações adversas, estressantes ou difíceis. Ser resiliente não significa não sofrer ou não sentir dor, mas sim manter o equilíbrio, encontrar recursos internos e buscar soluções mesmo diante das dificuldades. É essa habilidade que nos permite enfrentar os altos e baixos da vida com mais estabilidade emocional e maior clareza de propósito.

Essa capacidade não é inata – ela pode (e deve) ser desenvolvida ao longo da vida, especialmente desde a infância. É por isso que os pais, responsáveis e educadores desempenham um papel fundamental na construção da resiliência das crianças. Eles precisam entender que não são apenas os adultos que enfrentam frustrações, perdas ou situações desafiadoras. As crianças, mesmo em sua fase inicial de desenvolvimento, também podem passar por experiências difíceis: mudanças na rotina, separações familiares, conflitos escolares, perdas emocionais, entre outros.

Antes mesmo de falarmos sobre estratégias diretas para ensinar resiliência, é essencial compreendermos que ela se constrói no cotidiano, por meio de pequenas experiências de autonomia e responsabilidade. Permitir que a criança realize tarefas simples por conta própria – como se vestir, guardar os brinquedos, organizar sua lancheira, escovar os dentes ou arrumar o cantinho de estudos – é o primeiro passo. Essas ações fortalecem a autoestima e a sensação de competência. Quando a criança não consegue realizar algo de imediato, o papel do adulto é incentivar, apoiar e estimular a persistência, evitando críticas severas ou a tentação de fazer tudo por ela.

Ensinar resiliência envolve, portanto, mais do que proteger; trata-se de preparar. Preparar para o erro, para a frustração e para o recomeço. É lembrar às crianças que falhar faz parte do processo de aprendizagem e que errar não deve ser motivo de vergonha, mas uma oportunidade para refletir, crescer e tentar de novo. Assim como os músculos do corpo precisam de treino para ganhar força, a resiliência também precisa ser exercitada desde cedo, em cada pequena superação.

Outro ponto essencial é o exemplo dado pelos adultos. As crianças aprendem observando e absorvendo comportamentos. Se os adultos que convivem com elas demonstram resiliência – enfrentando os desafios com equilíbrio emocional, persistência e linguagem positiva –, as crianças tendem a reproduzir essas atitudes. Mostrar como lidar com uma frustração sem desmoronar, como reorganizar os planos diante de um imprevisto ou como aceitar um erro com humildade e disposição para melhorar são verdadeiras lições de vida.

Você pode, por exemplo, verbalizar suas próprias dificuldades com sinceridade e maturidade. Frases como: "Hoje foi um dia muito cansativo para mim, mas mesmo assim vou preparar o jantar, porque é importante para nossa família"; ou "Mesmo depois de um dia difícil, vamos fazer nossa leitura juntos, porque esse momento também ajuda a acalmar e a fortalecer a gente" mostram que é possível estar cansado e, ainda assim, manter o compromisso com o que é essencial. Isso ensina à criança que é normal se sentir desanimada às vezes, mas que é possível continuar com coragem e propósito.

Além disso, orientar a criança a identificar e expressar suas emoções de forma saudável é um passo crucial no desenvolvimento da resiliência. Muitas vezes, sentimentos como medo, raiva ou tristeza são vistos como negativos ou proibidos, o que gera repressão emocional. Ao contrário disso, devemos evidenciar que todas as emoções são válidas e fazem parte da experiência humana. O que precisa ser ensinado é como lidar com elas: nomeá-las, pedir ajuda, respirar fundo, acalmar o corpo e a mente.

A criança resiliente não é aquela que não sente dor, mas sim aquela que sabe o que fazer quando sente dor. Ela aprende a buscar auxílio, a procurar soluções e a confiar em sua capacidade de superação. Com isso, melhora sua relação consigo mesma e com os outros, desenvolvendo empatia, autonomia, habilidades sociais e capacidade de resolver conflitos.

Outro elemento essencial na formação dessa força interior é o ambiente emocional seguro e acolhedor. A criança precisa sentir que é amada, ouvida, valorizada e respeitada. O reconhecimento sincero de seu esforço, e não apenas dos resultados, reforça sua autoestima e sua motivação para persistir. Quando valorizamos mais o processo do que a perfeição, mostramos que o verdadeiro sucesso está em tentar com dedicação e não em acertar sempre.

Portanto, promova um ambiente no qual o seu filho se sinta reconhecido, encorajado e livre para errar e tentar novamente. Valorize cada esforço, cada conquista, cada tentativa, mesmo que pequena. A resiliência nasce exatamente aí – no cotidiano, nas pequenas superações, na confiança que se constrói dia após dia entre o adulto que apoia e a criança que se fortalece.

Confira, a seguir, algumas dicas sobre como contribuir para que as crianças superem os desafios, tornando-se resilientes:

Confiança e autoestima

A construção da resiliência nas crianças está profundamente ligada ao desenvolvimento da confiança e da autoestima. Esses pilares emocionais são fundamentais para que elas se sintam seguras, capazes e motivadas a enfrentar os desafios da vida. Quando a criança acredita em si mesma, ela tem mais disposição para tentar novamente após um erro, persistir diante das dificuldades e assumir responsabilidades.

Para fortalecer a confiança, é fundamental que os adultos reconheçam e valorizem as habilidades da criança, mesmo ainda em fase de desenvolvimento. Isso não significa supervalorizar qualquer atitude ou elogiar indiscriminadamente, mas sim oferecer reconhecimento sincero e coerente com o esforço demonstrado. O foco deve estar no processo, e não apenas no resultado.

Por exemplo, em vez de dizer apenas: "Parabéns pela nota!", prefira: "Percebi o quanto você se esforçou para estudar, organizou seu tempo e revisou o conteúdo. Isso é admirável!".

Esse tipo de elogio fortalece a autoconfiança e ajuda a criança a perceber que seu esforço tem valor – mesmo quando o resultado ainda não é o ideal. Além disso, estimule a tomada de decisões. Permita que a criança faça escolhas apropriadas para sua idade, como decidir entre duas opções de lanche, escolher a roupa que vai usar, ou organizar a ordem das tarefas do dia. Esse tipo de autonomia contribui para a construção do senso de competência, mostrando à criança que suas opiniões e preferências são levadas em consideração.

Outro ponto importante é criar empatia por meio de histórias e exemplos reais. Use personagens de livros infantis ou desenhos animados que passaram por dificuldades e conseguiram superá-las com coragem, esforço e determinação. Ao se identificar com essas histórias, a criança entende que todos enfrentam desafios e que ela também pode superá-los. Compartilhar vivências pessoais – como uma situação em que você, adulto, teve que persistir mesmo diante do medo ou da dificuldade – também é muito poderoso. Isso aproxima, humaniza e inspira.

Por fim, é preciso lembrar que o adulto é o espelho da criança. Ao demonstrar confiança nela, você a ajuda a acreditar em si mesma. Diga com frequência frases como:

"Eu confio que você é capaz."

"Você está aprendendo, e está tudo bem não acertar de primeira."

"Vamos tentar juntos mais uma vez?"

Essas palavras têm um impacto profundo na formação de uma autoimagem positiva e resiliente.

O valor da empatia

A empatia é uma das habilidades socioemocionais mais poderosas que uma criança pode desenvolver – e é também uma das mais importantes para a construção da resiliência. Ser empático é saber se colocar no lugar do outro, compreender seus sentimentos, dores, alegrias e pontos de vista, mesmo que sejam diferentes dos seus. Esse exercício de sensibilidade amplia a consciência emocional da criança, fortalece vínculos e torna as relações mais saudáveis e acolhedoras.

Desde cedo, é essencial que os adultos demonstrem empatia em suas interações diárias com as crianças e com outras pessoas. Atitudes simples, como ouvir com atenção, validar os sentimentos ("Eu entendo que você está triste com isso") ou perguntar com interesse genuíno ("Como você se sentiu quando isso aconteceu?") são formas concretas de ensinar o que é empatia – não com discursos, mas com o exemplo vivo e cotidiano.

Ao conviver em um ambiente no qual os sentimentos são reconhecidos e respeitados, a criança aprende que sentir não é fraqueza, mas parte do que nos torna humanos. Isso amplia sua capacidade de se conectar com os outros e diminui comportamentos egoístas ou impulsivos. Ela começa a perceber que os problemas e as emoções alheias também merecem atenção, e que o sofrimento do outro não é menor nem irrelevante, mesmo que seja diferente do seu.

Promover a empatia também é um fator de proteção emocional. Crianças empáticas têm mais facilidade para pedir assistência, oferecer apoio e criar redes de cuidado mútuo. Em vez de enfrentarem os problemas sozinhas, elas constroem pontes – e é nessas conexões que muitas vezes encontram a força para superar momentos difíceis.

Ensinar empatia é, portanto, um investimento de longo prazo no desenvolvimento da inteligência emocional, da resiliência e da cidadania consciente. E tudo começa com gestos simples: escutar, acolher, compreender e validar – todos os dias, em cada pequena interação.

Use a brincadeira como aliada

A brincadeira é muito mais do que uma forma de lazer na infância. Ela é uma poderosa ferramenta de aprendizagem emocional, social e cognitiva. Ao brincar, a criança se conecta com o mundo, expressa suas emoções, exercita a criatividade e, principalmente, desenvolve competências essenciais para a vida – entre elas, a resiliência.

Brincadeiras que envolvem desafios contínuos, tempo de espera e resolução de problemas são excelentes para ensinar às crianças que nem tudo na vida acontece de forma imediata. Em um mundo acelerado e hiperconectado, em que as respostas são instantâneas, é essencial que as crianças compreendam desde cedo a esperar, insistir, persistir e tentar novamente.

Atividades como montar quebra-cabeças com muitas peças, por exemplo, desenvolvem paciência, foco e organização mental. Já as pinturas com tinta que exigem tempo para secar ensinam que certos resultados demandam calma e planejamento. Juntar moedas para comprar algo desejado introduz conceitos como esforço, tempo e recompensa futura – um exercício real de disciplina emocional.

Outros exemplos incluem:

- **Plantar uma semente (na terra, no algodão ou em uma pequena horta caseira)**: a criança acompanha o crescimento com curiosidade e cuidado, aprendendo que tudo tem um tempo certo para florescer.
- **Caça ao tesouro**: além de divertida, essa brincadeira envolve pistas, raciocínio lógico, cooperação e perseverança até alcançar a meta.
- **Corridas de obstáculos ou circuitos físicos simples**: ensinam sobre esforço, superação de dificuldades e enfrentamento de desafios em um ambiente seguro.
- **Colorir desenhos detalhados**: estimula a atenção, a coordenação motora fina e a capacidade de concentração por mais tempo.

Essas experiências lúdicas não apenas divertem, mas também educam emocionalmente. A criança aprende que errar faz parte do processo, que é possível recomeçar quantas vezes for preciso e que a frustração pode ser superada com esforço e paciência.

Além disso, as brincadeiras reforçam vínculos afetivos quando realizadas com adultos ou outras crianças. Jogar juntos, rir, ajudar, comemorar pequenas vitórias – tudo isso fortalece o senso de pertencimento e cria um ambiente emocional seguro, que é a base da resiliência.

É importante lembrar que a brincadeira deve ser respeitada como um tempo sério e necessário do desenvolvimento infantil. Ela não é uma "recompensa" apenas após deveres cumpridos, mas sim uma parte integrante do processo de crescimento e aprendizagem. Ao brincar, a criança se descobre, se expressa, aprende a lidar com perdas e vitórias, com erros e acertos – e tudo isso de maneira leve, natural e espontânea.

Portanto, valorize o brincar. Escolha atividades que estimulem o raciocínio, a espera, a criatividade e o esforço contínuo. Quando usamos a brincadeira como aliada, ensinamos lições profundas sobre paciência, esforço e superação – sem que a criança perceba que está aprendendo algo tão poderoso.

Seja apoio emocional

Oferecer apoio emocional é uma das formas mais importantes de fortalecer a resiliência de uma criança. Desde cedo, ela precisa sentir que há alguém ao seu lado, disposto a ouvir com atenção, acolher com empatia e validar seus sentimentos. Esse suporte constante constrói segurança, confiança e equilíbrio emocional.

Mais do que consolar em momentos difíceis, ser apoio emocional significa estar presente no dia a dia, transmitindo amor e aceitação. Quando a criança se sente compreendida, tem mais liberdade para se expressar, explorar e aprender com os próprios erros, sem medo de ser julgada.

Validar suas emoções – dizendo, por exemplo: "Eu entendo que isso te deixou triste" – é essencial. Isso ensina que sentir é natural e que todos os sentimentos merecem espaço e respeito. Também é importante incentivar a autonomia: estar junto não é resolver por ela, mas apoiar para que enfrente os desafios com confiança.

Em resumo, ser apoio emocional é caminhar ao lado, com amor, empatia e presença verdadeira. É isso que forma uma base sólida para que a criança cresça resiliente, confiante e emocionalmente saudável.

Ensine a terminar o que começou

Começar algo novo é empolgante, mas concluir o que se inicia é uma habilidade fundamental para o desenvolvimento da resiliência infantil. Ensinar a criança a finalizar suas tarefas promove foco, responsabilidade, paciência e persistência – qualidades essenciais para lidar com os desafios da vida.

Não se trata de impor rigidez ou perfeição, mas de mostrar que terminá-las é uma forma de respeito com o próprio esforço. Com apoio e incentivo, a criança aprende a enfrentar a tentação de desistir no meio do caminho. Frases como "Você está quase lá, vamos juntos!" ou "Olha o quanto já fez, está indo muito bem!" reforçam sua motivação.

Concluir tarefas fortalece a autonomia, a organização e a confiança da criança, refletindo positivamente em sua vida escolar, social e futura. Ensinar o valor da continuidade é prepará-la para ser alguém mais determinada, resiliente e segura de suas capacidades.

CAPÍTULO 21

Como falar sobre sexualidade com crianças e adolescentes

Um guia prático para pais e profissionais

A sexualidade infantojuvenil se forma desde a infância e deve ser orientada com respeito, diálogo e proteção. Este guia prático aborda o desenvolvimento sexual, desafios como tabus e exposição digital, além de estratégias eficazes para uma educação sexual segura. Com foco na comunicação aberta e na prevenção de abusos, ele capacita pais e educadores a promoverem um crescimento saudável e consciente.

Tatielly Bonan

TATIELLY BONAN

Foto: Mateus Baião

Psicóloga graduada pela UFSJ em 2004, especialista em Filosofia e Psicanálise (UFES), Intervenção Sistêmica com Famílias (FDV), Terapia Cognitivo-Comportamental (UNIFIA), Educação Parental e Inteligência Emocional (Academia Parent Brasil). Há mais de 20 anos, dedica-se à prática clínica, é palestrante, docente de pós-graduações, colunista e consultora de temas da psicologia e comportamento humano para a mídia televisiva e escrita. Criadora do método "Borboletas Guardiãs – Protocolo de Atendimento às Vítimas de Violência Sexual", autora de *As 7 lições de Sarila, a borboleta guardiã*, e coautora dos livros *Parentalidade: da teoria à prática* e *Autismo: uma jornada de conscientização – vol. 2*.

Contatos: tatiellybonan@yahoo.com.br
jardimdasborboletasguardias@gmail.com
Instagram: @tatiellybonan
@borboletasguardias
28 9 9959 0650

Como falar sobre sexualidade com crianças e adolescentes: um guia prático para pais e educadores

Falar sobre sexualidade desde cedo não é estimular a prática, mas sim preparar para escolhas mais conscientes e saudáveis.

Regina Navarro Lins (2012)

A sexualidade é um aspecto central do desenvolvimento humano, presente desde a infância e diretamente relacionado à formação da identidade, à qualidade das relações interpessoais e ao bem-estar emocional. Apesar de sua relevância, a educação sexual infantojuvenil ainda é cercada por tabus, resistências e desinformações que dificultam um diálogo aberto e construtivo.

Diante desse cenário, este capítulo apresenta um guia prático destinado a apoiar pais, educadores e profissionais da saúde na abordagem da educação sexual de forma natural, responsável e acolhedora. O objetivo é fortalecer a capacidade dos adultos de oferecer informações claras e seguras, desfazendo mitos e concepções equivocadas, e criando condições para que crianças e adolescentes desenvolvam autoconhecimento, respeito e autonomia em relação à própria sexualidade.

Compreendendo as fases do desenvolvimento sexual

A sexualidade humana é um processo dinâmico e multifacetado que se inicia na infância e evolui ao longo da vida. Desde os primeiros anos, as crianças exploram o próprio corpo, desenvolvem percepções sobre gênero e afeto, e constroem suas primeiras interações sociais, influenciadas pelo ambiente e pelas relações familiares. Vejamos as principais fases do desenvolvimento sexual:

- **Primeira infância (0-5 anos)**: as crianças exploram o próprio corpo de maneira natural e espontânea, desenvolvendo as primeiras percepções sobre gênero e identidade. No entanto, muitos pais sentem desconforto ao ver os filhos tocando o próprio corpo ou fazendo perguntas sobre diferenças anatômicas. A melhor maneira de lidar com isso é responder de forma simples e sem censura, ensinando desde cedo que o corpo é algo natural e que merece respeito. Ao invés de repreender, os responsáveis podem usar momentos cotidianos, como a hora do banho, para explicar as partes do corpo e ensinar que algumas regiões são privadas e devem ser respeitadas. Portanto, essa é uma etapa crucial para a introdução de conceitos como consentimento e privacidade.
- **Infância intermediária (6-10 anos)**: as crianças começam a demonstrar curiosidade sobre relações afetivas. Perguntas sobre origem dos bebês, diferenças corporais e dinâmicas familiares se tornam frequentes. Muitos adultos evitam responder ou dão respostas fantasiosas, o que pode gerar mais confusão. Uma solução eficaz é utilizar explicações simples e adequadas à idade, usando livros infantis ilustrados que falem sobre o nascimento e a formação das famílias de maneira clara. Além disso, nessa fase, as crianças desenvolvem suas percepções sobre identidade de gênero e começam a absorver padrões de beleza veiculados pela mídia, sendo essencial que os pais promovam conversas sobre diversidade e autoestima, incentivando-as a valorizarem suas próprias características.
- **Pré-adolescência (11-13 anos)**: essa é uma fase marcada pelas mudanças físicas, por um crescente interesse nas interações românticas e maior influência dos pares. As transformações corporais podem gerar expectativas ou ansiedade, já que, enquanto algumas crianças temem essas mudanças, outras as aguardam com entusiasmo. Cada uma vivencia esse processo de maneira única. Muitas meninas podem se sentir desconfortáveis com a primeira menstruação, crescimento dos pelos e surgimento dos seios, e meninos podem se preocupar com a mudança de voz, e crescimento peniano. Isso exige dos responsáveis um diálogo aberto que normalize essas mudanças, o que pode ser alcançado quando compartilham das próprias experiências. É preciso criar um espaço seguro para perguntas; caso contrário, a falta

de informação pode levar a comparações excessivas com colegas ou influenciadores da internet.

É também nesse período que a exploração do próprio corpo se intensifica. A masturbação é um fenômeno natural do desenvolvimento psicossexual, marcado pela curiosidade e pelo despertar das sensações de prazer. Para os pais, a melhor abordagem é acolher essa fase com naturalidade, sem repressão ou punição, por meio de um diálogo aberto e sem tabus. É importante explicar que essa descoberta faz parte do desenvolvimento saudável, reforçando limites sobre privacidade e respeito ao próprio corpo, bem como os riscos decorrentes do uso de objetos durante a exploração sensorial.

- **Adolescência (14-18 anos)**: durante a adolescência, os jovens passam a experimentar novas formas de relacionamento afetivo devido ao despertar do desejo sexual. A autonomia e a responsabilidade ganham espaço, tornando essencial a discussão sobre consentimento, prevenção de infecções sexualmente transmissíveis, gestação e questões emocionais ligadas aos vínculos afetivos e à autoestima. Ao longo da adolescência, a cobrança social sobre a aparência, a sexualidade e os relacionamentos se intensificam, fazendo com que muitos jovens se sintam pressionados a se encaixar em padrões impostos pela sociedade e a iniciar relacionamentos sem estarem prontos. Nesse momento, é crucial que pais e educadores falem abertamente sobre consentimento, respeito e sentimentos, enfatizando que cada pessoa tem seu próprio tempo para viver experiências afetivas. Além disso, o uso da internet e das redes sociais pode representar um risco na ausência de orientação sobre privacidade e exposição, sendo fundamental estabelecer um diálogo sobre segurança digital e os impactos na autoimagem para que os jovens tomem decisões mais conscientes.

Compreender essas fases do desenvolvimento contribui significativamente para a educação sexual, pois permite que pais e educadores ajustem suas abordagens de acordo com a maturidade emocional e cognitiva da criança ou do adolescente. Cada etapa do crescimento apresenta desafios específicos que podem ser tratados de forma mais eficiente à medida que oferecemos uma educação sexual mais assertiva, baseada em informações de qualidade, respeito e diálogo, ajudando crianças e adolescentes a se tornarem mais seguros e preparados para lidar com sua sexualidade.

Principais desafios na educação sexual e estratégias para superá-los

A educação sexual é um processo educativo que visa proporcionar informações cientificamente embasadas sobre desenvolvimento sexual, gênero, relações interpessoais, prevenção de abusos e saúde reprodutiva. Longe de incentivar a iniciação sexual precoce, seu objetivo é capacitar crianças e adolescentes para tomarem decisões bem informadas e seguras sobre seus corpos, promovendo o respeito, a autonomia e a prevenção de situações de risco.

A educação sexual enfrenta diversos desafios, que variam de aspectos culturais, familiares e religiosos a influências midiáticas e tecnológicas. Entre os principais desafios, destacam-se:

- **Tabus e desinformação**: falar sobre sexualidade ainda é um tabu para muitas famílias devido a fatores culturais, religiosos e históricos que associam o tema a algo proibido ou vergonhoso. Por essa razão, muitas famílias e instituições escolares acabam evitando o tema da sexualidade, seja por desconhecimento, desconforto ou por acreditarem que esse diálogo possa estimular a prática sexual precoce. Essa omissão, porém, contribui para a perpetuação de mitos, tabus e lacunas significativas no conhecimento das crianças e dos adolescentes.
- **Falta de formação para educadores e pais**: muitos adultos não se sentem preparados para abordar a sexualidade de forma aberta e adequada. A falta de capacitação e orientação sobre como lidar com temas sensíveis faz com que muitos pais, educadores e professores sintam receio ao tratar do assunto, temendo passar informações erradas ou inadequadas. Professores, por exemplo, podem evitar responder a perguntas de alunos por receio de represálias ou por falta de conhecimento sobre abordagens adequadas. Como consequência, crianças e adolescentes acabam buscando respostas por conta própria, muitas vezes em fontes não confiáveis, como a internet e entre os próprios colegas. Por isso é tão importante a implementação de programas de formação contínua para educadores, além de apoio para famílias, a fim de tornar o diálogo mais acessível e eficiente.

  Quanto aos pais, embora muitos se sintam inseguros ou constrangidos ao abordar questões relacionadas à sexualidade com seus filhos, é importante reconhecer que essa é uma responsabilidade inerente ao seu papel educativo e afetivo. Falar sobre sexualidade não significa apenas discutir temas biológicos ou sexuais de forma direta e isolada, mas sim abrir espaço para conversas sobre corpo, emoções, respeito, consentimento e valores familiares.

Os pais podem adotar algumas estratégias: buscar informação de qualidade por meio de livros, internet, palestras ou orientação parental; iniciar o diálogo cedo e de forma gradual, falando sobre o corpo, sentimentos e limites desde a infância para que o tema se torne natural ao longo dos anos; adotar uma postura de escuta aberta, criando um ambiente onde os filhos se sintam à vontade para fazer perguntas sem medo de julgamento; reconhecer e nomear o próprio desconforto, dizendo, por exemplo, que também não aprenderam a falar sobre o assunto, mas desejam fazer diferente; e aproveitar situações do cotidiano, como filmes, reportagens ou episódios escolares, para introduzir o tema de maneira espontânea.

- **Hipersexualização infantil**: a exposição de crianças a conteúdos impróprios e inadequados à sua faixa etária pode distorcer a compreensão da sexualidade. Atualmente, a mídia, a publicidade e a indústria do entretenimento infantil expõem crianças a padrões estéticos e comportamentais erotizados, muitas vezes sem que pais e responsáveis percebam. Músicas, roupas, brinquedos e desenhos animados com apelo sexual contribuem para a formação de uma visão distorcida da imagem corporal e das relações afetivas. Para combater esse fenômeno, é essencial que pais e educadores promovam um olhar crítico sobre o consumo de mídia e incentivem a valorização da infância sem apelos à erotização precoce e adultização.
- **Exposição ao mundo digital**: a crescente presença de crianças e adolescentes no ambiente digital tem ampliado sua exposição a diversos riscos, não por conta da tecnologia em si, mas pela combinação entre o acesso irrestrito, a falta de supervisão adulta e a ausência de orientação adequada sobre o uso seguro da internet. Sem acompanhamento, os mais jovens ficam vulneráveis a conteúdos inapropriados para sua faixa etária, muitas vezes acessados antes que estejam emocionalmente preparados para compreendê-los. Além disso, situações como assédio on-line, chantagem emocional, extorsão e exposição de imagens íntimas têm se tornado cada vez mais frequentes, configurando um cenário preocupante para a segurança infantil. Para mitigar esses riscos, é fundamental que os pais estabeleçam limites claros para o uso de dispositivos conectados, recorram a ferramentas de controle parental e, sobretudo, eduquem crianças e adolescentes para o uso consciente e responsável da internet.

Monitorar o conteúdo acessado não significa restringir totalmente o uso da internet, mas sim orientar e estabelecer limites saudáveis.

Conversas sobre privacidade e compartilhamento de imagens são fundamentais para evitar problemas como o vazamento de fotos íntimas. Muitos jovens não compreendem as consequências de expor detalhes da sua vida on-line, e o diálogo constante sobre esses temas pode evitar situações prejudiciais. Ensinar sobre *cyberbullying* e assédio virtual é essencial para que saibam reconhecer e denunciar atitudes inapropriadas.

- **Idealização dos padrões de beleza**: a autoestima, sobretudo das meninas, é profundamente impactada pela exposição à mídia e pelos padrões irreais de beleza que ela propaga. Desde cedo, elas são bombardeadas por imagens idealizadas de corpos magros, rostos impecáveis e padrões estéticos irreais, artificialmente construídos e distantes da diversidade natural dos corpos. Essas referências, muitas vezes construídas digitalmente por filtros, edições e cirurgias plásticas, criam uma sensação de inadequação e pressão para corresponder a um ideal socialmente fabricado.

  Isso pode levar a problemas sérios, como distorção da autoimagem, baixa autoestima, ansiedade, transtornos alimentares, depressão e até suicídio. Crianças e adolescentes que não se enxergam dentro desses padrões muitas vezes desenvolvem insegurança e passam a acreditar que precisam modificar seus corpos para serem aceitos.

  Outro problema é a constante comparação com influenciadores digitais e celebridades, que aparentam uma vida perfeita, sem falhas ou imperfeições, criando um distanciamento entre a realidade e a autoimagem das crianças e dos adolescentes. Como resultado, muitos deles começam a acreditar que não são "bonitos o suficiente" ou que precisam mudar drasticamente para se encaixar.

  A solução para esse problema passa por uma educação crítica sobre mídia e padrões estéticos. É essencial ensinar os mais jovens a questionar as imagens que consomem, entender que a diversidade de corpos é natural e que a autoestima deve ser construída com base em autoconhecimento, saúde e bem-estar, e não apenas em atributos físicos.

  Por isso, é essencial incentivar um olhar mais amoroso e respeitoso para o próprio corpo, reforçando que beleza não segue um padrão único e inatingível, mas uma construção diversa, plural e subjetiva. Essa valorização da individualidade corporal contribui para reduzir sentimentos de inadequação que surgem pela comparação, e valida diferentes tipos de corpos, cores de pele, formas de cabelo e estilos pessoais; afinal, todos têm valor exatamente como são.

Pais e educadores têm um papel fundamental em reforçar a valorização de qualidades que vão além da aparência física. Pequenos elogios direcionados a habilidades, conquistas e características pessoais, como criatividade, empatia, esforço ou senso de humor, contribuem muito mais para o desenvolvimento de uma autoestima sólida do que comentários restritos à beleza exterior.

- **Prevenção da violência e do abuso**: a falta de informação dificulta a identificação de situações de risco e a busca por ajuda, já que muitas crianças não sabem nomear corretamente as partes do corpo, e pior, não sabem diferenciar toques apropriados de inapropriados, o que as torna ainda mais vulneráveis a abusos. Mais do que isso, o medo e a vergonha podem impedir que relatem casos de assédio ou violência. Para mudar essa realidade, é essencial que a educação sexual inclua conversas abertas sobre limites corporais, consentimento e estratégias para pedir ajuda. Desde cedo, é fundamental ensiná-las que existem partes do corpo privadas e que ninguém deve tocá-las sem permissão. Além disso, que aprendam a diferenciar segredos bons, como uma festa surpresa, e segredos ruins, como alguém pedindo para não contar algo que as deixou desconfortáveis. Precisamos ajudar as crianças a criarem consciência sobre o perigo de certas situações para buscarem ajuda quando necessário. Os programas de prevenção nas escolas e as campanhas do governo são mais alguns pilares dessa prevenção.

Seja qual for o desafio, a educação sexual precisa ser construída com base no respeito, na autonomia e na empatia. Mais do que apenas fornecer informações sobre o corpo e a reprodução, ela precisa ensinar crianças e adolescentes a valorizarem a si mesmos e a respeitarem os outros. Pais e educadores podem reforçar isso no dia a dia, por meio de atitudes e conversas que demonstrem o respeito ao corpo e aos sentimentos, tanto próprios quanto alheios. Pequenos gestos e diálogos frequentes são essenciais para que os valores sejam internalizados e aplicados naturalmente.

A comunicação deve ocorrer por meio de um diálogo aberto e sincero, contendo respostas objetivas e sem rodeios; isso permite o fortalecimento da confiança em abordar o tema com os pais. Vale ressaltar que o uso de livros educativos e materiais ilustrativos apropriados à faixa etária, aliado à criação de momentos de conversa leve e integrada ao cotidiano, como no trajeto para a escola ou durante as refeições, ajuda os adultos a conduzirem o diálogo sobre sexualidade de forma didática e natural.

O papel dos pais e educadores na educação sexual

Pais e educadores são os primeiros modelos de aprendizado para crianças e adolescentes; por essa razão, precisam ser um exemplo positivo, demonstrando no dia a dia lições sobre respeito, consentimento e segurança. Crianças aprendem muito mais pelo que observam do que pelo que ouvem. Quando pais e educadores tratam os outros com empatia, respeitam limites e mantêm diálogos abertos, estão ensinando, na prática, como lidar com a própria sexualidade e com as relações interpessoais. Um exemplo simples é respeitar quando uma criança não quer dar um abraço ou beijo, mostrando que o consentimento deve ser uma escolha e não uma obrigação social.

É fundamental que pais e educadores se mantenham informados e atualizados sobre a sexualidade, pois esse é um tema em constante transformação. Buscar informações em fontes confiáveis, como livros, artigos científicos e cursos sobre educação sexual, ajuda a abordar o tema com mais propriedade e confiança. Muitas vezes, o receio de conversar sobre sexualidade vem da falta de conhecimento. Preparar-se previamente possibilita um diálogo mais natural, evitando que a criança ou o adolescente busque respostas em fontes pouco seguras, como em sites duvidosos na internet ou entre os colegas.

É responsabilidade dos adultos criarem espaços seguros para o diálogo, nos quais crianças e adolescentes se sintam à vontade para falar sobre seus sentimentos e dúvidas sem medo de críticas ou punições, cabendo aos pais e educadores respeitar o ritmo de cada um, reconhecendo que todos têm seu próprio tempo para compreender e lidar com os temas relacionados à sexualidade. Algumas podem fazer perguntas desde cedo, enquanto outras demoram mais para demonstrar interesse. É importante não forçar conversas para as quais as crianças e os adolescentes ainda não estejam emocionalmente prontos, mas, ao mesmo tempo, criar um ambiente seguro e acolhedor que favoreça a abertura gradual para o diálogo no qual as dúvidas sejam respondidas de maneira tranquila e sem julgamentos.

Perceba que a construção de uma sexualidade saudável exige um compromisso ativo de pais e educadores. A educação sexual não deve ser um tabu, mas sim um processo natural que prepara crianças e jovens para viverem de forma plena e respeitosa. Com diálogo, informação e proteção, é possível formar indivíduos seguros, respeitosos e conscientes sobre si mesmos e sobre os outros. Quanto mais cedo e bem conduzida for a abordagem, menores serão os riscos para as crianças e maiores os benefícios individuais e coletivos, refletindo positivamente em toda a sociedade.

Referências

CAVALCANTI, T. M. C.; NEVES, P. G. *Educação sexual:* um desafio para educadores e pais. São Paulo: Cortez, 2018.

LINS, R. N. *O livro do amor*. Rio de Janeiro: BestSeller, 2012.

OLIVEIRA, Z. A.; AMARAL, N. A. *Sexualidade e desenvolvimento humano:* infância e adolescência. São Paulo: Papirus, 2014.

UNESCO. *Orientações internacionais sobre educação em sexualidade:* uma abordagem baseada em evidências para escolas, professores e profissionais de saúde. Paris: Unesco, 2018.

CAPÍTULO 22

Estabelecendo limites com amor

Estabelecer limites com afeto é essencial para o desenvolvimento emocional das crianças. Limites claros e consistentes oferecem segurança e orientação, formando a base de vínculos saudáveis e respeito mútuo. Um dos maiores desafios da parentalidade é encontrar o equilíbrio entre afeto e firmeza. Muitos pais se questionam: "Como dizer não sem ser autoritário?", "E se meu filho deixar de gostar de mim?". A boa notícia é que estabelecer limites não afasta o vínculo com a criança; pelo contrário, fortalece-o.

Valéria Dorio

VALÉRIA DORIO

Psicóloga clínica há 25 anos, com experiência em atendimento infantil e Orientação Familiar. Mestre em Psicologia pela PUC-SP. Professora universitária no curso de graduação em Psicologia e pós-graduação em Psicopedagogia. Pós-graduação Integral em Educação Parental pela Faculdade Focus. Pós-graduanda em Habilidades Sociais. Facilitadora do Programa de Qualidade na Interação Familiar (PQIF). Certificação Internacional de Educação Parental em Disciplina Positiva pela Positive Discipline Association (PDA). Autora do livro: *O fantástico mundo de Tim e sua rotina mágica*. Coautora do livro *Parentalidade: da teoria à prática.*

Contatos: valeriapsico@hotmail.com
Instagram: @psicovaleria

Por que limites são necessários?

Limites claros e consistentes são tão importantes quanto o carinho. Eles funcionam como guias internos, ajudando a criança a entender o que se espera dela, o que é seguro e o que não é permitido. Diferente do que muitos imaginam, crianças não querem nem precisam de liberdade total. Elas necessitam de estrutura, previsibilidade e direção.

Imagine-se em um carro sem freios. Essa sensação de descontrole é semelhante à que uma criança experimenta quando não encontra contenção por parte dos adultos. O limite não é um castigo, mas uma proteção.

Limites dão segurança emocional

Quando os adultos são firmes e afetuosos, transmitem uma mensagem clara: "Eu estou aqui por você, mesmo quando digo não". Isso gera confiança. A criança passa a perceber o mundo como um lugar mais seguro, porque sabe que há alguém capaz de conduzi-la mesmo nas situações mais desafiadoras.

Estudos em desenvolvimento infantil mostram que crianças que crescem em ambientes com regras coerentes e com adultos presentes emocionalmente tendem a apresentar maior autoestima, melhor autorregulação e habilidades sociais mais desenvolvidas

Consistência é mais importante que rigidez

Estabelecer limites não significa ser inflexível. É possível escutar, negociar em algumas situações e, ainda assim, manter a coerência. O problema não é ceder de vez em quando, mas ser imprevisível. A inconsistência confunde a criança e enfraquece a autoridade dos pais.

Ao mesmo tempo, limites não precisam ser duros ou acompanhados de punições. O tom de voz, a linguagem corporal e a escuta ativa são ferramentas poderosas. Um "não" dito com firmeza e empatia é mais eficaz que gritos e ameaças.

Limites são oportunidades de aprendizagem

Toda vez que colocamos um limite, ensinamos algo. A criança aprende a lidar com frustrações, a respeitar o outro, a reconhecer seus impulsos e desenvolver autocontrole. Esses são aprendizados que ela carregará para a vida inteira.

Por isso, vale sempre se perguntar: "Qual valor eu quero ensinar aqui?". Às vezes, o foco deixa de ser no comportamento e passa a ser na construção do caráter.

Amor também é dizer não

Muitos confundem permissividade com afeto. Mas amor verdadeiro inclui responsabilidade. Dizer "não" é uma forma de cuidado. Quando os pais compreendem que podem acolher os sentimentos dos filhos sem precisar ceder a tudo, estabelecem uma relação baseada em respeito mútuo. Estabelecer limites com amor não é sobre controlar a criança, e sim ajudá-la a construir um mundo interno mais organizado. Isso não acontece da noite para o dia. Requer paciência, presença e muita intenção.

É compreensível que muitos pais hesitem diante da palavra "não". Existe um receio de que o limite provoque afastamento, mágoa ou até rejeição por parte da criança. No entanto, dizer "não" com amor não rompe a conexão – pelo contrário, a fortalece. Quando o limite é apresentado com empatia, a criança se sente compreendida mesmo que não tenha seu desejo atendido.

É importante que os pais validem os sentimentos dos filhos ao colocarem um limite: "Eu sei que você queria muito brincar mais, e está chateado por parar agora. É difícil mesmo. E ao mesmo tempo, agora é hora de dormir." Essa escuta sensível ajuda a criança a perceber que seus sentimentos são legítimos, mesmo que suas vontades não possam ser realizadas naquele momento.

Além disso, o "não" ensina sobre realidade, frustração e respeito ao outro. Crianças que aprendem a lidar com os "nãos" da vida em um ambiente afetivo e estruturado tornam-se adultos mais preparados emocionalmente. O limite não é o fim do amor – é sua continuação, em forma de cuidado e presença.

O papel dos profissionais: como apoiar os pais na construção de limites com amor

Os educadores parentais, psicólogos e demais profissionais que atuam com famílias têm um papel fundamental na promoção de relações mais saudáveis entre pais e filhos. Em um mundo repleto de informações contraditórias sobre criação, esses profissionais oferecem um ponto de equilíbrio, ajudando os pais a se reconectarem com seus valores e a aplicarem, com segurança, estratégias coerentes com o desenvolvimento infantil.

Quando o tema é "limites com amor", muitos pais se sentem confusos e/ou inseguros. Não é raro que digam: "Eu sei que preciso impor limites, mas não quero repetir os erros da minha infância". É nesse momento que o profissional pode atuar como facilitador: acolhendo as dores dos pais, trazendo conhecimento embasado e, principalmente, mostrando caminhos possíveis para aplicar os limites de forma respeitosa.

Profissionais também podem atuar como espelhos empáticos para os pais, refletindo com delicadeza os impactos de suas atitudes e promovendo autoconhecimento. Em vez de oferecer respostas prontas, o ideal é conduzir processos reflexivos que ajudem os adultos a perceberem suas próprias incoerências e dificuldades com os limites – muitas vezes relacionadas às vivências que tiveram na infância.

Outra forma eficaz de apoiar os pais é por meio de grupos ou oficinas de parentalidade, nos quais o tema dos limites pode ser abordado de maneira leve e vivencial. Nesses espaços, os cuidadores percebem que não estão sozinhos em seus desafios e aprendem, de forma coletiva, a desenvolver estratégias mais respeitosas para a rotina com os filhos.

O uso de recursos visuais e concretos também pode fazer diferença. Quadros de rotina, combinados visuais, histórias infantis com personagens que enfrentam dilemas de convivência, cartões com frases empáticas e exercícios de dramatização ajudam os pais a levarem para casa ferramentas que conectam limite à empatia e firmeza à presença afetiva.

Por fim, é importante lembrar que os pais em sofrimento não conseguem sustentar limites com constância. Por isso, profissionais devem estar atentos a sinais de esgotamento emocional, transtornos de humor, violência relacional ou falta de rede de apoio. Em alguns casos, o encaminhamento para terapia individual ou atendimento multiprofissional é necessário antes de qualquer orientação educativa.

A missão dos profissionais não é formar pais perfeitos, mas encorajar pais conscientes. Quando ajudamos os adultos a compreender que limites não são inimigos do afeto – e sim expressões dele –, plantamos sementes para famílias mais equilibradas, seguras e conectadas.

Como incluir o tema nos atendimentos

O profissional pode incluir o tema dos limites com amor em seus atendimentos de forma natural, integrando-o a temas como: rotina, birras, autonomia, sono, alimentação, convivência entre irmãos, entre outros. Algumas estratégias práticas são:

- **Exploração da história familiar dos pais**: compreender como cada adulto viveu os limites na infância pode abrir espaço para reflexões profundas sobre os modelos que hoje repete (ou evita repetir).
- **Educação emocional para os pais**: muitos adultos não foram ensinados a lidar com frustrações. Ao ajudá-los a identificar e regular suas emoções, criam-se condições para que possam fazer o mesmo com seus filhos.
- **Modelagem de linguagem**: mostrar aos pais como dizer "não" com firmeza e empatia, usando exemplos reais, roteiros e dramatizações simples.
- **Construção de acordos familiares**: incentivar que os pais criem regras claras, combinadas e adaptadas à realidade da família, reforçando a importância da constância e da presença afetiva.
- **Reforço do vínculo afetivo**: lembrar sempre que limite sem vínculo vira autoritarismo, enquanto vínculo sem limite se transforma em permissividade. A força está no equilíbrio.

Uma prática contínua, não um modelo pronto

É importante lembrar: estabelecer limites com amor não é uma fórmula mágica, e sim uma construção contínua. O profissional deve apoiar os pais na jornada, respeitando seu tempo, validando suas conquistas e acolhendo suas falhas. Assim, cria-se uma rede segura de apoio que vai muito além da teoria – toca a prática diária, aquela feita de tentativas, aprendizados e amor.

Referências

COSTA, L. C. *Parentalidade e desenvolvimento infantil*: práticas educativas na família. São Paulo: Cortez, 2011.

NELSEN, J. *Disciplina positiva*. Rio de Janeiro: Manole, 2015.

SIEGEL, D. J.; BRYSON, T. P. *O cérebro da criança*: 12 estratégias revolucionárias para nutrir a mente em desenvolvimento do seu filho. São Paulo: Paz e Terra, 2016.

WEBER, L. *Disciplina*: limite na medida certa. Curitiba: Juruá Editora, 2006.

CAPÍTULO 23

Esperançar do fruto à árvore

Pais agindo para que filhos sejam um novo amanhã

Este capítulo traz como premissa a Esperança como Utopia que nos faz caminhar, considerando o valor da Educação Cidadã para instrumentalizar as futuras gerações a realizarem a mudança necessária para garantirem, em última análise, a sobrevivência de nossa espécie como os verdadeiros agentes de mudança e preservação da vida em todas as suas manifestações. Faremos uso da abordagem das Ciências Humanas, da Neurociência, associadas à Psicologia Social e à Educação Parental como suportes de análise e construção de significados.

Virginia Aveiro

VIRGINIA AVEIRO

Professora Graduada em Estudos Sociais e História (Firp). Mestre em História Social (PUC-SP). Especialista em Gestão Escolar e Educação Especial (Universidade Dom Bosco). Educação Parental (Academia Parent Coaching Brasil). Coordenadora de Projetos e Eventos no Colégio Toth – Ribeirão Pires. Voluntária em Projeto de Docência com foco na Interdisciplinaridade no Novo Ensino Médio, do Instituto Federal São Paulo/SP. Professora, Palestrante e Educadora Parental em constante formação. Aposentada da Rede Pública do Estado de São Paulo, em fevereiro de 2024, após mais de 30 anos de trabalho, dedicados ao "chão" da sala de aula, desde a Educação Infantil até o Ensino Médio, nas disciplinas básicas do Ensino Fundamental – Ciências Humanas, História, Geografia e Filosofia.

Contatos: virginia.aveiro1970@gmail.com
Instagram: @aveiro_virginia
11 97416 4034

[...] Se o poeta é o que sonha o que vai ser real
Bom sonhar coisas boas que o homem faz
E esperar pelos frutos no quintal [...]

Coração Civil – Milton Nascimento

Porvir... "Tudo o que está para acontecer!" Esse léxico encerra em si a linda ideia de futuro... e o que será do amanhã? Muitos buscam as previsões e até adivinhações, porém para saber como será o futuro, devemos pensá-lo e prepará-lo no presente, pensar nas condições em que as futuras gerações encontrarão este mundo, mas antes, quem deixaremos para o futuro deste mundo. Esse é o cerne das questões que perpassam o fazer da parentalidade atual.

Ao trabalhar a perspectiva da parentalidade, considero de fundamental importância enxergar as crianças como agentes de transformação social. Assim, logo me veio a obra já antiga, *Cidadão de Papel,* do jornalista Gilberto Dimenstein (1994), que tanto me impactou e moveu como jovem professora nos anos 1990, ao tratar a infância, adolescência e os Direitos Humanos no Brasil. Discutir cidadania se fazia e ainda se faz supernecessário. Associar direitos das futuras gerações, educá-las como cidadãs conscientes para que possam ser agentes da construção da mudança para o mundo que queremos, faz-se urgente!

Há consenso sobre mudar determinados fazeres sociais e comportamentos que comprovadamente têm se mostrado nocivos para nossa espécie, em âmbito geral, como crimes ambientais ou em caráter mais privado, como formas violentas de interação entre pais e filhos, professores e estudantes... Por isso, há urgência de empoderar nossas crianças para conhecerem seus direitos (e deveres) para exercê-los com consciência.

Mas como fazer esse processo? Para ser agente de mudança, o jovem-cidadão em construção precisa se apropriar de um olhar crítico da realidade sócio-histórica que o cerca, saindo de palavras que podem se tornar "letra morta", caso não vá para o exercício da práxis individual refletida no fazer social. A cada chuva forte, cada queimada, a cada brutalidade/violência nossa de cada dia, alimentamos a certeza de que só pela e com a Educação, como veículo de conhecimento crítico e desvelador da realidade social, poderemos ser e fazer a mudança que queremos ver no mundo, para que seja mais justo e fraterno para todas as pessoas, independentemente de origem, credo, etnia.

Cuidado e respeito à vida: como reconhecer e aprendê-los

Diz a canção de Roberto e Erasmo, de 1974, "[...] É preciso ter cuidado, pra mais tarde não sofrer / é preciso saber viver". Precisamente, como ocorre esse processo? Recorro aos estudos de Neurociência que nos apontam que desenvolvemos bem cedo a cognição social – conceito chave nesse processo – que consiste em uma forma de pensar sobre as outras pessoas a nossa volta, não só a sua existência, mas sobre o que sentem e querem, após já termos nos dado conta de nossa própria existência individual.

Cognição social é uma habilidade humana imprescindível que precisa ser estimulada e incentivada no decorrer do desenvolvimento infantil até a vida adulta. Considerando a plasticidade cerebral, nunca é tarde para desenvolvê-la. Existem na base do cérebro, voltadas uma para cada hemisfério, as pequenas amígdalas, que exercem importantíssimo papel, nos auxiliando a identificar medo, felicidade ou tristeza, quando ativadas em conjunto com as demais regiões descritas, indicadas na Figura 1.

Para aprendermos desde o nascimento sobre as emoções, sensações, nossas e dos outros, nos levando ao que na filosofia chamamos de alteridade, o cérebro está em constante mudança e ampliação de suas conexões. Assim, enquanto as diversas áreas cerebrais formam redes, esta nos permite formar as nossas próprias redes sociais. Os adultos responsáveis devem incentivar as crianças a criarem boas conexões para que, no futuro, elas tenham funcionalidades "conscientemente cidadãs".

O primeiro núcleo social ao qual todo indivíduo pertence é sua família, que responde pela introdução ao meio social em que estiver inserida. É por meio de nossa família que temos a socialização primária, com seu envolvimento na cultura, valores, crenças, regras e normas, gerando experiências que possibilitam aperfeiçoar suas habilidades comportamentais, orientando-a na sua forma de agir e expressar-se.

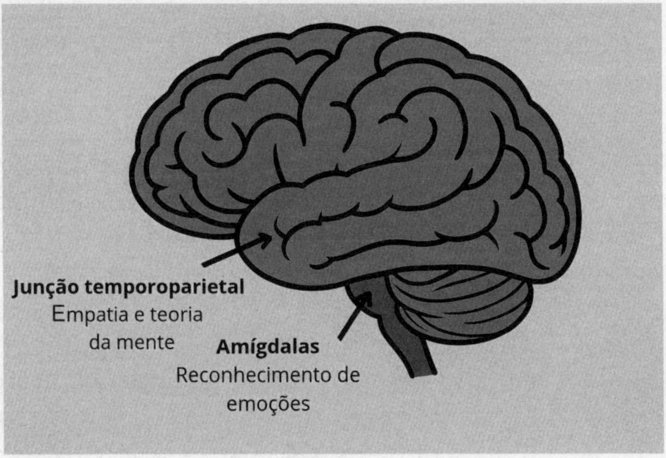

Figura 1 – Cognição social.
Fonte: elaborada pela autora com uso de IA.

A história de vida de um indivíduo é sua história de pertencimento ao seu grupo

Nos vários estudos sobre questões de saúde mental e inteligência emocional, raramente nos deparamos com o peso da dimensão cultural da parentalidade e, sobretudo, dificilmente consideramos que essas maneiras de pensar e de fazer socialmente construídos seriam úteis para estabelecer uma aliança, compreender, prevenir e tratar possíveis conflitos; porém, os educadores parentais que buscam desenvolver um olhar mais holístico sobre a família, devem considerar a dimensão da cultura na sua atuação.

De acordo com Moro (2005, p. 262):

> [...] A cultura compartilhada permite antecipar o que vai se passar, permite pensá-lo, permite se proteger. Ela serve de suporte para construir um lugar para a criança que virá. [...] No período perinatal os ajustamentos são necessários entre a mãe e o bebê, mas também entre o marido e a mulher, os disfuncionamentos são possíveis, por vezes inevitáveis, mas frequentemente transitórios se intervirmos suficientemente cedo.

No excelente artigo "Os ingredientes da parentalidade", retirado da obra *Enfants d'ici venus d'ailleurs,*[1] Marie Rose Moro, que é psiquiatra

1 Tradução: Crianças daqui que vieram de outros lugares.

infantojuvenil, com formação em filosofia, justamente discute a importância de observarmos que as questões individuais e traumas são transgeracionais e também têm forte influência da cultura nas formas de agir dos pais com seus filhos.

Considero que todo casal que pretende ter filhos precisaria ter um conhecimento prévio sobre elementos que envolvem a fundamental ação de conceber uma criança e depois educá-la. "Ser criança" no século XXI difere profundamente do "ser criança" em qualquer outro período da história. Segundo Ariés (1981), por exemplo, na Idade Média, havia marcadamente uma ausência de sentido de infância. As mudanças histórico-sociais foram lentas e graduais, de acordo com elementos intrínsecos de cada cultura, para que as crianças não fossem mais vistas como miniadultos. Hoje é possível relativizar as divisões dos ciclos de vida, visto que não são naturais: a infância, a juventude, a maturidade e a velhice são estabelecidas de acordo com cada realidade subjetiva e cultural dos grupos sociais.

A partir da industrialização (século XVIII) e todas as profundas transformações ocorridas nesse processo, surgiu a concepção do termo infância e o próprio papel das crianças no meio social foi revisto e adaptado à nova realidade material que se apresentava. As crianças, a princípio, iam trabalhar nas recém-criadas fábricas, junto com seus pais (e mães), que tinham numerosos filhos para garantir mais mão de obra que colaborasse no sustento das famílias, porém as excessivas e exaustivas horas de trabalho, que já se mostravam terríveis aos adultos, expuseram as fragilidades e os sofrimentos de todo tipo, na face cruel do trabalho infantil.

Pensar na criança, como ser que necessita de cuidados, tornou-se uma questão fundante ao recém-estabelecido sistema capitalista. A mortalidade infantil ou baixa expectativa de vida nos séculos XVIII e XIX nas jovens sociedades industriais, além do claro sofrimento imposto às famílias trabalhadoras, também geravam custos imensos ao processo produtivo. Dessa forma, reconhecer a criança como sujeito social distinto dos adultos, ainda ao final do século XIX, foi importantíssimo para dirimir inúmeros problemas de saúde e desenvolvimento do próprio sistema, pautado pela exploração precoce do trabalho.

Foi reservado ao corpo médico e em especial aos pediatras, as orientações aos futuros pais na Europa, inicialmente no século XVIII, e especialmente nos pós-Segunda Guerra Mundial com o *baby boom*. Manuais de Puericultura[2] foram vendidos no Brasil com grande destaque ao do Dr. Rinaldo de Lamare, que se tornou quase obra canônica, entre as décadas de 1950 e 1990 do século XX. Tudo muito técnico e mecanizado, padronizado pela cultura dos países centro do sistema, desconsiderando outras culturas e experiências.

Da Puericultura e dos manuais que tratavam o cuidado infantil como se fosse um ajuste de peças de uma máquina, até chegarmos a uma Sociologia da Infância, foi um longo percurso estabelecer limites para a própria existência da fase da infância e a criança ser vista como um sujeito social. Atualmente, vem ocorrendo um movimento a favor de uma parentalidade consciente, em que cada mãe e cada pai, cada adulto precisa trazer para si a fundamental missão de educar com vistas ao futuro e, atualmente, temos a jovem profissão de educador parental, que vem para ocupar o importante espaço de suporte para auxiliar as famílias e escolas a instrumentalizarem as crianças a se tornarem pessoas com cidadania plena de seus direitos e deveres.

A partir do momento em que as instituições governamentais observam constatações científicas das diferenças de fatores de saúde e formação da criança, todo o panorama social começa a se transformar em movimentos, que vão do todo (sociedade) para as partes (famílias) e, na contrapartida, das partes para compor o todo, reconhecendo de fato a criança como sujeito social. Dessa forma, os governos se voltam para políticas públicas que consideram a criança um sujeito diferenciado dos adultos, com direitos e, assim, começam a visar a sua proteção integral. É nesse processo que a criança torna-se cidadã, ainda que em formação. Como destaca o art. 7º do ECA, "a criança e o adolescente têm direito à proteção, à vida e à saúde, mediante a efetivação de políticas sociais públicas que permitam o nascimento e o desenvolvimento sadio e harmonioso, em condições dignas de existência" (Brasil, 1990).

O Estatuto da Criança e do Adolescente, de 1990, é documento basilar e, no caso, específico da parentalidade. Temos a recente Lei nº 14.826/2024, que reitera a importância do direito a brincar para

2 O termo Puericultura foi utilizado pela primeira vez pelo suíço Jacques Ballexserd, etiologicamente significando: cultura da criança (*puer*). A expressão é utilizada até hoje dentro da Medicina Pediátrica. O início da Puericultura no Brasil foi com Carlos Arthur Moncorvo Filho (1871-1944), o primeiro especialista em Medicina Pediátrica no país, seguindo os passos do pai. Fundou, em 1899, o Instituto de Proteção e Assistência à Infância do Rio de Janeiro, tornando-se modelo na assistência à maternidade e à infância.

salvaguardar a infância. Vale destacar que uma das funções primordiais do educador parental é postular pela igualdade e diversidade; tem agora nessa lei a defesa de sua atividade profissional e em cada palestra ou em cada sessão precisa garantir o respeito à diversidade familiar, promoção de ambientes inclusivos, favorecer o acolhimento para todas as configurações familiares e ter como base a igualdade de gêneros. Seja como educadores parentais, mães/pais ou pessoas que tenham algum tipo de convívio e influência formadora sobre as crianças de nossa sociedade, precisamos entender a importância das questões do desenvolvimento do ser social e da cidadania.

Cidadania como exercício: pode e deve ser ensinada

Cidadania é um conceito jurídico-legal, mas também um fenômeno, parte de um conjunto de processos histórico-sociais. Tecnicamente, segundo Geisler (2006, p. 356), "o cidadão é portador de um conjunto de direitos definidos na Constituição e nas leis". Façamos a distinção da cidadania individual e da coletiva, duas faces de uma mesma moeda, que carrega a ambiguidade do que é universal e também volta-se ao particular. Como preconizou Jean Jacques Rousseau, às vésperas da Revolução Francesa, validando tudo o que veio na sequência na ordenação jurídica da sociedade ocidental, a igualdade é basilar para a cidadania, em sentido universal, garantindo as liberdades individuais, com respeito amplo e irrestrito ao contrato social.

O meio social apresenta padrões, costumes e comportamentos que são comuns a todos os seus membros, que a partir do século XIX começam a ser transmitidos não só pela família, para essa criança-cidadã, mas por meio da instituição criada com o intuito de auxiliá-las na reprodução desses valores sociais: a escola, local que passa a ser de socialização secundária para os pequenos sujeitos em formação. Por isso, ocorrem atualmente tantos debates sobre as questões de educação, pois a escola é um micro do macrossocial.

Cidadania vai desde o direito de escolher nossos representantes (direito político) como devolver um produto estragado e receber dinheiro de volta (direito econômico), ser quem queira ser sem ter discriminação (direito social). Tudo isso, os pais podem e devem ensinar desde muito cedo, pois o "direito a ter direitos" é uma conquista da humanidade. Como fazê-lo? Em ações que podem parecer insignificantes, mas a longo prazo trazem resultados incríveis e revelam nosso estágio de cidadania individual e social, ou seja:

- Respeitar: o sinal vermelho no trânsito, o idoso, a vez do outro;
- Deixar seu filho(a) brincar, expressar suas ideias, ouvir com real interesse;
- Saber dizer não e justificar com argumentos lógicos, sustentar palavra dada.

Existem muitos exemplos. Aliás, esse é o ponto! Ensinamos pelo exemplo aos nossos filhos. Se "para pedir silêncio, eu berro", que mensagem passo? Ensine as crianças a dividirem o brinquedo, o biscoito, o pão, a atenção, assim teremos crianças menos aflitas e ansiosas, autocentradas, sendo mais respeitosas, éticas, tranquilas, cidadãs.

Quer empoderar uma criança? Mostre que ela é parte de um todo muito maior que ela, mas que ela é superimportante. Fazendo a sua parte, para o bem comum, da forma como ela quiser. Os exemplos de Malala Yousafzai (28 anos, paquistanesa), ativista pela igualdade de gênero e educação, de Greta Thunberg (22 anos, sueca), ativista ambiental, e das brasileiras Maria Eduarda Silva (20 anos, pernambucana), Tainara da Costa Cruz (20 anos, omagua kambeba do Amazonas), reconhecidas como ativistas de suas causas,[3] começaram desde cedo, despertadas pelo seu meio social e por características individuais-familiares, a atuarem de forma cidadã.

Partindo do pressuposto de que todo ser humano é um ser social. Que a concepção de infância está intrinsecamente associada ao meio em que essa criança se desenvolve. Destaco o papel de suma responsabilidade, do primeiro grupo social, a família, que deve contribuir de maneira saudável e harmoniosa para que a criança seja introduzida como membro da sociedade em geral. Carregados dos valores de suas famílias, desenvolvem a cognição social e, portanto, interagem, interferem no meio, modificando-o, enquanto modificam a si mesmos, fazendo com que seja de especial importância o papel dos educadores parentais, na orientação das famílias para auxiliá-las na missão de educar as futuras gerações, de forma respeitosa, ética e cidadã.

Afinal, como destaca Dimenstein: "*Se um país é uma árvore, a criança é um fruto*", propus-me a viajar pelos meus conhecimentos sobre infância e sua correlação social, para que se tenha a prontidão de cuidar dos frutos e que estes deem, futuramente, boas sementes.

3 Conheça suas histórias em https://www.unicef.org/brazil/comunicados-de-imprensa/unicef-nomeia-tres-jovens-ativistas-no-brasil. Acesso em: 12 jun. 2025.

Referências

ARIÉS, P. *História social da criança e da família*. 2. ed. Rio de Janeiro: LTC, 1981.

BRASIL. Lei n. 8.069, de 13 de julho de 1990. Dispõe sobre o Estatuto da Criança e do Adolescente e dá outras providências. *Diário Oficial da União*, Brasília, DF. 16 jul. 1990. Disponível em: https://www.planalto.gov.br/ccivil_03/leis/l8069.htm. Acesso em: 12 jun. 2025.

BRASIL. Lei n. 14.826, de 20 de março de 2024. Institui a parentalidade positiva e o direito ao brincar como estratégias intersetoriais de prevenção à violência contra crianças; e altera a Lei n. 14344, de 24 de maio de 2022. *Diário Oficial da União*. Brasília, DF. 21 mar. 2024. Disponível em: https://www.planalto.gov.br/ccivil_03/_ato2023-2026/2024/lei/L14826.htm#art11. Acesso em: 12 jun. 2025.

DIMENSTEIN, G. *O cidadão de papel*: a infância, a adolescência e os direitos humanos no Brasil. São Paulo: Ática, 1994.

GEISLER, A. Revisitando o conceito de cidadania: notas para uma educação politécnica. Debate. *Revista Trabalho Educação e Saúde*, v. 4, n. 2, p. 355-378, 2006.

MORO, M. R. Os ingredientes da parentalidade. *Revista Latinoamericana de Psicopatologia Fundamental*, v. VIII, n. 2, p. 258-273, 2005. Disponível em: https://www.scielo.br/j/rlpf/a/xLBgQnQgn97TcxkwhMhHbWg/?format=pdf. Acesso em: 11 jun. 2025.

CAPÍTULO 24

A arte de brincar e aprender

Como brincar contribui para o desenvolvimento integral do indivíduo

No brincar, traçamos os mecanismos neurológicos do aprender, construímos nosso conhecimento e a nossa cultura no tempo e no espaço, então... nunca deixe de brincar! Boa leitura!

Viviana Boccardi

VIVIANA BOCCARDI

Bióloga, Psicopedagoga, Neuropsicopedagoga, especialista em Reabilitação Neuropsicológica. Trabalhou no setor de Neurologia experimental (Laboratórios de Investigação Médica – LIM15) FMUSP – Hospital das Clínicas. Neuropsicopedagoga clínica e psicopedagoga clínica e institucional. Trabalha no diagnóstico e na intervenção clínicos relacionados a problemas de aprendizagem em crianças, jovens e adultos. Monitora Internacional (Nível I) Método Neuropoint, potencializador da inteligência infantil (Comau – UCP – Universidade de ciências Pedagógicas Enrique José Verona – Cuba – Habana). Especialista em Reabilitação Neuropsicológica – Hospital Israelita Albert Einstein – São Paulo, aplicada de maneira preventiva e terapêutica em pós-trauma, problemas de aprendizagem e processos cognitivos correlatos à senilidade e senescência. Curso de imersão em Neurofeedback – Instituto Neurobio – Fortaleza – 2023. Aplicado no treino cognitivo como ferramenta na Reabilitação Neuropsicológica.

Contatos: vivianapalou@gmail.com
LinkedIn: Viviana Palou
Instagram: @vivianaboccardi25
11 97829 1200

Brincar, algo tão espontâneo no ser humano…

Brincadeiras e jogos são importantes facilitadores do desenvolvimento global do indivíduo, transcendem em todos os ambientes, prevalecem principalmente na primeira infância e podem representar experiências produtivas e enriquecedoras que vão além da idade e do mero prazer e distração.

Pois bem, *brincar deveria ser algo que perdurasse toda a vida sem limites de idade, condições físicas nem intelectuais*, porque promove comportamentos espontâneos (difíceis na era digital, não é?) e ajudam a desenvolver e aprimorar neuro-habilidades que levarão ao aprendizado da autonomia e da funcionalidade.

Atualmente, a Neurociência acompanha as mudanças cerebrais que se apresentam quando jogamos, quais são estimuladas nas diferentes atividades lúdicas, modificações que ocorrem e quais são os comportamentos que aprendemos.

Portanto, convido vocês a fazer uso desta ferramenta junto aos seus filhos e familiares talvez idosos, e garanto que o crescimento será mútuo e imprescindível; então, vamos lá…!

Breve histórico

Jogos e brincadeiras são tão antigos quanto a humanidade e presentes em todas as culturas! Tiveram várias finalidades no decorrer da história: como meio de comunicação, no desenvolvimento de táticas bélicas e, claro, para recreação.

Atividades lúdicas foram registradas em marcas rupestres na Pré-História e em várias civilizações, como na grega, na romana e na inca.

Algumas manifestações culturais, como as "cantigas de roda", permitiam a socialização e a manifestação de desejos e emoções por meio do canto e da dança, mostrando universalidade e tradição, uma vez que povos de diferentes continentes brincavam e realizavam as mesmas atividades.

No século passado, durante a década de 1950, os jogos foram considerados como "facilitadores de aprendizagem", já no Brasil tiveram a influência portuguesa, africana e indígena, fazendo parte da nossa cultura, por meio da oralidade, das crenças, superstições, tradições, versos e parlendas até os dias de hoje.

Jogo, brinquedo ou brincadeira

Dependendo do contexto e das suas características, podemos diferenciá-los:

- **Jogo**: diz respeito a uma atividade lúdica, prazerosa, que tem regras preestabelecidas, com a presença de um vencedor.
- **Brincadeira**: geralmente, não tem regras, é espontânea; o final só ocorre quando acaba a motivação dos seus participantes.
- **Brinquedos**: são objetos que podem estar destinados ou não para um objetivo. Por exemplo, em um avião de brinquedo já se subentende a sua finalidade lúdica, mas existem objetos comuns, que se transformam adquirindo um novo poder simbólico por parte da criança; assim, um pedaço de madeira pode se transformar em um carrinho durante uma brincadeira.

No primeiro exemplo, chamamos de "brinquedos estruturados" e no segundo de "não estruturados"; estes últimos são incentivadores da criatividade, em uma etapa do desenvolvimento cognitivo e lúdico da criança, chamado de "fase simbólica", que quando estimulada pelos pais e responsáveis favorece o desenvolvimento de habilidades cognitivas.

Podemos, então, afirmar que a escolha de um jogo, brinquedo ou brincadeira não representa uma ação ao acaso.

Cito algumas perguntas que podem nortear melhor nossas escolhas nesse assunto, já que às vezes não é uma tarefa muito fácil:

- Onde e com quem posso usar este jogo? (Casa, escola, parque; com crianças, adultos, idosos ou de forma individual).
- O que pretendo escolher neste jogo? (Somente lazer, desenvolver o raciocínio, fomentar a socialização, saber fazer escolhas etc.).
- Para que uso este jogo? (Para desenvolver as emoções, a linguagem, o perfil empático etc.).

Pense... "brincar terá seu valor se promove a aprendizagem, ou seja, mudanças positivas de comportamento", para o qual não existe idade!

Portanto... Jardim de infância é para toda a vida.

Um tesouro de incalculável valor cognitivo: nosso cérebro

Se falamos até o presente momento de quão importante é o brincar para o indivíduo e quantas qualidades possui, porque o limitamos principalmente à infância?

Devemos considerar que nosso ciclo vital vá até a nossa senescência e junto com ela o brincar.

Atualmente, a neurociência acompanha as mudanças cerebrais que se apresentam quando jogamos e quais áreas do cérebro são estimuladas nas diferentes atividades lúdicas independentemente da idade. Lembra das três perguntas acima?

Sabemos que, durante o desenvolvimento do indivíduo, nosso cérebro amadurece em um processo lento e progressivo, seguindo padrões compatíveis à idade; porém, existem peculiaridades dentro desses padrões que dependem de dois fatores: genética e meio ambiente.

Sem dúvidas, nosso acervo genético e o ambiente onde esse indivíduo se encontre serão os fatores que impulsionarão a aquisição de destrezas cognitivas, dando autonomia e funcionalidade à criança e ao futuro adulto,

- *A propósito: como está o ambiente da sua casa?*

Os ambientes de convívio oferecem oportunidades de desenvolvimento se estiverem enriquecidos de ferramentas promissoras de experiências e de crescimento em todas as fases das nossas vidas, e aprendemos, quando vivenciamos determinada situação, que terá um valor motivacional suficientemente importante para "lembrá-la" (nosso cérebro guarda essa informação!), constituindo nosso acervo de conhecimentos futuros, ou seja,

- *Para aprender, preciso me emocionar!*

Lembre-se de que toda vez que "aprendemos algo" acionamos mecanismos cerebrais cujo resultado final serão mudanças de comportamento não somente no plano cognitivo, mas também socioemocional e, desta forma, mudamos racional e emocionalmente.

A neurociência atua neste plano em uma área que chamamos de neuroaprendizagem, ou seja...

- *Brincar desenvolve novos caminhos neurológicos.*

Pais e responsáveis devem conhecer quais são as habilidades cognitivas esperadas na criança, de acordo com os marcos do desenvolvimento, e estimulá-las de forma lúdica, para escolher e mediar jogos e brincadeiras como estimuladores da aprendizagem, ou seja:

- *Para aprender tem que brincar!*

Como confirmamos esse amadurecimento?

Podemos observar que a criança se torna mais independente e autônoma, adotando uma postura mais autodirigida, com melhor autocontrole e previsão, e isso, claro, vai depender de quão enriquecido estiver o ambiente no qual ela se encontre.

Então, não podemos considerar o brincar como um passatempo sem propósito, sendo meramente prazeroso!

Evolução do brincar através dos ciclos vitais do ser humano

Vários autores (Piaget, 1946) têm estudado o processo evolutivo lúdico-mental da criança através de etapas ou fases, como resumimos no quadro a seguir:

Fase | Ciclo vital	Habilidades cognitivas
Sensório-motora (0-2 anos)	• Apreensão de objetos. • Percepção visual e auditiva. • Procurar objetos. • Reconhece relações de causalidade.
Pré-operatória (2-7 anos)	• Desenvolve a linguagem e a sociabilização. • Desenvolve a intuição. • Interiorização da fala (monólogos). • Jogo simbólico (faz de conta). • Trocas intelectuais.
Operações concretas (7-11anos)	• Desenvolve a concentração individual. • Espírito de cooperação. • Inicia a reflexão.
Operações formais (11 anos em diante)	• Pensamento formal estabelecido. • Raciocínio lógico. • Reflexão e abstração.

Elaborado pela autora.
Obs. cada fase inclui as habilidades desenvolvidas nas fases anteriores.

Caminhos neurológicos do brincar

Durante nosso desenvolvimento, adquirimos novas habilidades cognitivas progressivamente mais complexas de acordo com os estímulos que recebemos, dentre elas as funções executivas, que definimos como *os mecanismos cognitivos de autorregulação aplicados ao longo do tempo para atingir objetivos futuros* (Barkley, 2018).

Esses mecanismos incluem atividades mentais de diferente grau de complexidade que atuam conjuntamente e de forma hierarquizada, tais como: autointerrupção (controle inibitório), autodefesa sustentada (controle de interferências), sensação consciente de passado, presente e futuro (previsão), planejamento próprio para resolução de problemas (memória operacional) e automonitoramento (flexibilidade cognitiva), ou seja, realizar mudanças de acordo com o que é necessário, e através do brincar podemos desenvolver, aprimorar e preservar estas habilidades cognitivas e consequentemente a aprendizagem.

A brincadeira ensina à criança a tomada de decisões, o autocontrole, o planejamento, a organização e a manipulação das informações que recebe, a aplicação das já consolidadas a situações novas e semelhantes; em resumo, aprende a desenvolver ações dirigidas em prol de objetivos próprios se adaptando às exigências do meio ambiente.

Permite ainda antecipar e projetar suas próprias emoções, desenvolvendo mecanismos de autocontrole, de autoidentidade, aumentando seu acervo linguístico, social e emocional.

Brincadeira real ou brincadeira virtual?

Sabemos que atualmente a tecnologia está presente precocemente na vida das crianças.

O mundo virtual prevalece em todos os âmbitos, com vantagens e desvantagens. Vejamos:

Desvantagens:

- Crianças com menor autoestima.
- Dificuldades na socialização.
- Subvalorização de suas habilidades.
- Autopercepção negativa do seu desempenho por não ter outras referências de comparação a não ser as do próprio jogo.
- Dificuldade em aplicar mecanismos executivos (controle inibitório).

- Maioria individualista, sem estímulos ao cooperativismo.
- Desconhecimento do seu adversário (do outro lado da tela).
- Promoção de hiperfoco, protelando outras atividades importantes.

Vantagens:

- Estimulam a atenção e os reflexos (quando direcionado).
- Aprendem a realizar tarefas sequenciais (completando cada fase do jogo).
- Estimulam o desenvolvimento de estratégias de forma rápida.
- Estimulam a dedução de possíveis soluções, por meio de diferentes graus de complexidade.
- Estimulam a atenção seletiva e dividida, na presença de distratores.
- Serve como aliada nas atividades educativas no referente à metodologia educacional, a qual se torna mais atraente e motivadora.
- Estimulam cognitivamente os processos terapêuticos e educativos, em crianças, jovens e adultos inclusivos.

O uso da tecnologia nas atividades de lazer é uma boa aliada quanto ao imediatismo de resultados e às possibilidades incalculáveis de opções; porém, não está tão próxima do mundo real onde a vivência, o convívio, a sociabilização e o toque físico não podem ser virtualizados com os mesmos resultados educativos. É bom dosar, não é?

Você já identificou seu filho em alguma dessas situações?

Deixe que seu filho monte um jogo de própria autoria, dite as regras, recorte e cole as peças ou adapte algumas de outros jogos para a elaboração de um novo. Porém, se preferir comprar jogos, seguem alguns exemplos, destacando as habilidades que eles promovem. Veja:

Tipo de jogo	Fases do ciclo vital	Habilidades: estimuladas e aprendidas
Encaixes, livros interativos, chocalhos, placas sensoriais Montessori, jogos por correspondências (cores, tamanhos etc.).	0-2 anos	Estimulação sensorial, percepção visual, reconhecimento de cores e formas.

Tipo de jogo	Fases do ciclo vital	Habilidades: estimuladas e aprendidas
Blocos de madeira, quebra-cabeças (progressivos), bonecas, panelinhas, carrinhos, Rummikub (Grow), mancala, Cilada (Estrela), jogos de tabuleiro (xadrez, damas etc.), dominós, triminós, poliminós, Hora do Rush (Big Star), Uno, Abalone (Ludens Spirit), Torre Encantada (Devir), Fungi (Paper Games), Azul (Galápagos), Sagrada (Galápagos), Wingspan (Stonemaier Games), Coloreto (Devir) e Neon (Idea Jogos).	2-11 anos e 11 anos em diante	Percepção visual, destreza motora fina e grossa e lateralidade, gerenciamento espacial, atenção (todas as suas modalidades), dramatização, responsividade social (todos os domínios), raciocínio lógico, cálculo mental, planejamento mental, elaboração de estratégias, tomada de decisões e controle inibitório.

Ludicidade e Neurociência

Estudos na área da Neurociência permitiram verificar as mudanças cerebrais que ocorrem nas diferentes fases do neurodesenvolvimento e a influência de estímulos ambientais nesse processo.

Embora na espécie humana o desenvolvimento cerebral obedeça a fases específicas nas quais adquirimos habilidades cognitivas cada vez mais complexas, não existe um cérebro exatamente igual a outro, e, dependendo dos estímulos que recebemos, podemos apresentar mais ou menos dificuldades na aquisição dessas funções cerebrais.

Fatores fisiológicos como os relacionados ao declínio cognitivo decorrente do envelhecimento também devem ser considerados no mesmo contexto.

Entretanto, o mais importante de tudo é que, por meio da Neurociência, foi verificado que nosso cérebro *"nunca deixa de aprender"*, se for sempre estimulado! Fantástico! Conto a seguir como!

O sublime fenômeno da neuroplasticidade

Durante muito tempo, acreditava-se que após o nascimento o neurônio, que é a célula estrutural do nosso cérebro, parava de se reproduzir. Os últimos estudos corroboraram que existem áreas cerebrais responsáveis pelo crescimento de neurônios durante toda a nossa vida.

Ou seja, esse maravilhoso fenômeno, a neuroplasticidade, pode ser definido como a capacidade que o cérebro tem de se adaptar em estrutura e função às exigências ambientais, sejam físicas, emocionais e sociais através de novas conexões cerebrais e do fortalecimento de outras já existentes.

Embora a neuroplasticidade do indivíduo adulto e idoso seja mais lenta, através desta e com o uso de terapias apropriadas, podem-se aumentar e melhorar habilidades cognitivas menos favorecidas pela senescência ou pelos processos traumáticos e patológicos.

Portanto, os profissionais de diferentes áreas da saúde podem enriquecer o ambiente terapêutico com ferramentas lúdicas que funcionam como estimuladores positivos, graças à neuroplasticidade!

As janelas de oportunidade

Existem períodos críticos de desenvolvimento de habilidades mentais. Este período é chamado de *janela de oportunidades*, e o tipo de estímulo entre o indivíduo e o ambiente e a interação com os outros favorecerá o desenvolvimento destas habilidades que nos acompanharam toda a vida.

O brincar neste período e nos diferentes contextos será de fundamental importância, e sua falta poderá repercutir em atrasos da fala, da marcha, da escrita e na socialização, favorecendo desadaptações na criança.

Envelhecer brincando

O declínio cognitivo e a diminuição de atividades sociais fazem parte do envelhecimento, propiciando a estagnação.

Atividades referentes à atenção dividida ou compartilhada, à memória visual, semântica e fotográfica, podem ser estimuladas por meio da ludicidade, não somente com nossos familiares idosos, mas também com os idosos institucionalizados. Outras atividades, como a pintura, melhoram a motricidade, induzem o indivíduo a planejar e organizar mentalmente uma composição e a escolher cores e materiais que utilizará para compor seu trabalho.

Atividades lúdicas treinam habilidades cognitivas e retardam a perda da responsividade social e emocional, melhorando a qualidade do envelhecer. Portanto, *envelheça você também, brincando com seus pais e familiares idosos!*

Abrangência terapêutica do brincar

As brincadeiras fazem parte do mundo da criança e acompanham seu desenvolvimento durante toda a vida.

Vimos anteriormente como a ludicidade funciona como potencializador de habilidades menos favorecidas ou que estão em declínio, como a criança consegue reproduzir um comportamento "adulto" de acordo com o meio ambiente em que convive (lembra do ambiente enriquecido?).

É no brincar que a criança, os jovens, os adultos e os idosos conseguem simbolizar suas demandas socioemocionais.

Partindo dessa afirmação, podemos considerar a ludicidade como uma importante ferramenta terapêutica que podemos utilizar no ambiente clínico, escolar e em instituições como as de Longa Permanência e de Cuidados Inclusivos e Hospitalares, sendo de grande valia se o profissional especialista souber utilizar e direcionar conforme seu propósito, favorecendo também a assiduidade do paciente, a qual pode estar fragilizada por baixa adesão também da família.

Não existem brinquedos ou jogos específicos para cada objetivo terapêutico; o profissional da área da saúde deve se fazer algumas perguntas básicas na escolha destes instrumentos:

- Por que este jogo ou brincadeira?
- Qual é o objetivo?
- Quais são os resultados esperados?
- Qual é sua relevância terapêutica?
- Quais são os resultados terapêuticos esperados de um jogo ou brinquedo, de acordo com sua modalidade ?

E quando falo modalidade, me refiro ao tipo de brinquedo, se é fantoche, casinha, jogo de tabuleiro, jogos virtuais, jogos competitivos, jogos cooperativos, e a escolha de cada um deles dependerá da proposta terapêutica planejada.

Não existem brinquedos específicos para cada propósito; as adaptações são importantes e necessárias, e delas dependerão os resultados esperados.

Estudos reportam que podemos aplicar este recurso por diferentes profissionais da área da saúde e da educação, entre eles:

- Na internação de longa permanência (Psicopedagogia hospitalar).
- Na Psicoterapia.
- Na Psicanálise.
- Nas Instituições de Longa Permanência (idosos institucionalizados).
- Na Psicopedagogia Clínica e Institucional.
- Na Reabilitação Neuropsicológica.
- Na Neuropsicopedagogia Clínica e Institucional.
- Na Fonoaudiologia (em todas as suas modalidades).
- No ambiente escolar, na sistemática educativa.

Brinquedoteca e Gerontoteca

- **Brinquedoteca**: É o espaço onde a criança pode brincar de maneira mágica e espontânea sem intervenção de adultos, favorecendo a criatividade, a operacionalidade, a sociabilização, entre outros.
  Este espaço deve estar presente em escolas, nas nossas casas, em instituições como hospitais e bibliotecas públicas etc.

- **Gerontoteca:** é o espaço lúdico com olhar multidisciplinar, onde o idoso fortalece habilidades de maneira criativa e descontraída.
  A gerontoteca faz parte da terapia não medicamentosa para estes indivíduos cujos objetivos são melhorar o bem-estar físico, social, mental e emocional por meio de oficinas de arte, dança, música, de jogos etc.
  As gerontotecas estão presentes em Instituições de Longa Permanência, Hospitais e Instituições de Cuidados Inclusivos, mas também pode haver um espaço em casa!

Considerações finais

Por meio deste capítulo, falei da abrangência do brincar e do poder dos brinquedos, de como podemos ser espontâneos com eles e sem limites de idade, algo tão difícil no mundo atual.

As vivências no mundo lúdico abrem portas à fantasia e com ela encontramos nossa verdadeira identidade e emoções, lembrando que nessa busca não há limites!

O mundo virtual tirou do ser humano a espontaneidade, a expressividade e o desejo de conviver com o outro. Estamos na Era da virtualização dos afetos e das emoções!

Portanto, convido você a guardar alguns minutos do seu dia, com seus filhos, com seus pais idosos, alunos e pacientes, para brincar, para se permitir aprender junto com eles de maneira mais leve e descontraída o que a vida lá fora às vezes nos ensina de maneira rígida e desanimadora.

Está pronto? Então... que comecem os jogos!

Referências

AMARAL, A.; OHY, J. *Jogos cognitivos:* um olhar multidisciplinar. Rio de Janeiro: Wak Editora, 2018.

DIAS, N. M.; MALLOY-DINIZ, L. F. *Funções executivas:* modelos e aplicações. São Paulo: Pearson Clinical Brasil, 2020.

LARA, D. D. *et al.* A contribuição dos jogos para o estímulo cognitivo e social em idosos. *XXII Seminário Interinstitucional de Ensino, Pesquisa e Extensão – Redes e territórios*, 2017. Disponível em: https://home.unicruz.edu.br/seminario/anais/

anais-2017/XXII%20SEMIN%C3%81RIO%20INTERINSTITUCIONAL%20 2017%20-%20ANAIS/. Acesso em: 12 jun. 25.

MACEDO, L. O jogo sudoku e o desenvolvimento do pensar e do agir. *In:* ORTEGA, A. C.; CANAL, C. P. P.; CAMPOS, M. C. R. M (Orgs.). *Oficinas de jogos e construção do conhecimento*. Rio de Janeiro: Wak Editora, 2015.

MURCIA, J. A. M. *Aprendizagem através do jogo*. Porto Alegre: Artmed, 2005.

OLIVEIRA, V. B. (Org.) *O brincar e a criança do nascimento aos seis anos*. Petrópolis: Vozes, 2014.

PIAGET, J. *Seis estudos de Psicologia*. 25. ed. Rio de Janeiro: Forense Universitária, 2011.

VISCA, J. *Introdução aos jogos lógicos no tratamento psicopedagógico:* história, regras e significado psicopedagógico. São José dos Campos: Pulso, 2012.

EDITORA
CHAVE MESTRA

Av. Marcos Penteado de Ulhoa Rodrigues, 1119 – Tamboré, Barueri-SP
Ed. Office Shopping Tamboré – Andar 21 – Sala Chave Mestra
CEP: 06460-040
@editorachavemestra
editora@editorachavemestra.com.br
Acesse: www.editorachavemestra.com.br

Elas fazem acontecer:
como superar as adversidades pessoais e profissionais

Direção editorial: Raquel Medeiros
Coordenação editorial: Bartira Costa Neves
Revisão: Laís Alcantara e Tony R. de M. Rodrigues
Assistente editorial: Amanda Oliveira e Eloiza Andrade
Projeto gráfico e diagramação: Daniel Marchesani
Branding de capa: Izzo Medeiros

O conteúdo desta obra é de total responsabilidade dos autores e não reflete necessariamente a opinião da editora.

Dados Internacionais de Catalogação na Publicação (CIP)

Vale, Rogério (Organizador)
V149 Elas fazem acontecer: como superar as adversidades pessoais e profissionais / Rogério Vale (org.) – Barueri, SP: Chave Mestra Editora, 2024.
240 p.: 16 x 23 cm

ISBN 978-65-5496-012-0

1. Desenvolvimento pessoal 2. Espiritualidade 3. Negócios 4. Prosperidade. 5. Mulheres 6. Fé. I. Título.

CDD 158.1

Elas fazem ACONTECER

Como superar as adversidades pessoais e profissionais

EDITORA CHAVE MESTRA®

Elas fazem ACONTECER

COMO SUPERAR AS ADVERSIDADES
PESSOAIS E PROFISSIONAIS

Sumário

Elas fazem ACONTECER

Apresentação

Querida leitora,

É com uma imensa alegria que compartilhamos com você a emocionante jornada que nos trouxe até este momento e apresentamos o livro inspirador *Elas fazem acontecer*. Aqui, reunimos as histórias de 28 mulheres excepcionais, empresárias, líderes e formadoras de opinião, unidas por um propósito comum: fazer a diferença na vida de outras mulheres.

A jornada de transformar um projeto em uma obra foi repleta de desafios para muitas das autoras envolvidas, mas sabemos que cada obstáculo superado e cada linha escrita foram passos em direção a um legado duradouro. Escrever este livro não foi apenas um ato de coragem, foi uma contribuição valiosa para a vida de mulheres em todo o Brasil e além de suas fronteiras. Ao olharmos para trás, enxergamos não apenas páginas preenchidas, mas também um universo de novas possibilidades que se abriram diante de nós. Esta leitura não é uma coleção de histórias, é um testemunho vivo do poder da colaboração feminina, da resiliência e do potencial ilimitado que carregamos dentro de nós.

Queremos expressar nossa mais profunda gratidão à equipe editorial, cujo apoio e profissionalismo foram fundamentais para tornar este projeto uma realidade tangível. Sem o comprometimento incansável deles, estas palavras não estariam diante de vocês agora.

E às nossas queridas autoras, cuja paixão e dedicação transbordam de cada página deste livro, nosso mais sincero agradecimento. Cada uma contribuiu com sua voz única, sua experiência e sua visão, criando um mosaico de inspiração e força que certamente tocará a alma de quem ler.

Além disso, gostaríamos de compartilhar um tema empolgante que permeia as páginas desta obra: a capacidade de reinvenção. Ao longo das histórias aqui contadas, você encontrará exemplos vívidos de mulheres que enfrentaram desafios, abraçaram mudanças e emergiram ainda mais fortes e resilientes. Que essas narrativas sirvam como um lembrete poderoso de que, mesmo nos momentos mais difíceis, sempre há espaço para crescimento e renovação.

Ao mergulhar nas páginas de *Elas fazem acontecer*, esperamos que sinta a energia pulsante da sororidade, da superação e da celebração do poder que cada autora carrega dentro de si. Que este livro seja mais do que uma leitura, que seja uma experiência transformadora, capaz de despertar em você o desejo de fazer acontecer o que precisa ser feito na sua própria vida.

Com todo o nosso carinho,

Nilda Bringel e Josana Nunes

Ana Cláudia Matos

Eu me chamo Ana Cláudia Matos da Silva Rodrigues, tenho 43 anos e sou natural de Antônio Gonçalves, no interior da Bahia. Resido na cidade de Senhor do Bonfim, no mesmo Estado, há cerca de 25 anos, com minha amada família.

Sou casada com o meu companheiro de vida, Sirleônio, e tenho três filhos: Antônio Neto, Sirleônio Junior e Ana Maura. Além de empresária e empreendedora, sou pedagoga de formação, com especialização em Pedagogia Empresarial. Atualmente, exerço a função de secretária de Desenvolvimento Econômico, Turismo e Esporte do município de Senhor do Bonfim.

A minha trajetória profissional é forjada por grandes desafios, a partir dos quais renovo a esperança em Deus com porções diárias de fé e coragem para prosseguir.

anaclaudiamatosrodrigues

Ana Cláudia Matos Rodrigues

+55 (74) 99121-0851

anacosmeticosoficial@gmail.com

Elas fazem ACONTECER

01 Encontrando força na fé

Por Ana Cláudia Matos

Comecei minha carreira profissional em 1997, aos 16 anos de idade, quando exerci o cargo de assessora parlamentar na Câmara Municipal de Antônio Gonçalves, minha terra natal. Foi um começo difícil, pois o novo sempre nos causa medo – mas só até se tornar algo comum. Fiquei nesse cargo até 2007.

Por sempre buscar desafios e querer progredir, em 2002 resolvi ingressar na área empresarial com meu noivo à época – hoje, meu esposo. Ele já atuava no ramo de cosméticos, e então surgiu a nossa Ana Cosméticos, loja especializada nessa área. A empresa foi aberta em Senhor do Bonfim (BA), cidade repleta de oportunidades e que me adotou como filha.

O início foi difícil, nossa loja era bem pequena, com cerca de 25 metros quadrados. Tínhamos apenas um funcionário, pouca experiência, mas muita vontade de vencer – e vencemos. Hoje, somos a maior loja de cosméticos da região, com duas filiais, e empregamos 23 colaboradores. Logo, impactamos positivamente a vida de 23 famílias, e é isso o mais importante.

Em reconhecimento ao nosso trabalho no comércio e com nossos clientes, sou eleita há 11 anos consecutivos pela Câmara de Dirigentes Lojistas (CDL) como Empresária do Ano e, também, por ter o melhor atendimento do comércio local.

Entre 2012 e 2018, fui escolhida para exercer o cargo de vice-presidente da Associação Comercial, Industrial e Agrícola de Senhor do Bonfim (ACIASB). Além disso, em 2018 fui eleita para ocupar a presidência dessa honrosa entidade, que é a nossa principal representação do comércio local. Cumpri meu mandato até 2020. Ainda no ano de 2019, recebi o maior reconhecimento por parte dessa cidade que tanto me acolheu: o título de cidadã bonfinense.

Em 2021, inaugurei uma nova fase da minha vida, na qual assumi a pasta de Desenvolvimento Econômico, Turismo e Esporte da cidade de Senhor do Bonfim. Confesso que não foi fácil aceitar esse posto, já que fazia quase 20 anos que minha vida vinha sendo dedicada ao setor privado. Eu imaginei um choque de culturas, mas vi aquele convite como um desafio e também como uma oportunidade de trabalhar no setor público, em prol da minha classe comercial.

Vou compartilhar com você, caro(a) leitor(a), memórias acerca de um fato que pôs em xeque todo o foco, a determinação e o destemor que sempre acompanharam a minha trajetória. Tal fato ocorreu em 25 de março de 2020, no início da pandemia de covid-19, que assolou todo o mundo. Foram expedidos decretos do Estado e do município determinando o fechamento do comércio, mantendo abertos somente serviços essenciais. No meu caso, todas as minhas três lojas de cosméticos foram fechadas, impactando 23 famílias. Aquilo foi desolador para mim, pois, com as lojas fechadas, não havia faturamento. Sempre fui uma pessoa muito atenta e honrosa com os compromissos financeiros da empresa; portanto, esse foi um momento de muita dificuldade, no qual precisei exercitar mais do que nunca a minha fé.

Na primeira semana, ainda sem absorver tanto a gravidade da situação, aproveitei para ficar mais tempo com a família, que é uma das coisas que, muitas vezes, a vida empresarial nos tira. Com frequência, precisamos abrir mão dos momentos em que espairecemos e exercemos o afeto com os nossos.

Passada a primeira semana, pensando que as coisas iriam se ajustar, fui surpreendida por mais um decreto de fechamento, agora de 15 dias – algo nunca imaginado. Nesse contexto de abre e fecha, todo o meu capital de giro se esvaiu. E foi a partir de então que começaram as incertezas, o medo das dívidas, o medo de perder o crédito e tudo o que conquistei durante 21 anos, com um agravante: o medo do vírus. Assim, aquele foi um período muito aterrorizante para mim, já que, em 2015, mais precisamente no mês de agosto, passei por uma forte crise de ansiedade. Mas, graças a Deus e a um tratamento psiquiátrico, além de muita atividade física, o problema foi superado. Diante de todos esses acontecimentos, eu e minha família temíamos que eu tivesse uma nova crise. Porém, com muita crença em Deus, consegui driblar a ansiedade.

O desafio foi potencializado para mim, porque, na pandemia, fui presidente da Associação Comercial, representando a coletividade dos empresários. Então, além da preocupação pessoal, ainda existia a preocupação coletiva. Imagine como foi satisfazer as expectativas e os anseios de toda uma classe que, em muitos momentos, passou por problemas de engajamento e, de repente, pleiteava soluções imediatas. Tudo isso era compreensível, já que todos estavam no mesmo barco. Diante dessa grande pressão, a única coisa que eu acumulava na minha vida, naquele momento, eram os pensamentos e sentimentos negativos.

Tínhamos, portanto, que negociar com o gestor municipal semanalmente, para que alguns pontos dos decretos de fechamentos fossem flexibilizados. Tais decretos volta e meia eram expedidos de acordo com o boletim municipal, que informava a quantidade de pessoas infectadas. Eram negociações difíceis, visto que sempre havia a ponderação entre os riscos que o contágio da doença apresentava e os riscos de o comércio precisar fechar. E isso se traduzia em não haver faturamento, na preocupação em honrar os compromissos e, principalmente, em manter os funcionários.

Muitas vezes, os nossos pleitos não eram atendidos, mas a todo momento havia a certeza da entrega e dedicação na nossa missão, que era a de representar e amparar nossa classe, ao respeitar e manter um olhar sensível a todos os envolvidos nesse processo.

Na ensolarada manhã do dia 29 de março de 2020, eu me encontrava sentada no escritório da minha casa. De repente, não parava de olhar para o computador e para as pastas repletas de boletos por pagar. Aquilo era um cenário apocalíptico, já que meus recursos financeiros tinham se esvaído. Lágrimas rolavam no meu rosto sem parar. Então, respirei, olhei para cima e pedi forças a Deus. Naquele período, precisei exercitar minha fé, a qual construí e alimentei por toda a minha vida, por meio da oração e da leitura da Bíblia Sagrada.

Foi maravilhoso o que vivi naquele momento – uma sensação incrível de alívio, renovação e alegria; os pensamentos negativos sendo transformados em pensamentos positivos. Quando olhei para o lado, minha Bíblia estava ali. Eu me direcionei a ela, abri-a aleatoriamente e lá estava uma mensagem enviada por Deus no Livro de Jó, 14:7-9, que assim diz: "Porque há esperança para a árvore, que, se for cortada, ainda se renovará, e não cessarão os seus renovos. Se envelhecer na terra a sua raiz e morrer o seu tronco no pó, ao cheiro das águas brotará e dará ramos como a planta".

Então minhas lágrimas secaram, meu coração alegrou-se e comecei a usar minha fé, agora com mais ação. De imediato, com aquela mensagem de esperança, iniciei um balanço nas lojas e ficou claro que havia uma saída, que a vida construída naqueles 21 anos de empresa, com muita credibilidade, facilitou a realização de acordos e renegociações. Diante disso, vi que, ao se construir um CNPJ respeitando os credores e assumindo os compromissos com seriedade, teremos sempre as portas abertas. A fé é um combustível que continuamente nos leva a andar para a frente.

Não tenho como expressar em palavras a alegria e a tranquilidade que senti naquele dia. As ideias fluíram e, diante de todo aquele cenário aterrorizador, reuni minha equipe e dei total prioridade à valorização daqueles que trabalhavam para mim. A preferência seria o pagamento do salário deles. A partir de então, tive soldados valentes que me ajudaram a vencer aquela batalha. Isso, sem dúvida, foi o diferencial que sempre me acompanhou – a valorização dos meus colaboradores, que é o combustível que move o empreendimento.

Não deixe que as dificuldades da vida determinem a sua fé em Deus – é ela que deve prevalecer nas adversidades. A fé não nega a realidade, mas crê que Deus pai é poderoso para transformá-la. A fé é a certeza de que Deus entrará com providências, mesmo quando todas as circunstâncias apontam ser impossível.

A fé é um dom gratuito que Deus nos dá e que possibilita ao empreendedor que crê o primeiro e importante passo para realizar algo: sonhar e visualizar. E foi com a fé e a ação que tive vários *insights*. Para chegar aos clientes, já que eles não podiam ir à loja, investi no Instagram. Adotei a modalidade de venda on-line (do gênero *delivery*), que até hoje faz parte do nosso serviço. Isso me fez refletir que, às vezes, é necessário existir uma adversidade para que possamos evoluir, afinal, nos terrenos mais hostis as vinhas produzem seus melhores frutos.

Com frequência, em nossa ignorância humana costumamos reduzir a fé ao fato de simplesmente crer em algo, seja o que for (um projeto, um objetivo), ou em alguém conhecido ("acredito em você"). Entretanto, para aqueles que são cristãos e veem a fé como dom do Espírito Santo, ela é muito mais do que isso. A fé é crer em alguém, e esse alguém é o todo-poderoso Deus.

Em momentos como esses que passei, de crises nos negócios, precisamos ter a esperança de que as coisas entrarão nos trilhos novamente, que a tempestade vai passar e nossa vida voltará ao normal. E, para isso, precisamos de fé. A fé, por sua vez, precede outra virtude muito importante: a esperança. Como o próprio nome sugere, esperança é a habilidade de saber esperar, de não estacionar ao sabor das circunstâncias, de seguir em frente, de perseverar, e, principalmente, de não desistir. De certa forma, a fé e a esperança são valores que se fundem na vida de um empreendedor. Quem consegue um, consequentemente, desenvolve o outro.

Vencidos todos esses desafios, além da satisfação pessoal, o reconhecimento veio, e veio com sabor de superação e vitória. Fui matéria na revista "Conexão", do Sebrae, em maio de 2020, com o título "Do susto inicial ao delivery de cosméticos", como história de superação da revista. Também tive um vídeo meu publicado pelo Sebrae, que contava minha luta durante a pandemia: como superei desafios e qual foi a influência de minha bagagem de 21 anos como empresária em todo esse processo. Além disso, a minha foi umas das 50 histórias escolhidas para figurar na revista "50+50", também do Sebrae, que comemorou os 50 anos dos pequenos negócios e grandes histórias.

Sempre busco desenvolvimento pessoal e profissional contínuos, e foi com tal motivação que, em 2018, fiz o curso internacional do Sebrae chamado Empretec. Esse foi outro fator determinante que me ajudou no período pandêmico.

Graças a Deus, hoje, em 2024, vivemos novos tempos, o "novo normal", e tenho a convicção da grande mulher que me tornei nos últimos quatro anos. Sou mais forte, mais feliz, mais capacitada e, principalmente, tenho mais fé. A fé é como uma semente, quando plantada, germina o extraordinário em nossas vidas.

Alimente sua fé diariamente, busque conexão com Deus, independentemente de religião. Busque seu desenvolvimento pessoal por meio da leitura, de palestras, *workshops*... É necessário estarmos preparados para os desafios diários. Fica aqui um pouco da minha história.

“A fé é a certeza de que Deus entrará com providências, mesmo quando todas as circunstâncias apontam que isso é impossível.”

Ana Cláudia Matos

Bianca Braz

Sou Bianca Braz, também conhecida como Bia por muitas deusas no Instagram. Sou mãe da Lívia e do Tiago, meus maiores tesouros, e casada há 15 anos com o Jari Braz. Residimos na famosa selva de pedra, minha querida São Paulo (SP), onde nasci e cresci.

Empresária, mentora de mulheres, escritora, palestrante e idealizadora do evento Clã das Deusas, sempre me conectei facilmente com as pessoas, e isso me abriu portas.

Amante do café, da dança e fiel a Deus, entendi que todos os altos e baixos da vida não ocorreram apenas para me lapidar, mas também para me preparar e, assim, transbordar na vida dessas mulheres.

abiabraz

+55 (11) 97177-1128

alunos@bbrazconsultoria.com

Elas fazem **ACONTECER**

02 Construindo conexões poderosas para a vida

Por Bianca Braz

Eu poderia iniciar este capítulo falando de todas as conexões poderosas que me fizeram chegar até aqui, mas isso de nada valeria se eu não começasse contando um pouco de por que acredito que as pessoas são a chave para abrirmos a porta que ainda não acessamos. Desde pequena, eu ouvia minha mãe falar: "Diga-me com quem tu andas e direi quem és". Hoje eu entendo muito bem o que ela queria dizer com isso, mas naquela época eu achava que era apenas uma superproteção de mãe ou uma frase clichê que vinha no roteiro da vida. Mal sabia eu que aquilo definiria muitas experiências em minha vida pessoal e profissional.

Eu vim de uma família simples, de mãe e avó nordestinas, minha tão amada família Rocha, e esse sobrenome não é apenas uma escrita. Desde pequena, entendi o quanto precisamos ser "rochas" em nossas vidas para superarmos as adversidades que aparecem. É incrível como um nome pode virar símbolo de força na trajetória de uma pessoa, e meu sobrenome tem essa simbologia na minha história. Aprendi a lidar com desafios desde muito nova e a me relacionar com pessoas para obter ajuda. Tudo o que me restava quando pequena era sonhar com o que eu desejava ter e ser forte.

Cresci num lar cheio de alegria, amor e problemas, e lá morávamos eu, minha mãe Lia, minha irmã gêmea Beatriz, minha irmã mais nova Bruna, a tia Rita e a avó Alzira. A infância de uma criança pobre não permite que ela seja criança por muito tempo, pois precisa ter responsabilidades e colaborar com o andamento e sustento da casa. Como minha vó era doente, a tia Ritoca, apelido da tia Rita, parou sua carreira e sua vida para cuidar dela, pois a vó não queria nenhuma estranha responsável por seus cuidados.

Com isso, a única renda que tínhamos era a da minha mãe, e ainda assim ela era insuficiente para bancar uma casa com seis pessoas. Logo, precisávamos ser bem criativas para economizar. Não era incomum para a minha família e para mim tomar banho de canequinha. Quando precisávamos, esquentávamos a água no fogão para tomar banho com balde, pois a energia tinha sido cortada devido à falta de pagamento. Ou, mesmo, comer apenas arroz com feijão e farinha, por não ter sobrado dinheiro para as compras no açougue e hortifrúti.

O que eu mais ouvia de minha mãe quando saíamos era: "Isso está muito caro, não posso comprar" ou "Você pensa que dinheiro nasce em árvore?". Por isso, desperdícios não eram permitidos – ainda mais se fossem desperdícios de comida, pois, além de ser pecado deixar comida no prato, ouviria repetidamente que havia alguma criança na rua sem ter o que comer. Ela estava certa, não poderíamos reclamar – graças a Deus nunca nos faltou nada. E sim, em algum lugar do mundo havia alguém em uma situação pior que a nossa.

Mas eu sempre desejei ter mais, não sabia como, só sabia que queria. Dona Lia, além de uma mãe incrível, foi uma mulher Rocha, uma verdadeira fortaleza – quando eu a olhava, parecia que nada a abatia. Estava sempre sorrindo, tratando os outros da melhor forma possível e usando sua criatividade para sobrevivermos. O mundo podia desabar em suas costas, mas ela continuava firme, alegre e forte. Aprendi a ser Rocha com ela. Aprendi que não importavam as circunstâncias, podíamos ser felizes. Aprendi também que pessoas precisam de pessoas. E, embora ela esteja agora ao lado de Deus, seus ensinamentos e valores viverão em meu coração. Com o apoio de Jari, meu marido, eles serão repassados aos nossos filhos.

Quando fui morar com Jari, não pensava que estar com um homem vinte anos mais velho que eu seria tão enriquecedor. Muito mais vivido, com experiências, erros e acertos, óbvio que me encantei por sua mente sábia, viva e cheia de conhecimentos. Ele vai ler isso e rir, mas a primeira pessoa que mudou minha ambiência e forma de pensar foi ele! Hoje, eu olho para trás e vejo que toda trajetória que eu vivi até aqui foi um conjunto de aprendizados para me lapidar e transbordar na vida de outras pessoas, principalmente de mulheres.

Como as responsabilidades começaram cedo em minha família, aos 15 anos de idade, em 2005, enquanto eu procurava meu primeiro emprego, via outras jovens conseguindo vagas que eu não conseguia.

Olhava seus currículos e não via diferença quando comparados ao meu; logo, perguntava-me: "O que elas têm que eu não tenho?". E, quando eu questionava alguém sobre isso, respondiam-me o seguinte: "A pessoa tem QI". Demorou um tempo para eu entender que essa sigla não se referia ao nível de inteligência da pessoa, mas a Quem as Indica. No início, fiquei bem frustrada ao saber que algumas pessoas teriam vantagens sobre mim simplesmente por conhecerem outras que poderiam facilitar sua admissão em empregos, ter preferências ou até mesmo acessar um conhecimento que não estaria liberado a todos.

Somente no ano seguinte, em 2006, com a estreia do filme *À procura da felicidade*, estrelado por Will Smith, entendi a importância de nos relacionarmos bem e sermos autênticos e fiéis à nossa essência. Sem dar *spoilers*, o longa retrata a história de um homem casado e pai de um menino de 5 anos, que passa por problemas financeiros, é abandonado por sua esposa em virtude disso, despejado e preso por não pagar multas de trânsito – Chris Gardner foi ao fundo do poço. Mas ele não desistiu, ativou sua habilidade de vendedor, resiliência, seu otimismo e *networking* para conseguir uma vaga de estágio em uma corretora de ações. Bom de cálculos, superou grandes concorrentes nesse estágio para que pudesse ter uma vaga fixa, com salário e benefícios, bem como sua dignidade restabelecida. Sabe por que ele não desistiu? Porque aprendeu a se relacionar bem com as pessoas. Mas só isso não teria sido o suficiente para ele ser efetivado: ele também se esforçou, trabalhou muito e foi fiel à sua identidade.

É por isso que muitas pessoas falham ao tentar criar *networking* com as outras. Elas acham que basta conhecer alguém, como uma amiga da amiga, que isso será o suficiente para gerar boas conexões. Ainda mais se essa pessoa for da época em que se ensinava que, para ativar o *networking*, você precisava apenas fazer uma lista de seus contatos – fossem familiares ou amigos – e simplesmente dizer o que você vende para eles. Faça um exercício rápido: quantas pessoas você conhece no mundo todo? Se eu tivesse que fazer uma lista, preencheria facilmente duzentas linhas com nomes. Eu já fiz muitas listas na minha vida: de casamento, de funcionários, de presença em eventos... mas uma que me marcou muito foi a que precisei montar quando trabalhei com *marketing* multinível. A realidade é que simplesmente nomear pessoas que conhecemos não as torna potenciais clientes ou parceiras de negócios, e foi aí que meu jogo mudou no mundo do empreendedorismo digital.

Eu sempre fui uma mulher de fácil relacionamento – dificilmente você me verá triste, reclamando ou descontando em alguém meus infortúnios. Essa alegria toda e o sorriso fácil já sabem de quem puxei, não é? Pois bem, eu sou aquela mulher que gosta de ser amiga de todos e de estar rodeada de gente pelo fato de eu amar pessoas; por causa disso, por onde quer que eu passe eu carrego novas amizades.

Mas entenda o que aconteceu comigo quando eu entrei nessa rede de *marketing* multinível: por orientação do líder de equipe, eu precisava escrever o nome de cem pessoas (amigos, familiares, conhecidos, colegas de trabalho etc.), mas não apenas isso: eu precisava de uma lista de cem possíveis compradores para aqueles produtos que eu vendia. Foi então que entendi que nem todas as pessoas que estavam ao meu redor teriam o potencial para fazer essa compra ou para se juntar a mim naquele projeto. Nessa ocasião, ouvi pela primeira vez a temida frase: "Você é a média das pessoas com quem mais convive". Eu estava com uma lista de pelo menos 80 pessoas e fiz para somente cinco delas o convite para conhecerem o projeto. As demais, na minha percepção, ou não teriam interesse ou nem dariam atenção a qualquer oportunidade que eu pudesse oferecer. Naquele instante, o que passou em minha cabeça foi: "Onde eu conheço pessoas que pensem como eu?".

Você, que já se sentiu um peixe fora d'água em algum ambiente ou no convívio com amigos/colegas, sabe do que eu estou falando. Quando expandimos a nossa consciência e nos damos permissão para viver novas experiências, nosso julgamento fica mais criterioso, nossas atitudes e forma de pensar se transformam tão rapidamente que, quando percebemos, as ideias, os gostos e as preferências não são mais os mesmos. A verdade é que o ser humano está em constante mudança, mas algumas pessoas tendem a regredir esse avanço em virtude de crenças, bloqueios emocionais ou feridas. Seja qual nome você preferir, a realidade dessas pessoas é uma só: reclamar. E anote para não esquecer: fuja de pessoas reclamonas!

Aconteceu comigo: passei por um processo de mudança interna, de reconhecimento do meu eu e ativei minha identidade pós-pandemia, pós-maternidade, pós todo tipo de desafio que aconteceu de 2020 para cá. Mudei minha maneira de pensar, de agir, de me comunicar, de me posicionar. Foi muito bom me conhecer, isso me deu bagagem para ensinar outras mulheres a ativarem sua essência também e reverberarem de dentro para fora em seus negócios. Depois desse processo, afastei-me de muitas pessoas, e quando isso acontecer com você, deixe elas irem! Quando você entende que a ambiência tem o poder de mudar resultados, sejam eles positivos ou negativos, você começa a se preocupar com quem você convive, que tipo de lugar frequenta e quem serão as pessoas com quem você fortalecerá laços.

Para alguém de consciência mais baixa, ler essa última afirmação fará você questionar meu julgamento. Acredite, eu já fui chamada de muitas coisas no Instagram, boas e ruins, mas nenhuma delas me abalou ou me inflou, pois eu vivencio isso no meu método para gerar *networking* e conexões de negócios e pensar como penso hoje mudou meus resultados. Tenho uma mentora, a Josi Konkol, que me ensinou que "quando a maré sobe, todos os barcos sobem junto". Essa frase ecoa na minha mente desde a primeira vez que a ouvi.

Um estudo realizado pelo psiquiatra e escritor David R. Hawkins classifica as emoções em frequências vibracionais. De acordo com esse estudo, a vergonha emite a frequência mais baixa e a alegria é classificada com um dos mais altos níveis vibracionais. Se somos tudo aquilo que vibramos, nossas emoções ditam o que será atraído para nós. Então, reflita por um instante: vale mais estar rodeado de pessoas que só assistem a coisas ruins em noticiários, que reclamam o tempo todo e criticam qualquer pessoa que faz algo diferente delas – inclusive, criticam você – pois, no fundo, elas não querem que você seja maior que elas? Ou é melhor estar ao lado de pessoas que estão sempre buscando evoluir, que têm princípios e valores bem definidos, estão constantemente estudando e ajudando o próximo, que já alcançaram sucesso na vida e podem contribuir para o seu crescimento?

O segredo de conexões poderosas é estar ao lado de pessoas melhores que você. É conectar-se com uma ambiência que seja capaz de abrir sua mente para novas ideias e entender que aquilo que você não alcançou ainda se deu pela informação que falta a você, e essa informação está com alguém que ainda não conheceu. Eu sempre digo em minhas palestras que se você ouvir alguém falar por uma hora e não tiver nenhum *insight* poderoso é porque você está na ambiência errada. Não vale a pena estar com alguém e não aprender nada. Custa muito caro andar com pessoas de baixa frequência; por isso, esteja sempre buscando pessoas melhores do que você, para que seu movimento seja sempre de ascensão. Cuide da sua ambiência como você cuida da sua rede social, com assiduidade e felicidade.

Desprenda-se de quem você foi para poder viver sua melhor versão. Deixarei você com uma frase de um autor e palestrante que eu amo muito, o Bob Proctor, que diz: "Os resultados falam a verdade". Portanto, reflita: você está contente com seus resultados?.

“A ambiência tem o poder de mudar seus resultados. As pessoas e os ambientes com os quais você se conecta hoje mostrarão seus resultados amanhã.”

Bianca Braz

Carla Patrícia Coelho

Eu sou Carla Patrícia, nasci na Bahia, numa cidade conhecida por suas riquezas minerais, onde até o nome é poético: Campo Formoso. Sou a primeira filha do casal Antônio Carlos e Maria Alice, casei-me com Joel e, tendo vindo de uma família de quatro irmãos, acho natural ter quatro lindos filhos. Formei-me advogada e amo a profissão que muito cedo escolhi e à qual me dedico com devotado amor. Atuei como professora universitária e artesã nas horas vagas. Minha meta é ser uma mãe incrível.

Trabalhos sociais sempre me interessaram e, com a minha prática, busco ser porta-estandarte dos direitos de mulheres. Bastante ativa nas redes sociais, deixo abaixo meu principal perfil no Instagram e meu *e-mail*.

ela.na.lei

coelhodaltro@hotmail.com

+55 (74) 99119-3377

Elas fazem ACONTECER

03 Equilibrando os propósitos da profissão e da maternidade

Por Carla Patrícia Coelho

Sempre acreditei numa vida com propósitos. Quando era bem pequena, via meus pais participando de clubes de serviço, com uma vida social voltada para o servir. Passei a infância e a adolescência numa casa cheia. Cada coisa tinha o seu devido lugar e cada um tinha o seu papel. Minha mãe primava pela ordem e meu pai pelo bem-estar; assim, nosso lar era agitadamente feliz. Tive o prazer de conviver com meu avô materno, que veio morar conosco quando eu era um bebê. Ele era educadíssimo, mesmo sem muita instrução, além de sábio, sereno, observador e muito prestativo. Com ele, era fácil entender que pequenas ações são capazes de promover mudanças extraordinárias.

Nós nos mudamos para a capital quando eu era adolescente. Bastante introspectiva, levava uma vida mais reclusa. Fui aprovada no vestibular de uma faculdade no interior de São Paulo para o curso de Direito, e recebi muito apoio dos meus pais, que fortaleceram a minha decisão de ir morar sozinha aos 19 anos. Rapidamente me formei e passei no exame da OAB. Fui selecionada para uma especialização no Mackenzie, advoguei para empresas grandes em São Paulo e no ABC Paulista. Após, fiz outra especialização, dessa vez na PUC, e voltei para a Bahia nove anos depois, sonhando com a prosperidade.

Por razões que só Deus explica, as coisas não caminharam como imaginei. Em Salvador, o mercado era bastante fechado, não tinha experiência no contencioso, lugar para trabalhar e nem referências profissionais. Montei um escritório, mas não sabia como atrair clientes, pois o ambiente corporativo inibiu essa minha habilidade. Após um tempo, com o escritório sem movimento, decidi fechá-lo e investi na docência, para manter-me conectada com minha profissão. Eu compreendia a advocacia como sucesso. Então, ministrando aulas, passei a enxergar o Direito não apenas pelo viés do processo judicial, mas como uma verdadeira ferramenta para a prática da justiça e da paz social. E assim, pela docência, foi na cidade de Camaçari que descobri minha verdadeira vocação para o serviço.

Era comum os professores oferecerem carona para os alunos da Universidade do Estado da Bahia – Uneb Campus XIX; compartilhava com os alunos meu tempo, meus livros, projetos de vida e meu desenvolvimento pessoal. Lá, recebi as mais belas lições de cidadania, respeito, compromisso e gratidão. Comecei fazendo o que era possível; hoje, quero deixar a minha marca no mundo.

Minha vida profissional ganhou novo rumo quando conheci meu marido, nos casamos e, no intervalo de três anos, tive quatro filhos: Olívia, em 2009; Helena, em 2011; e os gêmeos Antônio e Joel, em 2012. A essa altura, eu residia em Salvador e permanecia em sala de aula, convencendo-me a cada dia mais que o Direito, o acesso à justiça e às políticas públicas são os principais vetores de desenvolvimento social. Meu último parto foi realizado numa maternidade pública – um lugar sem nenhum privilégio, enquanto temia pela vida dos meus filhos que nasceram prematuros extremos. Dividi o quarto com mais cinco mulheres, sem TV, sem celular, sem descanso ou ajuda. Então, fui me despindo de vaidades, compartilhando as pequenas vitórias dos nossos frágeis e amados filhos e me conectando ainda mais com a minha fé e a minha devoção a Santo Antônio. Ao mesmo tempo, compreendi que a maternidade dói e cansa, mas também cria em nós uma coragem descomunal, a vontade de fazer dar certo, de querer ser exemplo, força e conexão para nossos filhos.

Ter tantas crianças tão pequenas em casa era desafiador, tanto do ponto de vista da exaustão física quanto do ponto de vista econômico. A dinâmica familiar com quatro (andando, engatinhando e mamando) era extenuante. Quantas vezes eu quis ser somente a mãe, a dona de casa... inúmeras! No fundo, sabia que havia um propósito naquela reviravolta inesperada em minha vida. Contei com uma rede de apoio familiar e veio do meu pai a ideia de morarmos no interior, na cidade onde nasci. Enxerguei essa opção como um renascimento e vim embora. Assim, em janeiro de 2013, voltei ao meu "marco zero". No primeiro ano em que passamos nos adaptando à nova vida, o trabalho doméstico era infinito e o trabalho profissional, escasso. Então, uma amiga me disse que eu deveria encará-lo como um ano sabático: fazer um bom trabalho como mãe e retomar a advocacia no ano seguinte. E assim foi feito!

Comecei o ano de 2014 com a certeza de que seria a hora de desengavetar o projeto do escritório, com foco na advocacia empresarial e tributária. Quando montamos nosso lindo espaço, começaram a surgir clientes que nos viam na igreja e na pracinha com as crianças, os quais buscavam a advocacia familiarista e previdenciária. Sem poder escolher as batalhas que queríamos travar, passamos à advocacia do dia a dia. Eu escutava as clientes, aconselhava-as e buscava soluções para pequenos conflitos familiares. Investi na advocacia humanizada após ir a uma palestra, a convite de minha irmã, em que conheci a constelação familiar. Comecei a ver sentido naquela prática e passei a identificar a minha advocacia como uma atividade humanizada.

Um novo desafio surgiu. Eu passava muito tempo escutando e buscando apaziguar diferentes situações. Como muitos clientes se reconciliavam, o projeto passou a não funcionar economicamente, embora tivesse um imensurável sabor afetivo. Mudamos, em seguida, para a advocacia do consumidor, e um ponto de equilíbrio estabeleceu-se.

Os clientes começaram a aparecer; enquanto isso, meu marido mudou de ramo e encontrou-se ao trabalhar como empresário. Nessa época, ainda me dividia entre a maternagem e a advocacia. No meu escritório, tinha (e ainda tem) uma pequena janela voltada para o quintal da casa em que morávamos; assim, eu monitorava as crianças, palpitava sobre o almoço e gerenciava as atividades da casa. Precisei desenvolver estratégias para me manter ativa profissionalmente sem carregar a culpa por ser uma mãe ausente.

Enfrentamos diversas dificuldades financeiras. Ao passo que advogava, vendia produtos de catálogo, de decoração e me deslocava correndo atrás do sonho de fazer um mestrado em Salvador. Participava dos cursos de aperfeiçoamento profissional que conseguia, as crianças cresciam, os problemas mudavam, mas eu mantinha o escritório aberto. Sou grata aos clientes que confiaram no meu trabalho, eles me ajudaram a crescer e a compreender que, mesmo dentro do espectro profissional escolhido, por vezes é necessário recalcular a rota. Passei o ano de 2019 fora da minha cidade, acompanhando um projeto do meu marido. Retornei em 2020, cheia de planos e assumindo a minha vocação para a advocacia humanizada, com foco em pessoas.

Tudo ia bem: fui aprovada no mestrado, estava imersa em um novo *networking* e cada vez mais focada no direito das mulheres quando a pandemia da covid-19 nos surpreendeu. Justo quando compreendi o que me fazia bem e como poderia voltar toda a minha atuação profissional para uma reestruturação, vinham as notícias de que, em outros países, já havia restrição de circulação de pessoas, isolamento e fechamento de espaços. Não demorou muito e essa realidade instalou-se no Brasil também. Foi um desespero, iniciamos um negócio na cidade de Senhor do Bonfim, as crianças retornavam à escola e eu retomava as rédeas do meu escritório. Estávamos diante da virada, e eu sabia disso.

Foi preciso que nos adaptássemos ao incrível salto tecnológico experimentado a partir da pandemia. Os processos tornaram-se digitais e as audiências aconteciam de modo *on-line*, bem como as aulas das crianças. O mestrado era conduzido por videoconferência e a vida foi se ajeitando. Os mecanismos, embora novos e inicialmente complicados para mim – tendo em vista que eu vivia no universo analógico –, se mostraram dinâmicos, eficientes e rápidos. Se, por um lado, minha atuação profissional havia entrado nos trilhos, por outro, a maternidade impunha os desafios de ter as crianças enclausuradas, tensas, elétricas e, pela primeira vez, com muito acesso a telas. Até aquele momento, havia conseguido manter o mundo virtual longe dos olhinhos delas.

Meu coração materno, sabendo que estávamos diante do inexorável "novo normal", aflito com o excesso de tecnologia, o conteúdo disponível e as novas vulnerabilidades em que as crianças estavam imersas, precisou se fortalecer para dar a elas alguma autonomia no que se referia à rotina escolar. Ao passo que meus filhos e eu nos habituávamos ao novo modelo educacional, com frequência precisamos interromper a aula de um deles para iniciar a do outro. Tivemos que dividir os mesmos *gadgets*, espaços e, muitas vezes, as mesmas frustrações, com o sinal da *internet* que oscilava e as plataformas que travavam. Por outro lado, pude vê-los crescer e aprender a harmonizar seus conflitos interpessoais. Deliciava-me ao perceber que eles desenvolviam sua argumentação e sua escrita, bem como a independência para falar, sentir e se posicionar.

Assim como o dia a dia da casa e dos filhos, a rotina do escritório mudou. Os fóruns não abriam com regularidade, precisávamos muito de ferramentas digitais, como o aplicativo de mensagem, e via aflorar ainda mais em mim a ideia da advocacia com propósito. Se um casal desejava se divorciar, compreendi que precisava fazer com que essa travessia fosse o mínimo possível danosa para ambos. Certamente, houve um incrível burilamento na minha argumentação e, sobretudo, na minha escuta. Passei a enxergar cada história de modo diferente, cada caso como individual e irrepetível, do mesmo modo que a vida é!

Ao girar essa chave, permiti-me uma reviravolta profissional, aos 46 anos. Aceitei que a advocacia familiarista tinha a sua importância e que ela era a régua e o compasso do meu fazer profissional. Foi simples assim, sem sofrimento, apenas deixando brotar de mim a empatia, o serviço e a escuta para conseguir solucionar cerca de 20 divórcios em 2020 –

um marco para mim. Depois disso, foi natural que eu começasse a ser procurada para dirimir conflitos familiares, dissolução de uniões e até de empresas. Alguns colegas passaram a me indicar, outros a me contratar e isso tudo me mostrou que o caminho a seguir era aquele.

Os projetos se multiplicaram e, em pouco tempo, tinha um colega dividindo o espaço do escritório comigo – o que também foi uma inovação, pois ainda não havia vivido tal experiência na vida profissional, sempre atuei sozinha. Ter um colega para trocar ideias, discutir soluções, propor teses diferentes e desenvolver uma rotina de escritório me trouxe o norte de que a bússola da minha rotina laborativa precisava. Passei a atuar em demandas extraprocessuais e direcionei meu foco à solução de conflitos, sem que a judicialização fosse a primeira opção. E assim, com a divulgação boca a boca, vi a minha atuação maximizada em resultado e em receita.

Também ingressei no Rotary Club e tornei-me presidente em plena pandemia. Essa foi uma rica experiência de acesso e socorro a pessoas em vulnerabilidade social, o que, mais uma vez, mostrou-me a importância do serviço e do propósito ao melhorar a vida de quem cruza meu caminho, dentro das minhas condições e com as ferramentas que eu tiver.

Sempre tive muito claro que sou advogada, mas por muito tempo experimentei a insatisfação da formalidade e da contenda. Logo, quebrar o paradigma do combate para dar espaço à advocacia conciliativa e harmonizadora de conflitos foi um divisor de águas. Eu me encontrei na defesa das mulheres, vejo meu trabalho gerando afeto e alento, vejo vidas transformadas, e meu propósito fica cada dia mais latente dentro do peito.

Agora, prestes a completar 50 anos, sinto que estou no melhor momento da minha vida: fazendo 15 anos de casada, meus filhos cresceram e, hoje, vivo com eles os desafios da adolescência. Meus pais têm boa saúde, minha advocacia recebeu o recorte desejado e imprimi nela a minha marca. Estive à frente do embrião da Casa da Mulher de Campo Formoso e sou coordenadora do setor de alta complexidade do SUAS. Também sou diretora de eventos do Conselho da Mulher Empreendedora (Cemec) e membro do Conselho Fiscal da Associação Comercial de Campo Formoso.

Cumpri meu objetivo e, todos dias, coloco-me a postos para superar as dificuldades do caminho. Tenho uma conexão transcendental com meus filhos e sinto-me amada por eles, mas os desafios são múltiplos e diários. Eu me realizo quando noto o respeito que têm pelo meu trabalho e como se sentem honrados em anunciar que sou uma advogada que defende as mulheres. Eu consegui! Vamos, juntas!

"A maternidade reeduca-nos, fortalece e aperfeiçoa, para que possamos criar filhos capazes de alcançar um mundo melhor e mais justo."

Carla Patrícia Coelho

Cecília Amorim

Sou Maria Cecília Amorim e gosto de ser chamada apenas de Cecília. Natural do Recife (PE), moro em Campo Formoso (BA), com minha família. Sou graduada em Administração e concluí MBA em Marketing Digital e Mídias Sociais. Tenho mais de dez anos de experiência em consultoria e auditoria de sistema de gestão empresarial, e atuei nos segmentos de serviços, indústrias e comércio. Hoje, também trabalho com marketing digital e divulgações.

Enfrentei diversos desafios na minha trajetória e sempre busquei olhar as situações com positividade e aprendizado. Sei que cada momento vivido me transformou em quem sou hoje.

Espero que a minha história o inspire. Saiba que, quando nos esforçamos e temos objetivos e metas, tudo se torna mais fácil.

cecigestaoemarketing

cecigestaoemarketing@gmail.com

Elas fazem ACONTECER

04

Não existe idade para fazer acontecer

Por Cecília Amorim

Desde pequena, nunca fui conformada com a situação em que vivia, e sempre quis algo a mais. Minha infância não foi nada fácil. Sou filha de um militar reformado que às vezes bebia e que acabou por gerar em mim alguns traumas com separações e inconstâncias de moradias. Sou a segunda de quatro filhos, e nossas diferenças de idade são grandes. Eu quis dar uma vida melhor e as oportunidades que não tive aos meus irmãos menores. Acredito que tenha dado certo! Minha mãe ensinou-me a ter temor a Deus, orar, ter calma, dignidade e respeitar as pessoas. Sou muito grata a ela.

Por alguns períodos, morei na casa da minha avó, e minhas melhores recordações da infância são com ela e minhas tias. Brincava com meu primo Luciano em uma casa cheia de plantas frutíferas, minhas tias levavam-me à praia, ao cinema e compravam lanches. Elas sempre me trataram com muito carinho, e as considero como mães. Há também meu falecido tio Xandinho, que foi como um pai para mim. Ele partiu durante a pandemia da covid-19, deixando um grande vazio no nosso coração.

Comecei a trabalhar aos 16 anos, vendendo meias com a ajuda de minha vizinha e, aos 17 anos, estudava no curso técnico em Contabilidade. Nessa época, estagiava na prefeitura do Recife pela manhã e estudava à tarde. Até o final do curso, devido à nossa inconsistência familiar, eu já havia mudado de residência cerca de cinco vezes. Em algumas dessas casas, eu precisava pegar até cinco transportes públicos por dia. Vivia cansada, mas satisfeita ao final do dia, pois estava caminhando rumo ao meu objetivo de ajudar minha família.

Sou grata a Deus pelas pessoas que Ele colocou em minha vida para me ajudar. Uma delas foi minha vizinha, Dona Antônia, que viu o meu esforço e me informou quando abriu uma vaga onde ela trabalhava. Fiz o teste e passei! Comecei a trabalhar nessa empresa aos 19 anos. Lá, quase todos os dias, eu precisava pegar uma ou duas conduções para chegar em casa, após sair às 22h do trabalho. Era um curso de Informática, e lembro que, muitas vezes, os professores passavam um pouco do horário de liberar os alunos. Mas eu já ia apagando as luzes e fechando as portas, pois não podia perder o último ônibus para casa.

Filipe e Aldo, que eram professores nessa época, ficavam comigo no ponto do ônibus até eu pegar a minha condução. Não tenho como agradecer a eles, pois era tarde, perigoso e não havia ninguém na rua além de mim aguardando o ônibus. Como disse, Deus sempre colocou pessoas boas na minha vida!

Aos 23 anos, comecei a cursar Administração no centro do Recife. Nessa época, já trabalhava como recepcionista durante o dia e estudava à noite; portanto, passava o dia todo fora. Pela manhã, pegava a marmita que a minha mãe havia feito – tendo acordado bem cedo para prepará-la – e seguia o meu caminho.

Antes de concluir a faculdade, tive a oportunidade de criar a área de sistema de gestão da qualidade na empresa em que trabalhava. Com a ajuda de uma consultoria, consegui a certificação na norma ISO 9001 em apenas nove meses de trabalho. Foi muito gratificante; além disso, ali eu havia me apaixonado pela melhoria contínua de processos, planejamento e auditoria.

Ao concluir a faculdade, na época em que completei 27 anos, fui morar em Campinas (SP), onde assumi o cargo de coordenadora de sistema de gestão da qualidade em uma fábrica de capotas. Depois, trabalhei em uma indústria de embalagens. Adquiri experiências muito significativas e fiz vários cursos na Unicamp (SP).

Em 2008, voltei para o Recife. Cheguei na cidade em agosto e em setembro já estava empregada. Assumi a coordenação e, depois, a gerência de gestão da qualidade, em uma empresa de prestação de serviços de limpeza e conservação com mais de 200 funcionários, espalhados em vários contratos, por três cidades do Nordeste.

Comprei o meu primeiro carro e fiquei mais independente. Estava morando com os meus pais e irmãos mais novos. Daí até 2016, passei por outra empresa na área do comércio, com três lojas de artigos infantis, além de outra, na área de prestação de serviços.

Quando eu me casei, meu marido foi transferido para Bodoquena (MS), onde moramos de 2016 a 2018. Em seguida, ganhei o melhor presente da minha vida: Mariana, nascida em Campo Grande, em setembro de 2016. Parei de trabalhar entre o final de 2015 e 2021, para acompanhar o meu marido e vivenciar a maternidade, dedicando-me totalmente a esse momento.

A vida muda, e precisamos nos adaptar e ser resilientes às diversas situações. Em 2020, quando iniciou a pandemia da covid-19, estávamos morando em Sobral (CE), pois meu marido estava em outra empresa. Naquele ano, seu trabalho anterior abriu um processo seletivo para o cargo que ele ocupava em Campo Formoso (BA) – local em que havíamos sido muito bem acolhidos quando lá moramos, em 2018. Ele passou na seleção e voltamos a morar na cidade.

Eu queria muito retornar ao trabalho, mas não tinha ajuda para cuidar da minha filha. Havia, ainda, várias restrições por causa da pandemia e, assim como eu, algumas pessoas tinham vindo de outros Estados e cidades, sem saberem o que Campo Formoso oferecia em termos de comércio e serviços. Acho que nasci administradora, pois, em pouco tempo, meu espírito empreendedor foi despertado. Surgiu, assim, o @acontecenanossaregiao, um *blog* que é um catálogo *on-line*, em que os parceiros pagam uma pequena mensalidade para poderem participar. Tais parceiros também são divulgados no *feed* e nos *stories* do Instagram, conforme o plano contratado e o cronograma de postagens.

Como muita gente não me conhecia, coloquei a máscara (ela era obrigatória nessa época) e fui batendo de porta em porta nos negócios locais, mostrando a proposta. Alguns parceiros estão há quase três anos participando desse projeto, e fico muito grata com seus depoimentos de crescimento. Também me alegro quando alguns seguidores elogiam meu trabalho, pois, por meio dele, encontram locais, produtos ou serviços, que, muitas vezes, nem sabiam que existiam na cidade ou região.

Concluí o MBA em Marketing Digital e Mídias Sociais em 2023, e já consegui pagar o curso com o dinheiro recebido em meu trabalho. Estou me reinventando com mais de 40 anos, fase da vida em que, muitas vezes, as pessoas já estão preocupadas com a aposentadoria. Ou se, por acaso, não tiverem obtido sucesso na profissão escolhida no início de suas carreiras, não tentariam outra por se acharem velhas e estarem conformadas com sua situação atual. Pois eu digo: você sempre pode e deve mudar. Você é capaz! Procure o seu talento e seja bom nele!

Como mencionado anteriormente, temos que nos adaptar e estar atentos às oportunidades e mudanças nas nossas vidas. O marketing digital é uma tendência, e acredito que todos precisam estar presentes nas redes sociais e incluir esse tipo de divulgação no seu negócio. Quando você anuncia o seu trabalho e divulga seus conhecimentos por meio das redes sociais, começa a gerar autoridade entre seu público, que passa a ter ainda mais respeito por você.

Bill Gates, um dos homens mais ricos e bem-sucedidos do planeta, afirmou que, dentro de alguns anos, só existirão dois tipos de empresas: as que fazem negócios pela *internet* e as que estão fora dos negócios. Acredito que as empresas de todos os tamanhos precisam se adequar a essa realidade. E mais: oferecer serviço de *delivery*, pois, após a pandemia, a população ficou mais acostumada a receber os produtos que consome em casa. Portanto, quem tiver presença digital o mais breve possível se adequará a essa realidade. Segundo pesquisas recentes, passamos cerca de seis horas por dia navegando na *internet*.

Fiz cursos para melhorar o meu entendimento sobre redes sociais, *cards*, como funcionam as postagens, e até participei como ministrante de uma oficina sobre Marketing Digital na IFBA, Unidade de Campo Formoso (BA). Foi muito gratificante compartilhar conhecimentos com um público que está iniciando sua carreira profissional.

Além disso, fui convidada a participar do Conselho da Mulher Empreendedora e da Cultura (CMEC) de Campo Formoso, ocupando o cargo de vice-diretora de comunicação e marketing, e da Associação Comercial de Campo Formoso (BA), na função de diretora substituta.

Recentemente pude voltar a trabalhar, também, com a minha primeira paixão: o sistema de gestão. Hoje, dou consultoria em uma loja de variedades que deseja organizar os seus processos e crescer estruturada.

É muito importante, quando uma empresa toma a decisão estratégica de organizar seus processos, conseguir medi-los e trabalhar para a sua melhoria contínua.

Segundo Joseph Juran, um notório especialista em gestão da qualidade que desenvolveu sua "Trilogia", e a quem sigo em meus trabalhos, é necessário garantir três processos básicos: planejamento, controle e melhoria da qualidade. Eu vejo esse modelo de negócios podendo ser aplicado em empresas de quaisquer tamanhos e segmentos, e até em nossa vida pessoal.

O planejamento deve existir antes mesmo de um negócio começar a funcionar. É importante elaborar o planejamento estratégico e de marketing do negócio, avaliar concorrentes, o mercado e fazer planos de ação, para que esse documento, tomado como base, sirva ao direcionamento do negócio.

O controle é necessário para medição dos indicadores que ajudarão a saber se você está no caminho certo para chegar aonde deseja, de acordo com o que determinou na sua "visão" do planejamento estratégico. Esses indicadores servirão para medir os processos, a satisfação dos clientes e colaboradores e para qualificar e medir os fornecedores, dentre outras funções. É essencial fazer os controles e planos de ação quando os indicadores não estão sendo atingidos, pois, se você não controlar o que faz, poderá comprometer até a saúde financeira da empresa.

A melhoria dos processos é vital para a prosperidade de um negócio, pois, como escreveu Gilmar de Freitas Vasconcelos: "Nada é tão bom que não possa ser melhorado". Precisamos priorizar as melhorias, e os gestores devem ficar na ponta desse trabalho, incentivando sua equipe a sempre encontrar as melhores soluções, aprimorar processos, aumentar a produtividade etc.

É fundamental que se faça o ciclo PDCA (Planejar, Executar, Checar e Agir) após a identificação de um problema detectado no processo de melhoria contínua. Por meio dele, deve-se encontrar a dificuldade, localizar e definir o problema, determinando suas possíveis soluções. Em seguida, elabora-se um plano de ação contendo prazo, responsáveis e recursos envolvidos.

Recomendo que, ao menos semestralmente, seja realizada uma análise crítica dos indicadores definidos nos controles, na revisão do planejamento estratégico, para verificar se esse planejamento ainda está coerente, e, após, serem definidas as decisões estratégicas para o próximo semestre.

Como mencionei anteriormente, esse assunto é apaixonante e extremamente necessário para empresas de todos os tamanhos. Não dá para viver sem planejamento e sem divulgar o seu trabalho por meio do marketing digital.

Unindo hoje a minha experiência nas áreas de administração e marketing, tenho cada dia mais certeza do sucesso quando as empresas têm essas duas esferas caminhando juntas.

Sigo tentando inspirar outras mulheres que também passaram por dificuldades na infância a continuarem em busca de conhecimento. Assim, elas poderão descobrir ou aprimorar seus talentos e ter sucesso na sua vida profissional e pessoal – sem permitir que o passado atrapalhe seu presente e futuro.

Eu não imaginei que um dia conseguiria ser coautora de um livro contando minha história e transmitindo um pouco do meu conhecimento. Isso só foi possível por eu não ter desistido de sempre melhorar como pessoa e profissional, mesmo após uma depressão profunda. Eu me levantei, e você também pode! Sonhe e vá em busca de tornar seus sonhos realidade! Tenha ao seu lado pessoas que o apoiem que queiram o seu bem. Tudo o que as outras pessoas podem fazer você também pode!

"Busque planejar e melhorar diariamente os processos de sua vida profissional e pessoal. Assim, certamente, o seu futuro será de sucesso."

Cecília Amorim

Cris Plácida

Meu nome é Cris Plácida e sou natural de Boa Vista (RR), onde moro com meu marido Fabiano há 30 anos, e dois dos nossos três filhos, Cauã e Vitória. Vítor, o primogênito, mora em outro país.

Formada em Administração e especialista em Gestão de Pessoas, trabalhei em grandes empresas como gestora e fui, também, professora universitária. Depois de uma transição de carreira, atuei como analista comportamental e palestrante, tendo a oportunidade de colaborar com a melhoria de vida de mais de 3 mil pessoas.

O fascínio por processos de autodesenvolvimento me ajudou a sair do abismo humano chamado depressão; hoje, compartilho minha experiência para ajudar mulheres a encontrarem a felicidade sem a tirania da perfeição.

crisplacida
+55 (95) 98405-0909
crisplacida@gmail.com

05 Uma escola chamada vida

Por Cris Plácida

Imagine uma pequena cidade interiorana no extremo norte do Brasil, durante a década de 1970, com uma rua principal e cerca de cinco ruas secundárias. Na principal estavam a igreja, a delegacia, a escola, o posto médico, a venda, o açougue, os bares e as casas das pessoas consideradas importantes. O restante da população, que era minúscula, em sua maioria agricultores e servidores públicos, morava nas outras ruas. Todo mundo se conhecia: havia o Seu João da Dona Maria, a Dona Antônia do Seu Zé e, assim, todos cuidavam de todos.

Crescer em um lugar assim não nos dava margem para grandes sonhos. Um bom casamento, uma casa própria e um emprego que colocasse arroz e feijão na mesa eram mais que suficientes para garantir nossa felicidade. Não se desejava mais do que isso. O maior luxo que existia era a roupa nova do Natal, com a qual íamos à missa.

Muitos sonhos na inocência da minha infância foram julgados como devaneios. Nossa educação era limitante, sendo comum ouvir frases como: "É muito difícil. Isso não é para você"; "Desista, garota. Você é 'lenta' demais"; "Essa menina vive no mundo da Lua"; "Não vê que isso é impossível? Só os ricos conseguem"; e "Todo rico é 'metido' a besta".

Parecia trágico, mas podia piorar. Meus pais separaram-se quando eu tinha entre 6 e 7 anos. Foi um golpe, precisei amadurecer às pressas. Não suportando mais os muitos conflitos, minha mãe resolveu fugir. Saímos de casa levando três sacolas de roupas e o sonho de viver em paz. Fomos acolhidas por vó Edite, uma maranhense baixinha, de pele preta, viúva, mãe de sete filhos e com uma capacidade de amar e se doar que eu jamais vi igual. Ela era a tia da merenda da escola e a empregada da casa do padre.

Sem a ajuda de ninguém, nossa vó trabalhava muito para sustentar a família, e agora éramos mais três precisando dela. Para que eu e minha irmã não ficássemos sozinhas enquanto nossa mãe procurava trabalho, vó Edite levava-nos para a casa do padre, que ficava nos fundos da igreja. Enquanto ela cuidava da limpeza da casa e do almoço, nós brincávamos no quintal. Era um mundo inteiro para desbravar: pé de manga, ingá e jamelão garantiam o lanche do dia e as bocas roxas. Crescemos convivendo com tudo o que envolvia as celebrações e os dogmas religiosos. Naquela época, tinha a irmã Júlia, que era doce e paciente. Para mim, aquela mulher era a materialização da bondade, e eu queria ser bondosa também. Mas, o sonho do convento acabou cedo, quando, aos 12 anos, conheci meu marido. Não, eu não me casei aos 12 anos, mas nossa história começou ali.

Vivemos tempos encantadores com nossa avó, que era honesta, responsável e tinha uma paciência impressionante. Lembro que, num dia de semana de trabalho, um dos meus tios chegou em casa muito embriagado, não conseguia dar um passo sem tropeçar. Então, vó Edite colocou uma rede na sala, fez um caldo da caridade, preparou um chá de capim-santo e cuidou do filho. Ela disse apenas coisas boas a ele, como: "Vai ficar tudo bem"; "Agora, você só precisa descansar"; "Deus te abençoe, meu filho". Nós esperávamos uma lição de moral; afinal, ela não gostava de bebidas e, muito menos, de falta de responsabilidade. Mas ela lhe deu amor. Aquela cena, até hoje, deixa-me emocionada. Perceber que um ser humano pode amar tanto a ponto de ignorar os tropeços e erros do ser amado foi lindo.

A casa da vó Edite era o ambiente mais seguro e amoroso que eu conhecia. Antes dele, havia apenas brigas, críticas e incompreensão. Crescer em um meio hostil me deu a impressão de ser problemática, de que eu não merecia afeto e cuidado e, por isso, precisava agradar as pessoas para ser aceita e amada. Fui crescendo com muitos sonhos, os quais permaneceriam no meu coração, como uma maneira de amenizar a dor pela minha incapacidade de realizá-los.

Quando passei no vestibular, não acreditei. Era muito para mim! Mas me agarrei ao resultado, pois essa era a minha chance de ir embora e não olhar para trás. Eu culpava tudo e todos por minha infelicidade. O que eu mais queria era fugir do lugar que me feriu. Violência doméstica, separação, julgamentos, mendigar afeto, viver com o mínimo possível, sentimentos de incapacidade e inferioridade, além da responsabilidade de ser "gente grande" ainda sendo "gente pequena". Eram muitas questões para uma criança resolver. Sair dali resolveria tudo... Quanta ingenuidade a minha!

A menina obediente e a adolescente estudiosa tornaram-se uma adulta ultrarresponsável e servidora, e isso quase me matou. Durante a faculdade, eu já trabalhava. Casei-me, tive meu primeiro filho, fiz pós-graduação, mudei de emprego, tive meu segundo filho, tive mais um emprego... Quando chegou minha caçula, eu tinha, então, uma família, três empregos simultâneos e uma vontade insana de fazer dar certo. Não tinha o direito de falhar; logo, precisava ser boa em tudo: uma mãe exemplar, uma profissional competente, com sucesso financeiro e vida social ativa. Eu queria muito, queria tudo e precisava provar para muita gente que eu podia dar certo. A única forma que conhecia de obter as tão sonhadas conquistas era estudando e trabalhando muito, além de economizar o máximo possível e ser 100% dedicada a todos os papéis assumidos em minha vida. E assim eu fiz.

Até conseguir comprar nosso primeiro carro, levava nosso filho para a creche de bicicleta, trabalhava o dia inteiro e voltava para buscá-lo. Em casa, cuidava dos afazeres domésticos, dava atenção ao filho e esperava meu marido voltar do trabalho, para que pudéssemos ter o mínimo de convivência. Ele também era extremamente dedicado e ocupado. Esse era nosso jeito de fazer funcionar. No outro dia, começava tudo de novo, e foi assim por quase dois longos anos. Então, vieram o tão desejado carro e a casa própria. Todo o esforço estava começando ser recompensado, mas o excesso de responsabilidade, o trabalho, os maus hábitos, o sedentarismo e o perfeccionismo levaram-me à exaustão.

Em uma manhã do ano de 2006, acordei para um dia comum de trabalho. Cumpri as obrigações matinais: café, crianças, escola, trabalho e, de repente, me vi amarrada em uma cama de pronto-socorro. A cabeça pesada, o coração acelerado, sentia falta de ar e uma forte sensação de estar em perigo. Olhei ao redor, tentando entender o que estava acontecendo, e o alívio veio quando vi minha amiga Rosana. Seu olhar preocupado e amoroso me dizia que algo grave havia acontecido. Perguntei: "Fiquei doida?", e ela me respondeu com um sorriso no rosto: "Ainda não!". Eu podia não estar no meu juízo perfeito, mas ainda havia uma chance.

É claro que não foi de repente que adoeci, pois comecei a trabalhar aos 15 anos e, até aquele momento, não havia parado: não tinha pausa, férias ou viagem. Os pequenos momentos de lazer limitavam-se a reunir os amigos para comer e beber. Minha saúde frágil já vinha dando sinais de esgotamento, mas ignorei todos eles. Quando Rosana, que é psicóloga, me chamou para conversar e me orientar sobre o que deveria fazer, eu lhe disse que não tinha tempo para aquilo.

Quando não encontramos tempo para cuidar da nossa saúde, temos que encontrar tempo para cuidar da doença. E era chegada a hora de cuidar da mulher desconhecida que eu me tornara. Não me reconhecia mais. Onde estão meus sonhos, meu brilho nos olhos? Não tinha disposição, minha mente estava confusa, triste, tinha crises de choro, minha pressão arterial alterada. Estava obesa, tinha insônia, crises alérgicas frequentes e as dores por todo o corpo limitavam meus movimentos. Tudo isso foi chegando aos poucos, mas fui arrogante e fingi não ver os sinais. Meu corpo avisou-me, como também o fizeram minha amiga e Deus, mas os ignorei e segui. Segui para aquilo que seria meu fim. Será que estava sendo castigada por não aceitar as orientações que havia recebido quando criança? Afinal, se eu não tivesse trabalhado tanto para obter sucesso profissional não estaria naquela situação. Será mesmo que Deus não aprovava meu esforço?

É comum buscarmos culpados, explicações ou justificativas para tudo o que ocorre conosco, mas será que há um motivo exato para cada acontecimento em nossas vidas? Muitas vezes, perdemos tempo buscando respostas que não nos devolvem a sensação de felicidade ou quietude e, assim, pioramos nossas relações e nossa qualidade de vida. Encontrar ou não respostas não muda os fatos.

Depois de sair do hospital e procurar especialistas vieram os diagnósticos: transtorno de ansiedade, depressão e síndrome do pânico. E tudo o que era sagrado para mim havia perdido o valor. Eu só pensava em deixar este mundo, não aguentava mais sentir dor física e emocional. Algumas vezes, me vi ajoelhada pedindo a Deus que me levasse. Não tinha coragem de tirar minha vida, tinha medo da condenação ao inferno; então, eu apenas sobrevivia, esperando o dia em que Deus atenderia minhas preces. Meus filhos cresciam, meu marido trabalhava muito e minha mãe e irmãs estavam perdidas, sem saber o que e como fazer. Foram dez longos anos tratando essas doenças e suas consequências. A solução veio depois de um novo episódio traumático, em 2016, quando vivi uma experiência de quase morte.

Naquele dia, ouvi do médico que, para que eu continuasse viva, teria apenas uma escolha: mudar. Novos hábitos, novos ambientes e nova percepção de mundo ou infartaria antes dos 50 anos. Algo mágico então aconteceu nesse mesmo dia, e eu sentia muita vontade de viver feliz. Queria ver a formatura dos meus filhos, seus casamentos, queria ser a avó que brinca com seus netinhos, rolando no chão. Queria andar de mãos dadas com meu marido, encostar a cabeça em seu ombro e sentir meu coração bater forte e seguro. Foi quando decidi mudar tudo o que fosse preciso e jogar fora o desnecessário. Parei de tratar as doenças e comecei a me tratar.

Eu desejava ter saúde física e emocional, com relacionamentos saudáveis, e fui atrás disso. Busquei uma oportunidade profissional que me permitisse cuidar da minha saúde sem passar dificuldades, encontrei um trabalho que me permitia cuidar de mim, da minha família, do meu lar e produzir resultados importantes para jovens e adultos que buscavam melhores oportunidades de vida. É incrível como o "universo" conspira para que coisas melhores aconteçam em nossas vidas. Deus estava lá.

Sabendo que sozinha eu não conseguiria implementar todas as mudanças necessárias, busquei ajuda. Psicólogo, nutricionista, fisioterapeuta, médicos e treinadores físicos: juntos, construímos uma rede de apoio capaz de segurar minha mão e me guiar rumo a uma vida bem-sucedida. Descobri que o sucesso morava onde eu encontrava qualidade de vida e relacionamentos valiosos.

Direito, poder e fama são atrativos e embriagam-nos, mas, por fim, o que faz a vida valer a pena são os bons momentos e as boas risadas ao lado daqueles que amamos, um corpo funcional e um sono tranquilo. Precisei olhar-me de verdade, olhar para o que eu tinha de bom, e não para os meus defeitos – esses eu já sabia de cor. "Você é lenta, preguiçosa, fica reclamando de barriga cheia, é teimosa." Ouvia: "Pare de ser centralizadora e autoritária, ninguém suporta mais conviver com você". Escutava essas frases com frequência e acreditava nelas. Minha busca por aceitação e validação foi diminuindo gradativamente. A cada boa descoberta que fazia a meu respeito, dizia a mim mesma: "Você não é tão ruim assim. Está vendo como tem qualidades?".

Ano após ano tenho construído mudanças significativas, ao fazer o que funciona para quem deseja uma vida saudável. Aprendo a ser melhor para mim e para quem eu amo. Os desafios continuam existindo, mas a velha Cris morreu em 2016, e a nova Cris procura dar valor e cuidado àquilo que é prioridade.

Quando parei de olhar para as coisas sobre as quais eu não tinha controle, sobrou tempo para olhar dentro de mim e encontrar os reais motivos para continuar viva. Sou grata por tudo o que me aconteceu, pois tais eventos me ajudaram a ser quem eu sou. Hoje, tenho 50 anos e ainda estou aqui, preparando-me para viver os melhores anos da minha história. E você?

"Quando parei de olhar para as coisas sobre as quais eu não tinha controle, sobrou tempo para olhar dentro de mim e encontrar os reais motivos para continuar viva."

Cris Plácida

Cristiana Oliveira

Sou mestranda em Gerência e Administração de Políticas Públicas, Educacionais e Culturais, além de pedagoga, psicopedagoga e especialista em Coordenação Pedagógica e Gestão Educacional. Palestrante, atuo como formadora em Desenvolvimento Humano e *coach*, com especialização em adolescentes e mulheres. Há 25 anos, trabalho na área da Educação, com vasta experiência em formação continuada e consultoria pedagógica.

Casada, mãe de três, busco preocupar-me mais em ser do que em ter, ao colocar sempre meus objetivos nessa ordem: amar, priorizar, cuidar e zelar por minha família. Mantenho-me firme na fé, rogando a Deus para continuar guiando minha vida, dando-me força e sabedoria para aceitar aquilo que não pode ser mudado.

oliveiracristianaa

+55 (74) 991135-6458

oliveiracristiana19@gmail.com

Elas fazem ACONTECER

06 O recomeço

Por Cristiana Oliveira

O tema deste capítulo fez eu me conectar profundamente com alguns fatos que aconteceram na minha vida. Precisei exercitar o recomeço várias vezes, nas diversas situações pelas quais passei, principalmente no início da minha fase adulta. Foi nesse período que percebi que a vida nos coloca diante de muitas situações que nos tiram o chão.

Até aqui, tive várias perdas na minha família: minha mãe, meu primeiro esposo e meu pai. Além disso, há cinco anos, perdi seis pessoas da minha família de uma só vez, em um trágico acidente. Dentre elas estava a minha filha do meio, com apenas 14 anos, além de minha irmã mais nova.

Reescrevi este capítulo várias vezes, pois senti dificuldade para transmitir com palavras essa parte tão difícil da minha vida, na qual um pedaço de mim foi arrancado tão repentinamente ao ponto de eu achar que não conseguiria recomeçar. Naquele momento, escolhi viver o luto sem angústia, desespero, culpa ou julgamento – e sem passado e futuro, somente o momento presente. Queria sentir a dor no mais profundo do meu ser, de forma consciente, tentando compreender tudo o que estava acontecendo. Confesso a você, caro leitor, que não foi fácil enfrentar essa dura realidade.

Depois que enterrei minha filha, percebi que tinha que tomar uma decisão, dentre as duas únicas opções que tinha no momento. Elas eram: entregar-me à dor ou levantar a cabeça e recomeçar, eu escolhi recomeçar! Busquei estratégias e alguns recursos para prosseguir com a minha vida.

Quando paro para pensar sobre tudo isso: o que senti, como reagi e superei as perdas, percebo que, apesar da dor sentida e da saudade que permanece, eu sobrevivi, ergui-me. Resolvi, a partir de então, viver minha vida da melhor forma possível. Nunca me entreguei tanto para dar e receber o melhor da vida. Assim, tornei-me uma outra mulher: uma esposa melhor, uma mãe melhor, além de melhor amiga e profissional. Creio que esse foi o agir de Deus na minha vida, depois do fato ocorrido.

Hoje, todos ao meu redor recebem o melhor de mim e tornam-se pessoas melhores pelo meu exemplo, principalmente minha família. Em casa, meus familiares recebem essa energia positiva, essa força que vem do alto, por meio do poder de Deus que emana em mim.

Portanto, o grande milagre da vida é a chance de poder recomeçar todos os dias, independentemente da situação enfrentada. Podemos partir dessa frase para compreender e decidir recomeçar, abrindo novos caminhos que serão escritos como novos capítulos na história de cada um. Quando pensamos no sentido da vida todos os dias ao acordar, subentende-se que, nesse momento, ganhamos mais uma oportunidade para recomeçar, com novos sonhos, propósitos e atitudes.

Entende-se, então, que o tempo de recomeçar é agora e só depende de você. Dê a si mesmo mais uma chance! O tempo sinaliza que cada minuto é precioso demais. Não deixe para depois aquilo que precisa ser mudado na sua vida hoje. Mas o que, quando e como recomeçar? Essa dúvida poderá surgir ou não, depende de como observamos nossa vida – se de forma consciente, estando sempre atentos às necessidades de mudanças aqui e agora, ou agindo sempre no automático, desatentos, estando sempre na zona de conforto.

Assim, parar e pensar na sua condição atual é o primeiro passo para o recomeço. Se tem algo que incomoda você, talvez um relacionamento, o trabalho ou o fato de o ambiente familiar não estar como gostaria, é necessário recomeçar.

Pense em um ponto que poderá destravar para dar o primeiro passo. Ao focarmos o olhar em nossas áreas obscuras, como as perdas que experimentamos, o medo, a insegurança e a incerteza sobre o futuro e os demais condicionamentos que temos provenientes do nosso passado, mediante as crenças e os valores culturais que carregamos, poderemos deixar nossa visão turva. Logo, teremos a sensação de que não há possibilidade de viver o novo, refazendo, reconstruindo e melhorando aquilo que já possuímos, ou, até mesmo, buscando algo que desejamos e ainda não conseguimos conquistar.

É preciso agir, sair da zona de conforto e observar o mapa da sua vida, para perceber em qual ponto será necessário mudar de rota, buscar estratégias de ação e seguir. Para um bom recomeço é muito importante pensar em você. Como:

- em seus pontos fortes – pense em tudo aquilo em que você é bom;
- em seus pontos de melhoria – pense em tudo o que você precisa melhorar;

- em suas oportunidades – o que você possui que poderia ajudá-lo e que, talvez, você nem saiba que tem; e

- em quem você é verdadeiramente – entender sua origem, seu lugar no mundo e o sentido da vida, dentre outras questões que lhe darão autoconhecimento.

O recomeço pode ser estressante e muito desafiador; assim, o autoconhecimento garantirá a você mais segurança, controle emocional e capacidade de, se necessário, adquirir novas habilidades e se preparar para a mudança – incluindo a possibilidade de trilhar caminhos que o levarão a um relacionamento íntimo consigo mesmo. Desse modo, você será capaz de recomeçar ciente das suas novas escolhas. Isso inclui a aquisição de conhecimentos, treinamentos ou o desenvolvimento dos pontos em que precisamos melhorar, aproveitando também as oportunidades de forma progressiva. É válido lembrar que podemos, a todo tempo, florescer e frutificar infinitamente, com perspectivas de crescimento e abundância.

Apresento, a seguir, algumas dicas para um bom recomeço:

1. Fuja dos pensamentos negativos: a dor do recomeço é inevitável, ao gerar uma ansiedade e um desconforto, muitas vezes, paralisantes, impedindo-nos de dar o primeiro passo. Mas, persistir na dor e no sofrimento é opcional. Portanto, seja livre para se desconectar dos pensamentos negativos que prejudicam seus planos, suas ações e tomadas de decisões. A energia que é gasta ao pensar que você não consegue, que não é capaz, é a mesma que é gasta ao tentar conseguir.

2. Tenha liberdade emocional. Você está no controle: quando as nossas cargas emocionais passam a afetar menos as situações da vida cotidiana, tornamo-nos mais "livres" e aptos para controlar nossas ações de forma mais assertiva, mantendo, assim, o controle nas tomadas de decisão. É preciso lembrar que toda mudança acontece dentro e não fora de nós. Quando conseguimos manter o controle emocional, permitimos ou não que um sentimento ou uma crença nos desestabilize e quais hábitos e comportamentos desejamos manter. Ter liberdade emocional prepara-nos para enfrentar quase tudo o que a vida nos apresenta.

3. Seja autêntico: ser autêntico é a capacidade de mostrar, reconhecer e honrar a nossa própria essência. Muitos de nós temos dificuldade de exercer a autenticidade porque deixamos os nossos medos e nossas incompletudes serem maiores que nossos desejos. Portanto, sejamos nós mesmos no momento que formos recomeçar.

4. Livre-se de cargas desnecessárias: sentir medo, ciúme, inveja, mágoa, ódio, culpa, falta de perdão, autopiedade etc. Esse tipo de peso que carregamos, muitas vezes até sem perceber, nos deixa cansados e desestimulados, roubando nossas forças e energia. O quanto antes nos

livramos de tais cargas desnecessárias mais cedo nos sentimos aptos e leves para caminhar rumo ao recomeço.

5. Controle a ansiedade: o Brasil é o país com maior taxa de pessoas com transtornos de ansiedade no mundo, de acordo com a Organização Mundial de Saúde (OMS). O peso das responsabilidades, as incertezas sobre o futuro, a necessidade de dar conta de tudo e o medo da frustação geram uma ampla falta de controle sobre a ansiedade. A dor pode parecer inevitável, mas o sofrimento é opcional. Podemos nos desconectar desses pensamentos que nos prejudicam e nos afastam das oportunidades de recomeçar.

6. Pare de procrastinar: além de gerar ansiedade, esse padrão de pensamento e comportamento é altamente prejudicial, pois nos faz adiar nossos compromissos até a última hora. Isso causa uma sensação de fracasso, incapacidade e incompletude, tornando-se um ciclo vicioso. Ou seja, esse padrão nos leva a realizar ações com foco na urgência e não na importância. Dessa maneira, o ato de recomeçar não combina com o de procrastinar.

7. Saia da superficialidade: permanecer na superficialidade ocorre quando nos mantemos no raso, limitando a compreensão verdadeira acerca das situações, pessoas e de si mesmo – com isso, afastamo-nos de experiências mais autênticas e significativas. Buscar profundidade nas dores que sentimos, nas relações, conversas e reflexões pessoais muitas vezes nos conduz à realização emocional, à conexão interpessoal, ao crescimento e à satisfação pessoal. Assim, o sucesso do recomeço requer profundidade.

No início do nosso processo de evolução, o ter é o que dá sentido à vida. Ter dinheiro, ter poder, ter muitos relacionamentos, mas tudo isso é superficial e raso. O recomeço exigirá uma mudança que nos fará evoluir, subir mais um degrau na escada da vida, romper paradigmas e crenças limitantes e vencer medos.

É valido, nesse momento, questionar-se acerca de algumas questões, as quais lhe darão consciência para avançar até o próximo nível.

Então, pense:

- Diante de uma adversidade, qual é a sua capacidade de manter-se em equilíbrio?
- Quão flexível e resiliente você é?
- Você é uma pessoa reativa?
- Você se sente refém do mundo externo?
- A sua felicidade depende somente dos outros e das coisas (como poder, bens etc.)?

- Em que medida o ambiente físico, suas roupas, sua casa, seu carro, sua cidade e as coisas à sua volta o(a) paralisam?
- Você sempre precisa de alguém para levantá-lo(a) e impulsioná-lo(a)?

Quando conseguimos responder com clareza a esses questionamentos, temos algumas tomadas de consciência para pensar em novas perspectivas, diante da importância e dos significados que estamos dando a tudo o que acontece. Assim, devemos promover as mudanças necessárias para evoluirmos de forma a saber o que, como e quando será o momento de recomeçar.

Outro ponto a considerar é que a forma como reagimos às situações desafiadoras que nos desestabilizam emocionalmente diz muito sobre nós. Quando não conseguimos reconhecer e controlar as emoções, a nossa percepção de quem verdadeiramente somos pode ficar distorcida, impossibilitando-nos de perceber o que é preciso mudar. Portanto, a mudança só acontecerá em nossa mente se estivermos cientes dela. Do contrário, agiremos e reagiremos a tudo inconscientemente.

Convido-o a pensar mais uma vez em você: se pudesse modificar um fato da sua vida, qual seria ele?

Você é aberto às mudanças que acontecem no mundo? Toda vez que o mundo muda, isso nos afeta de alguma forma. Como você reage a isso?

O que você pensa sobre a frase: "Eu nasci assim, morrerei assim"?

E, o mais importante: você se conforma com o modo como as coisas são ou você provoca as mudanças que quer ver no mundo?

Quando relatei um pouco sobre a difícil perda que vivi e como reagi positivamente a isso, essa foi uma escolha que fiz. Consegui ressignificar minha vida encontrando forças naquilo que era para mim uma fragilidade. Dei um novo sentido à minha existência e aprendi muito com esse grande desafio, pois me fortaleci. Foquei no futuro e em como tudo ficaria se eu não retomasse o controle sobre a minha vida. Perdoei o que precisava ser perdoado e aceitei os fatos que não poderiam ser mudados.

Por fim, ressignificar também é uma escolha. Lembre que algumas escolhas têm menos importância e complexidade, mas outras são capazes de fazer nossas vidas tomarem rumos completamente diferentes e desconhecidos, porém extraordinários. Permita-se, sempre que possível, experimentar novos caminhos.

Viva a vida com a certeza de que a ciclicidade é algo muito constante e necessário, pois, a cada desafio que a vida aponta, podemos gerar perspectivas de paz, alegria, abundância, prosperidade, de amor, fé e esperança em dias melhores.

Deus esteja sempre conosco!

"Eu escolhi recomeçar!"

Cristiana Oliveira

Elda Ferraz

Meu nome é Elda Ferraz, sou natural de Jaciara (MT) e resido em Guarantã do Norte (MT), com minha família. Casada há 20 anos com Esio Antônio. Tenho dois filhos maravilhosos: Lucas e Luany.

Sou doutora em Psicanálise, além de sexóloga, teóloga e especialista em História e Geografia. Fui a idealizadora da mentoria Mãe Águia, cujo objetivo é ajudar e orientar mulheres a terem uma maternidade curada.

Passei por um processo de cura de traumas, baixa autoestima, dependência emocional e depressão, problemas com os quais convivi por 17 anos.

A busca pelo autoconhecimento continua sendo uma jornada dolorosa e necessária, para que, hoje, eu possa ajudar outras pessoas a se desenvolverem e evoluírem em áreas da cura emocional.

eldaferraz1

psicanalistaeldaferraz

+55 (66) 99936-8066

maeaguia1@gmail.com

Elas fazem ACONTECER

07 Desafios na maternidade

Por Elda Ferraz

Qual mãe nunca sentiu que poderia ter sido uma mãe melhor, que poderia ter gritado menos, que poderia ter deixado de trabalhar para ficar em casa, que deveria ter sido mais branda ou mais exigente na educação dos filhos? A lista só aumenta, e esses pensamentos levam-nos a um estado que nos impede de enxergar o caminho com clareza. É um peso tão grande que desfalece a alma.

Esse sentimento chama-se culpa materna. A culpa transforma-se em uma âncora que nos puxa para baixo, fazendo-nos, na maioria das vezes, sucumbir ao desespero. Contudo, quanto mais culpadas nos sentimos, mais nos autodepreciamos. O principal perigo está em abandonarmo-nos, vivendo somente em função do outro.

A psicanálise explica a culpa como um sentimento emocional que está intimamente relacionado ao remorso. Ela ocorre quando uma pessoa acredita ou percebe que comprometeu seus próprios padrões de conduta ou violou os padrões morais universais, tendo responsabilidade significativa por essa violação. Esse sentimento é construído ao longo de nossas vivências sociais. As relações estabelecidas na infância com os pais, educadores e outras figuras de autoridade faz com que seja desenvolvida a culpa, que está ligada também ao desejo de sermos perfeitos, para que não sejamos rejeitados e para que as expectativas das outras pessoas sejam alcançadas.

A maneira como a criança é tratada na infância ao cometer um erro pode gerar benefícios ou prejuízos relacionados à maneira como ela lidará com a culpa, o que influenciará também sua personalidade. A personalidade dita os pensamentos, as ações e os sentimentos do indivíduo. Ela é capaz de influenciar relacionamentos, comportamentos e todas as áreas da vida de uma pessoa, incluindo como vemos o mundo e a nós mesmos. Contudo, o sentimento de culpa, desde que venha acompanhado de um aprendizado, pode representar algo positivo. É preciso enfrentar os medos, as crenças e os desafios, assumindo a responsabilidade em lugar do peso da culpa.

Seres humanos são complexos por essência e diariamente lidam com as suas próprias contradições. Sabendo disso, é de se esperar que, a partir do momento em que viramos pais e temos de zelar por um outro indivíduo e educá-lo, todos os nossos sintomas e nossa bagagem virão juntos. Errar é parte natural do processo. A mudança de pensamentos e comportamentos quebra crenças disfuncionais, que alteram a maneira como nos enxergamos como mãe ou como filha.

Em 2021, comecei a jornada pelo autoconhecimento, um processo que envolveu muita dor, sofrimento e culpa. A mãe tem um papel de muita representatividade na vida dos filhos. Não somos ensinadas a sermos mães. Quando nasce um filho, a mãe cresce à medida que o próprio filho se desenvolve. É uma troca de erros e acertos.

Cometi muitos erros na criação de meus filhos. No meu consciente, eu estava fazendo tudo certo. Contudo, quando participei de uma imersão em Goiânia, com a Dra. Ângela Sirino, as escamas caíram dos meus olhos e eu pude ver o quão falha eu estava sendo com meus filhos e comigo mesma. Eu entendia os meus filhos a partir das minhas próprias crenças e experiências. Os julgamentos acerca do que era certo ou não eram distorcidos, destrutivos e doentios, acabando por ferir quem eu mais amo nessa vida. O processo de quebra de crenças e padrões foi longo e doloroso.

É preciso aprender e entender que os filhos merecem uma mãe que saiba gerir suas próprias emoções e que não desconte neles as suas frustrações.

Eu era uma pessoa depressiva e cheia de crenças limitantes, tinha a síndrome da perfeição. Se não era para ser perfeito, então não servia para mim. Com o processo, fui entender que essa perfeição exacerbada tinha origem na minha infância. As crenças limitantes são barreiras mentais que construímos durante a nossa própria jornada de vida.

Quando crianças, temos uma perspectiva de absorção e tomamos tudo como um exemplo e aprendizado. Essa atitude faz com que carreguemos esses padrões para a vida adulta também.

O perfeccionismo é um tipo de comportamento caracterizado pelo desejo de realizar todas as tarefas de modo perfeito, não sendo admitidos erros ou resultados pouco satisfatórios para o seu padrão. A pessoa perfeccionista, normalmente, possui alto padrão de cobrança sobre si mesma e sobre os outros. Ninguém é perfeito, e a busca pela perfeição é uma armadilha que pode limitar o seu crescimento, sua felicidade e sua maternidade.

Abrace sua humanidade, permita-se cometer erros e aprenda com eles. Ao se libertar da síndrome da perfeição, você abrirá espaço para uma vida mais equilibrada, gratificante e autêntica.

Além de tudo, ainda me cobrava e me culpava o tempo todo pelos erros cometidos pelos meus filhos, e não me permitia errar também. Quando eu errava, o orgulho não me deixava assumir o erro. Pensamentos intrusivos surgiam, como: "Você é culpada", "Você precisa ser espelho", "Os filhos precisam ser exemplos", "O que vão pensar de você?". Com isso, criei em minha mente um padrão de perfeição inalcançável para os meus filhos e para mim mesma.

"O perfeccionismo é como uma armadura de 20 toneladas que carregamos para nos defender. Mas, na maioria dos casos, o perfeccionismo simplesmente nos impede de ter uma verdadeira conexão com outras pessoas." (BROWN, 2013).

Demorei para entender que somos todos imperfeitos, por vezes desequilibrados, e até imprevisíveis; então, não posso esperar que os filhos sejam frequentemente equilibrados. Eles são seres humanos, e não semideuses.

Os filhos de pais perfeitos carregam sobre os ombros uma carga: a de quererem agradar o tempo todo. Isso faz com que eles se sintam incapazes, não merecedores, ou, até mesmo, um fracasso. O nível de perfeição é tão alto que se torna impossível a caminhada da aceitação própria. Nossa geração precisa de mães que assumam o seu verdadeiro lugar: o de amar incondicionalmente, independentemente de qual seja o caminho que o filho deseja trilhar.

Da mesma forma que não posso preencher os vazios existenciais dos meus pais, que também têm suas dores, os meus filhos não têm a obrigação de cumprir com meus caprichos e desejos, ou até mesmo de realizar um sonho que era meu. Cada ser humano é único e tem suas próprias batalhas diárias, e pode acreditar que sufocar os filhos é, de longe, a decisão assertiva e correta. O erro faz parte do desenvolvimento e é um processo para o aprendizado.

"Um dia, o seu filho, cometerá um erro ou fará uma má escolha e correrá para você, em vez de correr de você. Nesse momento, você saberá o valor de uma parentalidade pacífica, positiva e respeitosa." (KNOST, 2013) [Tradução minha].

Muitos pais sufocam seus filhos com suas crenças e seus preconceitos preestabelecidos, impedindo que eles tenham voz e tomem suas próprias decisões.

Um dos grandes desafios na educação de filhos, hoje, é exatamente isso: como trazê-los para perto? Como não afastá-los? Como deixar que alcancem seus próprios sonhos e experiências por meio das suas vivências? Isso está relacionado a uma educação respeitosa e positiva, estabelecendo uma relação de confiança e amparo, sem que a questão da disciplina e da imposição de respeito se sobreponha – até porque respeito não se impõe, se constrói. Nos enganamos quando achamos que se formos duros com nossos filhos eles nos respeitarão. Muito pelo contrário, essas imposições causam medo e não respeito.

Desde muito cedo, meus filhos destacaram-se com suas opiniões "fora da caixa". Por muito tempo, tentei silenciá-los, mas não de uma forma consciente – só fui entender isso quando comecei a entender a mim mesma. Eles são o meu próprio reflexo, porém, ao contrário de mim, que sempre aceitei tudo o que me era imposto, que obedecia cegamente com medo de ser rejeitada e abandonada, eles não se importavam e souberam posicionar-se diante de quaisquer circunstâncias. Sempre foram abertos a novas ideias, mas sem negociar princípios. É impressionante a forma como eles se conectam com Deus. A intimidade que têm com o divino é algo extraordinário. Eu me lembro de ouvir minha filha falar: "Viu só, mãe? Não é um brinco, um colar ou uma calça que vai definir meu grau de espiritualidade e de comunhão com Deus. A liberdade que eu sinto ao estar na presença de Deus é inexplicável".

Meus filhos, de certa forma, me libertaram da escravidão da minha mente.

Em Salmos, 40:6, temos: "Fazer algo por ti, levar algo para ti: não é isso que procuras. Ser religioso, agir com devoção: não é o que estás pedindo. Então abriste meus ouvidos para que eu pudesse ouvir".

"À medida que cada um de nós aceita ser ele mesmo, descobre não apenas que muda, mas que as pessoas com quem ele têm relações mudam igualmente." (ROGERS, 1977).

É importante aceitar que os filhos vão encarar o mundo a partir de suas próprias percepções – o que pode ser totalmente diferente da forma como nós, mães, encaramos tudo isso. Os filhos não são obrigados a trilhar o nosso caminho. São as diferenças que separam os indivíduos e as experiências vividas que vão dar significado à vida.

É imprescindível que deixemos de lado a culpa e a vergonha de sermos quem realmente somos. Ao longo da nossa caminhada vamos errar muitas vezes com nossos filhos, mas podemos fazer algo para que tudo se torne mais leve: buscando o autoconhecimento, a aceitação, o amor-próprio e, acima de tudo, o autoperdão.

Os tempos mudaram, mas não as relações humanas que constituem as raízes da formação de caráter. Os filhos necessitam de orientação, e as relações afetivas estabelecidas desde o ventre materno até o nascimento, e no decorrer da infância, são fundamentais para que eles se tornem adultos autônomos. Portanto, devemos aceitar que precisamos mudar, não menosprezando os métodos usados pelos nossos antepassados, mas que deram muito errado na criação dos seus filhos. Não é coincidência o fato de que muitos adultos carregam tantas feridas emocionais dentro de si.

O sentimento de culpa não produz bons pais, e o fato de estarmos dispostas a sermos melhores demostra que realmente nos preocupamos com nossos filhos. Pais negligentes não vão sentir culpa ou aceitar engolir a arrogância e o orgulho, voltando atrás para reparar o erro cometido.

Mude o seu leme para a responsabilidade e reforce o respeito próprio, ao lembrar-se das vezes que você já acertou. Os erros precisam ser reconhecidos, de forma que não coloquem o seu valor pessoal em risco.

"É importante entender que responsabilidade não é o mesmo que culpa. Enquanto a culpa determina quem está em falta por algo, a responsabilidade determina quem está comprometido a melhorar as coisas" (EROLD, 2016).

Enquanto a culpa envolve um sentimento de inadequação pessoal, a responsabilidade está relacionada à capacidade de assumirmos as consequências de nossas ações.

Não basta amar nossos filhos. Eles devem se sentir aceitos como pessoas, sentir que têm valor pessoal, realizando ou não algo grande em suas vidas. O respeito próprio é o maior presente que os pais podem dar aos filhos. Uma criança não é capaz de experimentar ou devolver amor até que aprenda a se respeitar.

Ser bem-sucedida na maternidade não significa ser perfeita – é saber que, mesmo ao se aperfeiçoar no seu papel, os problemas vão existir. Fingir que eles não existem também não é a solução. É preciso ter maturidade para distinguir os problemas reais daqueles que são imaginários.

De forma geral, há alguns caminhos para ajudar as mães a lidarem com esse sentimento, que vai rondar toda a sua maternidade:

- Olhe para dentro de si mesma e se acolha. "Amarás o teu próximo como a ti mesmo". (Mateus, 22:37-39). Um olhar mais gentil e acolhedor em direção a si mesma faz toda a diferença na maternidade;
- Encare a maternidade de forma realista, isto é: viva diariamente com suas limitações e responsabilidades; e
- Esteja atenta para que não seja tomada por sentimentos de inadequação e menos-valia ao exercer sua maternidade.

"Quando os sentimentos dos pais são ineficazes ou muito ambivalentes, ou quando as emoções da mãe estão temporariamente comprometidas em outro lugar, as crianças se sentem perdidas." (FREUD, 2006).

Procure ajuda terapêutica, isso a auxiliará a encontrar o seu próprio lugar no mundo, e seus filhos, consequentemente, encontrarão lugar em seu coração. Somos participantes de um ato de amor que foi projetado para nós dentro da estrutura da criação do Eterno. Os frutos gerados em nosso ventre são um generoso legado, um presente dado pelo Criador.

"Não podemos esperar que os nossos filhos sejam perfeitos.Eles são seres humanos e não semideuses."

Elda Ferraz

Eleonora Waldeck

Sou Eleonora Dutra Waldeck de Carvalho, natural de Brasília (DF), onde resido com minhas filhas e minha família. Sou servidora pública, terapeuta integrativa sistêmica há 4 anos, mentora de mulheres, facilitadora de consciência e psicanalista em formação. Já atendi mais de 300 mulheres de modo *on-line* e presencial e ministrei diversos cursos de expansão da consciência ao longo de três anos, para mais de 250 pessoas.

Hoje, acompanho mulheres e atuo como terapeuta e mentora, além de ministrar cursos *on-line* e presenciais. Inspiro mulheres a se reconhecerem como donas da sua realidade e a prosperarem a partir do processo de autoconhecimento.

eleonnoratherapy

Eleonora Santos Therapy

+55 (61) 98171-7056

eleonorasantostherapy@gmail.com

Elas fazem ACONTECER

08 O impacto da autoconfiança nas conquistas pessoais e profissionais

Por Eleonora Waldeck

O sentimento de autoconfiança na sociedade da tecnologia da informação atual, com transformações cada vez rápidas, uma carga excessiva de dados e a necessidade de escolhas mais assertivas parece ser algo bastante complexo e desafiador. Contudo, a autoconfiança também se mostra como uma habilidade aliada ao desenvolvimento de competências e comportamentos que criam um diferencial agregado no âmbito pessoal e profissional. Pessoas confiantes desenvolvem mais liderança, influência e persuasão e tendem a obter mais sucesso em suas carreiras.

A autoconfiança relaciona-se ao sentimento de que somos capazes de alcançar tudo o que desejamos; é o elemento essencial para termos uma vida de mais realizações e sucesso. Também se conecta ao nosso estado de ser e à nossa mentalidade para lidar com as situações que se colocam em nossa realidade com mais segurança e resiliência. No entanto, a autoconfiança é algo que se refere a um processo interior do indivíduo, não a algo inato. Muitas vezes, temos que trabalhar essa habilidade e superar questões internas e emocionais para poder lidar com os desafios do ambiente externo e superar diversas demandas na vida pessoal e profissional.

Neste capítulo, além de apresentar reflexões sobre o impacto da autoconfiança na realização de conquistas pessoais e profissionais, vou mostrar alguns exemplos de histórias de pessoas que transformaram suas vidas e criaram uma realidade extraordinária a partir do poder da autoconfiança e do autodesenvolvimento.

A autoconfiança como elemento de inteligência emocional

Com as rápidas mudanças tecnológicas ao longo das duas últimas décadas, uma das áreas que passou a ter mais destaque no século XXI foi a do desenvolvimento pessoal e da inteligência emocional (Goleman, 1995), em decorrência da expansão das interações sociais e comunicações na era digital.

A inteligência emocional é um conceito disseminado principalmente a partir da obra de Daniel Goleman, que versa sobre a ideia de que o sucesso profissional é a forma como um indivíduo está apto a lidar com suas emoções nas esferas social, emocional e profissional, na vida adulta.

A autoconfiança é a capacidade que uma pessoa tem de reconhecer seus dons e suas habilidades, mesmo em situações de adversidade. No entanto, para confiar em si mesmo e ter uma autoimagem que expresse esse estado de ser, é importante que o indivíduo saiba quem ele é, por meio de um trabalho de autoconhecimento, autocuidado e inteligência emocional constante.

De acordo com Carl Jung, pai da psicologia analítica, o indivíduo deve buscar sua evolução de um estado infantil de identificação para um estado de expansão da sua consciência, no qual passará a se identificar com seus próprios valores e condutas, não sendo apenas influenciado pelo meio em que vive ou viveu. Caso ele não tenha essas áreas trabalhadas, poderá sentir-se tomado pelas opiniões, disputas, julgamentos e desafios que se apresentam diariamente nas relações pessoais e de trabalho – o que pode afetar diretamente suas conquistas. Entender o verdadeiro poder da autoconfiança é a chave para manifestar uma vida de êxitos e realizações.

O impacto da autoconfiança nas conquistas pessoais

Ser autoconfiante significa ter uma conexão com o que está alinhado às suas crenças e aos seus propósitos, acreditando nas suas decisões e julgamentos; porém, também é manter-se aberto a possíveis mudanças de mentalidade e comportamento. Essa convicção permite que as pessoas deem passos em direção aos seus objetivos e não se deixem influenciar pelos desafios e pelas circunstâncias apresentadas em seu caminho.

Já a falta de autoconfiança pode nos levar a acreditar que não merecemos prosperar ou que não temos a competência suficiente para isso. Muitas pessoas com baixa autoestima ou inseguras tendem a procrastinar em seus projetos e objetivos. A falta de autoconfiança também impacta as relações pessoais e profissionais. Toda vez que a pessoa não se sente valorizada e confiante tem dificuldade de se comunicar e de tomar decisões importantes acerca de seu futuro. Além disso, ela pode não saber lidar com indivíduos que a desvalorizam ou a desrespeitam e acaba atraindo relacionamentos abusivos e tóxicos.

Diversos autores da atualidade que tratam do autoconhecimento e da neurociência defendem que nossa realidade é criada pela nossa mente, assim como Jung defendia em seus estudos que a realidade do indivíduo é influenciada pelo inconsciente coletivo e pelas suas experiências inconscientes, iniciadas na infância.

Nesse sentido, a imagem que o indivíduo tem de si mesmo determina a forma como ele vai criar a percepção de seu autovalor, e como isso se refletirá em seu mundo externo. Para mudar tal condição, é fundamental iniciar um processo de olhar para dentro de si e ressignificar suas experiências, frustrações e traumas do passado.

Louise Hay, renomada escritora e conferencista norte-americana de autoconhecimento, autora do livro *Você pode curar sua vida*, afirma que quando se constrói um padrão de pensamento e mentalidade favorável a si mesmo tudo começa a mudar na vida do indivíduo, desde ele se abrir para a prosperidade e autorrealização pessoal até se curar emocional e fisicamente, transformando sua vida e inspirando muitas pessoas (Hay, 2021). A própria autora viveu uma notável história de superação. Aos 50 anos, Hay teve um câncer vaginal e se curou por meio do trabalho de ressignificação de suas crenças, desenvolvendo seu amor-próprio e sua autoconfiança. A história de vida e superação da autora impactou outras mulheres e atingiu milhares de pessoas em todo o mundo.

No livro *Como se tornar sobrenatural*, de Joe Dispenza (2020), encontramos a história real de outra mulher que transformou sua vida a partir da decisão de ressignificar sua autoimagem, seus sentimentos e emoções. Dessa forma, ela se curou de um câncer em estado avançado.

Portanto, a autoconfiança, acompanhada de um processo de autoconhecimento e autocuidado, é capaz de impactar e transformar as vidas dos indivíduos em todos os seus aspectos, criando um movimento de autoaceitação e autoestima que permite a eles alcançarem conquistas que se refletem em suas vidas pessoais. Essa construção do autoexame é uma jornada diária e constante de autodescoberta, que envolve autoaceitação, reflexão, trabalho de crenças limitantes e um processo contínuo de buscar viver uma vida mais autêntica e verdadeira.

O impacto da autoconfiança nas conquistas profissionais

Tomar decisões assertivas vem sendo cada vez mais demandado pelas empresas no atual momento da era de inteligência artificial e digital. Além disso, cada vez mais é desejável que os profissionais tenham uma capacidade criativa e de inovação relevantes.

Porém, durante esse processo pode-se perceber, também, um aumento de incertezas e a necessidade de que haja mais resiliência e autoconfiança por parte do indivíduo. A capacidade de assumir riscos calculados é uma vantagem da autoconfiança no ambiente profissional, pois ela requer a coragem de sair da zona de conforto e enfrentar o desconhecido.

De acordo com o livro *A coragem para liderar*, de Brené Brown (2020), a liderança nas empresas, em uma cultura definida pela escassez, pelo medo e pela incerteza, pede a construção de habilidades em torno de características que são profundas e relacionadas à empatia, conexão e autoconfiança.

O sucesso é alcançado quando o indivíduo, além de talentos, capacidades e habilidades, tem uma mente autoconfiante e busca desenvolver essa característica cada vez mais a seu favor. Pessoas autoconfiantes transmitem mais segurança e credibilidade, o que também proporciona mais influência e poder.

Segundo a psicóloga social Amy Cuddy (2016), quando paramos de focar na impressão que os outros têm sobre nós e trabalhamos nossa impressão sobre nós mesmos, nos tornamos mais poderosos no campo físico e mental. As outras pessoas podem perceber esse impacto; consequentemente, acabamos parecendo mais atraentes.

Existem significativos exemplos de pessoas bem-sucedidas que tiveram um caminho de dificuldades em sua trajetória profissional. É o caso de Walt Disney, que foi demitido por falta de imaginação e boas ideias; Abraham Lincoln, que perdeu sete eleições antes de se tornar presidente dos Estados Unidos; e Steven Jobs, que foi demitido da própria empresa. Eles, no entanto, não desistiram – apesar das adversidades, acreditaram em seu potencial.

Quanto mais autoconfiante você se tornar, mais seguro você será em seu trabalho e na realização de seus sonhos e projetos. O aprendizado, acompanhado de uma mentalidade positiva constante e a criação de um plano de ação, forma estratégias eficazes para você alcançar o que deseja.

O norte-americano Michael Phelps, considerado o maior nadador olímpico de todos os tempos, teve uma história de superação e conquistou 37 recordes mundiais e o maior número de medalhas olímpicas de todos os tempos. Segundo seu treinador Bob Bowman, o nadador sempre trabalhou o poder de sua mente para visualizar seus treinos e aumentar sua autoconfiança antes e durante as competições. Esse foi um dos principais diferenciais que o fez destacar-se mundialmente. No início da sua carreira, no entanto, o atleta foi desacreditado por uma professora.

Em uma entrevista, ele desabafou: "Minha professora disse que eu jamais venceria na vida, mas estou aqui".

Quando acreditamos em nós mesmos, temos o poder de conquistar feitos extraordinários. A autoconfiança e a persistência são os combustíveis para o sucesso. Grandes personalidades realizaram seus sonhos e suas conquistas, mantendo sempre a autoconfiança e uma mentalidade positiva, apesar de terem passado por inúmeras adversidades. Dessa forma, nossas realizações profissionais estão diretamente relacionadas ao nosso poder pessoal e à forma como trabalhamos nossa consciência, coerência de pensamentos, sentimentos, emoções e autoconfiança. Somos os principais responsáveis pelos resultados que atingimos e podemos alcançar uma nova realidade a partir do que pensamos a nosso próprio respeito.

A partir da reflexão feita neste capítulo, podemos concluir que, apesar de as competências intelectuais e de conhecimento lógico e racional serem relevantes, a autoconfiança, aliada a um processo de autoconhecimento constante, é a chave para que possamos evoluir e alcançar nossas metas pessoais e profissionais num contexto cada vez mais exigente e instável.

Enfrentar desafios e mudanças constantes é uma parte da jornada de todos os indivíduos. A capacidade de superar esses obstáculos a partir da autoconfiança desempenha uma característica essencial para viver de uma forma mais plena e próspera.

A autoconfiança molda nossa resposta emocional e é o alicerce das conquistas que desejamos obter; porém, para que o indivíduo possa tratar o outro com confiança e transmitir essa crença em sua vida pessoal e profissional, é fundamental ressignificar seu relacionamento consigo mesmo, além de sua percepção de autoimagem, autovalor e a forma como ele se trata. Cultivar e fortalecer nosso autoconhecimento diário é um investimento valioso e fundamental para obter sucesso na vida.

Para desenvolver a autoconfiança de forma plena, é necessário trabalhar o autoconhecimento, a autoestima e o autocuidado. A autoconfiança e o autodesenvolvimento têm relação com uma jornada contínua e devem ser escolhidos e reforçados com o trabalho da nossa mentalidade, autoaceitação e aprendizados.

Neste capítulo, foram mostrados diversos exemplos de pessoas que persistiram e buscaram o caminho para a conquista de seus sonhos, desenvolvendo sua autoconfiança e sua autoestima. Inspirar-se nesses exemplos é uma forma de encontrar motivação e encorajamento para perseguir nossos objetivos.

“Somos os principais responsáveis pelos nossos resultados e podemos alcançar uma nova realidade a partir daquilo que acreditamos sobre nós.”

Eleonora Waldeck

Eliza Simões

Meu nome é Eliza Simões, tenho 52 anos, sou cristã evangélica e moro em Aracaju (SE). Nasci pantaneira, em Cuiabá (MT), e morei em Boa Vista (RR) por 23 anos, onde tive dois filhos: Henriqueta e Vitor.

Comecei a trabalhar com 14 anos, vendendo ou atendendo pessoas, e hoje sou analista em *marketing*, analista comportamental, *coach* de mulheres, mentora no Digital 50+ e *social media*. Futuramente, serei psicanalista.

Superei grandes desafios, traumas e fracassos e entendi que a mudança vem da força, da fé e da humildade em reconhecer minhas fragilidades como mulher e empreendedora. Desejo que outras mulheres entendam e aceitem que são as emoções que impulsionam os negócios – e não o talento, o *marketing*, investimentos ou a ajuda de familiares.

euelizasocialmedia

elizasimoesoficial

+55 (79) 99143-2731

elizasimoes50@gmail.com

09 Superando traumas e transformando-os em forças

Por Eliza Simões

Antes do *boom* da era digital, pouco se falava em propósito, que ele nasce do que você vive, da dor ou daquilo que arde em seu coração. Tenho certeza de que já ouviu a frase: "Só sabe quem vive" ou "Como pode me ajudar a resolver se você não conseguiu ter resultado?". Isso, em parte, é verdade, pois andar num caminho conhecido por alguém melhora muito nossos resultados. Assim, dificilmente nos perderemos. Digo "em parte" pois, quando se trata de emoções sentidas ou reprimidas, quase sempre pensamos: "Eles não entendem o que estou vivendo".

Criar soluções para problemas é algo muito pessoal. Ter fé e não praticá-la é o mesmo que não tê-la. Nos dois aspectos, se você não tiver vontade de mudar, constância, perseverança e resiliência nada se expande. É preciso haver um movimento.

É primordial entender e aceitar que as emoções impulsionam negócios, e não o *marketing*, os investimentos, a equipe, a capacitação, ter uma boa oratória ou receber ajuda inicial de familiares.

Perceber os acontecimentos (problemas com nossos negócios e relações pessoais) é abrir aquela janela que você nem enxergava que estava ali. Porém, posso afirmar que entender é diferente de resolver; no entanto, "Tudo é possível ao que crê" (Marcos, 9:23). Além disso, temos outras páginas para desvendar juntas como fazer acontecer e recomeçar a empreender de forma saudável.

Se, em 2020, algum mentor "bambambam" tivesse me perguntado: "Por que seu negócio não se rompe?". Nessa época, certamente eu responderia: "Por falta de capital de giro". Mas chega uma hora em que a mente esgota as possibilidades negativas e clamar por solução é mais forte.

Eu nunca desisti, nem sei como fazer isso, mas comecei a colocar um peso emocional além do que eu aguentava em qualquer trabalho, um peso com um apelido: fracasso. Tudo o que não era concluído tinha o nome de fracasso no meu subconsciente. Eu, na realidade, sabia que não era fracasso, mas sentia como se fosse.

Mas, durante uma implosão emocional decorrente das sequelas da covid-19, vi-me sentada diante de uma psicóloga. Recordo-me da primeira pergunta feita por ela, para a qual minha resposta foi: "Quero voltar a ser eu mesma, não me reconheço mais, quero a minha voz, perdi meu poder de fala". Contava de uma voz que eu mesma silenciei porque não sabia meus limites; afinal, estive na posição de heroína e salvadora a vida toda. Então, minha voz foi diminuindo, algumas vezes silenciada forçadamente pela raiva, ora pela razão, ora pela mágoa, outras vezes por desespero, e até em nome da elegância, discrição e virtude. Senti-me como Jó: "O que eu temia veio sobre mim; o que eu receava me aconteceu: não tenho paz, nem tranquilidade, nem descanso; somente inquietação." (Jó, 3:25-26).

Sobre queixas pessoais, não entendia por que era um desafio ser mãe de jovens adultos cristãos. A palavra ressignificada de problema é desafio, mas eu sentia que era mais um grito: "Socorro".

Dinheiro e trabalho também estão ligados a traumas emocionais. E como trabalhar se eu estava doente havia meses? Com certeza, o trabalhar de Deus foi uma realidade, também. Nos dias em que estava bem, fazia movimentos para gerar recursos, mas, durante esses movimentos, algo não dava certo. Meu pensamento era: "De novo?". Grave isso: a vida dá mais do mesmo. Mas como? De novo, gerar dinheiro não fluía! Nada ia para a frente, mesmo com os trabalhos mais simples ou manuais.

Meu cenário de vida era doente no corpo e na alma. O ano de 2020 foi quando sujeiras saíram debaixo do tapete da minha casa interior. Nele, recebemos dois diagnósticos: eu com doença celíaca e minha filha de 23 anos com esclerose múltipla (remitente-recorrente).

Quantas mulheres, mesmo tendo fé e praticando a espiritualidade, tocaria o baile dos pensamentos acelerados ao ponto do desespero sozinha? Muitas! O silêncio, pouco a pouco, foi tomando conta de mim por dias, meses e anos. As situações foram me emudecendo por dentro e não me via mais. Aguentei firme tudo o que contei, por um tempo.

"Quando você cala, o corpo grita." Já ouviu essa frase? Acredite, é verdade. A dor do corpo e da alma me assustaram, provocando esquecimentos, névoa mental, perda de memória recente, medo, isolamento social e o luto pela morte do meu tio, que doía muito. Foram dias desconfortáveis demais.

O que é trauma para você? No Google, a palavra "trauma" pode ser definida como perturbações causadas por lesões físicas ou experiências emocionais desagradáveis que ficam marcadas na mente de um indivíduo. Trauma na alma posso dizer que é aquilo que feriu. Uma ferida recente ou de muito tempo atrás que, vez ou outra, aparece – nítida ou disfarçada – saindo do subconsciente para atuar em situações do presente, muitas vezes sem percebermos.

Nesse ponto, tenho algo especial para você: criar força refere-se a pedir ajuda e permitir-se ser ajudada. Sair do lugar de mulher-maravilha, tarefeira, que sabe tudo – e, se não sabe, "dá um jeito." Você, mulher, é humana, frágil, com uma feminilidade intrínseca, dons, talentos únicos e criada por Deus.

O sucesso nos negócios, seja em um empreendimento grande ou pequeno, físico ou *on-line*, depende de como você está emocionalmente.

Você sabia que as frases clichê só se tornam clichês porque muitas pessoas as repetem? Uma delas é: "Tudo muda quando você muda". Essa frase é verdadeira; as pessoas que ousaram começar a mudança por si mesmas viram melhores resultados à sua volta.

Entre 2020 e 2024, mesmo diante desse cenário difícil, só posso agradecer a Deus. Que a alegria do Senhor seja sempre a minha força.

Você está intrigada com esse enredo ainda sem desfecho, em meio a tantas doenças? Pois agora falarei do que mais aconteceu. Passava as manhãs com fadiga, tinha medo de sair de casa e ter diarreia, de estar entre pessoas, de perder mais pessoas, de pegar na mão do outro. Também sofria com insônias que duravam 48 horas, a preocupação com meus pais vivendo longe, com os protocolos de saúde da minha filha, com meu filho querendo se casar aos 21 anos, com ambos querendo fazer tatuagens, relacionamentos familiares tumultuados, a própria rotina da casa... Além disso, houve um dia em que perdi o poder de fala, literalmente.

No dia 18 de outubro de 2023, fui internada com gagueira e tremor incontrolável no corpo, por sete dias seguidos. Tive três recaídas, tomei medicações, fiz vários exames e recebi o diagnóstico: crise severa de ansiedade. Mas eu não aceitei que isso fosse verdade.

E então, Eliza, como vai lidar com o trabalho? E os recursos financeiros para pagar as despesas? Sentia frustração por não ter dinheiro. Na verdade, nem era o dinheiro em si, mas o fato de ter perdido a força para produzi-lo.

Quando o corpo adoece, a alma também adoece. E, por incrível que pareça, o subconsciente e o inimigo das nossas almas revelam tudo o que há no baú da memória, porque a fragilidade e a vulnerabilidade nos encontram. Os gatilhos na área profissional eram tantos que eu achava que não seria mais capaz.

Olhe agora a capa deste livro, por favor. *Elas fazem acontecer* é o seu título. E essa era eu, a que fazia acontecer. Mas, por quatro anos, não me reconhecia mais, tinha uma forte crença negativa instalada e pensava que para mim nada fluía.

Em uma autobiografia, contaria dos bons e maus negócios que fiz, das ideias roubadas, das empresas que abri e para as quais busquei soluções a fim de dar certo, das sociedades que geraram dívidas etc. Mas meu objetivo aqui é mostrar como superei os traumas e os transformei em força – sendo as emoções as principais responsáveis pelo sucesso, com base nas minhas experiências.

Sou uma mulher da comunicação, vendedora na essência, que ama grupos e gente – tanto que minha filha é uma publicitária bem-sucedida e meu filho é empreendedor, tem uma produtora de audiovisual e é reconhecido no mercado. Meus filhos já são maiores que eu, amém!

"Quais experiências doem em você?", perguntou em uma sessão a psicóloga Marta Raquel. Fiquei pensando nisso e poderia dizer:

– quando vendi o carro para montar uma sorveteria e minha sócia deixou-me na mão;

– quando finalizaram um contrato antes do prazo, depois de terem minhas ideias e carteira de clientes ativas;

– quando, após trabalhar por seis meses na TV, fazendo dois programas no ar, a TV fechou;

– quando fui trabalhar em regime CLT, e no 3º mês, fui desrespeitada pelo proprietário, sendo humilhada aos gritos por puro machismo;

– quando, em pleno lançamento do meu primeiro *e-book*, úm *hater* entrou no grupo e difamou minha imagem, dizendo mentiras sobre eu roubar dados pessoais dele, acabando com minhas vendas e todo trabalho que tive;

– quando um mentor me cobrou uma quantia alta depois de entregar um rascunho ainda na folha de guardanapo da cafeteria; ou

– quando, em um *workshop* lotado no qual eu falaria, minha parceira do local mudou o que conversamos e, aos gritos, passou a me diminuir.

Para você, são poucas ou muitas as experiências dolorosas? Decepções são normais, mas consecutivas? Eu tinha raiva, frustrações e falta de perdão minando minha produtividade. Emoções camufladas na mulher educada, cristã, forte, mãe solo, produtiva e que prosseguia firme até que a vulnerabilidade, por meio de uma doença, se apresentou.

A principal coragem, do homem ou da mulher, é reconhecer e admitir seus limites, além das permissões que vai concedendo durante a vida. Nós, mulheres, precisamos estabelecer limites ao que nos é invasivo. Nada deve interferir em nossa vida emocional a curto, médio e longo prazo. Aprendo todos os dias que ter um limite emocional definido é vida, liberdade e amor-próprio.

"Quem cuida de quem cuida?" Cuidar da gente não é como cuidar do outro, é mais difícil. Todas temos dores e feridas. É parte da vida desenvolver resiliência e maturidade por meio das experiências que nos ajudam a prosseguir, apesar de tudo. Eu me achava resiliente, mas só estava vivendo no piloto automático – cair e levantar-se.

Ter voz é ter espaço, fala, opinião, ser respeitada, dizer "não" e saber ouvir "não". É ouvir e não deixar chegar ao coração aquilo que a feriu, mesmo vindo de filhos, parceiros, pais, irmãos, namorados, esposo ou qualquer pessoa, em qualquer situação. Não é preciso aumentar o tom de voz e disputar espaço, basta mostrar o seu limite, educadamente e com posicionamento.

Agora, contarei sobre uma experiência sobrenatural que me fez entender o propósito em tudo o que vivi e me deixou de pé. Era final do dia, estava deitada na cama com covid, chorando e orando. Olhei acima da porta do guarda-roupa e uma cena surgiu: era Jesus na sala de uma casa, me mostrando uma mulher entre outras pessoas. Ela tinha uma vasilha na mão e conversava. Cristo olhou para mim, levou a mão no sentido dela e disse: "Estou fazendo com você o que fiz com a sogra de Pedro. A estou curando para trabalhar para mim. Seja forte e corajosa". Essa cena e a voz mansa e firme de Deus nunca saíram da minha memória.

Não é do dia para noite, mas a cura vem pela fé e pela ordem: "Seja forte e corajosa". É preciso enfrentar, curar, evoluir, ser grata e continuar fazendo a vida acontecer. É preciso mudar hábitos – não conseguimos resultados diferentes fazendo tudo igual. E, quando precisar, o remedinho.

A professora e psicanalista Angela Sirino diz: "Poderia ter sido pior". Adotei essa frase como ponto principal para ressignificar os acontecimentos da minha vida. E então me acolho. Quero sempre essa cura sobre minhas emoções, buscando ajuda, lendo a Bíblia, fazendo terapia, encontrando rotineiramente com amigas para falar, ouvir, sorrir e orar. Parei de só pensar e passei a falar com gratidão sobre tudo o que vejo, acreditando que sou capaz de ver a vida feliz se mover através de mim. Viver isso reforçou meu propósito de vida: falar para mais mulheres sobre como as emoções influenciam os negócios.

Cara leitora, fazer acontecer a vida, com a direção de Deus, aceitando as boas pessoas que Ele coloca no nosso caminho – a leitura de um livro, as orações sinceras e amar-se primeiro –, tudo isso é como um bálsamo para virem dias melhores, e começar negócios estando emocionalmente saudável.

A encorajo a não se calar, a não gritar, mas, sim, a desabafar seus sentimentos. Faça acontecer a vida! Existe um extraordinário de Deus para cada uma de nós.

"Seja forte e corajosa. É preciso enfrentar, curar, evoluir, ser grata, aumentar a fé em Deus e continuar fazendo a vida acontecer."

Eliza Simões

Elizabete Valentim

Meu nome é Elizabete Valentim, tenho 65 anos e sou natural de Campo Formoso (BA). Casada com Marcos Valentim, sou mãe de dois filhos: Marcos Valentim Filho e João Manoel Ribeiro Valentim. Tenho, além disso, quatro netos.

Sou formada em Sociologia e Administração de Empresas e atuo como empresária do ramo de hotelaria.

Também sou diretora da Associação Comercial e do Conselho da Mulher Empreendedora e Cultural (CMEC) de Campo Formoso e conselheira do Comitê do Piemonte Norte do Itapicuru, bem como representante do Conselho Municipal do Turismo Local.

Com muita fé, continuo a buscar o melhor para minha família, meus clientes, amigos e parceiros, pois gosto de idealizar e realizar.

elizabetevalentimm

pousadavalentimcf@gmail.com

+55 (75) 99294-7262

Elas fazem ACONTECER

10 Estratégias para lidar com momentos difíceis

Por Elizabete Valentim

Convido você a conhecer um momento difícil da minha história. Minha irmã Maria das Graças, conhecida carinhosamente como Gagarça, sonhava em ser mãe. O trajeto para realização desse sonho não foi fácil, ela teve quatro abortos espontâneos. Então, com orientação médica, Gagarça e seu marido resolveram tentar a gravidez via inseminação e o resultado positivo veio. Ela, finalmente, estava grávida e feliz.

Aos nove meses, a cesariana foi marcada para o dia 15 de setembro de 1991 e estávamos todos ansiosos e já comemorando a chegada de nossa amada sobrinha. Infelizmente, as coisas não saíram como o esperado; após o parto, minha irmã teve embolia pulmonar e faleceu. O momento de alegria e comemoração deu lugar à tristeza e às lágrimas. Dentre todas as dores que senti, com certeza essa foi a mais avassaladora – uma parte de mim tinha sido arrancada e essa dor trespassava a minha alma. As lágrimas inundavam os meus olhos e o meu rosto, um nó apertava a minha garganta.

Quando a morte de quem amamos chega, abre-se um buraco de dor em nossa alma. Eu estava sem chão, era inacreditável. E depois, o sentimento que brotou no meu coração foi o de revolta. Eu não entendia e nem aceitava como minha irmãzinha tinha partido de uma maneira tão cruel e repentina. Começava naquele dia o meu luto.

Mas, o que é o luto? Para Freud (1996), luto é a reação à perda de um ente querido. De acordo com Peres (2003), o luto é um processo inevitável, no qual alguns indivíduos sentem um vazio e dificuldade de seguir em frente. Portanto, o luto é um processo que envolve a experiência de lidar com a perda de alguém ou algo significativo na vida de uma pessoa. É importante ressaltar que a dor do luto varia de pessoa para pessoa e pode ser influenciada por fatores como cultura, crenças religiosas, histórico familiar e personalidade.

Dessa forma, o significado de luto vai além da tristeza. É uma resposta emocional, natural e inevitável diante da perda, pois abrange várias emoções e reações, como raiva, negação e aceitação, que podem variar em intensidade e duração. Para a psiquiatra Elisabeth Kübler-Ross (1996), o luto é dividido em cinco fases:

Negação: trata-se da primeira reação de alguém que enfrenta o luto. Muitas vezes, é difícil acreditar na situação ou no evento traumático.

Raiva: à medida que a negação diminui, a dor do luto volta. Com ela, sentimentos como a raiva podem emergir. Essa emoção pode ser direcionada a outras pessoas, a Deus, a si mesmo ou à própria situação.

Barganha: essa fase envolve fazer "acordos", na tentativa de evitar a causa da dor.

Depressão: nessa etapa, sentimentos como o desamparo e a desesperança podem surgir, e o indivíduo tende a se sentir profundamente triste e preocupado com a situação presente e com o futuro.

Aceitação: essa é a fase em que o indivíduo começa a aceitar a realidade. Isso não significa, no entanto, que a pessoa está bem com relação ao que aconteceu, mas que ela começa a aprender a viver com o fato ocorrido.

É por tudo isso que o luto é uma jornada única, que cada indivíduo enfrenta de maneira diferente. Ele gera sofrimento e deixa a vida desorganizada. E foi assim que, por um ano, a dor, o luto e a melancolia dominaram a minha vida. Tudo perdeu o sentido: eu não conseguia cuidar dos meus filhos, do meu esposo e nem de mim mesma. Também, durante esse período, engordei muito. O que dominava minha mente e minha alma eram os questionamentos a Deus: "Por que Deus levou minha irmãzinha? Por que ela foi tirada de nós dessa forma tão cruel? Por que ela? Por que, Deus?".

Foi com essa revolta e essas perguntas sem respostas que sobrevivi, após a perda repentina da minha irmã. Muitos sintomas e sentimentos cabem em um processo de luto, os quais nos paralisam e tiram a nossa vontade de viver. Eu tive muita raiva, e não conseguia sequer olhar para uma mulher grávida na rua que começava a questionar Deus. Pensava:

"Por que essa mãe terá o direito de cuidar, de pegar o seu filho no colo, de vê-lo crescer? E por que foi tirado da minha irmã o direito de ser mãe?".

A raiva estava me consumindo, mas eu comecei a entender que não podia viver com esse sentimento tão ruim dentro de mim. Minha irmã não ia querer me ver assim, tão amarga e triste. Eu sabia que precisava virar a chave e buscar estratégias para lidar com esse momento difícil; por isso, resolvi pedir ajuda e fui fazer terapia. A terapia é fundamental no processo de luto, e essa foi uma das estratégias que encontrei para reviver e dar um novo sentido à minha vida sem a presença física de minha amada irmã.

Não foi fácil, mas precisei renascer quando pensei que tinha chegado o fim. Todo recomeço exige coragem, força e atitude. Para o psicólogo americano Willian Worden (2013), existem algumas "tarefas" que o enlutado deve fazer durante o processo do luto:

Tarefa I: aceitar a realidade da perda. Por mais que doa, é preciso compreender que a pessoa se foi e não irá mais voltar.

Tarefa II: elaborar a dor da perda. É importante que o indivíduo enlutado entre em contato com seus sentimentos para, aos poucos, cuidar deles e encontrar um lugar para a saudade, que não seja o da dor.

Tarefa III: ajustar-se ao ambiente onde falta a pessoa que se foi (em que, além da ausência da pessoa em si, os diversos papéis que ela exercia e representava na vida do enlutado tornam-se evidentes).

Tarefa IV: reposicionar, em termos emocionais, a pessoa que faleceu e continuar a vida.

Essas tarefas são importantes para a readaptação à nova realidade após a perda. Assim, faz-se necessário compreender que não adianta fugir ou sufocar a dor, o luto é um processo que precisa ser vivido, sentido e compreendido em todas as suas fases.

Por tudo isso, eu escolhi romper a dor. Conseguimos superar e lidar com os momentos difíceis ao enfrentá-los com muita força e perseverança. Assim como as borboletas precisam deixar o casulo e voar, eu entendi que precisava recomeçar. Tinha duas escolhas: isolar-me e permanecer no casulo ou me permitir continuar a olhar para o sofrimento de outra maneira. Ao sairmos do casulo, ganhamos asas para iniciar uma diferente jornada. Nessa nova fase, a dor continua, mas aprendemos a conviver com as lembranças. É possível permanecer em contato com as recordações e seguir vivendo. É importante vivenciar essa experiência para aceitar a perda.

O que podemos dizer é que não existe um tempo exato para a dor parar de doer e nem um prazo de validade para ela. O luto dura o tempo que precisa durar. Ainda que a saudade jamais acabe, ela não ocupará mais tanto espaço na vida de quem ficou. Pode ocorrer recaídas, como aquele dia em que a tristeza vem ao nosso coração e as lágrimas rolam ao rosto.

Após tal sofrimento, não fui mais a mesma. Além da terapia, minha outra estratégia para lidar com esse momento tão difícil foi buscar a cada dia a presença de Deus para me fortalecer nas batalhas diárias. Com essa dor na alma fui atraída por Deus, a fim de entender o meu propósito de vida. Deus foi ao vale escuro que eu estava atravessando, e é a minha esperança. Sem Deus em nossas vidas não há razão de existir, e Ele quer que vivamos de maneira plena e feliz. Hoje, entendo que Deus me permitiu passar por essa dor não para me destruir, mas de modo a me deixar mais forte e blindada diante de outros dissabores que enfrentaria na minha jornada.

Quando superamos o luto ou outros momentos difíceis, surgem novas possibilidades de amar e de aceitar. "Cada um sabe a alegria e a dor que traz no coração" (Titãs).

A minha irmã está viva em minha memória e nas recordações dos momentos maravilhosos que passamos juntas. Ela viveu plenamente e deixou marcas de amor e de alegria em sua breve caminhada. Quando cumprimos a nossa missão, voltamos para os braços do Pai, para a nossa morada eterna. Só estamos aqui de passagem e não há o que temer, pois a vontade de Deus é perfeita. A missão de Gagarça foi dar à luz sua filha e deixar para nós uma menina linda, que cresceu cercada de muito amor e carinho. Hoje, ela é uma moça educada, inteligente e formada em Medicina, nossa doutora Jéssica Ribeiro da Paixão Takenami. Minha amada Jéssica, saiba que você terá sempre um espaço especial no meu coração, na minha vida e neste livro.

"Oi, meu nome é Jéssica e sou sobrinha de Elizabete Valentim, a quem chamo carinhosamente de tia Beta. Dela, recebi um convite muito especial para contar um pouco da minha história, uma história que minha tia Beta chamou de "superação". Para mim, tudo que vivi e o que ainda estar por vir vão muito além da superação. Trata-se, principalmente, de uma história de coragem, perseverança e de muita fé.

Dentro das minhas capacidades e com a ajuda de familiares (inclusive, tia Beta teve muita influência na minha decisão), optei por cursar medicina fora do país, no Paraguai. A escolha de ir foi feita em dezembro de 2017, e já no dia 10 de janeiro de 2018 embarquei para a Cidade do Leste, a fim de viver mais esse desafio. Em um país vizinho, porém com uma cultura muito diferente e uma desigualdade social marcante, eu depositei a esperança de conquistar um sonho que, agora, se transformou em meta. Eis o lugar onde começou a minha história de coragem e fé.

Eu me tornei a aluna número um da classe e me formei com méritos, sendo uma das melhores alunas dos seis anos de minha formação. Fiz estágios, fui convidada por doutores para acompanhá-los, montei grupos de estudo e fundei uma liga, na qual aprofundávamos determinados temas da Medicina. Foram horas de plantões e noites sem dormir, estudando todos os dias, de domingo a domingo. Sempre me mantive fiel ao meu objetivo final e à minha decisão de ser uma excelente profissional."

Minha sobrinha querida, meu coração transborda de orgulho, alegria e gratidão a Deus pela pessoa maravilhosa que você é. Ao longo do tempo ou no tempo certo, percebo em cada detalhe a bondade, o cuidado e o propósito do Senhor na sua vida e na vida da minha família. Deus é soberano e está no controle de tudo.

Assim como eu superei a dor do luto, desejo que você, que está experimentando essa ou outra dor avassaladora, seja encorajado a superar tal processo. Mesmo que as lágrimas estejam banhando o seu rosto, creia que Deus é o nosso refúgio. Ele está conosco nos dias alegres e nos dias tristes também. Espero que você consiga ressignificar sua dor, bem como reorganizar os seus pensamentos e sentimentos. Não perca a sua essência, não deixe de se cuidar, não se entregue à tristeza e à depressão. Levante, Deus vai fortalecê-lo.

É preciso continuar, ir adiante, fazendo a escolha de ser feliz e de encontrar novas motivações para recomeçar. Comprometa-se com os seus propósitos e construa uma vida com significado, pois, ao longo de nossas jornadas, teremos batalhas e lutas. Por isso, desejo que todos os seus dias sejam felizes e que o otimismo e a crença em algo o façam prosseguir. Comece agora!

Como diz Jéssica: dê o primeiro passo com medo mesmo, com dúvidas, comece sem nada pronto, porque é nesse caminho e com essa atitude que a gente cresce, amadurece, aprende e vive os momentos mais inesquecíveis. É assim que vencemos desafios que nem imaginávamos que poderíamos vencer. Nesse percurso, criamos a nossa história de superação.

“Conseguimos superar e lidar com os momentos difíceis ao enfrentá-los com muita força e perseverança.”

Elizabete Valentim

Fernanda Vella

Sou Fernanda Vella, filha de pais incríveis, casada, mãe de um filho gerado em meu ventre e um de coração. Conquistei dois grandes projetos de vida: a constituição da minha família e uma empresa de desenvolvimento de pessoas.

Sou mentora, escritora, especialista em Desenvolvimento Humano e Organizacional, *Master Trainer* comportamental e *Master Coach*. Contribuo com grandes organizações na área de gestão de pessoas há mais de 20 anos.

Fundei a Power Desenvolvimento Humano, e meu propósito é impulsionar empresas em fase de expansão nos negócios, entregando soluções personalizadas com excelência e humanidade. Minha vida não foi fácil, transformei desafios em oportunidades de evoluir e hoje ensino o que aprendi.

vella.fernanda

powerdhumano

Fernanda Vella

+55 (11) 97499-9227

fernandavella@powerdhumano.com.br

www.powerdhumano.com.br

Elas fazem ACONTECER

11

Conquistando o impossível: a arte de transformar desafios em oportunidades

Por Fernanda Vella

Eu ainda era muito jovem quando desejei ingressar no mundo profissional. Sentia verdadeira admiração quando via aquelas mulheres sérias e elegantes que pareciam ter importantes responsabilidades, tomando decisões e gerindo pessoas. Isso me dava até um certo medo, mas, ao mesmo tempo, algo me dizia que aquele era o caminho que eu deveria trilhar.

Minha coragem e curiosidade sempre me impulsionaram. Claro, muitas vezes fiquei apreensiva por viver o novo, mas não nasci para ser paralisada pelo medo – sempre acreditei que sonhar é o que faz a vida valer a pena. Vivemos pelos sonhos, metas, objetivos e propósitos. Tenho certeza de que só chega até mim aquilo que sou capaz de realizar.

Com 16 anos, estava imersa no mundo organizacional, encantada com quase tudo o que via. Tive a sorte de começar em uma grande e estruturada empresa; aprendi com excelentes profissionais a cuidar de processos e de pessoas e me apaixonei. Mas, fora daquele cenário, pude entender quanto trabalho havia pela frente. Quantos talentos eram colocados no lugar errado, quantos profissionais estavam amedrontados, quantos seres humanos desamparados. De experiência em experiência, desenvolvi as mais robustas competências. Descobri que amo pessoas, em especial a complexidade, capacidade e grandiosidade do ser humano. O meu esforço em aprender sempre mais e a minha dedicação para entregar o meu melhor, a fim de fazer a diferença na vida das pessoas e nos lugares pelos quais eu passasse, me conectaram com uma sensibilidade e humanidade capazes de estimular grandes transformações. Se você acredita em dom, hoje posso afirmar que esse é um dos meus, e assumi isso como uma missão, pois desenvolver pessoas sempre foi uma paixão para mim.

Mas a jornada da minha vida profissional não foi tão suave quanto descobrir o meu propósito. Eu precisei ser muito forte, uma menina guerreira, numa estrada de curvas perigosas, repleta de frustrações, medo e decepções – afinal, ser mulher profissional não era fácil até então. Conheci de perto a dor do preconceito, do assédio, da falta de respeito e de não ter ao menos o direito de estar no meu lugar. São incontáveis os nãos que ouvi, as pessoas que acolhi, os desafios que vivi.

Ao longo de minha carreira, presenciei centenas de casos de assédio e preconceito contra todos os gêneros, além de decisões machistas ou antiéticas. Tive o desprazer de trabalhar com profissionais extremamente tóxicos, que tornavam mais difícil a rotina de todos e não consideravam que, para vencer, não é preciso destruir os outros. Tentaram convencer -me de que o mundo era assim e que eu deveria saber administrar isso. Tais situações não ocorreram somente com outras pessoas – eu também sofri com questões desse tipo. Compartilho aqui, brevemente, duas histórias que aconteceram em minha jornada.

Em uma de minhas experiências profissionais, fui vítima de assédio moral – um caso grave, desumano, inadmissível. Como eu conhecia bem os meus direitos e deveres, recorri à justiça e ganhei a causa. Tomei essa decisão principalmente para encorajar as pessoas a não aceitarem maus-tratos, pois todos são importantes dentro de um sistema e devem ser tratados com respeito e igualdade. Principalmente num cenário organizacional, isso é o mínimo desejado.

Nenhum recurso financeiro diminui a dor da humilhação diante de situações opressivas, dignas de repúdio. Na época em que tudo aconteceu, eu apenas busquei proteger-me e proteger outros profissionais por meio da minha história, mas não conseguia entender tamanha crueldade vinda de alguém que ocupava uma posição de liderança. No entanto, hoje sei que essa pessoa não gostava e não sabia liderar pessoas. Ela estava no lugar errado e foi a responsável por muitos prejuízos, dores e descontentamentos.

Infelizmente, também fui vítima de assédio sexual. De maneira assustadora, fui perseguida por alguém que me tirava a paz e me fazia sentir nojo e desespero por trabalhar naquele lugar. Eu já não dormia mais, era cercada de propostas indecentes que, talvez, pessoas inocentes tivessem coragem de aceitar. Em minha carreira, muitas vezes precisei posicionar-me e dar lições de moral e caráter a indivíduos que passaram dos limites. Situações como essa sempre me causaram repulsa, porém, eu soube me proteger. Mas, nesse caso específico, fui ameaçada; vulnerável, pedi demissão, seguindo meu caminho. Mais para a frente, entendi que aquele ser era doente, mas muito bom tecnicamente. Concluí que, talvez, estranhamente, em alguns lugares, a ética e a integridade sejam negociáveis – ainda assim, meus valores pessoais nunca serão. Prometi para mim mesma que batalharia com todas as forças para ajudar as empresas a entender como proteger e cuidar das pessoas, bem como sustentar seus valores e implementar um código de ética e conduta justo e consistente. Quando a empresa tem esse olhar, dificilmente casos como o meu acontecem.

Para mim, é um prazer e uma obrigação lutar por essa causa. Não estou aqui para administrar o inaceitável, quando posso dedicar meu conhecimento e me unir com quem anseia por mudanças. Vamos, juntos, dizer não ao assédio e sim ao respeito!

Fui julgada inocente, sonhadora e perdi as contas de quantos duvidaram da minha capacidade, mas as pessoas certas acreditaram em mim. Com isso, ganhei forças e percebi que jamais chegaria aonde eu queria se aceitasse o humilde lugar que me ofereciam. Eu não conhecia todo o meu potencial, mas sabia que podia ir mais longe. Parei e olhei para dentro, entendi que precisava me conhecer melhor e me preparar, para, depois, seguir em busca dos meus sonhos. Então, estruturei e executei o meu plano, tudo começou por mim. Só é capaz de transformar aquele que foi transformado. Só temos para oferecer ao outro aquilo que transborda em nós.

Lutei e quebrei barreiras, desejava mais do que a maioria – não para ser grande, mas para realizar coisas grandes. Aprendi que o mundo dos negócios era muito mais desafiador do que eu imaginava. Descobri pessoas carentes, com muitas dores e até mesmo doentes, forçadas a entregar um trabalho de alta performance. Olhei para tudo aquilo com indignação, mas, com carinho, busquei um caminho para poder ajudar.

Como diz o ditado popular: "uma andorinha só não faz verão". Eu sabia que não poderia transformar o mundo sozinha, mas tinha a certeza de que, fazendo ao menos a minha parte de forma bem-feita, poderia influenciar pessoas e direcioná-las no caminho da evolução. Além disso, fui me conectando com especialistas que olhavam para a mesma direção. Juntos, formamos uma egrégora de profissionais que se levantaram para colaborar com o desenvolvimento humano e, de alguma forma, contribuir com o mundo.

No entanto, a minha causa era ainda mais nobre: eu queria unir o potencial das pessoas a fim de gerar resultados extraordinários para as organizações, pois empresas e instituições se tornam o que seus profissionais são e chegam até onde seus colaboradores forem capazes de levá-las. Por esse motivo, é imprescindível desenvolver e fortalecer o time, em especial, a liderança, e implementar e disseminar uma cultura forte, cujos valores estejam alinhados com as expectativas de quem a representa. E, para sustentar a satisfação, o segredo está na experiência proporcionada às pessoas, desde o momento em que entram em contato com a marca, até quando a jornada acaba. Estive nesse papel por muitos anos em grandes organizações, mas, quando olhava para fora, notava o quanto as pequenas e médias empresas não tinham conhecimento da importância de tudo isso, e nem sequer faziam ideia do quanto trabalhar tais pilares é essencial para obter melhores resultados.

Decidi voar em busca do meu propósito e escolhi empreender para poder impactar mais vidas e negócios. Mas essa escolha causou muitas provações – precisei abrir mão de uma carreira sólida, de um emprego estável, de uma remuneração fixa e diversos benefícios. Prescindi de equilíbrio financeiro, das férias, de uma rotina de fácil gerenciamento, de problemas e *personas* com os quais eu já estava acostumada, para viver algo novo, algo que eu não conhecia.

Um *mix* de emoções reverberava dentro de mim. Com o peito cheio de esperança por aquilo que estava por vir e o coração apertado por deixar para trás o que havia construído até ali, parti rumo ao desafio de sair da zona de conforto para conquistar o meu lugar no mundo. Levei na mala, além das conquistas e dos aprendizados, lágrimas nos olhos, a saudade dos bons momentos e amizades para a vida toda.

Iniciou-se uma nova jornada, as dificuldades chegaram sem pedir licença e, de maneira avassaladora, fizeram-me duvidar. Fui tentada com ofertas irrecusáveis e pensei em desistir. Mas, para construir o meu legado, só existe um caminho: o da coragem e fé. Escolhi acreditar que era possível, e o que parecia improvável para muitos começou a acontecer. Minha empresa nasceu e, de indicação em indicação, cresceu. Entreguei projetos que proporcionaram grandes mudanças e excelentes resultados para meus queridos clientes. Os *feedbacks* emocionavam-me e faziam-me acreditar que eu estava no caminho certo. Aos poucos, fui estruturando meus serviços, experimentado novos métodos, aprofundando-me em técnicas avançadas e especializando-me ainda mais para fazer meu trabalho com excelência – afinal, só podemos ensinar aquilo que aprendemos. Você não é capaz de guiar alguém por um caminho que não percorreu.

Porém, a principal história de superação da minha vida deu-se após o nascimento do meu filho, que é um milagre. Seu primeiro ano de vida foi a fase mais desafiadora de todas que vivi. Fico orgulhosa quando olho para trás e vejo o quanto amadureci, me tornei mais forte e, ao mesmo tempo, mais sensível. Graças a Deus, não estava sozinha, tive ao meu lado meu amado esposo e minha maravilhosa mãe amparando-me. E, apesar de tudo isso ter causado turbulências e desaceleração em minha vida profissional, também me ajudou a assumir a minha melhor versão. Hoje, sinto-me infinitamente mais capaz.

Como empreendedora e especialista em Desenvolvimento Humano e Organizacional sinto-me grata por oferecer soluções que contribuem fortemente para o crescimento sustentável dos negócios, a partir do potencial dos times. Por outro lado, honro aqueles que vieram antes de mim e não tiveram a oportunidade de escrever como gostariam a sua própria história. Dessa forma, me empenho para que, de hoje em diante, o cenário organizacional seja muito mais ético, inclusivo, responsável, leve, conectado a um propósito e que cuide dos colaboradores, dando a eles o devido valor. Esse é o meu negócio – fazer com que as organizações entendam que o recurso mais valioso que elas possuem são as pessoas. Mais do que isso, trabalhar a cultura organizacional, a experiência do colaborador, apoiar, capacitar e fortalecer os profissionais que ocupam posições de liderança, para que estejam aptos a auxiliar no processo de desenvolvimento de pessoas, e dar a elas o direcionamento necessário.

Sigo pautada em meu propósito, dedicando-me cada dia mais à conquista do extraordinário. Coloco-me como instrumento de desenvolvimento e transformação diante da necessidade das pessoas e das organizações, com métodos, técnicas, humildade e humanidade. Assim, estou cada dia mais forte na arte de transformar desafios em oportunidades.

Se você é mulher e também deseja fazer diferente para fazer a diferença, bem-vinda ao universo daquelas que se levantaram para transformar o mundo. Comece curando as suas próprias feridas, bebendo o néctar do conhecimento e encontrando o caminho para praticar sua missão, tendo clareza de seu propósito.

O seu lugar é aonde você ousar estar! Então, ouse ir além do óbvio, e não aceite menos do que você merece. Lembre: toda a força e sabedoria de que você precisa já habita dentro de você. Conecte-se à sua essência e transborde para o mundo o seu melhor. Afinal, o impossível é só uma questão de opinião.

Para finalizar este capítulo, eu o(a) convido a refletir: "O que você está fazendo pelos seus sonhos?". A conquista dos seus objetivos está inteiramente em suas mãos, pois no barco da sua vida é você quem dá a direção.

“Toda a força e sabedoria de que você precisa já habita dentro de você. Conecte-se à sua essência e transborde para o mundo o seu melhor.”

Fernanda Vella

Gabriela Pita

Sou Gabriela Pita, natural de Salvador (BA), filha dos amados Eurídice e Paulo, mãe de duas bênçãos, André Gabriel, advogado, e Pedro Paulo, estudante, e noiva do empresário Marcelo Ramiro. Moro em Senhor do Bonfim (BA).

Advogada especialista em Direito Público e Direito e Processo do Trabalho, sou pós-graduada em Magistério Superior do Direito, presidente da OAB – Subseção de Senhor do Bonfim (OAB/BA) e proprietária do escritório Carvalho Melo & Pita Advogados Associados. Fui diretora do Departamento de Assuntos Jurídicos e do Departamento de Licitações e Contratos, além de presidente da Comissão de Licitação em Barra dos Coqueiros (SE), Procuradora de Assuntos Jurídicos do Município de Ponto Novo (BA) e Procuradora adjunta de Senhor do Bonfim (BA).

gabrielacmpitaadv

+55 (74) 99117-1090

gabrielacmpita@gmail.com

Elas fazem ACONTECER

12 Fé e resiliência diante dos desafios

Por Gabriela Pita

Aos 9 anos de idade, fui embora de Salvador (BA), minha cidade natal, para morar em Juazeiro (BA), em decorrência da transferência de meu pai, então servidor público, e foi nessa cidade que vivi um dos maiores desafios da minha vida.

Venho de uma família de classe média baixa e sou a filha mais velha de três irmãos: Sérgio Ricardo, major da polícia Militar e bacharel em Direito; Ana Carolina, assistente social; e Antônio Fernando, advogado. Sempre existiu entre nós uma convivência harmônica – claro que com as brigas e implicâncias da infância –, mas com muito amor em nossa relação.

Tive a oportunidade de cursar o ensino médio em escolas de classe média alta, porque minha mãe, à época, era professora, o que me concedia a benesse de estudar em escolas particulares gratuitamente. Sempre tive os meus pais como exemplos, mas minha mãe era o meu espelho de garra e coragem.

Desde os 11 anos, eu já sabia que seria advogada, todo o meu proceder era cheio de autoridade, postura e ousadia, algo que chamava a atenção de todos. Nos trabalhos da escola, eu era sempre a líder, e tomava a frente como "advogada de defesa" em qualquer confusão, sem falar nos argumentos para fazer prevalecer a minha "tese".

Com o passar dos anos, esse desejo foi tornando-se latente, mas os arroubos da mocidade acabaram adiando esse sonho.

Sempre fui uma adolescente inquieta, cheia de indagações, sonhos e uma vontade imensa de viver, mas, ao mesmo tempo, era insegura, repleta de complexos e crenças limitantes. Apesar de ser muito amada, cresci ouvindo palavras que não me fortaleciam, assim, achava-me incapaz de conseguir chegar aonde eu cheguei. Nunca fui boa aluna, era constantemente comparada com meu irmão mais novo, que conseguia ser melhor do que eu em quase todas as matérias, mas eu era excelente escrevendo, falando e interpretando.

Ainda na adolescência, vi meu pai falir e nossa vida virar de cabeça para baixo. No meio desse caos, minha mãe ergueu-se como provedora principal familiar e ainda ingressou no curso de Direito, conseguindo conciliar as aulas com o magistério, as tarefas de casa, e os cuidados comigo e com meus irmãos.

Foi em meio a essa turbulência que descobri, aos 16 anos, que estava grávida. Ao vivenciar um dos piores momento de nossa família, vi-me esperando um filho, o que me desesperou. Por medo, pensei até em abortar, e escondi a gravidez dos meus pais por quase seis meses. Até que, ao descobrirem, eles me acolheram, orientaram e mostraram todas as consequências advindas do ato sexual sem responsabilidade.

A partir daquela data, uma nova Gabriela surgiu. Enquanto a minha barriga crescia, eu era imbuída de coragem e vontade de vencer, pois no meu ventre havia um ser que dependia de mim e eu precisava ser melhor por ele. Em janeiro de 1996 eu me casei, e em fevereiro do mesmo ano nasceu André Gabriel, meu primogênito – lindo e cheio de saúde, transformando inteiramente a minha vida.

Alguns meses depois, fui aprovada no vestibular de Pedagogia na Uneb de Juazeiro. Por alguns meses, cursei essa faculdade, mas acabei abandonando as aulas, pois esse ainda não era o curso que eu almejava.

Em busca de novas oportunidades, minha família mudou-se para Senhor do Bonfim (BA) e fui com eles. Foi nessa cidade que revolucionei a minha história. Assim que cheguei, comecei a dar aulas de reforço para conseguir ajudar nas despesas de casa. Alguns meses depois, surgiu a oportunidade de fazer um teste para concorrer à vaga de secretária da OAB/BA – Subseção de Senhor do Bonfim. Tendo sido aprovada, lá tive o meu primeiro emprego com carteira assinada. Também foi lá que mantive ainda mais vivo o meu sonho. Mal sabia eu que nesse lugar eu ainda iria fazer e acontecer.

Conciliei trabalho, cursinho pré-vestibular e os cuidados com meu filho. Passava horas debruçada nos livros, com o desejo ardente de passar no vestibular de Direito e me tornar advogada. Durante essa busca, vivi mais uma desilusão: meu casamento chegou ao fim, e tive que voltar a morar com os meus pais.

Nesse período, meus medos retornaram. Enquanto eu retomava os estudos para o vestibular, mil pensamentos passavam por minha cabeça. De que forma estudaria Direito, já que em Senhor do Bonfim não havia faculdade? Como deixaria o meu filho? Quem iria cuidar dele, sustentá-lo? E quem pagaria as minhas contas? Esses pensamentos eram levados em oração a Deus, enquanto eu continuava estudando e acreditando que tudo seria possível.

Enfim, recebi o resultado que eu tanto esperava: a aprovação no vestibular de Direito, mas a faculdade ficava em Aracaju (SE). E agora, como seria? Mas é nessas horas que descobrimos que, quando temos fé e determinação, tudo acontece. Quando confiamos em Deus, colocamos o pé e Ele nos dá o chão.

Nenhum sonho seria possível dentro de mim se ele não tivesse nascido antes no coração de Deus – e, como era de se esperar, Ele cuidou de tudo. Meus pais se disponibilizaram a ficar com meu filho e cuidar das necessidades dele, para que eu pudesse cursar a faculdade em Aracaju, e ainda me ajudaram em tudo o que eu precisava.

Assim, fui embora para Aracaju com apenas uma mala e um sonho vivo no coração. Lá, vivi uma fase de desafios, choro e saudade. Estava longe de casa, do meu filho, dos meus pais, irmãos e do meu namorado – longe de tudo o que me fortalecia. Trabalhei em lugares onde fui humilhada, peguei muito ônibus debaixo de chuva e passei por privações, mas confesso que nunca desacreditei do que Deus faria na minha vida.

Passado algum tempo, consegui um emprego que me possibilitou pagar a minha faculdade e me auxiliar nas despesas. Então, atravessava todos os dias a cidade para pegar um barco e ir para a prefeitura de Barra dos Coqueiros (SE), lugar onde aprendi e cresci muito.

Depois de quase seis anos voltei para Senhor do Bonfim com o diploma em mão para exercer a advocacia. Na mesma cidade, eu me casei e tive mais um filho, meu caçula Pedro Paulo, que veio para dar ainda mais sentido e amor à minha vida, além de paciência e maturidade. Ao lado do pai dele, José Reis, construímos um patrimônio e uma história de amor, a qual, apesar de não ter dado certo, me trouxe mais experiência. Além disso, ele se tornou o pai dos meus dois filhos.

Uni-me à minha mãe no escritório que ela tinha, e em menos de um ano conseguimos crescer e expandir. Mas, como a vida é sempre repleta de surpresas e aflições, minha mãe sofreu um infarto quando eu estava grávida do meu filho mais novo e precisou ser submetida a uma cirurgia. Além disso, meses depois meu pai descobriu um câncer, o que obrigou a minha mãe a cuidar dele. Ela, então, teve que se afastar por completo do escritório e eu tive que aprender, com muito equilíbrio e controle emocional, a geri-lo sozinha. Foi mais uma fase de muito medo e insegurança, mas a confiança e a determinação me fizeram seguir e acreditar que tudo ficaria bem.

Minha mãe recuperou-se, voltou à ativa, e conduzimos juntas o Escritório Carvalho Melo & Pita Advogados Associados, com atuação em Senhor do Bonfim, região e vários Estados brasileiros – agora também composto por meu irmão Antônio Fernando. Ainda nessa fase, fui Procuradora adjunta no município de Senhor do Bonfim e Procuradora de Assuntos Jurídicos no município de Ponto Novo.

Recebi da Câmara de Vereadores de Senhor do Bonfim uma homenagem no Dia das Mães, pelos relevantes serviços prestados à sociedade, e posteriormente o título de cidadã bonfinense. Em Senhor do Bonfim nunca me senti uma estrangeira, ao revés, estava em casa e era de casa. E se era para mim uma honra ser bonfinense por "usurpação" e por escolha, essa terra onde tanto cresci, imagine ser bonfinense por escolha de Bonfim, e com toda a titularidade?

Assisti ao meu filho mais velho, André Gabriel, também se formar em Direito e tornar-se um advogado irreverente e ainda mais ousado que eu. Nele, vejo o cumprimento de tudo aquilo que Deus prometeu para mim, e percebo, encantada, o quanto meu filho é a minha melhor versão. Com ele, aprendo a ser mais leve e determinada.

E como Deus é especialista em nos dar infinitamente além daquilo que pedimos ou que pensamos, passados alguns anos recebi o convite do presidente da OAB Subseção de Senhor do Bonfim, à época o saudoso amigo Dr. Cirinho, para compor a Diretoria da OAB. Foi um convite de imensa honra, especialmente para mim, que havia sido secretária dessa mesma instituição. No entanto, naquela ocasião, eu ainda não tinha o tempo necessário de exercício da advocacia para compor os quadros da Diretoria da OAB, o que somente se tornou possível na gestão de Dr. Antônio Campos.

Por meio dos amigos Antônio Campos e Cirinho, surgiu a ideia de eu me candidatar à presidência da OAB Subseção de Senhor do Bonfim. A princípio, fiquei temerosa e busquei ouvir outras pessoas, dentre elas o presidente da Seccional da OAB/BA à época, o Dr. Fabrício Castro, que me incentivou ainda mais a prosseguir. Assim, com muita garra, ousadia, fé, resiliência, determinação e competência, abracei a causa e, atualmente, estou exercendo esse cargo. Lutei e venci, a secretária chegou à presidência!

Veja o que diz a psicóloga Cladismari Zambon (2021) sobre o significado de resiliência:

> Quando falamos sobre ser resiliente, gosto de relembrar das palavras de Viktor Frankl, psiquiatra austríaco que, enquanto prisioneiro em um campo de concentração, escreveu o livro *Em busca de sentido*, contendo a máxima: 'Quem tem um *porquê* enfrenta qualquer *como*'.
>
> Embora estivesse vivendo em condições desumanas à época, o autor observou que algumas pessoas na mesma situação enlouqueciam e morriam, ao passo que outras sobreviviam e se mantinham ativas. A essa capacidade de retomar a vida existente em um fio Frankl chamou de resiliência: "Quando não conseguimos mais mudar uma situação, temos o desafio de mudar a nós mesmos.

Ao longo do caminho, esse foi o meu desafio: mudar a mim mesma. Não podia mudar as circunstâncias em que eu vivia, mas podia enfrentá-las com resiliência, pois tinha um "porquê" para continuar lutando e acreditando.

A opção de desistir nunca fez parte dos meus planos, e contrariei as estatísticas de mulheres que engravidam na adolescência e não conseguem vencer. Em minha trajetória superei dores, traumas, fiz e faço acontecer todos os dias. Reescrevi a minha história e ultrapasso obstáculos com força e equilíbrio, sem nunca duvidar do quanto Deus é especialista em realizar sonhos.

Muitas vezes, as adversidades da vida nos paralisam e impedem que enxerguemos o potencial que nós temos, e assistimos, atônitos, à vida passar sem que tenhamos a força necessária para vencer.

A resiliência ensina-nos que somos mais fortes do que imaginamos. Tudo o que sofremos, quando superado, somente nos fortalece – esse é o resultado obtido pelas pessoas resilientes. Receitas prontas não existem e adversidades irão surgir; porém, tudo o que carregamos dentro de nós pode ajudar a transformar as perdas em ganhos.

Seja lá em que você crê, é importante que acredite em algo, que tenha um "porquê" que mantenha seus sonhos acesos dentro de você, porque, ao parar para analisar profundamente, você se dará conta de que somos os nossos principais sabotadores. Fazemos escolhas todos os dias e cabe a cada um de nós reclamar, correr, chorar ou arregaçar as mangas, agir e acreditar. Eu escolhi a segunda opção, e você? Que espécie de crença o paralisa?

Nunca é tarde para reescrever a sua história!

"A resiliência ensina-nos que somos mais fortes do que imaginamos."

Gabriela Pita

Gleicy Kellen

Filha amada de Deus, agradeço aos meus pais pela minha vida. Sou natural de Belo horizonte (MG) e resido em Charlton (MA), nos Estados Unidos, onde vivo com minhas filhas Salete e Katherine.

Esforçada e visionária, formei-me técnica em edificações; após, formei-me em Engenharia Civil e tive sucesso em minha profissão no Brasil. Já nos EUA empreendi na área da construção e da limpeza. Formei-me em *Coaching* Integral Sistêmico e sou analista em perfil comportamental pela Febracis e pela Florida Christian University.

A verdade tem me libertado, somente depois de encarar a verdade é possível se encontrar. Tudo o que mais desejo hoje é poder ajudar as pessoas em suas jornadas de autoconhecimento, para que se permitam viver o extraordinário.

gleicy__kellen

+1 774-535-9642

gkellen9642@gmail.com

Elas fazem ACONTECER

13 Minha real identidade

Por Gleicy Kellen

Agradeço a Deus e aos meus pais pela minha vida. Nasci em uma família muito simples, sou a segunda filha de José Nilton e Maria Alves. Tenho três irmãos e, juntos, morávamos em um barracão nos fundos da casa dos meus avós. Não passamos fome, mas tínhamos muitas dificuldades – nem pia nosso banheiro tinha. Escovar os dentes só era possível do lado de fora da casa, no tanque de pedra onde minha mãe lavava as roupas.

Minha mãe ficava em casa cuidando da gente e do lar e meu pai era motorista de ônibus. Muito trabalhador, nunca o vi faltar um dia de trabalho, nem em casos extremos. Porém, presenciamos muitas brigas e confusões – eu não via meus pais felizes juntos. Ele, infelizmente, era alcoólatra e gostava de jogar. Gastava o pouco dinheiro que tinha e chegava em casa muito bêbado, por isso, havia tantos desentendimentos. Eu e meus irmãos acordávamos com os barulhos, o que fazia minha mãe brigar bastante com meu pai (ela também não era fácil). Não tinha agressão física, porém, todo o resto, sim. Eram quebrados objetos como copos, pratos etc. Às vezes, nós entrávamos na confusão para tentar amenizá-la, mesmo com muito medo de apanhar deles. Em algumas ocasiões, meu pai batia na gente.

Lembro que ele sempre trazia algo da rua, como um bombom, balas e outros doces. Muitas vezes, enquanto dormíamos, ele puxava nossa coberta para nos dar os presentes.

As brigas eram muitas ofensivas e cresci ouvindo minha mãe dizer: "Você tem que ser independente, não dependa de homem para nada. Só estou nesse casamento por causa de vocês. Se eu me separar, vocês vão morrer de fome". Também dizia frases como: "Não aguento mais esse casamento". Eles achavam que tinham que estar juntos por causa dos filhos, mesmo em um ambiente ruim. Minha mãe cobrava muito afeto e não recebia, mas ela também não o oferecia.

Eu precisei ter responsabilidades muito cedo e comecei a trabalhar aos 13 anos em uma copiadora; além disso, ajudava minha mãe com meus irmãos mais novos. Dancei por um tempo em bandas e grupos e fiz vários shows, assim, eu viajava para muitos lugares. Tinha vontade de sair da casa dos meus pais, pois não aguentava mais aquele ambiente de muitas brigas. Comecei a namorar muito cedo, com 14 anos – e, mesmo ainda tão criança, todos os rapazes para quem eu olhava eram o oposto do meu pai.

Eu me casei em 2007, com 17 anos, e logo tive a minha primeira filha. Fiquei casada por 16 anos, e ele era realmente o oposto do meu pai. Eu buscava incansavelmente a independência, era muito autossuficiente. Fui uma criança que não recebeu limites; então, tudo tinha que ser do meu jeito – eu sempre estava certa. Trabalhava e estudava muito, não queria ser uma mulher do lar nunca, pois achava que, ao ser dependente de um homem, eu viveria infeliz como minha mãe. Tinha medo de mostrar minhas fragilidades e nem chorar eu chorava, porque achava que isso era ser fraca e dependente. Esse jeitão meu foi destruindo-me como pessoa, mulher, mãe e esposa; consequentemente, meu relacionamento foi anulando-se para que coubesse no meu mundo. Se tudo não fosse do meu jeito, havia brigas e confusões.

Sempre tive muita garra e vontade de crescer, e isso veio desde muito cedo. Eu me recordo de, muito pequena, com cerca de 7 anos de idade, estar no barracão da minha casa, sentada no sofá e vendo aquela sala tão simples. Então, fechava meus olhos e imaginava uma sala linda, grande, com pisos maravilhosos e muitas almofadas, tudo impecável. Depois, abria meus olhos e sorria. Sabia que aquilo era passageiro; porém, quando voltava à realidade, eu conseguia melhorar aquele ambiente com o que tinha em mãos. Pegava um lençol e colocava no sofá. Além disso, tentava fazer almofadas com o que eu tinha, e o ambiente melhorava. Até hoje eu faço isso com tudo, percebo de onde a minha garra vem e o tanto que sou visionária. A vida treinou-me para ser assim.

Nossa visão, pensamentos e ações determinam nossa vida. Por isso, procure sempre ter pensamentos positivos

No fim do nosso relacionamento, ele verbalizou que o medo era a minha independência e, por essa razão, ele não me apoiava. Hoje, compreendo que eu buscava admiração e não tinha, e ele buscava segurança. Nossa relação era disfuncional e foi se destruindo.

Eu era muito reativa, fui mentirosa e hipócrita, mas não tinha ideia disso. Ele também teve os erros dele; porém, hoje eu reconheço os meus. Sempre é mais fácil culpar o outro, e eu fiz isso por muito tempo – não digo isso com orgulho, mas com muita sinceridade. Quero conscientizar você, mulher, a olhar para dentro de si mesma e se reconhecer com verdade, para que possa viver uma jornada de melhoria, dia após dia.

Vivi uma outra situação muito forte. Estava no dentista e, após fazer um procedimento, fui pagar, mas meu cartão não passou – porém, eu tinha cerca de 5 mil reais. Isso aconteceu em 2012, era muito dinheiro para mim. E eu fui muito grossa e sem educação, dizendo: "Mas como o cartão não me deixou pagar 400 reais?". Conto isso com verdade, mas sei que foi péssima a minha atitude. Naquele momento, senti Deus falando comigo: "Como vou deixar você ganhar 30 mil reais por mês se com 5000 mil você já está humilhando os outros?". Esse valor – 30 mil reais – era o salário que, naquela época, eu almejava ganhar no futuro. Depois disso, a chave virou na minha mente.

A lição que eu tive é nunca mais me sentir melhor que ninguém, em situação nenhuma. Esteja atenta, o Espírito Santo está o tempo todo falando com você, porém; só e possível ouvir a voz de Deus quando se tem espaço. Esvazie-se de si mesma.

Somente depois de encarar a verdade é possível se encontrar. Ele sempre me falava: "Gleicy, a verdade liberta!", e eu ignorava. Era Deus preparando-me para viver o melhor e minha real identidade, e não a vida dos meus pais e meu passado. Não há como pôr em prática o seu propósito e realizar seus sonhos vivendo no passado, sem liberar o perdão. Quando compreendemos que somos criações de Deus, tudo muda.

Minha transformação começou quando levantei a mão e pedi ajuda – o que é um sinal de coragem e força, e não de fragilidade. Eu achava que não precisava de ninguém, o orgulho me consumia; por essa razão, estava me destruindo em todas as áreas da minha vida. Pedia a Deus para mudar minha realidade, comecei a ler a Bíblia, a ir à igreja, à psicóloga, a ler livros, assistir a filmes, vídeos, fazer cursos e ter mentores. Assim, fui reconhecendo tudo. Aquela frase da minha mãe fixou-se em mim com muita verdade: "Seja independente, minha filha". A fortaleza em mim era só uma armadura para me proteger, pois, no fundo, eu queria ser amada e cuidada – porém, eu não dava espaço para isso acontecer. Como eu era um trator, as pessoas tinham até medo de mim. Enfim, estava muito triste comigo mesma e continuei buscando ajuda.

Fiz o curso Mulher Única e, ao estudar, cuidei da minha singularidade. Logo após, fui fazer o Método Cis (Inteligência Emocional). No curso, a verdade bateu forte – foi um divisor de águas na minha trajetória, porque veio a autorresponsabilidade e a consciência em todas as áreas da minha vida. Descobri, inclusive, que o que eu cobrava no meu relacionamento era o que meu pai não fazia, e eu descontava em meu companheiro. Percebi que não tinha liberado o perdão para meus pais, e eu carregava isso nas costas. Inconscientemente, queria salvar minha mãe, e por isso não me reconhecia. Não estava vivendo a minha real identidade, e sim a dos meus pais. O tempo todo eu me sabotava, em todas as áreas da vida. Convido você a olhar para a sua vida agora e analisar se você está fazendo o mesmo – agimos assim de modo inconsciente.

Quando estava finalizando o curso, foi-me oferecida a formação em *coach* integral sistêmico. Durante a explicação, meu coração disparava e as mãos suavam, senti com muita força que deveria fazer esse curso, pois tudo o que era falado estava ligado a algo que eu buscava havia muitos anos. Sempre quis conhecer-me realmente; algumas pessoas incentivaram-me a fazer o curso e, por fim, eu o fiz.

Meu primeiro dia no curso de *coaching* foi surreal. Sabe quando você faz algo que parece que já estava fazendo há anos, e só parou por um tempo? Foi exatamente assim. Hoje percebo que tomei a melhor decisão, pois me encontrei completamente. Quando comecei os estudos, não imaginava que faria atendimentos, mas durante o curso fui tendo certeza de que sim! Me lembro de que fui fazer uma ferramenta com uma pessoa muito especial – eu estava de um lado da sala, e ela na outra ponta. Somente nós duas estávamos sem duplas e ali nos conectamos. Quando terminamos, ela olhou nos meus olhos e disse: "Este é o seu propósito! Você nasceu para isso!".

O que eu senti foi tão forte que me arrepiava toda. Conversei, então, com Deus e disse: "Senhor, nunca imaginei fazer atendimentos", e sorria feliz. Já saí dali com várias pessoas me dizendo que eu havia nascido para isso, e alguns amigos falavam: "Quero ser sua *coachee*". Sem divulgação, comecei meus atendimentos; a cada seção, sentia a presença de Deus, bem como as pessoas se libertando... Não tem remuneração que pague ver cada *coachee* com os olhos brilhando de gratidão, esperança e ânimo. Essa atuação nem passava por minha cabeça, mas hoje eu amo o que faço – com toda minha experiência de vida, tornei-me essa mulher resiliente e com muita garra. Eu faço acontecer!

A formação do perfil comportamental foi a peça que faltava. Penso que todos os seres humanos deveriam compreender sobre perfis, pois com essa formação meu nível de empatia subiu absurdamente. Hoje, conheço-me muito bem, controlo melhor minhas emoções e, consequentemente, conheço bem as outras pessoas. Com isso, estou conseguindo ajudar o próximo. Somos seres únicos, e quando o senso de singularidade de uma mulher é roubado, dilapidado ou destruído, tanto ela quanto aqueles que a cercam sofrem um dano quase irreversível. Sou a prova viva disso! O nosso valor está em ser e não no que tenho ou faço.

Precisamos ter clareza da nossa identidade para que possamos viver uma vida próspera, pois só e possível experimentar essa realidade quando começamos a ressignificar nossas feridas do passado. Quando não conhecemos nosso valor em Cristo, tudo o que fala ao nosso respeito nos machuca. É preciso fazer o caminho de volta e tirar todas as mentiras colocadas em nossas vidas até hoje.

Lembre: Deus nos fez à sua imagem e semelhança. Você foi planejada, não veio a esse mundo por acaso. Você é única. Pergunte-se: "O que eu faço de natural?".

Somos seres únicos e viemos ao mundo com dons. Por isso, repare bem no que você faz sem muito esforço, pois o seu propósito normalmente está ligado ao seu dom natural, E essa singularidade, relacionada ao seu propósito, vai progredindo e ganhando potência. Pare de olhar para os lados e olhe para dentro de si mesma com verdade, empatia e respeito.

Vou lhe dizer algo com todo o coração: se eu, Gleicy, pude libertar-me de tudo, você também pode, só depende de você. Conte comigo, pois o que eu puder fazer para ajudá-la nessa jornada eu farei. Estou aqui por você. Quero encorajá-la a olhar sua vida com verdade. Todas merecemos uma vida próspera. Se você estiver totalmente convicta de que é amada pelo Senhor, nada poderá impedi-la de atingir os propósitos divinos para a sua vida.

Tenha coragem de investir no processo de autoconhecimento. Eu tenho me tornado uma grande mulher e uma mãe maravilhosa. Minhas filhas, hoje, são mais felizes e eu também. Deus usa os improváveis e, como disse, sou prova viva disso.

Fiquei muito feliz ao receber o convite para escrever este capítulo. Peço a Deus que minha história possa somar em sua vida. Indico alguns livros que me ajudaram muito em minha evolução: *O poder da autorresponsabilidade*, *O cavaleiro preso na armadura*, *A boa sorte* e *As 5 linguagens do amor*.

Permita-se conhecer e viver o melhor desta vida. Conte comigo!

*"A verdade,
a consciência
e, depois, a
transformação.
Somente após
encarar a verdade é
possível encontrar a
si mesmo."*

Gleicy Kellen

Jaque Bennert

Sou Jaqueline Bennert Pires, nascida em Ituporanga (SC), onde construí minha história ao lado da minha família – minha maior fonte de amor e inspiração. Casada há 18 anos com Wellington, um companheiro extraordinário, sou mãe de Arthur e Matheus, irmã de Carlos e Cleiton, e filha de Dona Zelita e de Seu Arlindo Bennert.

Como contadora, acreditava que o sucesso era medido apenas em termos financeiros. Após a morte do meu pai, compreendi que o verdadeiro lucro reside no amor pela família e na busca pela harmonia interior.

Essa jornada de dor e autodescoberta fez-me dedicar minha vida a ajudar outras mulheres a encontrarem seu próprio caminho para o sucesso, que vai muito além do dinheiro. Como mentora de empresárias, compartilho não apenas técnicas de negócios, mas também valores de amor, gratidão e equilíbrio.

jaquebennert

grupojb.se

Jaqueline Bennert Pires

+55 (47) 99930-2555

jaqucline@grupojb.se

Elas fazem ACONTECER

14 O verdadeiro lucro está nos detalhes da vida

Por Jaque Bennert

Entre o dia em que nascemos e o dia em que morremos, temos uma história para contar. Uma história com vários capítulos, e todos os capítulos da nossa trajetória trazem-nos até aqui. Muitas vezes, o errado leva-nos ao lugar certo, e eu posso provar.

Em 2001, ao concluir o Ensino Médio, meu único desejo era sair de casa e prosperar financeiramente. É importante destacar que meu pai a vida toda lutou contra o alcoolismo. Ele estava melhor nessa época, mas ainda tínhamos medo de que ele voltasse a beber. Quando tentei morar longe de casa e fugir dos meus problemas familiares, meus planos não deram certo e acabei voltando à casa dos meus pais. Tentei os cursos de Secretariado Executivo e Letras, mas não gostei de nenhum deles e acabei decepcionando meus pais – o que é bem comum para uma adolescente sonhadora. Sentindo-me sem saída, decidi estudar Ciências Contábeis, porque percebi que estava perdida e precisava me firmar em algo. Comecei a trabalhar em uma empresa perto de casa, e apesar de achar que sabia tudo, na verdade, tinha muito a aprender.

Conheci meu marido em 2006 – ele é paulista, e eu, catarinense. Não tínhamos a mesma cultura e enfrentamos o choque cultural nos primeiros anos juntos. Nossas situações financeiras eram parecidas, sem bens materiais para oferecer um ao outro, somente a vontade muito grande de estarmos sempre juntos. Inclusive, tínhamos diversos sonhos em comum. Decidimos morar juntos; nesse meio-tempo, eu finalmente me formei na faculdade de Ciências Contábeis. Éramos funcionários na época.

Meu marido foi a pessoa que, mesmo sem que eu concordasse muitas vezes, abriu minha mente e me fez sair da minha "caixinha". A essa altura da vida, eu me achava muito forte e destemida, mas eu ainda era, na verdade, uma menina assustada que não sabia nada da vida e que buscava a aprovação das outras pessoas. Tudo o que acontecia comigo disparava gatilhos que me levavam de volta aos meus traumas de infância. Além disso, algo sempre dava errado quando que eu queria fazer uma coisa grandiosa.

Passaram-se alguns anos e eu já estava muito mais madura. Tivemos nossos dois filhos e trabalhávamos juntos no mesmo escritório de contabilidade. Nessa fase da vida, eu estava certa de que faturamento era lucro. Lia aqueles relatórios de faturamento dos clientes e pensava: "Nossa! Um faturamento de 500 mil, 100 mil? Esses clientes devem ter uma vida muito boa. Que maravilha faturar esse valor todo!".

Eu continuava não sabendo nada sobre a vida, pois não havia passado ainda por situações que me fariam acordar. Muitas coisas aconteceram nesse período, e acabei saindo do escritório de contabilidade e indo trabalhar numa Cooperativa de Crédito.

Aos poucos, comecei a comparar os clientes do escritório com os da Cooperativa de Crédito e percebi que aquele faturamento apresentado na contabilidade não se refletia no saldo bancário. Então, começaram a cair algumas "fichas", como: faturamento não é lucro!

Passei a estudar feito louca para entender melhor sobre gestão financeira. Saí do mundo dos tributos para mergulhar na consultoria financeira. Comecei a respirar gestão financeira. Eu nunca me sentia pronta para começar, mas em 2019, com o incentivo do meu marido, saí da Cooperativa de Crédito e iniciei uma consultoria financeira independente, atendendo somente pequenas empresas. Estava realizada e finalmente achava que tinha encontrado meu propósito.

Certa vez, uma cliente procurou-me desesperada. Ela descobriu um rombo de 3 milhões nas contas da sua empresa, resultado de má gestão e falhas de comunicação com a contabilidade. Apesar de ser um desafio assustador, decidi aceitá-lo com o apoio do meu marido, que me encorajou a dar um salto na minha carreira. A experiência foi transformadora e convenceu-me de que estava pronta para ajudar empresários a gerirem seus negócios de forma saudável. Nesse período, desenvolvi o método "Viver do Lucro" e obtive resultados surpreendentes, restaurando a saúde financeira da empresa e fortalecendo minha paixão pela consultoria. Com o tempo, mergulhei ainda mais nesse universo, ministrando cursos, palestras e aulas, mas não tinha percebido que havia perdido de vista meu propósito verdadeiro. Todas essas fases passei ao lado do meu marido, nas quais compartilhamos sonhos e valores, mantendo o foco em crescer e viver juntos – uma meta que nos une até hoje.

No auge da minha carreira (era o que eu achava), os clientes chegavam e eu não dava conta da demanda. Minha agenda estava sempre lotada e meu ego estava nas alturas. Foi justamente nesse momento que aconteceu algo que não estava previsto no meu "planejamento". Durante a pandemia, meu pai voltou a beber, o que fez meu mundo desabar – o medo e os traumas da infância ficaram latentes na minha cabeça. Como uma criança consegue ser consultora financeira?

Nesse momento, eu já estava despertando a minha consciência e atendia vários clientes com muito faturamento e dinheiro; porém, vários deles viviam uma escassez enorme. Durante os atendimentos, percebia que eles não saíam com seus filhos e não aproveitavam a vida – estavam apenas esperando o dia em que estariam velhos para pagar a conta do hospital. Logo, comecei a me perguntar: para que juntar tanto dinheiro? Qual é o sentido de ter tanto lucro assim? Faturamento é realmente lucro?

No auge da crise familiar que eu enfrentava, questionei o rumo da minha vida. Muitos clientes, principalmente as mulheres, buscavam mais do que consultoria financeira: elas precisavam de apoio emocional. Enquanto eu refletia acerca do propósito dessa jornada, testemunhava dores familiares, incluindo o vício do meu pai. E então compreendi: não são os números, mas sim as conexões humanas que realmente importam. Desse modo, reformulei minha abordagem, adotando uma visão mais empática e centrada nas pessoas.

Confesso que não queria que nada daquilo estivesse acontecendo; muitas vezes, tentei até fugir daquela situação, assim como quando saí de casa pela primeira vez para fazer faculdade. Você já quis fugir de um determinado problema como se nada estivesse acontecendo? Mas foi ao sentir a pior dor da minha vida que aprendi que os problemas precisam ser encarados de frente.

Eu me perguntava muitas vezes: "Como eu ajudaria meus clientes a ganhar dinheiro se nem eu estava ganhando o suficiente naquele momento?". Naquela fase, tudo o que entrava ia embora num piscar de olhos. "Como vou ajudar meus clientes se não consigo nem mesmo ajudar meu pai?" Eu não tinha forças e nem discernimento para enfrentar aquela situação, pois minha criança estava ali, com medo. O medo paralisou-me!

Nesse período, então, apeguei-me realmente a Deus. Um dia, a minha cliente que já mencionei acima falou-me que rezava sempre por mim e que tinha muita fé. Eu não entendia direito o que era Deus, realmente. É uma pena que as pessoas, assim como eu, O busquem somente nas horas de dor e sofrimento.

Meu coração dizia que o cenário que vivíamos não acabaria bem, pois meu pai não aceitava a nossa ajuda, era agressivo conosco e estava perdendo a vontade de viver. Numa terça-feira de manhã, meu telefone tocou e recebi a pior notícia da minha vida: "Jaque, seu pai tirou sua própria vida." (Vale a pena registrar aqui que ele tinha dinheiro na conta). Perdi meu chão e senti-me totalmente impotente, diante de mil perguntas, como: "Por que isso está acontecendo comigo?".

Acredito que todas as pessoas que passaram por isso com um ente querido já se sentiram culpadas pelo que ocorreu. Estava pesado demais absorver toda a dor do luto e da culpa por não ter conseguido ajudá-lo. A culpa, na minha opinião, é a pior dor que um ser humano pode sentir, e eu precisava arrancá-la de dentro de mim e buscar ajuda para entender melhor o emaranhado na minha vida. A atitude do meu pai fez-me despertar para o fato de que as pessoas buscam tanto o dinheiro na vida, mas não é ele que garante a verdadeira felicidade. E foi nesse momento que Deus colocou as pessoas certas na minha vida para ajudar-me.

Após passar por tanto sofrimento, consegui encontrar um novo significado para a minha dor. Aprendi a amar e aceitar meus pais e meus irmãos exatamente como eles são. Essa mudança de perspectiva me deixou muito mais leve. Além disso, fortaleci ainda mais meu amor e minha gratidão por meu marido, Wellington, e meus filhos, Arthur e Matheus. Agora, consigo enxergar com clareza o que realmente importa em minha vida: a minha família.

Eu sempre falo que meu pai não morreu em vão: ele me ensinou tanto, me ensinou com a dor dele que devemos pedir ajuda, pois sem ela tudo fica pesado demais e não sabemos para onde fugir. Aprendi que problemas devem ser encarados de frente.

Aprendi com a dor do meu pai que somos seres humanos e que erramos sempre. Meu pai nos deixou, mas também deixou em mim uma lição de vida e uma mudança de comportamento que foi muito dolorosa, porém transformadora. Naquele momento, encontrei a mim mesma: como pessoa, esposa, mulher, mãe, filha e profissional. Passei a olhar para dentro de mim, e não para fora. Meus clientes começaram a enxergar-me como uma pessoa mais humana, mais verdadeira, e até mais sábia. Meu coração abriu-se para as coisas simples da vida. Hoje, eu daria tudo por um abraço do meu pai.

Tudo ficou mais leve, apesar de toda a dor que senti. Minha vida começou a fluir. Abri, com meus sócios, o Grupo JB Soluções Empresariais, que hoje não é só um escritório de consultoria, mas também um centro de treinamentos que não foca no faturamento como antes eu focava, e sim no empresário. Há uma vida dentro de um CNPJ, ou melhor, muitas vidas.

Meu marido superou com muita sabedoria essa turbulência em nossa vida e, mesmo passando por isso, tornou-se dono dos escritórios de contabilidade em que nós trabalhávamos no início de nossas carreiras. Atualmente, nosso sonho já mudou a vida de mais de dois mil empresários.

O projeto "Viver do Lucro", que criei no início da minha carreira como consultora, mudou; hoje, com a nova Jaque, esse projeto vai muito além de planilhas, números e cálculos. Viver do lucro é entender que o passado serve como base de análise. O presente é a realidade de tudo o que foi programado, e o futuro, apesar de incerto, precisa ser planejado.

Hoje, lembro-me com gratidão daquela adolescente perdida que queria apenas sair de casa – ela me ensinou tantas coisas. Mas a lição mais valiosa é que não se foge de problemas: problemas são resolvidos de frente. Você encontra o lucro nos detalhes dos problemas, e resolução para tais problemas está no lucro da vida. Lucro na vida é superar os traumas da infância, do abandono, as crenças de escassez, os medos, as angústias. Alimentar isso é doentio demais, e gera muito mais problemas na nossa vida. Lucro é soltar tudo isso. Para prosperar na vida, o empresário precisa estar leve; caso contrário, nada fará sentido, muito menos o faturamento e o saldo bancário. Ame com todo o seu coração; o amor cura.

Hoje, meu propósito está muito claro, mas para ter essa clareza precisei passar por tudo o que passei. Tenho como objetivo ensinar mulheres empresárias que existe algo muito maior que a prosperidade financeira. Acredito que o dinheiro só flui em nossas vidas quando cultivamos amor e aceitação por quem realmente importa. Não encorajo a busca desenfreada por lucro a qualquer custo, pois compreendo que faturamento não é lucro. Para mim, lucro significa ter uma empresa saudável, que gere resultados significativos, sem que, para isso, perca-se equilíbrio familiar e qualidade de vida.

Finalizo com uma definição sobre o que me tornei hoje, depois de passar por tudo isso: sou Jaqueline Bennert Pires, uma mulher que desempenha múltiplos papéis: de esposa, mãe, filha, irmã, amiga, empresária e mentora de mulheres empresárias, assim como eu. Após enfrentar dores e desafios, compartilho o que aprendi. Ensino essas mulheres a conquistarem a liberdade financeira com o posicionamento de mulher realizada. A mulher realizada compreende que a empresa, o sonho, é apenas um pilar de sua vida; há outros pilares que precisam ser vistos, alimentados, amados e cultivados. Tudo isso faz parte de um todo. Encontramos a verdadeira felicidade e o verdadeiro lucro nas pequenas coisas, nos pequenos detalhes.

"Você encontra o lucro nos detalhes dos problemas, e a resolução para tais problemas está no lucro da vida."

Jaque Bennert

Josana Alves

Sou Josana Alves, e meus pais foram meus maiores exemplos de protagonismo: eles transformaram sua realidade de escassez e a ressignificaram. Inspirada neles, fui aprendendo com minhas experiências e entendi que é necessário escolher entre ser expectador ou escrever a sua própria história. Optei por ser protagonista. Fui construindo uma carreira sólida e crescente, tendo como princípio, antes de ser profissional, ser humana e jamais negociar valores.

Líder por mais de 20 anos, fiz transição de carreira para atuar na área de desenvolvimento humano e empresarial. Surgiu a Equilibrium, com a missão de impactar vidas e negócios.

Sou mãe, empreendedora, palestrante, terapeuta e mentora. Além disso, atuo como presidente do CMEC (Conselho da Mulher Empreendedora e Cultura) e parceira no "Elas fazem acontecer".

josanacoach

equilibrium_consultoria

Elas fazem ACONTECER

15 Seja protagonista de sua história

Por Josana Alves

Na minha infância, quando eu tinha 5 anos de idade, morei longe dos meus pais para começar a estudar. É claro que, nessa época, eu não tinha noção do que era um desafio, mas, se chorava de saudade de meus pais, já comunicava que naquela situação tinha dor. O choro não adiantava, e aquele seria um degrau na escada da minha vida, era para o meu bem. Então, tive que entender e assumir minha responsabilidade dentro daquele cenário.

De forma inconsciente, comecei a fazer minha parte. Fui me adaptando e formando minha personalidade: uma menina divertida, criativa, inquieta e sempre à frente de sua idade. Tais características eram vistas pelas pessoas como as de uma criança travessa.

O meu primeiro desafio acabou logo, porque, menos de dois anos depois, voltei a morar com meus pais. Sou eternamente grata aos meus tios (Zezé e Rosalvo) que, para mim, sempre tiveram lugar de avós e me acolheram com muito amor nesse período difícil da minha vida. Desde então, surgiram outras circunstâncias e acontecimentos, e todos eles foram fundamentais para a construção da mulher que venho me tornando ao longo do tempo. Gosto muito da frase: "Não é sobre o que aconteceu com você, mas sobre o que você fez com aquilo que aconteceu com você". Ou seja: não é por que aconteceu, e sim como e o que deve ser feito para você não paralisar diante de uma situação negativa vivenciada.

Em todas as fases da minha vida, busquei influenciar positivamente, desenvolver habilidades de liderança e servir. Ninguém está aqui por acaso, todos temos uma missão. E a primeira delas é a de cuidar da nossa trajetória e do legado que vamos deixar. Assim, desde cedo eu despontava para as características do perfil empreendedor, ajudava no comércio de pessoas próximas e criava algumas brincadeiras lucrativas (risos), como o clube da Barbie. Minhas amigas se associavam e pagavam para brincar. Eu também fazia bazares na casa de minha mãe e comercializava produtos usados. Na escola, estava dentre as alunas mais participativas e esforçadas, e isso continuou até a faculdade.

Escolhi esforçar-me usando as oportunidades que a vida me presenteou, mesmo com o histórico de ter marcas profundas de coisas negativas, como abusos e humilhações. Passei boa parte da minha vida sem falar sobre isso, escondendo os fatos, e tornar público o que vivi, neste momento, é uma decisão que tomei para ajudar outras pessoas a entenderem que é possível ressignificar experiências. Cada um de nós tem uma história e, quando aceitamos isso e buscamos ajuda, fortalecemo-nos e seguimos em frente, sem ficarmos presos ao passado.

Seja protagonista e imparável. Eu saí da casa de meus pais aos 17 anos. Tinha sede de independência – e foi então que começou, também, um novo clico da minha trajetória estudantil, na qual assumi funções como líder de sala e oradora da turma. Como meus pais tinham mais filhos, eu trabalhava e estudava para poder me manter. Quando estava cursando minha primeira graduação, fazia estágios remunerados e vendia produtos de vários segmentos, até resolver abrir meu primeiro negócio formal, aos 19 anos. Ele não deslanchou, infelizmente, e hoje faço uma avaliação de que isso aconteceu em decorrência de alguns fatores como: a imaturidade e a falta de foco no negócio e de conhecimento suficiente. Mesmo assim, não voltei mais a morar com meus pais, apesar de as portas sempre estarem abertas e de eles me ajudarem quando precisei.

Escolhi caminhar com minhas próprias pernas, nem sempre acertando, mas aprendendo muito. Todas as vezes em que me posicionei como vítima, não obtive bons resultados; todas as vezes em que focava no problema, e não na solução, me sentia impotente. Então, deixo aqui essa dica: posicione-se com a mentalidade de solucionar, de buscar respostas. Isso faz toda a diferença, pois aquilo em que você foca expande. Logo que concluí a faculdade, me deparei com um desafio gigante envolvendo minha saúde: fui diagnosticada com um tumor agressivo na bacia e resolvi buscar meu autoconhecimento. Desde então, descobri a importância de me conhecer, me entender e me acolher. Isso é libertador e fortalecedor.

Nessa época, também fortaleci meu lado espiritual – sim, foi pela dor, e Deus foi maravilhoso, cuidou muito bem de mim. Fiquei três meses sem caminhar normalmente, tive uma recuperação bem dolorosa. Era um tumor benigno, mas com possibilidade de metástase. E foi justamente isso que aconteceu: em um ano, o tumor voltou e vivenciei todo o processo novamente, mas, dessa vez, para a honra e glória do Senhor, com uma cura definitiva. A partir dessa experiência, passei a valorizar coisas que não costumava valorizar, como um banho de chuveiro, correr, dançar e confiar em Deus. Também comecei a buscar a positividade, sempre vendo a doença como uma situação passageira.

Foram muitos desafios, como o de receber a notícia de que não poderia ser mãe. Mais uma vez, não acreditei, não absorvi essa informação. Sempre profetizei que seria mãe, que daria continuidade à minha existência, e fui mãe e sou mãe, uma experiência completa e única. Mas, depois, veio outro desafio: o de separar-me do pai da minha filha. Como ela estava com menos de 2 anos de idade, foi uma escolha difícil – mas quem disse que viver é fácil? A vida exige de nós coragem o tempo todo. Até que veio o maior de todos os desafios: perder meu pai e outras pessoas amadas que fizeram parte da minha história. Além disso, pedi demissão e comecei do zero minha carreira como empreendedora. E o que tenho a dizer é que, nesta fase da vida, também estou passando por outro desafio, que deixarei para contar em outra oportunidade.

Porém, a certeza é que continuo dando passos, mapeando, monitorando, escorregando e caindo, mas me levantando. Acredito que está em mim tudo aquilo que preciso, e sempre será necessário escolher e tomar decisões, pois, até mesmo quando não tomamos uma decisão, estamos nos posicionando.

No âmbito profissional, enfrentei muitos desafios até entender que, para liderar ou gerir, é preciso, antes de tudo, liderar a si mesmo. E posso dizer, sem ressalvas, que os resultados de qualquer situação mudam quando o nosso olhar passa a ser para o interior; afinal, não mudamos ninguém, só a nós mesmos. Aprendi muito com essa postura, que é a maestria para trilhar uma história de superação e de referência. Trabalhar em grandes empresas e conviver com uma diversidade de pessoas, com os mais variados comportamentos, me possibilitou conhecer mais sobre mim mesma. Passei a estudar sobre Gestão de Pessoas e fiz formação em *Coaching* Integral Sistêmico e Programação Neurolinguística (PNL) e Inteligência Emocional. Hoje, sou especialista em Desenvolvimento Humano e Empresarial. Logo, por entender como funciona a nossa mente, sei que os comportamentos são reflexos. Para protagonizar, precisamos entender nossos recursos internos e utilizá-los em nosso favor.

Ocupei e ainda ocupo outros papéis em atividades e projetos voluntários, para dar a minha contribuição sem fins lucrativos. Hoje, sou presidente do Conselho da Mulher Empreendedora (CMEC) de Campo Formoso (BA). E fui apresentadora de um programa voltado para mulheres, em 2023, chamado "Fala Mulher", com transmissão pelo YouTube, pela produtora Jrnet.

Quanto mais vamos fazendo, mais vamos nos movimentando, e as oportunidades de sermos melhores do que éramos ontem vão surgindo. Conhecer pessoas que nos impulsionam e que agregam valor é muito importante. Também faço parte do projeto "Elas Fazem Acontecer", voltado para o reconhecimento de histórias de mulheres, por meio da divulgação de matérias em revistas de circulação e renome nacional. Esse convite veio da amiga Elenida Bringel, que, inclusive, também é coautora deste livro. Essa corrente de apoio e reconhecimento entre as mulheres é uma mola impulsionadora, a fim de fortalecer o nosso papel na sociedade – não para competir, mas sempre para somar com os homens e outras mulheres.

Ser mulher possibilita que experimentemos vivências sublimes e impactantes, como gerar outro ser humano e dar vida a ele. Essa precisa ser nossa referência, e não nos paralisar diante de algumas situações. Faça acontecer e as coisas irão, de fato, fluir e se concretizar. O movimento é seu e o seu desenvolvimento individual se refletirá em sua vida e em torno dela.

Como mulher, entendo que assumimos diversos papéis na sociedade, e atuar nesse cenário exige diversas habilidades. Entretanto, considero que focar em nosso fortalecimento e autocuidado nos dá forças para atuar de forma ativa, e não passiva, diante de qualquer acontecimento. Eu escolhi me preparar, buscar meu crescimento e contribuir onde quer que eu esteja e enquanto eu estiver. Somos imperfeitos e a vida é transitória e passageira. Por isso, proponho a reflexão sobre o seu legado como ser humano e como mulher.

Você já parou para pensar sobre o modo como pretende ser lembrado? Quais contribuições tem deixado? Você tem trilhado sua trajetória de forma ativa ou passiva?

É imprescindível encontrar formas estratégicas de gestão da sua vida, descobrir as crenças limitantes e os sabotadores para eliminar os comportamentos negativos e os ciclos de repetição desfavoráveis.

Ao longo da nossa caminhada, podem surgir pedras, barreiras e situações que não estão sob o nosso controle. Tais situações, geralmente, estão relacionadas à nossas feridas emocionais, muitas vezes escondidas. Quando, de repente, elas são acionadas, também nos deparamos com dor, emoções, culpa e autocobrança. A mulher autora de sua história identifica esses ciclos, estabelece um diálogo interno de acolhimento e de não permissividade, pede ajuda e cria hábitos saudáveis como alternativas para eliminar os impedimentos.

Podemos escolher como iremos trilhar nosso caminho. E não importa como está o seu nível de consciência hoje, o que importa é a sua decisão a partir de agora. Então, vou compartilhar seis alternativas que utilizei e que geraram resultados positivos, me fazendo assumir o protagonismo na minha história.

- A primeira delas é desenvolver sua inteligência emocional, pois ela é uma habilidade; sendo assim, tal inteligência pode ser aprendida por qualquer pessoa. Mas não se deve buscar atalhos, e sim viver seu processo de amadurecimento emocional.
- A segunda é buscar conexão espiritual: a fé será sua aliada em todos os momentos da vida.
- A terceira: usar o *networking,* fortalecer suas relações e se conectar com pessoas que tenham conquistado aquilo que você deseja conquistar. Aproxime-se de pessoas que possam influenciá-lo positivamente.
- A quarta alternativa é: invista no seu pilar intelectual, pois novos conhecimentos irão gerar novos comportamentos e novas oportunidades.
- A quinta é ação: coloque em prática seus projetos, use os recursos que você tem; ao longo do tempo, vá modificando e aperfeiçoando suas atitudes. Sem fazer, não há como avaliar resultados, não é possível avançar.

Por último: assuma as rédeas da sua vida. Busque filtrar o que está sob seu controle, não gaste energia com o que não depende de você.

Talvez, neste momento, depois de tudo o que você leu, tenha passado em sua mente um filme de sua vida, mas eu o convido a fazer uma verdadeira e profunda avaliação do seu estado atual. Falo da vida que você tem se permitido viver até aqui, passando pelos pilares espiritual, emocional, profissional e familiar. Qual é a nota, de 0 a 10, que você dá ao pensar no seu nível de satisfação pessoal?

Agora que você já deu uma nota para o seu estado atual, estabeleça aonde quer chegar. Qual nota você quer alcançar em cada um desses pilares?

Quais são as desculpas que você tem contado para si mesmo, para justificar seus resultados? Quando você eliminará os impedimentos que o separam de seus sonhos?

Se você quer mesmo passar para um outro nível de consciência, gostaria de desafiá-lo a estabelecer um objetivo para cada pilar da sua vida, deixando claro que se trata de algo realizável, com prazo e responsável.

"Uma história de sucesso exige, antes de tudo, protagonismo."

Josana Alves

Josi Correa

Prazer! Eu sou a Josi Correa, natural e residente em Curitiba (PR). Sou casada há 13 anos e mãe de duas mulheres fantásticas. Tenho dois genros espetaculares e uma neta que é a minha vida.

Atuo como terapeuta integrativa, pois o olhar sistêmico foi muito importante para eu descobrir quem sou e qual é o meu lugar no mundo. Esse alinhamento me proporcionou tanta força, que, hoje eu trago essa técnica para que outras pessoas também possam desfrutar de uma vida plena.

Mas nem sempre foi assim. Trabalhei muito tempo na área comercial, em diversos setores. Com formação em Administração de Empresas, dediquei-me à área de seguros, previdência, planos de saúde e consórcio. Hoje, entendo que todos os desafios vieram para equilibrar meu sistema familiar e honrar quem veio antes.

josicorreaoficial
+55 (41) 99763-2911
jbxcorretora@gmail.com

Elas fazem ACONTECER

16 Sempre é tempo de recomeçar

Por Josi Correa

Nasci em uma manhã gelada do último dia do mês de julho, no ano de 1973, pequena e muito esperada por todos na família. Creio que meu planejamento de vida a dois deve ter vindo do tempo em que estava sendo gestada, pois eu sempre soube como queria que fosse a minha estrutura familiar: desejava me casar cedo, ter três filhos biológicos e três filhos do coração. Servir a Deus e nunca me desviar do Seu caminho. Meu plano era totalmente perfeito, não tinha como dar errado!

Conheci o pai das minhas filhas ainda na primeira infância e foi uma conexão imediata. Pelo que me contam, quando ele me conheceu – ainda um bebê, não deixava mais ninguém ficar perto. Eu acreditei, ali, que meu plano já estava em ação.

Nossas famílias se encontravam de tempos em tempos, pois morávamos em cidades diferentes, no interior do estado. Nesses encontros, éramos a dupla inseparável. Tínhamos uma amizade genuína.

E assim foi até a adolescência chegar e um novo encontro acontecer. Era Páscoa e a casa estava cheia. As brincadeiras já não eram as mesmas e o coração disparava com muita facilidade. Ali começava o que eu achava ser o plano de vida perfeito. Nos meses seguintes, ele saía de sua cidade, na madrugada, só para pichar mensagens que só eu conhecia. Eram três horas horas de viagem para ir e outras três para voltar. Eu achava tudo o máximo!

Dois anos depois, me converti a uma religião que fazia e faz sentido com minha crença em Deus. Então, começaram os desafios. Eu orava entregando toda a minha vida, mas pedia para que Deus não mudasse meu namoro, pois ali eu cuidava. Quanta bobagem! Deus, em sua infinita bondade, me dizia de todas as formas: "Filha, ele não é para você!", e eu falava: "Pode deixar que daqui eu cuido".

O tempo foi passando e aquele homem formado não era igual à criança ou ao adolescente que eu tanto admirava, mas, em minhas crenças e planos, eu seria mulher de um homem só, então, teria que fazer dar certo.

Foram tantas idas e vindas que não sei contar. Quando entrei na faculdade dos meus sonhos, feliz e realizada, logo veio a minha primeira grande desilusão: descobri uma amante dele dentro da faculdade. Foi pesado e doído abrir mão do amor e do curso com que eu tanto sonhei. Vivi tempos sombrios, cheios de mágoas e tristezas. Após um ano e meio, ele voltou, querendo se redimir e se desculpar por tudo – inclusive, contou que nesse período teve um filho. Foi um misto de emoções, mas eu sempre o perdoava e aceitava. Além disso, aquele filho não era fruto de traição e não tinha culpa de nada.

Logo veio a minha primeira gravidez e, com ela, minha segunda grande desilusão amorosa: ele sumiu durante seis meses da gestação, voltando apenas no fim, dizendo que estava assustado. Tudo isso já era indício de seu caráter, porém eu não queria enxergar. Com a convivência, veio o choro, a tristeza, o sentimento de abandono, o tratamento com indiferença e muita solidão. Eu não entendia o seu "trabalho" e o motivo de tantas viagens e eventos, nos quais eu nunca podia estar. O desgaste foi tanto que não suportei.

Em uma Sexta-Feira Santa, ele se arrumou e disse que ia sair. Em minha cabeça, ficavam martelando as palavras de uma senhora que dizia: "Ele é passarinho livre. Tem que deixá-lo voar". Ao mesmo tempo, Deus falava em meu coração: "Ele não é para você. Tenho outros planos". E a noite foi passando, sombria e triste. Quando começou a amanhecer, decidi que era hora de dar um basta em tudo aquilo. Peguei uma mala, arrumei suas coisas e deixei tudo pronto na porta de entrada. Sabia que estava fazendo a coisa certa, mas meu coração doía, era a derrota dos meus planos de vida perfeita.

Quando ele chegou, perto das 11h da manhã, olhou para as malas, pediu o almoço e comeu em silêncio. Depois, se levantou e perguntou se eu tinha certeza de que queria isso. Aos prantos, disse: "Sim". Então, ele me deu um abraço muito apertado, talvez o mais terno que eu já havia recebido na vida, pegou suas coisas e se foi. Em uma Páscoa começou, em uma Páscoa terminou. Eu o amava muito, mas sabia que não era seguro conviver com ele.

Nos dias seguintes, houve muito choro, ânsia, estômago embrulhado e a descoberta de mais um bebê a caminho. Posso dizer com toda a verdade do meu coração: as minhas filhas são grandes presentes e, que, de tudo, fui eu quem ficou com a melhor parte.

Naquele momento, precisava erguer a cabeça e trabalhar, pois tinha duas princesas para sustentar. E foi tudo o que fiz. Não me importava comigo, mas, sim, em fazer por elas. Posso não ter conseguido dar para minhas filhas tudo o que elas quiseram, porém dei tudo o que eu podia.

Voltei a estudar em um curso que pudesse me proporcionar oportunidades de ganhar dinheiro e não mais de atuar na profissão dos meus sonhos. Não me arrependo da minha escolha, pois fiz o que foi necessário: trabalhar, estudar e cuidar das meninas. Cheguei a ter dois empregos, de modo que pudesse pagar alguém para cuidar das minhas filhas e colocar comida na mesa.

Depois de seis anos sozinha, nem tudo estava perdido. No auge dos meus 31 anos, Deus me deu uma chance de sentir meu coração disparar novamente. Na casa de uma amiga, conheci um rapaz que mexeu comigo. Mas, como se diz na minha região, ele era apenas um "piá", sete anos mais novo que eu, músico e com um estilo de vida totalmente diferente do meu. Não demorou muito para a minha razão falar mais alto. O que poderia querer um rapaz desses com uma mulher mais velha, separada e com duas filhas? Ele queria ficar comigo, e eu fugi. Durante os próximos dois anos, fomos só amigos, conversando frequentemente, papos intermináveis e muito agradáveis. Ele sempre me convidava para sair, porém eu tinha as melhores desculpas: a faculdade, as meninas ou o trabalho. Só que a faculdade acabou, e eu tomei coragem de mandar uma mensagem com um convite para sair, mas ele não respondeu.

Aquilo me enfureceu! Como alguém que, por dois anos inteiros, insistiu em sair comigo, estava me dando um gelo daquela forma? Com o ego ferido, resolvi ligar para ele. Do outro lado da linha, escutei: "Que bom que você ligou. Eu estava sem crédito para retornar". E, assim, tudo começou. Saímos naquela noite e foi muito agradável. Na hora de ir embora, veio o beijo e a vontade de ficar ali, vivendo todos aqueles sentimentos. Um mês depois, chegou o dia da minha formatura; para a surpresa de todos, eu o apresentei como meu namorado.

Eu queria a chance de viver algo novo, mas meu coração ainda tinha muitas dúvidas e não estava livre por inteiro. A crença de que mulher separada não podia se casar novamente era viva e latente em minha mente.

Três meses depois, o pai das minhas filhas faleceu – resultado de suas próprias escolhas de vida e fiel à sua história familiar. Meu coração doía muito. Eu me despedi dele, honrando tudo o que havia representado em minha vida: meu amor de infância, o pai das minhas filhas. Hoje, e apenas hoje, eu entendo que todo o seu afastamento não foi uma rejeição, pois tudo ocorreu, na verdade, para a nossa proteção e segurança.

Deus é perfeito e tem um tempo para cada coisa. Eu ansiava por viver um amor correspondido e, com esse novo rapaz, encontrei o suporte de que tanto precisava. Nosso relacionamento era leve e feliz, e eu podia agir e falar sem medo. Ele estava sempre disponível para mim, porém, estávamos com papéis trocados. Eu, mais velha e com duas filhas, acostumada a mandar e a resolver tudo sozinha. Ele, o caçula, criado por uma mãe forte e uma irmã que se sentia responsável por ele. Estava tudo muito tranquilo: eu mandava e ele obedecia. Mas relacionamento não é isso. Então, com muita vontade de fazer dar certo, fomos trabalhando nossos papéis dentro da nossa relação. Aprendemos a tomar decisões, permitindo e aceitando a vontade do outro. Assim, construímos um relacionamento forte, com muito respeito e honrando nossas histórias.

Mas algo ainda não estava bom. Eu não queria um outro alguém em julgo desigual. Isso era um valor inegociável para mim. Ciente disso, um casal de amigos que amo e respeito imensamente nos convidou para participar de um pequeno grupo, na igreja. Semanalmente, tínhamos a oportunidade de trocar experiências, louvar a Deus e orarmos juntos. Deus foi preparando o coração dele e moldando sua vida de forma gradual e consistente, até o momento da entrega total. Foi uma grande emoção ver tudo o que o Senhor estava fazendo na vida dele e na minha também.

Nesse mesmo período, passei por um processo de cura e libertação, que revelou para nós a consciência de que nosso namoro não estava de acordo com nossas crenças. Ali surgiu a grande decisão de nos casarmos e, com isso, houve a entrega de nossas vidas e o celibato total até o casamento. Essa foi a decisão mais acertada e difícil de nossas vidas, pois, quando não se sabe como é, não se espera muito, mas, quando se conhece e ama, os hormônios ficam à flor da pele. Diversas pessoas ainda não acreditam que vivemos isso – e confesso que eu também duvidaria –, mas eu, ele e Deus sabemos a verdade e isso basta. Entramos puros em nosso casamento.

Deus honra nossas decisões. Foi uma cerimônia simples e muito abençoada, uma tarde linda de sol, numa chácara acolhedora, com borboletas voando sobre nós e a melhor amiga celebrando nossa união. Os amigos fizeram acontecer, com seu carinho e disponibilidade, e foi tudo como deveria ser. Aproveitamos cada momento.

Apesar dos quatro anos de namoro, nunca havíamos morado juntos, então, tudo era novo. Além disso, tínhamos duas adolescentes em casa.

Apenas com a convivência diária podemos realmente conhecer um ao outro, e foram muitas as descobertas. Entendi que eu podia ser amada e respeitada; que podia ter voz no relacionamento; que ele fazia questão de estar comigo e me apresentar aos seus amigos; que eu podia não querer ser forte o tempo todo; que podia descansar e ser cuidada. Descobri o que era parceria. Relacionamento não é conto de fadas; por isso, não se engane! Nem tudo são flores o tempo todo, mas, mesmo nos momentos difíceis, ele estava ao meu lado.

Logo no início do casamento, ele passou três meses em outra cidade, a trabalho. Foram tempos de desafios e confiança. A fidelidade sempre foi um valor para mim, especialmente após ter sido traída tantas vezes. Aos 40 anos, engravidei novamente e pude viver uma gestação com um marido preocupado e cuidadoso comigo. Durante o pouco tempo que nosso anjinho ficou conosco, tivemos a oportunidade de levá-lo à igreja, ao estádio de futebol e ouvir seu coraçãozinho bater forte, porém ele cumpriu sua missão e se foi. Sua vida revelou o pai maravilhoso que meu marido é, pelo tempo que foi possível.

Experimentamos diversos desafios financeiros e muitas mudanças de casa, o que para mim era normal, mas, para ele, que nunca tinha se mudado antes de se casar, tudo era novo. Além disso, houve desafios com as meninas e desafios familiares. No entanto, o tempo todo estávamos ali, dispostos a fazer a coisa certa. E, quando isso não era possível, estávamos prontos para parar, nos desculpar e começar novamente. Quanto mais perto de Deus estamos, mais nosso casamento se fortalece.

Sou muito feliz por ter me permitido viver um novo amor, com intensidade e entrega total. Então, digo: sempre vale a pena investir em seu relacionamento. Tirar um tempo para o casal, sem culpa. Os filhos são presentes que ficarão em nossas vidas por um tempo, para serem criados, moldados. Depois, eles são lançados ao mundo e viverão seus próprios desafios. Quem fica é o casal, que deve estar em harmonia e não permitir que o amor esfrie. Deve haver tempo para conversar, rir ou apenas estar junto. Ande com seu amor de mãos dadas como dois adolescentes e beije com intensidade, sem chances para o "selinho". Se, ainda assim, sentir que a relação está esfriando, o casal pode começar a dormir sem roupa – isso aumenta a produção de hormônios e desperta o prazer.

Nunca, mas nunca mesmo, use o sexo como moeda de troca ou punição. Isso é um tiro no pé! A chave para o sucesso no relacionamento é simples: dedicar-se mais ao outro do que a si mesmo. Se isso for recíproco, nada irá abalar a sua relação. Problemas virão, mas, com inteligência emocional e respeito mútuo, tudo é possível.

*"A chave do sucesso
no relacionamento
é simples: dedicar-se
mais ao outro do que
a si mesmo. Se isso
for recíproco, nada
irá abalar a sua
relação."*

Josi Correa

Josiane Lemos

Sou Josiane Lemos, natural de Barretos (SP), onde resido com minha amada filha Rafaela. Atuo como servidora pública e como diretora e consultora de beleza da Mary Kay. Há três anos, concilio o empreendedorismo e a liderança com o serviço público, a maternidade e tantos outros papéis que precisamos desempenhar.

Sou disciplinada, decidida e movida pelo desejo de realização, pois creio que não há sabor mais delicioso do que o de se sentir realizada. Sou também ávida por conhecimento e amo aprender sobre desenvolvimento humano.

O que me motiva é pensar no que ensino para minha filha, e ser uma mãe realizada, feliz, próspera e antifrágil é o melhor de todos os exemplos que posso lhe dar. Para isso, é preciso conhecer o amor verdadeiro, se cuidar, se respeitar, fortalecer a autoestima e a autoimagem.

josi.lemos

+55 (17) 98139-3944

josianelemos950@gmail.com

Elas fazem ACONTECER

17 A cura pelo amor-próprio

Por Josiane Lemos

Ela era uma pequena menina, criada por sua mãe, cuja juventude foi interrompida por uma gravidez inesperada. Em pouco tempo, sua mãe se viu sozinha com duas menininhas, mas era forte, esforçada, cheia de sonhos e corajosa, capaz de enfrentar a maternidade sozinha – sem um marido, apoio ou ajuda financeira.

A menina foi crescendo e aprendendo valores como o trabalho, a força, o estudo, a determinação e a fé em Deus. Contudo, em seu coração, havia sempre um grande vazio, uma falta de algo que ela não sabia o que era. Os anos se passaram, a menina se tornou uma adolescente com diversos complexos. Amava intensamente as pessoas, mas não se sentia amada ou bonita. Tinha uma grande necessidade de ser querida e notada.

Ainda na adolescência, conheceu a Fé Bahá´í, religião que mostrou a ela um amor diferente, ao ensiná-la que primeiro Deus a amou, para depois criá-la. Cresceu, se tornou uma jovem inteligente, muito estudiosa, eloquente, comunicativa, sorridente e cheia de sonhos. Por onde andava, não importava o que estudasse, o que fizesse, ou com o que sonhasse, o vazio estava sempre ali.

A jovem passou no vestibular, começou a namorar e amou intensamente. Queria ser amada. Começou os estudos e viveu uma história que parecia de muito sucesso: ela, estudante de Direito, uma futura promotora ou juíza. Tinha um namorado respeitoso e maduro, com um trabalho estável. Ela era uma excelente moça, estudiosa, com um futuro promissor, religiosa e de boa família, porém, necessitada de ser preenchida, vista e amada, a ponto de querer se casar antes mesmo do fim da faculdade. E, assim, a jovem caminhou até estar tão vazia, tão necessitada de ser preenchida, vista e amada, que pressionou o namorado a se casar com ela. Diante da pressão, o namorado cedeu e eles se casaram.

O último ano da faculdade e primeiro do trabalho e do casamento foi desafiador. A jovem, embora tivesse um bom emprego – pois havia passado em um concurso – e estivesse protegida sob as asas do casamento, ainda não se sentia amada, bonita ou inteligente. Dessa forma, seguiu sendo levada pela vida. Ela tinha o apoio da família, um excelente trabalho, um bom casamento e formação superior, mas estava vazia. Preenchia-se com muitas atividades, como estudar para concursos e fazer trabalhos voluntários. O tempo passou e, com ele, veio o desejo de preencher seu lar, sua vida e seu coração. O casal, então, planejou uma gravidez. Ela queria ser mãe, trazer alegria para sua casa e sua família. E a vida perfeita continuava sendo desenhada.

A jovem agora tinha uma filha sonhada e amada – a bebê mais linda que já havia visto. Mas, com suas inseguranças, ao ver-se mãe, entrou em desespero, com medo de não ser uma boa mãe, de não saber cuidar da bebê. Quis mudar sua casa, sua vida e sua realidade para a filha. O casal construiu a casa dos sonhos e se mudou. A vida parecia perfeita. O que poderia faltar para ela?

À medida que as conquistas vinham e que os passos eram dados, seu vazio crescia – o que a consumia e entristecia. Ela questionava como poderia estar triste tendo uma vida perfeita. Seu marido era um bom homem e um bom pai, além de ser honesto e trabalhador. Mas ela não era capaz de conter a dor de não se sentir amada, de estar vazia.Desejou viver sozinha; depois, desejou morrer. Quis que Deus tirasse sua vida, pois assim sua filha cresceria com um bom pai, numa boa casa, com seus avós e sem uma mãe ruim, insegura, triste. Ela desejava isso tudo, porém não conseguia partir.

Então, procurou incessantemente por ajuda: terapia, livros, aconselhamentos, consultas, orações, filmes. Nada era capaz de tirá-la da confusão em que se encontrava, do buraco em que entrava a cada dia de sua existência. Até que, sentindo-se sozinha, perdida, vazia e injusta por viver sem sentir e sem dar amor, com o marido, chegou ao consenso de que era melhor eles se divorciarem. Logo, vieram os remédios para a depressão, o divórcio, a mudança de casa, a dificuldade financeira, pessoas doentes que se aproveitavam da sua ingenuidade e desconhecimento acerca do mundo, além de traumas, histórias confusas e namoros conturbados.

Uma busca desenfreada, um vazio gigantesco. Com isso, atraiu oportunistas, se apaixonou, brigou, gritou, sofreu... Os anos passaram e a jovem ainda queria o amor, sonhava com uma vida de felicidade, plenitude, sorrisos soltos e leveza. Ela tentou constituir uma nova família, ter um novo relacionamento, uma nova casa e mais um filho, mas a vida não acontece como nos filmes românticos. Seu novo marido era tóxico, o relacionamento deles não foi como esperava, a convivência era pesada e sofrida. Ela perdeu o bebê, o amor que pensava sentir e a nova vida que acreditava estar construindo. Viu-se no fundo do poço, num vazio infinito, com dor latejante.

Mas ela era feita de fé e era toda amor. Lembrou-se do amor de Deus por ela, pensou na sua filha, que ali estava, e naquele que nascera em seu coração. Implorou a Deus por cura, salvação e renascimento. E, então, algo grandioso aconteceu: a força proveniente do amor que sentia por sua filha a fez ressurgir.

Batalhou como uma guerreira. Tomou decisões, terminou seu relacionamento, buscou ajuda, uniu-se à sua filha, ressignificou e recomeçou. Nessa nova história que passou a escrever com quase 40 anos, percorreu um vale profundo, e nele prosseguiu caminhando lentamente, olhando para dentro, ouvindo a si mesma, aprendendo sobre o verdadeiro amor – um amor que vinha de dentro e que não estava em lugares, pessoas, situações ou circunstâncias. Entendeu que precisava se respeitar, se posicionar e se amar. Como a fênix, mudou rotinas, amizades e sonhos. Engajou-se firmemente em seus estudos, pois pretendia ser promotora de justiça. Assim, fechou a porta, a casa e o coração. Anos se passaram nessa senda de estudos e solidão. Sua menina cresceu.

No caminho, deparou com novos vales, problemas profissionais e relacionais, além de outros, provenientes de sua autoestima ferida. Percebeu que queria viver um propósito maior e que na carreira que almejava não se realizaria. Então, parou, refletiu e sofreu, mas decidiu iniciar uma nova história. Queria mudança e renovação, por isso resolveu empreender. Porém, não queria ter qualquer negócio, ou trabalhar de qualquer forma. Escolheu a empresa que tem como regra de ouro o lema: "Faça aos outros o que você gostaria que fizessem a você" e cujo pilar é sustentado sobre os seguintes valores: Deus, família e carreira.

Assim, ela mergulhou de o todo coração no mundo do empreendedorismo, ao representar a Mary Kay, promovendo o autocuidado e fortalecendo a autoestima das pessoas. Antes disso, porém, ela precisou aprender a se cuidar. Passou a se olhar no espelho, a tocar sua pele com carinho e gratidão, a se amar e se respeitar do jeito que era. Aprendeu a desfrutar da sua própria companhia nas noites de sexta-feira solitárias ou nos fins de semana em que se dedicava ao trabalho. Nessa senda, conheceu outras mulheres e homens com os mesmos anseios de renovação e foi formando um time, que chama de Flor de Lótus – esse mistério para a humanidade, por representar a força e a pureza que crescem em meio ao lodo e à sujeira, florescendo lindamente.

Aquela menina, que ansiava por ser vista e amada, passou a transbordar autoestima, autocuidado, empoderamento, posicionamento, verdade, transparência e transformação. Foi trazendo uma legião de pessoas consigo, que se inspiravam nela e que queriam estar por perto, e acabou por se tornar diretora da Mary Kay. Superou os desafios profissionais e relacionais, cantava e dançava sozinha ouvindo música em sua casa. Amava cada pequena vitória alcançada, sentia orgulho de si mesma e enxergava seus valores. Tocou a vida de homens e mulheres, ensinando-os a fortalecer seu autocuidado e a se amarem, acima de tudo.

Finalmente, ela sentiu o amor! Entendeu que nunca foi abandonada porque seu Pai, o verdadeiro, esteve sempre com ela, nos momentos mais difíceis e nos mais felizes. Ao descobrir o amor-próprio, passou a curar outras pessoas. Ensinou muitas mulheres a cuidarem de suas peles, a se maquiarem e a cuidarem de si mesmas.

Também entendeu o que era aquele vazio: o que faltava era o amor, um amor que ela buscou fora de si mesma por tantos anos, uma busca que a levou a fazer escolhas acertadas, como a de ser mãe, e outras nem tanto, mas que foram cruciais para alcançar o verdadeiro amor. O vazio deixou de existir quando compreendeu que o amor da sua vida era ela mesma: uma mulher incrível e merecedora, que não precisava que os outros lhe dissessem isso. Entendeu que era amada, valorosa e digna de grandes realizações. Ao ajudar a curar outras pessoas, ela foi se curando, e percebeu que era forte e corajosa. Quando se reconectou com seu amor-próprio, mudou sua autoimagem. A menina indecisa e envergonhada se tornou uma mulher poderosa, que empodera outras mulheres. Passou a ser inspiração.

Foi por meio do autocuidado que ela olhou para dentro e percebeu que cuidar de si mesma é uma expressão de amor e gratidão a Deus, que lhe deu a vida e o amor genuíno. Percebeu que a autoimagem estava diretamente ligada à sua autoestima e que isso é ter apreço por si mesma. É tratar-se bem quando ninguém está olhando, é tocar-se, sentir seus cabelos e sua pele com respeito e carinho, é ter um caso de amor consigo mesma.

Ela foi tomada por um amor grandioso que a preenchia. Assim, até nos momentos de decepção por que passou, depois que conheceu o amor-próprio, esse amor deu-lhe forças que ela nem sabia ter. Tal amor a fazia olhar no espelho, mesmo com os olhos marejados, e enxergar a mulher que era. Esse amor a resgatou várias vezes da depressão, de histórias doentias e da perda de si mesma, a manteve firme nos momentos mais difíceis de sua vida e conectada com sua filha, para não perder de vista sua missão de vida. Ela entendeu que não há nada mais curador que o amor-próprio e que todos os dias precisamos nos nutrir dele, pois os picos virão, mas os vales também. E é desse modo que descobrimos nossa verdadeira força e grandiosidade, as quais só se mostrarão se estivermos em dia com nossa dose diária de autoamor.

Espero que você, que chegou até aqui, não tenha levado mais de 40 anos para descobrir o amor por si mesmo. Mas, mesmo que já tenha passado dessa idade, não desista. Não espere o amor de terceiros, pois já foi escrito: "Amei tua criação, por isso te criei. Ama-Me, a fim de que o Meu amor te possa atingir".Portanto, antes mesmo de existir, Deus o amou. Ele está ao seu lado, acompanhando cada passo que dá, esperando para ser liberado, experimentado. Quando isso acontecer, não importa o que lhe façam, você estará pleno.

Assim, desejo a você a tranquilidade de um amor pleno – o amor por si mesmo. Amar-se é cuidar de si próprio, respeitar sua imagem, posicionar-se perante a vida e as pessoas; é cuidar de fora, de dentro e do entorno. Comprometa-se com sua vida e com seu processo de encontrar esse amor genuíno. Dessa maneira, você terá experimentado e vivido um verdadeiro caso amor!

"Não há nada mais curador que o amor-próprio. Quem ama cuida, então, cuide-se!"

Josiane Lemos

Karla Tereza

Sou Karla Tereza, tacaimboense, filha de Adelson e Josefa, mãe de Sophia, apaixonada por pessoas e histórias, e assim inicia minha trajetória de sucesso.

Sou assistente social, professora, empreendedora e palestrante. Graduanda em bacharelado em Direito, tenho pós-graduação em Planejamento e Estratégias de Gestão e especialização em Mediação de Conflitos e Cultura da Paz.

Minha história de sucesso é fruto de muita força, persistência, motivação e gratidão. Superei diversas provocações e demonstrei que é possível mudar o rumo da própria vida com autoconhecimento.

Seja uma empreendedora da sua própria história, tenha coragem em meio às adversidades e transforme desafios em oportunidades de crescimento.

karlaterezaa_empreendedora

+55 (81) 99144-5421

karlaterezaa@gmail.com

Elas fazem ACONTECER

18 Propósito, diagnóstico e mentalidade de sucesso

Por Karla Tereza

Aos 30 anos, precisei iniciar um processo de transformação interna e externa, arranquei todos os ressentimentos que não faziam parte de mim, ressignifiquei as dores, frustrações e o medo, abrindo feridas que pensava estarem cicatrizadas. Engoli o orgulho e me permiti viver minha história. Agora, sou uma mulher que conduz sua vida sendo grata ao processo e paciente nos piores momentos experimentados. Minha eterna gratidão àquela criança ferida.

Neste capítulo, você compreenderá que tudo depende da sua mentalidade de sucesso e de suas escolhas e que, apesar das dificuldades, é possível construir a vida que tanto almeja.

Éramos eu e mais quatro irmãos, filhos de um casal de agricultores com um casamento repleto de fragilidades. Logo, nosso vínculo afetivo e familiar era conturbado. Quando eu tinha 7 anos, meu pai faleceu em um acidente trágico ao se deslocar para o trabalho. Depois disso, nossos problemas aumentaram: filhos sem registro civil, mãe desempregada, família paterna que não oferece assistência. Chegamos a passar fome, e a melhor refeição era a merenda da escola. Ainda uma criança, precisei agir apoiada na razão para suportar toda a minha vulnerabilidade e começar a ajudar minha mãe nos cuidados com meus irmãos.

Comecei a entender a minha força nesse momento, com o poder do amor, da família, da união, do respeito e da persistência. Apesar de nossa situação, tínhamos valores, princípios e uma mãe magnífica. Honre e abençoe sua família. Deus é perfeito em tudo!

Adolescência

Aos 10 anos de idade, comecei a partilhar das responsabilidades com minha mãe, em casa e no trabalho. Nossa renda semanal equivalia a 20 reais, que custeavam as despesas de toda a família. Assim, nossa infância foi bem escassa, com poucos recursos para lazer, moradia, alimentação e vestuário. Nosso acesso à TV aconteceu quando eu tinha 13 anos. Fui empregada doméstica até os 16 anos. Aos 17 anos, iniciei uma nova jornada como auxiliar de classe em um colégio privado; em seguida, conquistei minha primeira formação profissional com o magistério e assumi a classe como professora.

Tive uma adolescência conturbada e com diversos traumas. A ansiedade dominava meu corpo e meus pensamentos, e a falta de sono desencadeou a bipolaridade em meu humor. Sentia medo e desconfiança, acreditando que o casamento não era a melhor decisão. Não conseguia avançar em meus projetos, planejar estratégias ou observar minha situação por outro ângulo, mesmo com uma visão clara da vida extraordinária que viveria com minha família. Meus pensamentos distorciam meus planos e, apesar de saber da necessidade de ajuda profissional, na época, não tínhamos informações sobre saúde mental.

Maternidade

Aos 24 anos, eu me casei. Larguei trabalho e faculdade e fui residir na capital. Fiquei grávida de uma menina linda, que mudou completamente minha vida, representando o amor incondicional, além de transformar e fortalecer meus dias. Meu casamento era repleto de traumas emocionais, decepção e medo; afinal, eu carregava traumas da vida conjugal dos meus pais. Quando nossa filha completou 2 anos, decidimos, por diversos motivos, nos separar. Esse foi outro momento doloroso em minha vida – sempre ouvi que casamento é para sempre, independentemente do que aconteça.

Precisei iniciar um novo capítulo com essa decisão e confesso que fiz das pedras pontes e segui minha trajetória. Quando todos desacreditavam da criança ferida, ela deu a volta por cima, encurvou e não quebrou. Minha mãe sempre foi minha inspiração, sua força me ofertou ousadia de mostrar ao mundo que uma mulher é capaz de educar seus filhos, realizar sonhos e ter uma vida bem-sucedida. Costumo dizer que ter sucesso é diferente de ter dinheiro, pois o último é consequência do seu trabalho.

Diagnóstico

Em 2019, estava no auge dos meus 30 anos e começava a realizar meus sonhos, desejos e metas. Viajava para lugares com que sonhei quando era criança, avançava na área profissional, curava meus traumas emocionais e buscava autoconhecimento. No dia 25 de abril daquele ano, fui diagnosticada com uma neoplasia maligna de nome melanoma (câncer de pele). Quando soube, lágrimas escorreram pelo meu rosto, questionei Deus, pensei na minha filha, comecei a refletir sobre tudo o que plantei e onde teria errado.

Quando a ficha desmoronou, comecei a ouvir a voz de Deus em meu coração. Estava convicta de que não morreria – a mão de Deus estava a me segurar. A partir de meu diagnóstico, uni-me ao meu propósito e comecei a viver o agir de Deus em meus dias. Eles, então, se tornaram leves, com pensamentos e ações que pudessem me levar aos meus objetivos. Assim, voltei a planejar estratégias de melhoria em todas as áreas da minha vida, incluindo o lado emocional. Não foi fácil, mas, se eu venci, você também é capaz de vencer. Não foque no problema, crie táticas de solução. A intimidade com Deus Pai é o fortalecimento em qualquer circunstância. Não tenha medo do diagnóstico, seja forte e permaneça com os olhos voltados para o Senhor.

Diagnóstico X empreender

Por meio do diagnóstico, tudo começou a mudar de sentido: as ideias, as crenças limitantes, as amizades e os pensamentos, bem como o forte desejo de empreender. Assim brotava a Karla Tereza Style. Eu compreendia que a conexão com outras mulheres seria importante no tratamento e queria transformar as dores em sorrisos contínuos. Comecei, então, com as possibilidades que tinha naquele momento, a partir dos seguintes passos:

- planejamento para compras e captação de clientes específicos para meu produto;
- quando errar, não desistir, pois isso faz parte do crescimento e da evolução; e
- participar de capacitações, cursos, palestras, estudos e imersões. Assim, consigo evoluir em meu negócio e me manter atualizada no mercado e na internet, com foco no avanço estratégico do marketing.

A conexão com outras mulheres, por meio do empreendedorismo, abriu portas gigantes em minha trajetória. Aprendi, ensinei e transformei vidas através de cada vestuário, pois não vendemos apenas roupas, nós comercializamos autoestima, autocuidado, amizade e troca de experiências; desse modo, agregamos valor ao nosso serviço.

Conexão com meu propósito: superação

Narrar minha vida foi uma grande oportunidade de sucesso, pois revisitei minha origem e questionei minhas verdades. Olhe para a sua história e observe o quão forte você é e quantas decisões precisou tomar para chegar até aqui. Mesmo quando as coisas não saíram como você planejou, pelas dificuldades, vulnerabilidade, violência, falta de oportunidades e acolhimento, sua vontade de vencer ultrapassou todas as barreiras. Você alcançou sua vida de sucesso, portanto, agradeça!

Assim como eu, você é capaz de sair da sua zona de conforto e utilizar os recursos de que dispõe hoje para começar a realizar seus projetos. Não tenha dúvida do seu sucesso; seja ousada; não desista na primeira queda; e lembre que é melhor o feito do que o perfeito não feito. A distração rouba a performance.

Quero apresentar a você estratégias para sair dos ciclos de violência, conectar-se com seu propósito, entender a importância do autocuidado e do autoconhecimento, ao se colocar como prioridade em todas as áreas da sua vida. Entenda que você é sua casa e que, antes de tudo, ela precisa de sua atenção. Quando praticamos o autocuidado, tudo muda de sentido: experimentamos o real sentido da vida, os relacionamentos abusivos se rompem, o ambiente tóxico é excluído e as amizades destrutivas são analisadas. Nós somos a soma das cinco pessoas com quem mais nos relacionamos, então, ambientes, lugares e pessoas influenciam nossa caminhada de sucesso de forma positiva ou negativa.

O autoconhecimento é importantíssimo para uma vida estruturada, seja no âmbito emocional, físico, financeiro, afetivo ou familiar. As pequenas conquistas devem ser comemoradas. Sejamos gratos!

Ter vivido em um ambiente com todos os tipos de violência não me fez violenta, pelo contrário. Isso me tornou firme e forte para construir a vida dos meus sonhos, como uma motivação diária para eu chegar até aqui, entendendo que tudo só dependeu do primeiro passo que ofereci, lá atrás. Sou a primeira filha/neta/irmã a ter formação acadêmica, a viajar para lugares impossíveis aos olhos daqueles que me viram crescer, a primeira a conquistar a valorização profissional e pessoal e a inspirar pessoas por meio de minha força e ousadia de viver – e isso acontece por eu ser leve e participar do crescimento de outras pessoas. Lembre: não chegaremos a lugar algum se não partilhamos o amor, a empatia, a disposição, a inspiração e toda a nossa história com o outro. Você é uma fonte de inspiração, portanto, seja luz na vida de alguém! Muitas pessoas estão aguardando você dividir sua jornada para seguirem seu exemplo.

Apresento abaixo ações aplicadas para alcançar meus sonhos e concretizar meus objetivos.

Comportamentos para compreender o propósito

Sua história é particular!

- Entender seu propósito com clareza e aceitação.
- Respeitar sua história com os recursos de que você dispõe.
- Ter uma conexão com Deus para entender sua missão.
- Respeitar o processo.
- Praticar a gratidão.
- Estar com as pessoas certas e em lugares certos.
- Ler livros.
- Ler a Bíblia todos os dias.
- Não procrastinar.

Conexão e assertividade em suas escolhas, observando ações que afastam você do seu propósito:

NÃO SABER SEU PROPÓSITO	NÃO TER UM PLANEJAMENTO
MANTER VÍNCULO AFETIVO FRAGILIZADO	NÃO SABER O CAMINHO QUE DEVE SEGUIR

Quem perde tempo não perde dinheiro, perde vida.

NÃO LIBERAR O PERDÃO	NÃO OTIMIZAR O SEU TEMPO

Regras básicas para o sucesso

- Não culpar terceiros por seus erros e suas escolhas.
- Entender como oportunidade o que chamamos de dificuldade.
- Intencionar o poder do perdão.
- Utilizar sua imagem pessoal como ferramenta para diversas oportunidades.
- Potencializar seu tempo com atividades que direcionem você ao sucesso.
- Traçar metas com prazos para realizações.
- Visualizar sua vida extraordinária.
- Buscar o autoconhecimento.
- Colocar-se como prioridade.
- Não criar expectativa com relação ao outro.
- Criar conexões em ambientes de *networking.*
- Estudar diariamente.

"Tudo o que a mente humana pode conceber ela pode conquistar." (Napoleon Hill)

Compartilhei um pouco da minha história, com as estratégias e ações que me direcionaram a conquistar uma vida bem-sucedida em todas as áreas, ressignificando crenças limitantes. Somos seres em evolução e aprendemos à medida que buscamos evoluir. O conhecimento é ampliado na mesma proporção em que você busca crescer, em qualquer área da sua vida.

Seja protagonista da sua própria vida! Ao final da leitura, escreva sua história de traumas e superações. Há várias mulheres desejando ouvi-la, afinal, você inspira!

"Tu, Senhor, guardarás em perfeita paz aquele cujo propósito está firme, porque em ti confia." (Isaías 26:3).

"Propósito! Seja protagonista da sua própria história e tenha coragem para enfrentar as adversidades. Os desafios são oportunidades para o crescimento."

Karla Tereza

Keila Daniele

Sou Keila Daniele, natural de Contagem (MG), casada com Rodrigo Ferreira e mãe de Heitor. Especialista de Processos e Gestão Empresarial, atuo nessa área desde 2004.

Trabalhei em nove empresas, sendo duas delas grandes multinacionais, que são referências em gestão. Estive à frente de mais de 100 turmas de treinamento e atendimento consultivo de gestão da rotina nos setores de indústria e prestação de serviços.

Para se destacar, é preciso dar resultados, fazendo aquilo que você gosta e em que acredita. É preciso, também, se conectar com seus valores e suas crenças. Assim, é possível cumprir seu propósito por meio do trabalho.

Meu objetivo é influenciar a prática da melhoria contínua, ao conectar ações a resultados. Já meu lema é: "Nada é tão bom que não possa ser melhorado".

eukeiladaniele

Keila Daniele Souza Ferreira

Elas fazem ACONTECER

19 Os desafios do mercado de trabalho e como se destacar

Por Keila Daniele

Os *feedbacks* nos movem. Ao receber o desafio de fazer parte deste livro, eu me lembrei de um *feedback* específico, que veio de um parceiro de trabalho que me inspirou muito:

> Conduzimos, juntos, iniciativas de desenvolvimento de pessoas nas metodologias TWI, Solução de Problemas e FMDS. Também, orientamos uma turma de imersão para supervisores, em que sua atuação está sendo fundamental, contribuindo para gerar bons resultados. Quero destacar aqui o comportamento-chave de "fazer acontecer.

Eu me arrepiei ao ouvir o título: "Elas fazem acontecer". Olhei para a minha jornada de 20 anos no mercado de trabalho e percebi que é disso que precisamos para nos destacar: fazer acontecer!

"O mercado de trabalho é uma selva", você já deve ter escutado e lido muito essa frase. Eu "caí" no mercado em 2003, como uma ingênua estagiária de curso técnico de Química, numa multinacional que é referência em gestão e resultados.

Pude observar que, no universo do mercado de trabalho, as pessoas se destacavam por diversos motivos. Algumas por se meterem em confusão e outras por serem mal-humoradas, preguiçosas ou lentas. Havia, ainda, aquelas que se destacavam pelos bons resultados. Cabia a mim escolher quem eu iria "imitar".

Cresci numa casa de pais batalhadores, que faziam o que podiam para termos roupas e comida na mesa. Eles não tiveram muito estudo nem apoio para saírem dessa bolha de escassez, mas me deram os valores, a persistência e o ímpeto de "fazer acontecer", que carrego com muito orgulho. Dentro dessa cultura, aprendi que eu precisava trabalhar bem, para manter meu emprego e pagar as contas. Via meus pais saírem cedo, reclamarem um pouco sobre relacionamentos e chefes e voltarem para casa, no outro dia, com o mesmo discurso.

Nessa "selva", percebi que não só meus pais agiam assim, como também a maioria das pessoas que trabalhavam. Elas reclamavam, falavam mal de alguém, terminavam a lista dos afazeres e voltavam a casa, para recomeçar tudo de novo no dia seguinte. Então, me peguei pensando: "Por que trabalhar, se reclamo porque trabalho? Não posso ser feliz trabalhando? Os resultados saem a todo custo?".

Comecei a observar os profissionais que se destacavam não pela implicância, enrolação ou desmotivação, mas por sua entrega. Inspirando-me nesses profissionais, dei início à minha jornada. Meu primeiro movimento e objetivo foi o de me destacar para poder deixar de ser uma estagiária e convencer meus líderes a me contratarem.

A princípio, isso foi bem desafiador, pois os exemplos que eu vi eram de pessoas que apresentavam resultados, mas como conseguiam isso não era bem claro. Então, empenhei-me em fazer o que me era pedido e não reclamar muito. Até que recebi a proposta de contratação, com uma condição: trabalhar no turno da tarde, numa escala de folgas durante a semana, em que fins de semana livres ocorreriam a cada 45 dias.

Discutimos em casa a proposta e, depois de muitos argumentos, meus pais aceitaram a ideia de eu chegar após a meia-noite todos os dias em troca de um bom emprego e um bom salário. Desde pequena procurando a razão e o porquê de tudo, comecei minha jornada oficial no mercado de trabalho.

A partir do momento em que começa a fazer parte de um grupo, você se compara e vê que os integrantes desse grupo têm cultura, valores e comportamento diferentes, e isso é o que compõe a identidade de cada um. Em contrapartida, a empresa também tem sua cultura, assim como o líder da equipe. Com o passar do tempo e com a convivência, você "pega" um pouco disso também. O problema é quando o "pouco disso" entra em conflito com o que você tem construído como base, princípios e valores em si mesmo.

Eu tive uma líder com valores éticos e morais bem divergentes dos meus, e minha identidade e meus valores não atenderam às suas expectativas em relação ao que ela precisava para atingir seu resultado. Durante uma auditoria, não negociei um dos meus valores e fui avaliada como incapaz de estar à frente de uma das células de atuação do laboratório. Isso me marcou muito, porque perdi a referência do que é ser "bom" para aquele grupo. Mas então houve uma transição: essa líder foi substituída, e o supervisor do laboratório viu potencial em mim e colocou-me à frente da célula que eu tanto almejava.

Uma nova jornada, uma nova líder: Cris[1] – cheia de brilho nos olhos e com uma postura firme. Além disso, a cada momento que falava, ela justificava o que a trazia para aquela posição e quais eram suas crenças e valores. Ter alguém como inspiração faz você se movimentar: um plano de desenvolvimento surge na mente, originado da vontade de querer ser como a outra pessoa. Continuei fazendo o meu trabalho. Agora, porém, eu tinha mais do que a motivação de ter meu salário na conta no final do mês: precisava destacar-me, pois queria ser como ela.

A relevância da célula da qual eu estava à frente, além da cobrança por excelência na liderança de primeiro nível, refletiam-se em mim. É preciso ter consciência de que uma pessoa forte, com identidade e propósitos claros, denuncia a escassez dessas características em outras pessoas. Cris amedrontava uns, mas a mim ela inspirava. Cada vez que repreendia alguém, ela também ensinava.

Iniciei minha faculdade convivendo com pessoas que já tinham experiência em liderança ou que eram especialistas no assunto. Olhei para a minha equipe e pensei: "Aonde eu quero chegar?". É importante estar preparado quando a oportunidade surgir.

Para se destacar, é preciso ter foco, saber o que quer e do que precisa para ter o resultado que almeja. Diante de tudo o que me era demandado, eu colocava na minha mente: "Vou fazer o melhor. Se eu errar, vai ser uma vez só e pelo mesmo motivo".

Como eu geria a qualidade de matérias-primas, conectei-me bastante com o analista que tinha o cargo de *staff* e a função de monitorar o mercado/cliente, principalmente quando os problemas aconteciam. Ele estava se preparando para dar um próximo passo em sua carreira e me disse: "Vou fazer uma transição e acho que você tem o perfil para ocupar meu lugar. Diga à Cris que você tem interesse em participar do processo".

Fui olhar os requisitos da vaga: curso superior e CNH B, pois a função exigia visitas em todo o estado. Eu ainda não estava formada, mas tinha a CNH exigida – só não dirigia frequentemente, pois não tínhamos carro em casa.

Havia um corredor imenso e ao ar livre que levava até o prédio administrativo. Minha primeira barreira se referia a falar do meu interesse para a Cris. Eu me lembro de ir e voltar duas vezes por esse corredor, com medo do que iria ouvir dela. Cris inspirava-me, mas a sua transparência muitas vezes assustava.

Após ler *A coragem de ser imperfeito,* de Brené Brown, vejo que fiquei extremamente vulnerável naquele momento, pois estava experimentando uma incerteza, assumindo o risco de me expor emocionalmente. No livro, a autora diz: "A vulnerabilidade não é uma medida de fraqueza, mas a melhor definição de coragem".

1 Personagem fictícia.

Não sei de onde a coragem veio. Depois de voltar duas vezes no corredor, falei para a Cris que tinha interesse em participar do processo de seleção. Ela ficou surpresa e disse: "Que notícia ótima! Não havia pensado em você! Vou avaliar os trâmites com o RH. Você já se formou, Keilinha? E você dirige?". Eu respondi que dirigia, embora só tivesse a carteira de habilitação. Naquele mesmo dia, contratei meu instrutor para me acompanhar em idas e vindas no trajeto de 35 quilômetros entre minha casa e a fábrica. Eu precisava muito fazer aquilo acontecer, no que cabia a mim. Faltavam seis meses para eu me formar, então prometi que não largaria o curso, e Cris conseguiu fazer com que eu fosse promovida.

Comecei minha jornada como analista, foram muitas lágrimas, *feedbacks* e, o mais importante, aprendizados! Eu me aventurei nas estradas de Minas para visitas e auditorias. Meus contatos iam desde o dono de uma choperia famosa a operadores na fábrica e até o repositor de supermercado. Recebi *feedbacks* duros, mas ensinamentos profundos e, em três anos de função, alcancei a minha "zona de conforto". Era a analista de mercado mais antiga no cargo e dominava as frentes de atuação por completo; meu nome era conhecido em todas as interfaces.

Um dia, provocaram o meu movimento numa avaliação de desempenho: "Para onde você quer ir?". Eu fiquei perdida por cerca de três meses, procurando a resposta para essa pergunta.

Participei de um processo interno e a recrutadora, no meio da entrevista, me ofereceu uma outra vaga, que eu recusei – porém, mostrei insegurança ao fazer isso. Após fazer os testes, o resultado veio: "Você seria a escolhida, mas ficou claro que ainda não sabe qual é o próximo passo que quer dar. Precisamos de uma pessoa que tenha essa certeza".

Comecei a observar as funções à minha volta e decidi que gostaria de seguir no cargo de especialista, e não no de liderança. Então, ofereceram-me uma trilha que passava pelo papel de líder – eu já liderava por meio da minha influência –, e decidi não encarar isso naquele momento. Durante as férias, fui chamada para participar de um processo externo e deu certo.

Lembre: nem sempre seu primeiro movimento vai ser aplaudido, você pode ser chamada também de "louca" – no meu caso, por deixar de pertencer a uma renomada multinacional–, mas a certeza do que você busca faz isso ser irrelevante. Após oito anos no mesmo lugar, descobri outros ambientes, outras inspirações, tive outros *feedbacks* e aprendizados.

Em 2014, casei-me com Rodrigo e o casamento revelou o "pior" de mim: uma instabilidade emocional, principalmente quando eu não tinha controle do que eu queria. Isso me fez refletir sobre o fato de que eu tinha algumas oportunidades que envolviam o lado comportamental também no âmbito profissional, o que, algumas vezes, me colocava em desvantagem. Parti, então, em busca do autoconhecimento, por meio de ajuda profissional. Essa jornada me fez usar minhas habilidades, qualidades e meus defeitos de maneira mais eficaz e intencional.

Ainda me faltava uma habilidade: ler cenários. Eu sentia o incômodo, o fim de um ciclo, mas ainda falhava ao planejar meu próximo passo, e isso me fez errar numa transição. Fui parar em outra empresa, em uma função que não queria. Eu me deslumbrei com a proposta salarial e fiquei lá por um ano. Fiz algo errado? Sim. Eu era muito "rápida", almejava muitos resultados, num ambiente que não queria isso. Um aprendizado: sua carreira é muito importante para ser avaliada única e exclusivamente pelo fator financeiro. Por meio de consultorias profissionais, aprendi a ser intencional também nessa questão.

Após seis meses, voltei ao mercado de trabalho e consegui duas vagas! Conhecer a mim mesma (identidade) e deixar clara a minha contribuição (propósito) fizeram com que eu me destacasse no processo e tivesse poder de escolha.

Fiquei no novo trabalho por cinco anos. Nele, com o passar do tempo, me senti subutilizada. Eu tinha mais para contribuir e para desenvolver do que deixavam, e não me sentia realmente desafiada.

Decidi traçar mais um plano de transição, concluí outra pós-graduação e fiz acontecer: voltei para a indústria, em outra multinacional – a dos meus sonhos –, onde fiquei por dois anos e meio. E, mesmo sendo meu sonho, eu já tinha conseguido realizá-lo; então, parti para outro movimento: a transição de carreira, de especialista para a liderança. Passei a liderar 20 pessoas e a aprender a gerenciar mais três novas disciplinas, além da melhoria contínua: *facilities*, viagens corporativas e experiência do cliente.

Quem movimenta se destaca, pois tem planos claros conectados a ações estruturantes, oriundos de uma identidade firmada e de um propósito definido. Hoje, vejo que Cris foi meu primeiro exemplo de profissional que tinha identidade e propósitos claros. Essas características permitiam que ela se conectasse aos bons resultados que trazia na bagagem e a faziam se destacar em toda a companhia na área de Qualidade do Produto.

Estimulo você a sempre ler o cenário, identificar onde estão as oportunidades e planejar seu próximo passo. Sua carreira está em suas mãos! Quem veio ao mundo para cumprir propósito ficando parada foi a nossa amiga árvore. Portanto, saia da zona de conforto, movimente-se e faça acontecer!

Acho que sempre terei um plano para a próxima fase. Afinal, o que não está em movimento está morrendo!

"Quem veio ao mundo para cumprir propósito ficando parada foi a nossa amiga árvore. Movimente-se, faça acontecer! Você não é uma árvore!"

Keila Daniele

Mara Almeida

Sou Mara Almeida, natural de Lago Verde (MA) e residente em São Paulo (SP) há 17 anos. Cristã, sou casada com Bruno Santos, com quem tenho dois filhos, Kevin, de 18 anos, e Benício, de 6 anos. Sou graduada em Economia pela Universidade Paulista, com especialização em Planejamento Tributário pelo IBPT. Atuo como CEO na Almeida Contabilidade. Também sou sócia da Maré Fibra.

Com mais de dez anos de experiência em consultoria tributária, já atendi mais de 200 empresas em todo o Brasil, incluindo grandes grupos econômicos, como a JBS. Minha paixão é a criação e gestão de negócios, e esse entusiasmo tem sido evidente ao longo de minha carreira. Tenho como lema de vida a expressão "NTV": Não tem volta. Vai dar certo!

maraalmeidaofc

Mara Almeida

+55 (11) 93024-8792

mara@almeidacont.com.br

Elas fazem ACONTECER

20 Identificando oportunidades de negócios e inovando

Por Mara Almeida

A palavra que mais me marcou em toda a minha vida, com certeza, foi oportunidade. Desde nova, sempre tive o desejo de ter uma profissão e formação acadêmica, objetivo que, para alguém de uma família simples, do interior do Nordeste, parecia impossível. Mas algo sempre me impulsionou a superar desafios. Assim, aos 18 anos, no dia 2 de fevereiro de 2007, virei minha vida de cabeça para baixo: embarquei na oportunidade de morar em uma cidade grande – São Paulo – e estudar para construir uma carreira sólida, como sempre sonhei.

Cheguei em Sampa decidida a conseguir um emprego, a fim de financiar meus estudos no ensino superior. Porém, percebi abruptamente que as coisas não seriam fáceis. Enfrentei muitos desafios, como aceitar trabalhos que ainda não me permitiriam pagar meus estudos. Além disso, estar sozinha, sem nenhum apoio familiar por perto, em uma das maiores metrópoles do mundo, me causava constante insegurança sobre o futuro. Todavia, a certeza de que Deus não nos dá um fardo maior do que podemos carregar esteve em meu coração nos percalços da vida.

Minha primeira oportunidade nasceu após uma visita ao Centro de Apoio ao Trabalhador, com vagas abertas na função de divulgadora externa. Mesmo sem saber exatamente o que era isso, inscrevi-me e fiz a entrevista. Estava animada para começar, porém me surpreendi ao descobrir que a vaga era, na realidade, para fazer panfletagem em semáforos. Imediatamente, entrei em desespero, pois sou uma menina do interior do Nordeste, que nunca sequer tinha visto um semáforo. Mas, como uma boa maranhense diria: "Pois pronto, vai dar certo, 'mermam'!".

Quando saí de casa rumo ao meu primeiro dia de trabalho, meu propósito era o de me destacar no que me propusesse a fazer. Comecei a entregar panfletos na sexta-feira de manhã e continuei a fazê-lo durante todo o dia. No dia seguinte, retornei e entreguei panfletos novamente por mais meio período. Durante o trajeto de volta para casa, no ônibus, comecei a pensar em uma estratégia para me destacar e conseguir uma promoção na empresa.

Em pouco tempo, compreendi a dinâmica da panfletagem. Eu entregava o panfleto para as pessoas nos semáforos, elas ligavam para a loja e, a partir dali, era feita a venda. Entendi que meu papel era o de levar o curso até o cliente, e quem fechava as vendas eram as pessoas que estavam dentro do escritório. E então veio a sacada: cheguei ao bairro onde morava, na periferia de São Paulo, e solicitei ajuda às pessoas da vizinhança. Pedi que ligassem para a empresa e falassem que receberam o panfleto. Conversei com parentes, vizinhos e amigos mais próximos.

No dia seguinte, voltei para o trabalho e continuei entregando panfletos durante todo o dia. Quando retornei, a supervisora me notificou que os panfletos que eu havia distribuído estavam gerando um volume muito grande de ligações de pessoas interessadas em fazer os cursos. Surgiu, então, uma vaga no shopping e a supervisora me perguntou se eu estava interessada, e é claro que eu estava – outra porta se abrindo em minha vida. Era exatamente disso que eu precisava, uma vaga de emprego melhor.

Foi dessa forma que comecei a minha vida em São Paulo, enxergando todas as oportunidades que estavam diante de mim e aproveitando cada uma delas, independentemente de qual fosse.

Lembro-me de olhar para os prédios e ver as pessoas sentadas em suas mesas, trabalhando em frente a um computador. Eu fiquei deslumbrada com esse mundo corporativo e percebi que era isso o que queria para o meu futuro. Eu não tinha noção do que elas faziam, mas todo aquele ambiente me encantou. Tive ainda mais certeza de que queria uma profissão.

Com a vaga no shopping, foi possível realizar contatos e *networking*. Transitei por diversos empregos, buscando vagas melhores, e as coisas foram acontecendo. Consegui, posteriormente, encontrar uma vaga de emprego melhor, com um salário que possibilitava meu ingresso na faculdade. A mensalidade custava praticamente tudo o que eu ganhava. Na época, não fiz muitos cálculos e apenas embarquei nessa jornada.

Em busca de crescer profissionalmente, passei em uma nova vaga de emprego, dessa vez em um escritório contábil. Apesar de a vaga exigir experiência, convenci o dono do escritório, o qual já conhecia muito bem, de que poderia ser a nova *office girl*. Ele me pagava 2,30 reais para eu pagar passagens de ônibus e ir a lugares como a Junta Comercial e a Receita Federal. Eu guardava esse dinheiro e pedia carona aos motoristas. Nunca tive vergonha de ser quem eu sou e sempre carreguei isso com muito orgulho e, assim, esforçava-me para economizar esse dinheiro e utilizá-lo para me alimentar, já que o meu salário era destinado apenas à mensalidade da faculdade. Foi nesse momento que conheci uma pessoa muito importante em minha vida, a quem chamo de mãe: a Noeli. Tenho minha mãe biológica, que é minha inspiração, mas também tive o privilégio de ganhar uma mãe que foi um presente de Deus. Ela percebeu que eu saía para a faculdade sem comer e que não levava marmita e passou a dividir o almoço dela comigo. Noeli tornou-se um apoio fundamental durante quase todo o meu curso, a tenho em minha vida até hoje e nutro por ela muito carinho, respeito e lealdade.

Graças a Deus e ao apoio de pessoas muito importantes em minha jornada, concluí a graduação, melhorei de posição na empresa e trabalhei em outros escritórios. Antes de abrir meu próprio escritório, atuei como consultora em uma empresa e soube que um dia empreenderia, pois sempre tive essa veia pulsando em mim.

Como empreendedora, decidi não ser só mais um escritório contábil – queria fazer diferente. Todas as oportunidades que surgiram me possibilitaram criar negócios. Em 2011, comecei a prestar consultoria para clientes, mas de modo ainda muito embrionário e informal. Além disso, trabalhava como autônoma em paralelo, na consultoria com alguns clientes.

Em 2017, Jesus me disse: "Eu preciso mudar a sua vida. Você vai receber o melhor que existe nesta terra para uma mulher, você será mãe". Quando Ele me concedeu essa mudança, eu não entendi, chorei e relutei. "Por que eu? Senhor, eu tenho toda uma trajetória de trabalho de luta pelo reconhecimento profissional." No próximo ano, eu estaria em uma viagem internacional, ia fazer um curso no exterior e continuaria minha carreira. Mas, de repente, eu tinha um serzinho na minha barriga, permitido pelo

Senhor. Naquele momento, eu não havia entendido que era justamente isso o que faltava para mim, porque já tinha uma posição no mercado muito sólida, com um salário ótimo, toda uma estrutura material e financeira, mas faltava algo – algo que eu pudesse amar e cuidar incondicionalmente. E, quando Ele dá a alguém o dom de ser mãe, quer tratar o íntimo, quer, literalmente, seu coração andando e batendo fora do peito.

Assim, em novembro de 2017, Jesus me presenteou com a chegada do meu príncipe Benício. Eu digo que essa foi a maior prova de amor de Jesus em minha vida – a chegada de Ben, meu príncipe. O meu maior desafio foi ao precisar voltar a trabalhar, assim como acontece com milhares de mães no Brasil. Olhei para aquele bebê e pensei: "Eu preciso fazer algo que me preencha profissionalmente, mas também não posso ficar longe dele. Eu não posso perder o primeiro passo, a primeira queda, o primeiro dia na escolinha, o dia da festinha, eu preciso viver tudo isso".

Foi quando a minha chavinha virou, e me veio à mente que o empreendedorismo me daria essa liberdade. No ano seguinte, resolvi tornar a consultoria minha única fonte de renda e abri fisicamente o escritório, a Almeida Contabilidade. O meu trabalho deixou de ser uma consultoria virtual e passou a ser um escritório físico. Então, começou a minha jornada como empreendedora.

Essa oportunidade fez-me enxergar que eu precisava fazer algo diferente do que já existia no mercado. Precisava ser eu, não podia ser mais uma no mercado contábil e, como todo maluco empreendedor – porque, às vezes, você precisa de uma dose de loucura para conquistar o inconquistável –, comecei a trabalhar e a me dedicar profissionalmente 100% para fazer minha contabilidade crescer.

Anos depois, conheci meu atual marido – algo preparado por Jesus. Ele sabia exatamente como era o meu coração, tinha conhecimento daquilo que eu precisava. Bruno chegou à minha vida e, com ele Kevin, que já tinha 15 anos. Nós nos aproximamos e juntamos nossas famílias, com a harmonia e a graça proporcionada por Deus.

Quando começamos, Bruno já atuava na área comercial e, juntos, começamos a trabalhar em nossos projetos e alicerçar nossas metas. A chegada do Bruno foi algo que mexeu com a estrutura de uma mulher independente, livre e bem resolvida profissionalmente. Estava tranquila, sem um homem, mas, como diz a Bíblia, o projeto mais lindo que Deus criou foi a família. Nós nos amamos e unimos os nossos propósitos e projetos, de modo que a Almeida começou a tomar forma e crescer.

Eu tocava toda a parte operacional estratégica, e Bruno toda a parte comercial. Era e é o casamento perfeito. Atualmente, a Almeida é um escritório referência no setor de telecomunicação. Estamos crescendo um ao lado do outro. Antes, a empresa era formada só por mim e hoje há 20 colaboradores em nosso escritório, que é 100% automatizado.

Toda a minha história foi pautada nas oportunidades que me foram apresentadas e no modo como eu aproveitei essas portas e janelas que se abriram. As oportunidades podem surgir de diversas formas: na chance de aprender algo novo, em uma oferta de emprego, uma possibilidade de viajar, ao conhecer novas pessoas e iniciar um projeto, dentre muitas outras possibilidades.

Primeiramente, é fundamental compreender que as oportunidades nem sempre surgem no momento mais conveniente ou da maneira como esperamos. Por isso, estar aberto e receptivo a elas é crucial. Muitas vezes, as maiores conquistas da vida estão intrinsecamente ligadas à capacidade de reconhecer e aproveitar as chances que se apresentam, mesmo que isso envolva assumir riscos ou sair da zona de conforto.

Além disso, aproveitar as oportunidades na vida implica estar preparado e disposto a agir. Isso significa que é necessário cultivar habilidades como a resiliência, a determinação e a flexibilidade mental para enfrentar os desafios que podem surgir no caminho. Afinal, nem todas as oportunidades são fáceis de aproveitar – muitas vezes, elas exigem esforço, dedicação e até superação de obstáculos.

A exposição da minha história deixa claro que nada na vida é fácil, mas Deus permite que nos coloquemos em determinadas situações nas quais podermos entender que é possível. O impossível Ele faz.

Todas as vezes em que passei por dificuldades durante minha trajetória, eu disse: "NTV: Não tem volta", o que se tornou meu lema. Quando cheguei a São Paulo, no emprego em que tinha que entregar panfletos no farol, olhei para o lado, para trás e falei: "Não tem volta". Diga a você mesmo "NTV" em todos os momentos em que se deparar com a dificuldade. O principal conselho que posso oferecer é: esteja atento, esteja preparado e esteja disposto a agir quando as oportunidades baterem à sua porta, pois são elas que podem fazer toda a diferença em sua jornada.

"NTV: 'Não tem volta'. Vai dar certo!"

Mara Almeida

Fga. Mayanna Magalhães
Fonoaudiologia Neurofuncional

Mayanna Magalhães

Sou Mayanna, filha de Luzia e Sebastião, casada com Rodrigo, mãe do Gustavo, da Maryanna e do Rodrigo Júnior. Moro em Teresina (PI), sou cristã, fonoaudióloga, palestrante, empresária e pioneira no Método Padovan, no Piauí.

Comecei a empreender ainda aos 17 anos e sempre tive o sonho de ser profissional da saúde. Como tudo na vida tem um propósito, as circunstâncias me levaram a amar a fonoaudiologia e a logo gerenciar o meu próprio centro, superando desafios e conquistando o sucesso.

A minha trajetória é diferente da sua, mas não quando temos o mesmo objetivo: a liberdade. Vou contar a você como superei meus desafios.

mayamagalhaes

centermayannamagalhaes

+55 (86) 98864-6355

fgamayannamagalhaes@gmail.com

Elas fazem ACONTECER

21 Como superar obstáculos na carreira, independentemente das circunstâncias

Por Mayanna Magalhães

Em uma radiante manhã de terça-feira, no 26º dia do mês de outubro do ano de 1987, vi a luz do mundo pela primeira vez. Como primogênita de uma família pequena, mas de muita fé – cujos alicerces repousam na união e na vivência dos valores católicos, nasci após uma espera tranquila.

Em meu lar, meus pais, Luzia e Sebastião, unidos pelo amor e companheirismo, foram desde muito cedo meus faróis de orientação, sempre dedicados a mim e à minha irmã mais nova, Monalyse. Com eles, aprendi os fundamentos da honestidade, da perseverança na oração e da busca incansável pelos meus sonhos mais profundos – sem jamais cobiçar o que pertence ao próximo. Apesar da simplicidade, vivíamos em um equilíbrio no qual nem excessos nem privações se faziam presentes. A plenitude da felicidade habitava nossa singela e acolhedora casa.

Da infância, me recordo como um período de curiosidade insaciável, de alegria contagiante e de uma certa ousadia nata, pois sempre fui ávida por novas experiências. Desde pequena, mostrava-me comunicativa e destemida, ansiosa por liderar as aventuras que a vida me reservava. Sempre adorei dançar e a alegria sempre foi uma constante. As brincadeiras de infância preenchiam meus dias com a doce melodia da inocência.

Entre agulhas e linhas, moldava trajes para minhas bonecas, exercendo a criatividade como uma verdadeira artesã. Em meio às brincadeiras de faz de conta, eu era tanto professora quanto aluna, cantora e até médica, em um universo no qual a imaginação não conhecia limites. Os corredores da escola do bairro, onde estudei durante a infância, foram meu território de descobertas, em que cada campeonato de futebol e cada festividade escolar se tornavam parte essencial do meu cotidiano.

Minha participação ativa na organização das festas escolares e a celebração de cada aniversário eram momentos preciosos, enriquecidos pelas memórias que, até hoje, guardo com carinho.

Despedi-me de uma infância tranquila e radiante, até que, em meu caminho, surgiram as dificuldades da adolescência. Minha expressividade e espontaneidade acabaram incitando o *bullying*, tão marcante nessa fase da vida. Muitas vezes, fui agraciada com apelidos pejorativos e fui excluída por colegas que não entendiam o meu jeito intempestivo de ser. Nessas ocasiões, me sentia compelida a recuar, temerosa acerca do julgamento alheio, o que acabava reprimindo a minha autenticidade. O palco das apresentações escolares e os seminários tornaram-se sinônimos de medo e ansiedade, onde a sombra do julgamento pairava ameaçadora sobre a minha mente inquieta.

Levei algum tempo para compreender que a percepção alheia não deveria ditar meu valor próprio, embora a desaprovação dos meus colegas me entristecesse e envergonhasse. Aos poucos, aprendi a abraçar minhas características singulares e a enfrentar as adversidades com determinação, ainda que minha imaturidade e falta de confiança, por vezes, minassem as minhas relações interpessoais.

Além disso, não fui a aluna exemplar, tampouco a detentora das notas máximas, porém sempre superei as expectativas, jamais experimentando a vergonha da reprovação. Rememoro com carinho os dias de minha infância, brindada com o afeto e o amor de minhas duas avós: Ana e Maria. Todavia, reconheço que ocasionei aos meus pais uma parcela considerável de desafios, muitos dos quais foram suavizados pela intervenção divina – que sempre guiou meus passos, de modo inquestionável. Deus continuamente me protegeu de forma benevolente, pois Ele já conhecia o propósito maior que traçara para mim.

Como sempre fui prematura, não foi diferente na seara amorosa. Meu primeiro casamento aconteceu aos 17 anos, quando também resolvi ingressar no mercado de trabalho. Desempenhei múltiplos papéis, desde vendedora da Natura até promotora de cartões de crédito. Toda atividade era válida para que eu não precisasse depender apenas do sustento do meu marido. Dois anos após o casamento, dei à luz meu primogênito, o Gustavo, e experimentei o mais puro e incondicional amor.

Contudo, o desfecho precoce da união conjugal impôs-me um fardo de sofrimento e incerteza, deixando-me vulnerável e à mercê das circunstâncias. Naquele momento, passei a depender dos meus pais, que enfrentavam desafios financeiros. Lembro-me bem do dilema que tomou conta da minha vida. Ainda era jovem e desprovida de perspectivas, dependia financeiramente do meu ex-cônjuge para sustentar meu filho e havia recém-ingressado na faculdade de Fonoaudiologia. Assim, via-me submersa em um oceano de dúvidas sobre o futuro.

Naquele turbilhão de emoções, uma luz de esperança se fez presente, manifestada pelas mãos generosas de meus padrinhos: Luciano e Maria das Graças, e de outros tios que me auxiliaram a custear minha faculdade por dois meses, até o momento em que pude assumir as mensalidades. A gratidão que dedico a eles é eterna e imensurável.

Durante esse período de maior dificuldade na minha vida, tomei consciência da carência de amor-próprio e da dependência emocional e financeira que permeavam minha existência. Foi quando percebi que havia esquecido de mim, dos meus sonhos. Em meio a momentos desafiadores, marcados pela humilhação e pelo preconceito dirigido a uma jovem mãe solteira, confrontei meus temores e minhas inseguranças, impulsionada pelo amor inabalável que nutria por meu filho. Eu sabia que teria que reagir, que os meus sonhos precisariam sair do papel, que tudo dependia de mim, se quisesse uma vida melhor.

A jornada rumo à autodescoberta e à emancipação pessoal exigiu de mim muita coragem e resiliência, qualidades que floresceram em meu íntimo à medida que abraçava a responsabilidade pelo meu próprio destino. Sempre com uma fé inquebrantável e confiança em minhas capacidades, avancei em direção aos meus sonhos, ciente de que somente com perseverança e dedicação poderia transformá-los em realidade.

Desde a conclusão de minha graduação, em 2011, pela Fapesi, minha jornada profissional tem sido marcada por uma incessante busca por conhecimento e aprimoramento na área da Fonoaudiologia. Após especializar-me em Fonoaudiologia Hospitalar com Foco em Disfagia, busquei constantemente expandir meu repertório com diversas capacitações.

Ao recapitular minha jornada, remeto-me ao início de minha carreira, em 2012, quando ingressei no hospital do município de Porto. Essa experiência ímpar, que já dura 12 anos, proporcionou-me um aprendizado abrangente, ao atender pacientes de todas as faixas etárias e com uma variedade de distúrbios da linguagem e fala. Posteriormente, trabalhei em uma clínica particular por três anos, com foco no público infantil.

Nesse momento, mais uma vez, Deus se mostrou presente na minha vida e na vida da minha família, fazendo da minha profissão um instrumento para que eu pudesse ajudar minha mãe. Ainda aos 48 anos, ela teve sua fala comprometida em decorrência de um acidente vascular cerebral; por obra Dele, conseguiu se recuperar. Hoje, com saúde, minha mãe consegue realizar todas as suas atividades normalmente.

Ao longo dos anos, paralelamente às dificuldades da vida pessoal, me empenhei incansavelmente na minha profissão, adquirindo experiência em diversos contextos – desde atendimentos domiciliares até atividades acadêmicas –, sempre com o propósito de contribuir positivamente para a vida dos meus pacientes e das suas famílias.

Dediquei-me cada dia mais à minha carreira como fonoaudióloga, inicialmente voltada ao atendimento de pacientes adultos com distúrbios de deglutição. Logo depois, meu interesse se voltou para o universo da terapia da linguagem infantil, especialmente após minha segunda experiência como mãe.

O nascimento de minha filha Maryanna, em 2015, trouxe consigo uma onda de dúvidas, medos e angústias, especialmente devido à crescente preocupação com os casos de atraso de fala – um marco tão aguardado pelos pais. Embora inicialmente não estivesse em meus planos atender crianças em minha prática profissional como fonoaudióloga, fui guiada por um encontro providencial, que fez com que eu me identificasse com esse público.

Vivenciando novamente a experiência da maternidade e testemunhando de perto os marcos do desenvolvimento de minha filha, vi-me completamente envolvida e apaixonada. No entanto, com essa paixão, veio também uma crescente pressão, tanto por parte das famílias que eu atendia quanto de meu próprio papel como mãe, permeada por comparações e ansiedade pela aquisição da fala de minha filha. Essa pressão se intensificou quando descobri minha terceira gravidez, inesperada, quando Maryanna tinha apenas 7 meses.

A notícia gerou uma mistura de aflição, desespero e ansiedade, pois eu me encontrava diante do desafio de acompanhar de perto o desenvolvimento não apenas de Maryanna, mas também de meu segundo filho, Rodrigo Júnior.

O ano era 2017, e o nascimento de Rodrigo coincidiu com uma fase de intensa dedicação ao atendimento de crianças com atrasos de linguagem e transtornos do espectro autista. Sob a pressão psicológica imposta por, expectativas, muitas vezes, inatingíveis, desenvolvi a empatia e a compaixão como ferramentas essenciais para o exercício de minha profissão. Enquanto isso, minha própria jornada como mãe me conferia uma perspectiva única sobre os desafios enfrentados por meus pacientes e suas famílias.

Foi nesse contexto desafiador que descobri, em meados de 2017, o Método Padovan, uma abordagem revolucionária no campo da terapia da linguagem, que transformou não apenas minha prática clínica, mas também minha visão de mundo. Inspirada pela eficácia dessa metodologia inovadora, a partir daquele momento, empenhei-me em aprimorar minhas habilidades e dedicar-me à aplicação desse método em todos os meus pacientes, o que me tornou uma terapeuta mais humanizada. Adotei uma abordagem holística, enxergando não apenas as dificuldades, mas também as soluções para cada indivíduo. Assim, decidi concretizar meu sonho de abrir o meu próprio espaço, o primeiro centro fonoaudiológico neurofuncional do Piauí, em 2019.

Esse espaço, concebido com minha identidade e que proporcionava um ambiente acolhedor a todos, coincidiu com meu segundo casamento com Rodrigo, pai dos meus filhos. Inicialmente, comecei com três colaboradores; ao longo de três anos, construí minha marca: Mayanna Magalhães: pioneira no Método Padovan, que foi o catalisador para a expansão de nossas atividades.

Em 2022, inaugurei o novo Center MM, agora composto por uma equipe de mais de 20 colaboradores especializados em diversas áreas, todos compartilhando da mesma missão: transformar vidas.

O sucesso de meu empreendimento reflete não apenas a minha dedicação incansável e a paixão pela minha profissão, como também a força de meu espírito empreendedor e a convicção inabalável em minha capacidade de realização. Assumindo o papel de gestora e líder de uma equipe multidisciplinar, enfrentei desafios inéditos com coragem e determinação, consciente de que minha missão transcende os limites da fonoaudiologia, para abraçar a causa maior da transformação social e do bem-estar coletivo.

Ao longo dessa jornada repleta de desafios e conquistas, aprendi lições inestimáveis sobre resiliência, perseverança e autenticidade. Encontrei na fé e na confiança em mim mesma as âncoras que me sustentaram nos momentos de adversidade, enquanto minha determinação intrépida e meu comprometimento com a excelência me guiaram rumo ao sucesso e à realização pessoal.

Assim, caro leitor, convido-o a trilhar ao meu lado o caminho da autodescoberta e do autodesenvolvimento, alimentado pela convicção de que com fé, determinação e perseverança somos capazes de conquistar nossos mais ousados sonhos, transformando nossas vidas de maneira extraordinária.

Que estas palavras sirvam como inspiração para todos aqueles que ousam sonhar e perseguir seus ideais com coragem e determinação, pois a verdadeira realização reside na convicção de que somos os arquitetos do nosso próprio destino.

"Só há um caminho para você viver o extraordinário: em Deus confiar e em você acreditar!"

Mayanna Magalhães

Nicoli Bortolin

Eu me chamo Nicoli Bortolin, sou paranaense, nascida em Pinhal de São Bento, uma cidade interiorana. Casada com o amor da minha vida, sou filha única de pais extraordinários, os quais são fonte inesgotável de amor. Minha jornada é a prova viva de que, independentemente do local de nascimento, a combinação entre o propósito de Deus e nosso desejo de fazer acontecer rompem barreiras.

Sou empresária, especialista em *branding*. Já transformei centenas de profissionais de todo país, ao orientá-los a impulsionar suas carreiras. Minha jornada revela que as maiores vitórias emergem dos desafios mais profundos e que com fé, determinação e coragem podemos transformar desafios em conquistas, e sonhos em realidade.

nicolibortolin

+55 (46) 99113-9436

nicolibortolin@outlook.com

Elas fazem ACONTECER

22 Construindo uma carreira de sucesso

Por Nicoli Bortolin

Quando criança, aos 11 anos de idade, lembro-me vividamente de passar horas imersa nos livros, enquanto alimentava sonhos sobre o meu futuro. Uma pergunta simples, porém profundamente poderosa, ecoava em minha mente: "Quem vou ser quando crescer?". Esse questionamento singelo, mas de imenso significado, sempre me acompanhou, pois acreditava que no futuro poderia me tornar alguém importante. Naquela época, eu ainda não compreendia completamente o que significava ser "alguém importante", contudo, com o tempo, percebi que isso representava sucesso para mim.

Entretanto, para alguém como eu, cuja realidade se limitava a um pequeno município no interior do Paraná, com menos de 3 mil habitantes, alcançar o sucesso parecia uma meta distante e até mesmo audaciosa. Meu pai era cabeleireiro e minha mãe, naquela época, professora. Ambos batalharam incansavelmente para me proporcionar a melhor educação possível, oferecendo-me uma base sólida familiar e os mais sábios conselhos. Embora enfrentássemos tempos difíceis, com recursos limitados, conforme eu crescia, o questionamento inicial tornava-se cada vez mais persistente: "Quem eu me tornarei?".

Uma menina do interior, muitas vezes tímida, nutria sonhos grandiosos. À medida que o tempo avançava, meus pais progrediam lentamente, dia após dia. Aos 14 anos, tive a oportunidade de estudar em uma escola particular. Sentia-me encantada e desafiada, pois sabia que eu precisava honrar aquela chance. Foi nesse momento que uma chama começou a arder dentro de mim: o desejo de ajudar pessoas. Conciliando os estudos com o trabalho de babá, aos 16 anos, o sonho de ser "alguém importante" já não dominava mais meus pensamentos. Reconheci a necessidade de encarar a realidade de frente e percebi que meu grande feito seria me dedicar aos estudos, obter uma bolsa integral na faculdade e buscar uma posição por meio de concurso público.

E aquela chama que se acendeu em mim aos 16 anos e que hoje reconheço como o meu propósito despertou o meu interesse pelo curso de Serviço Social. Aos 17 anos, finalmente entrei na faculdade – naquele momento, a realização do meu sonho de conquistar uma bolsa de estudos tornou-se tangível. O futuro parecia desenhado. Entretanto, à medida que mergulhava nos estudos e a rotina universitária avançava, percebia que meu sonho de infância ficava a cada dia mais distante.

Embora tenha desfrutado de momentos de destaque acadêmico, com as melhores notas e trabalhos, uma inquietação persistia em mim, como um incômodo no meu coração. Desejava mais da vida do que aquela profissão poderia me oferecer e mais uma vez me via desafiada pelo sucesso – porém, sem os meios para alcançá-lo. Nesse meio-tempo, conheci meu marido, fui morar em outra cidade e deixei de ser babá. Os estágios da faculdade vieram e, com eles, a vivência da prática da minha profissão intensificou ainda mais meu sentimento de inquietação. Contudo, vi-me novamente em uma encruzilhada, pois agora tinha uma casa e responsabilidades a cumprir, enquanto o fim da faculdade se aproximava rapidamente. Foi então que o cenário começou a se transformar.

O mercado digital e os cursos *on-line* ganharam força e junto deles veio a pandemia. Em uma noite rotineira, no sofá de casa, durante os dias de isolamento, a virada de chave aconteceu. Apesar de todas as reflexões feitas desde a infância, havia uma única coisa que eu nunca havia considerado para mim: empreender. No entanto, um simples anúncio na internet fez florescer em meu coração um desejo ardente de buscar esse novo caminho.

Há uma frase de Mark Twain que diz: "Os dois dias mais importantes da sua vida são: o dia em que você nasceu e o dia em que você descobre o porquê". Essa máxima é uma grande verdade. Naquela noite rotineira, uma chave virou, e os sonhos de criança agora faziam sentido. Na jornada da vida, é crucial ousar e redefinir o caminho; do mesmo modo, é essencial arriscar-se para dar vida aos nossos sonhos mais audaciosos. Desde aquele momento, me vi imersa em pensamentos incessantes sobre como transformar tal desejo em realidade. Embora ainda me restasse um ano para concluir a faculdade e desistir não fosse uma opção, a urgência me guiava a ser executora.

Marketing, vendas, posicionamento, empreendedorismo e estratégias de crescimento tornaram-se partes integrantes do meu cotidiano. Por melhor que aquele plano de empreender parecesse ser ótimo em meus pensamentos, minha realidade ainda me dizia todos os dias: "Isso não vai dar certo". Certa vez, em uma conversa com meu marido sobre o futuro, surpreendentemente expressei o desejo de empreender. As palavras fluíam livremente e, em poucos minutos, um modelo de negócio começou a tomar forma. Naquela manhã, tomei a decisão que vinha adiando por meses: desistir do concurso público. Optei por seguir em frente com meu próprio negócio, focado no desenvolvimento de pessoas e carreiras. Eu sabia que os primeiros passos seriam desafiadores.

Abandonar a ideia do concurso significava abrir mão de uma certa segurança financeira. Ainda assim, uma voz interior insistia: "Vai valer a pena. Você verá isso em breve". A partir daquele dia, comecei minha jornada para me tornar especialista em *branding.* Sempre acreditei no poder de deixar uma impressão duradoura e fazer a diferença na vida das pessoas, e o *branding* era a materialização desse princípio. O *branding* é mais do que um modelo de gestão: trata-se de administrar e planejar marcas de forma estratégica. Costumo dizer que o *branding* é uma escolha de viver acima da média. Ao decidir me especializar nessa área, firmei um compromisso comigo mesma: aplicar tudo o que aprendesse em meu próprio desenvolvimento, tornando-me meu próprio caso de sucesso.

No segundo semestre de 2021, comecei a estruturar meu plano. Meus serviços começaram a se desenvolver e minha presença digital passou a ganhar forma. Optei por construir um negócio com base no digital. Lembro-me do medo que senti ao fazer meu primeiro *post*, o receio com relação à exposição e ao julgamento, mas a vontade de fazer acontecer superou qualquer insegurança. Após essa decisão, dois anos passaram-se e, durante esse período:

- criei meu CNPJ;
- alcancei marcos significativos em termos de faturamento (lembro-me claramente do dia em que atingi a marca dos meus primeiros 10 mil reais de faturamento – um feito que sempre pareceu distante da minha realidade);
- mentoreei mais de 150 empreendedoras;
- minha marca se expandiu por todo o país, e o nome Nicoli Bortolin deixou de ser apenas uma identificação pessoal para se tornar minha marca;
- organizei eventos, ministrei palestras e conduzi imersões presenciais.
- desenvolvi e lancei dois cursos on-line voltados para empreendedores e profissionais liberais;

- tornei-me meu próprio *case* de sucesso; e
- ampliei minha influência e meu alcance por meio da minha presença digital. Conquistei reconhecimento e notoriedade pelo meu trabalho.

Querido leitor, lembrar é reviver. É revisitarmos os momentos que nos moldaram até o ponto em que nos encontramos hoje, é traçar uma linha do tempo na nossa jornada e, sobretudo, é refletir sobre a quantidade de mudanças que experimentamos. Para edificar uma carreira de sucesso, foi necessário passar por desafios, enfrentar quedas, lidar com frustrações e derramar lágrimas. Vivenciei expectativas, superei conflitos internos, enfrentei noites de insônia...

Não nasci em um berço empresarial, muito menos herdei riquezas. Na prática, aprendi que o sucesso deve ser uma prioridade inegociável – devemos cultivar uma relação de amizade com ele. Ao contemplar meu presente e o que estou construindo, os sonhos realizados e a expansão contínua do meu nome, é impossível não me lembrar da Nicoli que aqui descrevi. Para que essa versão de mim mesma pudesse construir uma carreira de sucesso aos 23 anos, três pilares se mostraram fundamentais: uma mentalidade vencedora, uma marca pessoal sólida e um propósito claro.

Uma carreira de sucesso só se ergue quando você conhece verdadeiramente sua essência e compreende seu próprio valor. O avanço de sua carreira está intrinsecamente ligado ao seu próprio. Muitas vezes, o resultado que você procura está na pessoa que ainda não se tornou. É crucial avaliar o que precisa ser abandonado: os medos, as inseguranças que o impedem de dar o próximo passo. Existe uma história de guerra que ilustra esse ponto: soldados, ao se dirigirem ao campo de batalha, eram instruídos a queimar a ponte ou o barco que os conectava à segurança, eliminando assim a possibilidade de retorno. Por que eliminar uma rota de fuga, um caminho seguro de volta? Ao queimar a ponte atrás deles, os soldados eliminavam qualquer possibilidade de resgate, o que os obrigava a avançar e a lutar com determinação até o fim.

Da mesma forma, nossas próprias batalhas profissionais deverão ser enfrentadas. Quantas vezes nos deparamos com desafios aparentemente impossíveis? Com que frequência nos falta a coragem de eliminar a ponte que nos liga à zona de conforto, para nos lançarmos de cabeça no campo de batalha das nossas próprias vidas e negócios? Ao queimar a ponte que ficou atrás de nós, nos comprometemos totalmente com a jornada à frente e nos recusamos a retroceder diante do desafio. É assim que construímos uma mentalidade vencedora que nos impulsiona ao crescimento.

O segundo pilar é a sua marca pessoal. Essa marca é como uma assinatura única que deixamos no mundo, uma essência que nos distingue em meio à multidão. Ela reflete nossos valores, habilidades e paixões, não apenas moldando nossa imagem interna, mas também influenciando a percepção que os outros têm de nós. Assim como uma empresa que investe em sua marca para se destacar em um mercado competitivo, nós também devemos cuidar de nossa marca pessoal para nos destacarmos em nossas carreiras. É por meio dela que comunicamos nossa identidade, o valor que podemos oferecer e por que somos a melhor escolha. Portanto, não subestime o poder da sua marca pessoal. Invista nela, cuide dela e torne-se sua maior marca. Lembre: antes mesmo de as pessoas comprarem seu produto ou serviço, elas compram você e o que você representa.

E, por último, o seu propósito. O sucesso na vida e nos negócios não se resume ao saldo da sua conta bancária ou à quantidade de seguidores que você tem nas redes sociais. Ele é medido pelo impacto que geramos, pelas vidas que tocamos, pelas mudanças que promovemos. É por meio do nosso propósito que podemos alcançar um sucesso verdadeiro e duradouro. Ele nos fornece clareza para tomar decisões alinhadas com nossos valores e nos dá resiliência para perseverar diante dos desafios. Ter um propósito significa viver uma vida com significado, em que cada ação é impulsionada por uma missão maior.

É encontrar sentido nas pequenas coisas do dia a dia e encarar cada desafio como uma oportunidade de crescimento e aprendizado. Busque realizar aquilo que faz seu coração vibrar de paixão, aquilo que o motiva a levantar todas as manhãs com brilho no olhar. O objetivo principal é colocar suas habilidades a serviço do mundo. Quando você encontra significado no que faz, o sucesso torna-se inevitável.

Construir uma carreira bem-sucedida não é para todos, mas, sim, para quem tem coragem de ousar, de desafiar o *status quo*, de viver acima da média. É fácil se contentar com a mediocridade, seguir o caminho já traçado e fazer o que todos esperam de nós. Mas e aqueles que têm uma sede insaciável de mais? Aqueles que se recusam a aceitar o ordinário como destino final? São esses os que estão destinados a construir uma carreira extraordinária.

Ter uma carreira de sucesso é um desafio constante, uma jornada cheia de altos e baixos. Mas, para aqueles que estão certos de alcançar o topo, cada obstáculo se torna apenas mais um degrau na escada do sucesso. Não espere pelo momento perfeito, crie-o. Não se contente com menos do que você merece. Ouse sonhar grande, trabalhe duro e nunca desista, porque, no final das contas, a única coisa que separa os bem-sucedidos dos demais é a determinação de ir além. Seja a sua maior marca!

“Para aqueles que estão certos de alcançar o topo, cada obstáculo é apenas mais um degrau na escada do sucesso. Você é a sua maior marca.”

Nicoli Bortolin

Nilda Bringel

Meu nome é Erlanilda Bringel, mas você pode me chamar de Nilda. Nasci em Salgueiro (PE) e sou mãe de Júlia, uma joia preciosa. Fisioterapeuta, atuando na área de dermatofuncional, antes dessa formação, tive a experiência de trabalhar no setor de departamento pessoal e RH e continuo sendo apaixonada pelo desenvolvimento de pessoas.

Incentivadora do empreendedorismo feminino, sou idealizadora do projeto "Elas fazem acontecer", descrito abaixo.

Missão: por meio de histórias reais no empreendedorismo de sucesso, potencializar o empoderamento feminino, servindo de incentivo para mais mulheres no mundo dos negócios.

Visão: estabelecer o reconhecimento da mulher, gerar autoridade, influência e conectar empreendedoras em busca do mesmo propósito.

Valores: temos como base a importância da fé, da gratidão e da cooperação mútua.

elasfazemacontecer

+55 (87) 99982-0949

Elas fazem ACONTECER

23 Coragem e determinação para fazer acontecer

Por Nilda Bringel

Cada pessoa planeja internamente uma imensidão de metas e objetivos que deseja alcançar – são aspirações tanto da vida pessoal quanto da vida profissional. No entanto, o percurso que precisamos trilhar para fazer isso acontecer não é uma jornada tão fácil. É comum nos deparamos com diversos momentos desafiadores, em que somos contidos pela falta de coragem e determinação, permitindo que o medo e o desânimo nos dominem.

É natural que, durante a jornada em busca da realização de nossos sonhos, tenhamos fases de medo e incertezas. Isso é uma resposta instintiva de defesa que nossa mente aciona quando estamos experimentando situações instáveis; afinal, em circunstâncias desafiadoras somos inclinados a sucumbir ao desânimo e à indecisão. O que não podemos é permitir que esses pensamentos sabotadores nos imobilizem, fazendo com que permaneçamos em uma zona de conforto por medo de avançar e nos impedindo de viver aquilo que de fato merecemos.

Fazer acontecer requer coragem, demanda entendimento do que realmente nos impede de seguir em busca dos nossos sonhos e, principalmente, exige de nós postura. Sim, postura. A forma como iremos nos posicionar diante das adversidades que, inevitavelmente, surgirão é o que nos ajudará a seguir em frente com coragem e determinação, transformando os obstáculos em oportunidades para alcançarmos o verdadeiro crescimento e a realização pessoal.

Com este capítulo, gostaria de compartilhar com você um pouco das experiências vividas e algumas lições valiosas que venho aprendendo diante das dificuldades que surgem para desafiar minha resiliência e capacidade de superação.

Uma das primeiras lições que aprendi é que, nos altos e baixos da vida, cada instante que vivemos, seja ele positivo ou desafiador, deixa em nós uma contribuição generosa para o nosso crescimento e desenvolvimento. Quanto mais eu mergulho nessa jornada do autoconhecimento, mais eu percebo o quanto a coragem e a determinação são duas virtudes fundamentais nesse processo.

A coragem é o impulso interior de que precisamos para avançar. Ela é necessária a fim de darmos o primeiro passo, mesmo que o cenário esteja repleto de incertezas. É a coragem que nos convida a sair da zona de conforto para enfrentar o desconhecido, explorar novos horizontes e, certamente, nos fazer enxergar um universo imenso de novas possibilidades.

A determinação, por sua vez, é o que nos mantém firmes nessa jornada e nos impede de retroceder diante das adversidades. Precisamos de muita convicção para não nos desviarmos do nosso foco. Ao cultivarmos essa poderosa virtude, desenvolvemos habilidades que nos capacitam e nos incentivam a persistir, quando o cansaço e a dúvida tentarem nos superar.

Não tenho uma receita pronta de como ultrapassar as barreiras que cada um de nós enfrenta para fazer nossos objetivos acontecerem, afinal, cada indivíduo é único e tem sua própria trajetória, com desafios que só podem ser plenamente compreendidos por si próprio. Contudo, saber usar essas duas virtudes, em sinergia e diariamente, faz delas nossas grandes aliadas para confrontar as barreiras internas que nos impedem de avançar em direção aos nossos sonhos. É nos momentos contrários que somos desafiados a reconhecer que essas duas virtudes residem dentro de nós e que precisamos ativá-las. Por isso, é fundamental saber que buscar inspiração em recursos externos para conseguir agir com coragem e determinação pode até nos motivar, mas a verdadeira força para acessar tais valores emana do nosso íntimo.

Mas por que, muitas vezes, não conseguimos despertar e desenvolver essas poderosas virtudes para enfrentar os desafios que a vida nos apresenta? Existem vários aspectos que nos bloqueiam, e citarei dez deles.

1. Experiências passadas: tudo o que já vivemos nos deixa memórias emocionais. Por isso, sempre que precisamos reconstruir ou recomeçar algo, automaticamente, nos remetemos às mesmas sensações vivenciadas anteriormente. Isso afeta a nossa percepção sobre o futuro e nos mantém

presos em ciclos de autossabotagem, que nos impedem de explorar novas oportunidades.

É preciso libertar-se das âncoras do passado.

2. Crenças limitantes: as crenças limitantes funcionam como uma barreira que nos leva a duvidar de nossas habilidades e do nosso merecimento, minando o nosso potencial. Alimentar a crença do merecimento nos faz aceitar menos do que merecemos, nos impossibilitando de desfrutar de conquistas extraordinárias.

3. Zona de conforto: considero esse aspecto uma prisão sem grades, na qual estamos presos com a chave nas mãos. No entanto, com nossa própria relutância em usá-la, nos impedimos de explorar uma imensidão de possibilidades. As oportunidades surgem fora da zona de conforto.

Liberte-se e faça isso acontecer.

4. Medo do fracasso: quando permitimos que esse medo nos domine, estamos autorizando nossa mente a desencadear um ciclo de autodúvidas, prejudicando nossa capacidade de agir. A possibilidade de falhar, algumas vezes, faz parte do processo, e precisamos entender que isso não nos torna incapazes de vencer. Em vez de focar no que deu errado, faça uma análise, ajuste a rota e continue avançado.

Lembre-se de que o verdadeiro fracasso é não tentar!

5. Comparar-se com os outros: somos únicos, cada um de nós com sua singularidade. Ao nos compararmos com os outros, abalamos nossa autoestima e confiança. Cada indivíduo tem o seu próprio tempo, e seguir o ritmo dos outros só vai atropelar os processos. O que é fácil para uma pessoa poder ser um grande desafio para a outra. Cada avanço realizado é valioso. Respeite o seu ritmo e encare os contratempos como oportunidades de aprendizado e crescimento.

6. Validação: refere-se a uma armadilha disfarçada, na qual caímos, muitas vezes, sem perceber. Isso se dá pelo fato de que já somos inconscientemente condicionados a depender de algum tipo de aprovação desde a infância: seja dos nossos pais, professores ou da sociedade em geral. Essa necessidade incessante de sentir-se aprovado ou validado pelo meio externo nos impossibilita de usufruir de nossa autenticidade, o que gera frustração por não conseguirmos ser aquilo que o outro deseja. Desse modo, nos tornamos reféns de expectativas alheias. Hoje, com o avanço da tecnologia e com o uso excessivo das redes sociais, esse aspecto é ainda mais evidente e alarmante. Desse modo, é importante lembrar que a opinião dos outros não define o seu valor.

7. Vitimização: assumir o papel de vítima nos torna incapazes de superar obstáculos. Assim, acabamos perdendo a motivação para agir com coragem e determinação diante de adversidades. Esse tipo de comportamento tem o poder de nos deixar impotentes e nos faz duvidar de nossas habilidades. Ainda, a vitimização destrói nossa confiança, prejudicando o avanço em direção aos nossos objetivos e nos mantém estagnados na zona de conforto.

8. Ambiente negativo ou tóxico: muitas vezes, subestimamos esse aspecto, ao considerar que ele não tem tanto poder de influenciar nossa jornada. Entretanto, é preciso reconhecer quão prejudicial é estar ligado a ambientes ou pessoas tóxicas, pois eles são capazes de obstruir nosso caminho por meio de pensamentos autodestrutivos, além de corroer lentamente nossa saúde mental e nosso bem-estar emocional.

9. Perfeccionismo excessivo: a busca pela perfeição desencadeia uma meta inatingível, alimentando sentimentos de autocrítica em um ciclo vicioso, o qual sufoca e impacta diretamente nosso equilíbrio emocional. Essa busca, logo, nos conduz a padrões de perfeição irrealistas. Quanto mais você espera atingir a perfeição, menos oportunidades tem de aprender e realizar.

10. Ingratidão: ser ingrato provoca um estrago devastador em todas as áreas da nossa vida. Trata-se de um sentimento que nos desconecta das oportunidades ao nosso redor, fazendo com que enxerguemos apenas o que está faltando. A ingratidão nos impossibilita de reconhecer, agradecer e usufruir dos recursos que a vida já nos oferece. Expressar gratidão enriquece nossas relações, expande nossa mente e transforma nossa jornada.

É buscando entender de que modo os aspectos descritos acima prejudicam nosso crescimento que desconectamos as amarras que nos prendem a uma vida fadada à insatisfação e ao insucesso. Contudo, não basta ter o conhecimento e a clareza acerca desses aspectos paralisantes: é preciso confrontá-los e ter a consciência de que precisamos mudar algo em nós mesmos, e não nos outros, iniciando um caminho de autodescoberta e transformação. Desse modo, somos capazes de resgatar uma confiança inabalável na capacidade de nos reconstruirmos e de fazer acontecer a vida que desejamos. A mudança do meio externo só acontece quando mudamos a nós mesmos, primeiramente.

À medida que nos comprometemos verdadeiramente em alcançar nossos sonhos mais audaciosos, temos que estar dispostos a encarar com coragem e convicção cada desafio. Para isso, precisamos mudar as estratégias e a nossa mentalidade, para reconhecer a importância de cada passo dado e cada obstáculo superado, sabendo que cada lição aprendida contribui para nos tornar pessoas melhores. Lembre-se de que a jornada em si é tão valiosa quanto o destino.

Compartilho aqui algumas práticas que me ajudam até hoje nesse caminho, no intuito de fazer acontecer em todas as áreas da minha vida.

- Busque sua espiritualidade: antes de tudo, fé – a própria escritura nos mostra isso. "Buscai, pois, em primeiro lugar, o seu reino e a sua justiça, e todas estas coisas vos serão acrescentadas" (Mateus, 6:33). A fé eleva-nos a um estado de graça, fortalece-nos, guia-nos e permite-nos entender que não estamos sozinhos.
- Não se culpe. Somos seres humanos imperfeitos, dignos de misericórdia e compaixão. Nossos erros do passado não definem quem somos hoje. Precisamos abrir espaço para o novo, mas, para isso acontecer, devemos nos libertar e exercitar o autoperdão.
- Ressignifique: olhe para trás com compreensão e aceite que não podemos mudar o que passou, mas que somos capazes de reconstruir tudo de forma diferente. A ressignificação gera novos entendimentos e molda nosso futuro, transformando cicatrizes do passado em fontes de força e sabedoria.
- Agradeça: celebre desde as pequenas conquistas até as mais impactantes. O ato de agradecer inunda nossa mente de contentamento e plenitude. A gratidão é um exercício poderoso e transformador! Pare de olhar para o que falta e contemple o que você já tem. Assim, você verá um universo de possibilidades à sua frente.
- Adquira novas competências: novos aprendizados nos capacitam e nos impulsionam na realização de nossos objetivos. Sempre devemos buscar conhecimento para a nossa vida profissional, bem como para o nosso crescimento pessoal e espiritual. Reconheça que há algo novo para aprender, pois o aprendizado é um processo contínuo.

Espero ter contribuído de forma positiva e que este capítulo seja apenas o ponto de partida para uma jornada repleta de novos conhecimentos e descobertas. Meu desejo é que você se mantenha firme em seu propósito e não desista de fazer seus sonhos acontecerem, seja na vida pessoal ou profissional. Confie em sua capacidade e nunca subestime o poder da coragem e da determinação.

Dê o primeiro passo em direção ao futuro que você merece ter e verá que o passo seguinte estará ainda mais próximo da vida que deseja.

*"Com coragem
e determinação,
fazemos acontecer
o que antes
parecia impossível,
transformando
sonhos em realidade
e desafios em
conquistas."*

Nilda Bringel

Patrícia Linhares

Meu nome é Patrícia Almeida Reis Linhares, tenho 49 anos, sou evangélica, filha de Hugo dos Reis e Raimunda Almeida dos Reis e tenho duas irmãs: Gleide Lea e Rosilane. Sou casada com Nelson Linhares e mãe de duas filhas: Lis Maia, de 19 anos, e Laís Maia, de 13 anos. Moro em Jacobina (BA) e sou assistente social.

Política e empreendedora, tenho pós-graduação em Administração Pública e Justiça e em Políticas Públicas. Venho de uma família humilde e minha criação foi repleta de amor e respeito. Invisto meu tempo de maneira apaixonada em projetos beneficentes, especialmente ajudando mulheres em situações vulneráveis.

Você pode me encontrar em:

patricia.llinhares

+55 (74) 98803-2217

patricialinharesmaia@outlook.com

Elas fazem ACONTECER

24 Mulheres na política – desafios e conquistas

Por Patrícia Linhares

Na política, as mulheres desafiam limites, moldam destinos e iluminam o caminho para um futuro mais igualitário. Esta é a história de coragem, resiliência e poder feminino que você está prestes a descobrir.

Minha trajetória na política teve início aos 18 anos de idade, quando abracei o papel desafiador de coordenadora de campanha para uma candidata à prefeitura de nossa cidade, Jacobina (BA). Essa experiência inicial não só me introduziu aos bastidores políticos, mas também me inspirou a continuar contribuindo para o cenário político, marcando o início de uma jornada dedicada à comunidade.

Enfrentei inúmeras dificuldades ao longo do período em que atuei como coordenadora de campanha, especialmente por ser mulher. No entanto, desde aquela época, consegui estabelecer minha liderança, conquistando respeito para desenvolver um trabalho de excelência na política. Ao longo de oito anos, trabalhei com diversas personalidades na política, incluindo deputados e o governador da época. Posteriormente, dei uma pausa para viver a vida adulta, desempenhando papéis fundamentais, como o de mãe e esposa.

Durante esse período, continuei a me destacar como líder por meio de trabalhos voluntários em comunidades, mesmo enquanto buscava aprimorar meus conhecimentos na faculdade de Serviço Social. À medida que mergulhava nos estudos políticos, meu amor pela área crescia.

Em última análise, essa jornada de enfrentamento destacou-se pela busca incessante por promover mulheres, abrir espaços de poder para elas e encontrar apoio entre mulheres solidárias. Em 2022, decidi enfrentar um desafio significativo, ao candidatar-me ao cargo de deputada federal pelo estado da Bahia, representando a cidade de Jacobina. Esse foi um ato ousado, já que era a primeira vez que eu colocava meu nome em uma campanha para esse cargo. Enfrentar o cenário machista e conservador foi um desafio pessoal, em que busquei mostrar que as mulheres têm o poder de ocupar espaços de influência. Experimentei uma jornada marcada por muita luta, determinação e enfrentamento, apesar do apoio limitado.

Não contei com o respaldo dos líderes locais nem dos empresários de Jacobina, mas encontrei força na minha família, especialmente no apoio caloroso do meu esposo, de minhas filhas e dos meus pais – estes últimos sendo meus maiores torcedores. Com esse suporte, encarei os desafios, percorrendo as ruas com uma equipe dedicada e amigos queridos, destacando a garra e a força da mulher nordestina, em particular, da mulher jacobinense. Nossa campanha foi marcada pela beleza, honestidade, pelo amor e pela atenção à comunidade. Expresso minha gratidão a Deus por conceder-me a coragem e a força necessárias para enfrentar os diversos desafios encontrados, especialmente em um mundo ainda permeado pelo machismo. Na política, meio em que a predominância masculina é evidente, as mulheres continuam a superar obstáculos, desafiando normas estabelecidas para conquistar seu espaço.

Quero incentivar todas as mulheres a enfrentarem desafios, apoiando umas às outras, para que possamos ocupar nossos lugares no Legislativo, no Executivo, no Judiciário e em todas as esferas de poder. Agradeço a todas as mulheres que, assim como eu, ousam desafiar e encorajo a colaboração, o apoio e a união entre nós. Juntas, somos verdadeiramente invencíveis. Hoje, mais do que nunca, reconhecemos a importância da presença feminina nos espaços de poder.

A política, muitas vezes dominada por vozes masculinas, aguarda a influência única que cada uma de vocês pode oferecer. Não subestimem o poder da sua voz, da sua visão e do seu comprometimento. Ao ingressarem na política, vocês não apenas desafiam estereótipos, mas também moldam o futuro da nossa sociedade. Lembrem: não há uma maneira "certa" de ser uma líder política. Suas experiências, perspectivas e habilidades únicas são ativos valiosos. Ouvimos histórias de mulheres fortes que moldaram o caminho, como a da primeira mulher a ser prefeita de Jacobina:

> *Eu me chamo Valdice Castro Vieira da Silva e tenho 65 anos. Sou formada em Serviço Social, casada há 37 anos com Leopoldo Passos, mãe de quatro filhos e avó de seis netos. Trabalhei 27 anos no Hospital Regional Vicentina Goulart e especializei-me*

em Gerontologia e Administração Hospitalar. Quebrei as barreiras do machismo ao me tornar, em 2008, a primeira prefeita de Jacobina (BA). Enfrentando resistências, ressalto a importância de manter-me fiel aos meus valores e princípios, sendo uma boa ouvinte e consciente da minha responsabilidade social. Destaquei-me na áreas social e, já como prefeita de Jacobina, em obras importantes como: a reabertura do Hospital Antônio Teixeira Sobrinho; a extinção do Lixão, transformado em Aterro Sanitário; a construção de quadras poliesportivas, ambulatórios e creches nos distritos, além do Programa "Viver Melhor", na Vila Feliz.

Além de minha conquista por ser a primeira prefeita de Jacobina, é importante destacar também o compromisso pioneiro com os idosos da cidade. Minha dedicação em promover programas e políticas voltadas ao bem-estar e à inclusão dos idosos mostra uma visão progressista e humanitária. Minha liderança inspiradora não apenas quebra barreiras, mas também fortalece os laços comunitários e promove uma sociedade mais justa e inclusiva para todas as gerações, exercendo papéis determinantes com olhar maternal e solidário.

Minha trajetória evidencia que o querer é o primeiro passo, sendo crucial a capacidade de assumir desafios, independentemente de sexo ou cor, enfatizando a importância da capacidade administrativa avaliada por inteligência, competência, experiência e resolutividade. Reforço o valor das mulheres na minha gestão, exercendo papéis determinantes com olhar maternal e solidário. Para mulheres que aspiram à política, deixo uma mensagem de encorajamento, ao ressaltar a relevância de construir uma história de justiça e cultivar relações baseadas no respeito, na empatia e na compreensão.

Realço a necessidade de envolver-se na política com razão, paixão e um propósito claro, a fim de que as decisões influenciem positivamente o crescimento da cidade e a qualidade de vida da população. Inspiro as mulheres a superarem obstáculos, contribuindo ativamente para a transformação e o empoderamento na esfera política.

Agora, é a vez de vocês deixarem uma marca duradoura. Criem conexões, busquem mentoria, eduquem-se e, acima de tudo, confiem em sua capacidade. Unidas, somos uma força imparável. Encorajem-se mutuamente, celebrem suas conquistas e superem as contrariedades.

Este é o momento de não apenas ocupar espaços de poder, mas de redefinir as regras do jogo. Vocês têm a capacidade de inspirar as gerações futuras e moldar uma narrativa na qual todas as vozes são ouvidas. A política pertence a cada uma de vocês tanto quanto a qualquer outra pessoa. Entrem, participem, liderem. O mundo precisa da sua voz. Mulheres corajosas, que desafiam as normas, enfrentam barreiras e moldam o destino político de suas nações, este capítulo é dedicado a vocês. Cada passo que deram e cada desafio que superaram contribui para um futuro mais inclusivo e igualitário. Que estas páginas sirvam como testemunho do poder transformador de cada uma de vocês.

Nas trincheiras políticas, vocês não apenas ocupam espaços, mas iluminam o caminho para outras mulheres seguirem. Que esta história inspire a próxima geração a acreditar em suas capacidades, a duvidar dos limites e a abraçar a responsabilidade de liderar. Que a política continue a ser um campo em que as vozes femininas ressoem alto, a diversidade é celebrada e a igualdade é mais do que uma aspiração: é a norma. Mulheres na política, este é o seu palco. Que cada ação, palavra e conquista ecoe através do tempo, inspirando o dia de hoje, mas também o amanhã. Provérbios 31:25-26 diz: "Ela é revestida de força e dignidade; sorri diante do futuro. Fala com sabedoria e ensina com amor". Essa passagem aponta para a força, a dignidade, a sabedoria e o amor, características que são atemporais e podem servir de guia para as mulheres que desejam assumir papéis de liderança. Esses princípios transcendem as eras e continuam a ser fonte de inspiração para líderes femininas em diversas áreas, incluindo a política. Hoje, nos encontramos diante do desafio de transcender os estereótipos que tentam nos conter.

Somos mais do que rótulos: somos líderes, pensadoras, somos maioria no Brasil – com 51,1% da população (dados do IBGE, 2021) – e defensoras. Ao ingressarmos na política, contestamos não apenas normas estabelecidas, mas também moldamos um novo paradigma. Nesse caminho desafiador e emocionante, recordemos sempre que essa jornada não é apenas nossa: é um testemunho para todas aquelas que ousam sonhar, liderar e transformar. A cada desafio superado, moldamos um futuro no qual o poder e a igualdade não têm um gênero. A política é um campo dinâmico em que as vozes de todos são essenciais, e as mulheres têm um papel crucial nesse cenário. Ao longo da história, as mulheres na política vêm desafiando estereótipos e moldado o curso de nações.

No entanto, sabemos que o caminho não é fácil. Ainda existem obstáculos a superar, desde a sub-representação até o julgamento baseado no gênero. É fundamental compreender que a política não é somente uma esfera reservada a alguns privilegiados, mas, sim, um terreno fértil para a diversidade de perspectivas. As mulheres oferecem uma riqueza de experiências e uma visão única que enriquece o debate político. Em vez de desanimarem diante dos revezes, usem essas dificuldades como trampolins para impulsionar sua determinação. As mulheres na política não apenas abrem caminho para si mesmas: elas pavimentam estradas para as gerações futuras.

Cada passo que vocês dão contribui para uma mudança mais ampla, que transcende fronteiras e inspira outras mulheres a seguirem o mesmo caminho. Lembrem que, ao ingressarem na política, vocês não estão sozinhas. Há uma rede de mulheres fortes que as apoiam e que entendem as lutas e triunfos que vocês enfrentam. Construam alianças, compartilhem histórias e inspirem umas às outras. Juntas, vocês podem superar os desafios e criar um impacto duradouro. Não subestimem o poder de sua voz. Cada palavra que vocês pronunciam e cada causa que defendem reverbera além dos corredores do poder.

Sejam autênticas, pois é a autenticidade que ressoa mais profundamente nas mentes das pessoas. Em momentos de adversidade, lembrem-se de por que vocês entraram na política. Mantenham vivo o propósito que as impulsionou a dar esse passo corajoso. A política pode ser desafiadora, porém é por meio desses desafios que se forjam líderes resilientes. Não permitam que as dificuldades as desviem de sua trajetória. Saibam que suas ideias, paixões e contribuições são inestimáveis.

A jornada é árdua, mas a recompensa é a construção de um amanhã mais igualitário, em que a força feminina é celebrada e respeitada em toda a sua plenitude. Em vez de se deterem diante das adversidades e nos desafios, concentrem-se na força que cada uma carrega. Reconheçam que, individualmente, já são poderosas, contudo, quando unidas, transcendem limites e multiplicam suas potencialidades mil vezes mais. A verdadeira força feminina revela-se na união, na solidariedade que contesta padrões estabelecidos.

Aplaudam outras mulheres, independentemente de proximidade ou conhecimento prévio. Rompam com a ideia de competição entre iguais e abracem a colaboração como a verdadeira essência da sororidade. Cultivem a resiliência e transformem barreiras em oportunidades de crescimento. Lembrem-se de que, ao enfrentarem juntas os obstáculos, não apenas fortalecem umas às outras, como também preparam o caminho para que futuras gerações de mulheres ocupem espaços de poder, sem hesitação. Em suma: descubram sua voz, compreendam sua missão e, acima de tudo, unam-se.

"Mulheres fortes e líderes moldam o futuro com coragem, desafiam limites históricos e constroem um caminho em direção à igualdade e à autonomia."

Patrícia Linhares

Rafaela von Cornides

Meu nome é Rafaela von Cornides. Sou formada em Odontologia, filha de caminhoneiro com muito orgulho, tenho dois irmãos e sou casada com Albert. Além disso, sou mãe de duas meninas: Mira e Maia. Acredito que o sucesso é uma escolha. Iniciei minha jornada de vendas aos 13 anos, ao lado da minha mãe, trabalhando na loja de material de construção que meu pai inaugurou. A reviravolta na minha vida ocorreu após um acidente automobilístico com meu esposo, o que nos levou a realizar o sonho de infância dele: abrir uma faculdade de saúde.

Na educação, descobri meu verdadeiro propósito: transformar a vida de inúmeras pessoas. Dada a minha habilidade natural de vendas, na época, assumi a liderança nos setores comercial e de marketing, nos quais continuo a prosperar até hoje.

rafaelavoncornides

faculdadesoberana

+55 (32) 99963-2611

rafaelavoncornides@gmail.com

Elas fazem ACONTECER

25 Estratégias para equilibrar a vida pessoal e profissional

Por Rafaela von Cornides

Em um mundo cada vez mais acelerado, no qual as fronteiras entre o profissional e o pessoal se tornam cada vez mais tênues, a busca pelo equilíbrio entre essas duas esferas da vida se apresenta como um desafio fundamental para todos. Assim, este capítulo é um convite para você embarcar em uma jornada de autodescoberta e transformação, na qual exploraremos estratégias práticas e *insights* profundos para você atingir um equilíbrio saudável entre sua vida pessoal e profissional.

A necessidade de balancear esses dois aspectos de nossas trajetórias não é apenas uma questão de bem-estar individual, como também garante a produtividade e a criatividade no trabalho. Vivemos em uma era de constantes interrupções digitais e pressões por resultados imediatos, com uma cultura de trabalho que, muitas vezes, valoriza a quantidade de horas trabalhadas, em detrimento da qualidade do trabalho e da vida de cada um.

Nesse contexto, aprender a gerir o nosso tempo, definir limites saudáveis e priorizar o que realmente importa torna-se essencial. O texto a seguir destina-se não só a profissionais que se sentem sobrecarregados, mas também a mães, esposas e a qualquer pessoa que busque mais harmonia e significado em sua vida.

Com base em minhas experiências, abordaremos desde técnicas para uma melhor gestão do tempo e do estresse até métodos para fortalecer relações pessoais e construir uma carreira alinhada com seus valores mais profundos – no meu caso, minha família. Nestas páginas, convidarei você a refletir sobre suas próprias experiências, seus desafios e objetivos.

Este capítulo, portanto, oferece estratégias que aprendi ao longo do tempo, a fim de enfrentar mais tranquilamente as complexidades da vida contemporânea. Ao implementar as estratégias aqui citadas, você não só melhorará sua qualidade de vida e satisfação profissional, mas também contribuirá para uma sociedade mais equilibrada e humana. Seja bem-vindo a essa jornada rumo a uma vida mais plena e harmoniosa.

Definir prioridades claras: trata-se de algo fundamental, tanto na vida pessoal quanto na vida profissional, atuando como um farol que guia nossas ações e decisões diárias. No âmbito pessoal, priorizar pode significar dedicar tempo de qualidade à família, cuidar da saúde ou investir em *hobbies* que nos deem alegria. Profissionalmente, isso pode envolver focar em projetos que impulsionam nossa carreira ou aprimorar habilidades específicas. A clareza sobre o que é verdadeiramente importante nos permite dizer não às demandas menos significativas e sim às oportunidades que realmente se alinham com nossos valores e objetivos de longo prazo.

A arte de priorizar não apenas incrementa o modo como alocamos nosso tempo, ela também reduz o estresse, ao eliminar a sobrecarga de tarefas menos relevantes. Isso nos permite viver de maneira mais intencional e satisfatória, concentrando nossos esforços no que realmente importa. Para tanto, é essencial fazermos uma autoavaliação honesta, identificando nossas principais paixões, nossos objetivos e o que faz com que nos sintamos realizados. Estabelecer prioridades claras é um processo contínuo de autoconhecimento e ajustes, que nos ensina a viver de maneira equilibrada e alinhada com nossas aspirações mais profundas.

Aprender a dizer não: a habilidade de dizer não é uma das ferramentas mais poderosas para preservar o foco nas nossas verdadeiras prioridades. Em um mundo em que as demandas de tempo e atenção são constantes, aprender a recusar compromissos ou tarefas que não se alinham com nossos objetivos é essencial para manter a integridade de nossas intenções e energia. Não é simplesmente uma recusa o ato de dizer não, é, também, uma afirmação de nossos valores, limites e do que consideramos importante.

Muitas vezes, tememos dizer não por medo de desapontar os outros ou perder oportunidades. No entanto, ao aceitar tudo o que nos é solicitado, corremos o risco de sobrecarregar nossa agenda, diluir nosso foco e comprometer nossa produtividade e bem-estar. Dizer não nos permite resguardar nosso tempo e nossos recursos para as atividades que realmente importam – aquelas que nos movem na direção de metas pessoais e profissionais. Além disso, ao praticar a arte de dizer não, demonstramos respeito por nós mesmos e pelos nossos limites, o que, paradoxalmente, pode aumentar o respeito que os outros têm por nós. Já estou pensado em escrever um livro com o tema: "diga não e seja mais feliz". O que acham?

Gerenciamento de tempo: o gerenciamento eficaz do tempo é uma habilidade vital, tanto na vida pessoal quanto na vida profissional, permitindo a nós maximizar a nossa produtividade e assegurar espaço para o lazer e o descanso. Técnicas como a Pomodoro e a matriz Eisenhower se destacam como ferramentas poderosas para alcançar esse equilíbrio. A técnica Pomodoro, por exemplo, propõe a divisão do trabalho em períodos focados de 25 minutos, seguidos por breves intervalos. Esse método incentiva a concentração intensa e a recuperação, evitando a fadiga mental. Por sua vez, a matriz Eisenhower ajuda na priorização das tarefas, dividindo-as em quatro categorias, baseadas em níveis de urgência e importância. Isso permite uma visão clara do que necessita de atenção imediata e do que pode ser delegado ou programado para mais tarde, ou até mesmo ignorado. Ambas as técnicas não somente otimizam o uso do tempo, como promovem uma melhor qualidade de vida, pois garantem que haja momentos reservados para o autocuidado e para atividades que nos dão alegria e satisfação. Aprender a organizar nossas tarefas diárias, distinguindo o que é verdadeiramente essencial daquilo que pode esperar, é fundamental para vivermos uma vida mais plena e equilibrada, na qual o trabalho e o prazer não apenas coexistem, mas se complementam.

Estabelecer limites: estabelecer limites entre trabalho e vida pessoal é crucial para o bem-estar e a produtividade, sobretudo na contemporaneidade, marcada pelo crescente regime de trabalho remoto. Nesse cenário, as linhas que separam o âmbito profissional do pessoal frequentemente se misturam, criando a necessidade de haver demarcações claras. A adoção de horários de trabalho fixos emerge como uma estratégia eficaz para separar e valorizar adequadamente o tempo dedicado a cada esfera da vida. Essa prática não apenas eleva a qualidade de vida, impactando positivamente a saúde mental e física, como também potencializa a concentração e a eficiência profissional. Além disso, estabelecer limites claros facilita a gestão de expectativas com colegas, família e empresa, contribuindo para a construção de um ambiente de trabalho mais harmonioso e respeitoso.

Delegar tarefas: delegar tarefas é essencial para melhorar a eficiência e manter um equilíbrio saudável entre vida pessoal e profissional. Tentar manter o controle de tudo pode levar ao esgotamento – e esse aspecto foi o mais difícil para mim, uma vez que sou centralizadora. Aprendi que delegar promove confiança e desenvolvimento dentro da equipe, permitindo focar em tarefas de mais valor, o que aumenta a produtividade e a qualidade do resultado. Na vida pessoal, compartilhar responsabilidades libera tempo para o autocuidado e o desenvolvimento pessoal. Sente-se com seu esposo ou com a pessoa que o ajuda, a fim de criar uma agenda compartilhada. Delegar é uma habilidade-chave para uma gestão de tempo eficiente, contribuindo para uma vida mais produtiva e equilibrada.

Praticar o autocuidado: essa prática é crucial para a saúde física e mental, especialmente em um mundo repleto de pressões. Dedicar-se a atividades voltadas ao bem-estar, como exercícios físicos, meditação, *hobbies* e passar o tempo com entes queridos, é vital para uma vida satisfatória. Exercícios liberam endorfinas, melhorando o humor e reduzindo o estresse, enquanto a meditação promove tranquilidade e clareza mental. *Hobbies* proporcionam satisfação pessoal e a convivência social fortalece o suporte emocional. Assim, o autocuidado é um passo fundamental para uma vida feliz e saudável. Eu me exercito cinco vezes por semana. E você?

Desconectar-se: desconectar-se das tecnologias digitais é essencial para reduzir o estresse e melhorar a saúde mental e física, especialmente fora do trabalho. A constante exposição a dispositivos pode prejudicar nossas relações pessoais, impedindo a verdadeira convivência com entes queridos. Fazer pausas tecnológicas aumenta a concentração, a produtividade e permite a reconexão com atividades prazerosas e a natureza. Estar presente sem distrações digitais fortalece os laços emocionais, beneficia a saúde individual e melhora as relações pessoais, sendo crucial para uma vida harmônica. Na minha casa existe uma caixa para guardar o celular na porta de entrada com o dizer: "Você vai se conectar ao celular ou à sua família?".

Definir objetivos de vida: definir objetivos de vida claros e de longo prazo é um pilar fundamental para construir uma existência equilibrada e plena. Ter metas bem estabelecidas funciona como um farol, guiando nossas ações e decisões através do mar de distrações e desafios diários. Essa clareza de propósito nos ajuda a manter o foco, direcionando nossa energia e nossos recursos ao que verdadeiramente importa.

No âmbito pessoal, definir objetivos pode envolver desde aspirações relacionadas à saúde e ao bem-estar até metas de viagens, educação e desenvolvimento de habilidades. Profissionalmente, essa definição pode traduzir-se em propósito de carreira, como alcançar uma posição desejada, desenvolver competências específicas ou até mesmo empreender.

Estabelecer esses objetivos não apenas motiva a busca por crescimento e realização, mas também contribui significativamente para a sensação de satisfação e propósito na vida. Além disso, ao perseguir essas metas, é crucial buscar um equilíbrio, para garantir que o empenho em alcançar os objetivos profissionais não sobrecarregue a vida pessoal, e vice-versa.

Avaliação e ajustes regulares: a avaliação e os ajustes regulares na gestão do tempo são fundamentais para manter o equilíbrio e promover o bem-estar na vida moderna. Essa autoavaliação periódica nos ajuda a refletir sobre a distribuição do nosso tempo e da nossa energia, permitindo-nos identificar desequilíbrios e fazer ajustes conscientes para alinhar nossas atividades a prioridades e objetivos. Reconhecendo que as necessidades e prioridades mudam, é crucial estar aberto a ajustes contínuos, uma prática que, além de melhorar a qualidade de vida, promove o autoconhecimento.

Cultivar a gratidão e o positivismo: cultivar a gratidão e o positivismo é essencial para melhorar o equilíbrio na vida. A gratidão nos ajuda a valorizar as coisas positivas, mesmo em tempos difíceis, enquanto uma atitude positiva nos permite enfrentar desafios com resiliência. Juntos, esses hábitos promovem satisfação, saúde mental e emocional, melhorando também nossas relações e o ambiente de trabalho. Adotar essa abordagem ajuda-nos a encarar os desafios e as alegrias de maneira harmoniosa, facilitando o alcance de um equilíbrio saudável na vida.

Em conclusão, a adoção de estratégias de gestão do tempo e da produtividade é fundamental para alcançarmos um equilíbrio entre a vida pessoal e profissional. A implementação dessas práticas, como definir prioridades claras, aprender a dizer não, gerenciar o tempo de maneira eficaz, estabelecer limites entre o trabalho e a vida pessoal, delegar tarefas, investir em autocuidado, desconectar-se das tecnologias digitais, definir objetivos de vida e realizar avaliações e ajustes regulares me ajudou a encontrar o caminho viável e eficaz para melhorar minha qualidade de vida, bem como a minha satisfação pessoal e profissional. Além disso, a prática da gratidão e do positivismo emerge como um complemento essencial, enriquecendo essa jornada em busca de uma vida plena e estável. Portanto, essas estratégias não apenas facilitam a administração do tempo e a produtividade, mas também promovem o bem-estar integral, refletindo positivamente em todas as áreas da vida.

Espero que essas práticas ajudem você tanto quanto me ajudaram!

"Estabelecer suas prioridades, definir objetivos e metas é fundamental para equilibrar a vida pessoal e profissional, convertendo desafios em conquistas."

Rafaela von Cornides

Luka

Sónia Martins

Eu me chamo Sónia Martins, sou portuguesa, nascida na cidade que é berço de Portugal: Guimarães. Sou mãe de Luka e, atualmente, vivo na Suíça: um país lindo no centro da Europa.

Sou palestrante e mentora, especialista em mudança de mentalidade. Levo minhas mentoreadas a observarem o potencial delas, a fim de terem um novo olhar sobre a vida. Nascemos para sermos felizes e realizarmos todos os nossos sonhos, e essa capacidade está dentro de cada um de nós.

Considero-me sonhadora e também uma guerreira e verdadeira vencedora, mas nem sempre foi assim. Nesta escola chamada vida, passei por provas bem difíceis, porém aprendi a valorizar as coisas boas, por menores que elas sejam. Sabe por quê? Porque vale a pena viver.

sonia_martins_oficial

Sónia Martins Mentora

sonia_martins_oficial

Elas fazem ACONTECER

26 Perdoar é uma chave perfeita para recomeçar

Por Sónia Martins

Eu era uma menina simpática, bem disposta, divertida e cheia de sonhos. Mas, desde o ventre de minha mãe, eu presenciava a violência doméstica e os maus-tratos, principalmente psicológicos. Meu pai era um homem trabalhador, mas com o álcool, e dentro de casa, ele era um monstro.

Cresci ouvindo e presenciando minha mãe sendo maltratada e, muitas vezes, agredida. Aquilo me doía demais, afinal, eu amava muito minha mãe e meu pai. Por que ele agia assim? Vê-la sendo maltratada me fazia muito mal, era insuportável, de tal forma que eu me colocava na frente de meu pai, impedindo que ele batesse nela. Corria o risco de ser agredida, como fui algumas vezes, mas isso não importava.

Mesmo assistindo a tudo aquilo, eu continuava sorrindo, brincando, cantando e sonhando, sem nunca desistir de ser feliz e de ver minha família feliz também, porque eu amava os meus pais. Mas isso eu não consegui ver. Meu pai se tornou tão violento que tivemos que fugir de casa, pois ele tentou matar minha mãe. Então, nós deixamos tudo para trás e fugimos. Só conseguimos pegar algumas roupas, os documentos e partimos para bem longe, de forma que ele nem soubesse mais que nós existíamos.

Recomeçamos em um novo país, com uma nova língua e uma nova cultura, mas, pelo menos, estávamos longe do desespero, da angústia e das brigas. Como minha irmã vivia na Suíça, fomos para lá. Minha irmã e sua família nos acolheram de coração e nos auxiliaram no que podiam.

Mas eu precisava trabalhar e encontrei um trabalho em um hotel nas belíssimas montanhas suíças. Parti em busca de um recomeço, longe de tudo e de todos. Foi então que me deparei com a dor imensa que eu carregava. Era um aperto no peito, uma dor insuportável. Meu pai era um monstro. Como ele podia ter feito aquilo? As perguntas atormentavam minha mente e sentimentos ruins invadiam meu coração. A sede de vingança tomava conta de mim.

O único refúgio que eu tinha era a natureza, e foi lá que eu me acalmei e me conectei com Deus: no meio daquelas montanhas imensas e vazias, mas cheias de informações e de força. Quando eu caminhava pelas montanhas nos meus dias de folga, focava em algum lugar para ir, porém quase nunca chegava lá, pois tudo era muito mais longe do que parecia. E assim é Deus: muito maior que aquela dor. Amava estar sentada no meio do nada, ouvindo o som das águas e o chilrear dos pássaros, sentindo o vento bater no meu rosto. E ali, no meio do nada mas junto de Deus, decidi me levantar.

Comecei a entender que nada era por acaso e a meditar sobre tudo o que tinha acontecido. Assim, lembrei-me de que uns anos antes tinha desejado ir para a Suíça trabalhar, mas não tinha podido fazê-lo. "E olha eu aqui agora, na Suíça. Foi para cá que Deus a trouxe." Os três meses em que estive no hotel trabalhando, longe de tudo e de todos, longe até da correria e das pessoas, permitiram que eu me conectasse comigo mesma e com Deus. Ali, eu entendi que, mesmo diante de tudo o que havia acontecido, tinha muito a agradecer. Eu e minha mãe estávamos vivas. Eu podia, sim, recomeçar, porém precisava tirar aquela dor do peito, pois ela era pesada demais. Eu sentia ódio do meu pai, mas, ao mesmo tempo, sentia saudade. Não podia carregar aquele ódio todo. Quando acabei meu contrato, voltei à cidade para procurar um novo emprego. Então, conheci alguém que me falou de um Deus vivo, me ensinou a ler a Bíblia e a me conectar mais com esse Deus poderoso.

Cada vez que eu lia a Bíblia, eu me enchia de força, orava muito por meu pai. Por meio da Bíblia e dos ensinamentos dela, entendi que, para continuar, eu tinha que verdadeiramente perdoar meu pai, e assim o fiz. Passado um ano, tomei coragem e fui visitá-lo em Portugal. Essa visita era uma forma de eu mostrar a mim mesma que o tinha perdoado. Ao vê-lo, o abracei e disse que o amava. Conversamos um pouco, mas não conseguimos estar juntos por muito tempo, pois meu pai não aceitava o que tinha acontecido e nos acusava. Então, era melhor seguir perdoando, porém de longe, para não relembrar tudo aquilo de novo.

Retornei à Suíça e decidi evitar tocar no assunto sobre o meu pai e o que ele tinha feito. Afastei-me porém das coisas de Portugal e das pessoas que sabiam da minha história – assim, eu não precisava tocar mais naquele assunto, pois ele me magoava. Como diz o ditado: "Longe da vista, longe do coração". Vida que segue. Sempre que vinham os pensamentos sobre o meu pai e as lembranças do que havia sucedido, eu orava pelas pessoas envolvidas e agradecia a Deus por ter nos protegido. Perdoar era o foco.

Assim, consegui liberar essa pedra pesada e reconstruir minha vida. Conheci novos amigos, lugares e novas culturas. Comecei a apreciar o país em que vivia, a envolver-me com sua cultura e passei a viajar, a correr atrás dos meus sonhos. Numa dessas viagens, conheci uma pessoa que parecia ser o homem da minha vida. Meu sonho era encontrar alguém com quem eu pudesse construir uma família. Mas o conto de fadas cedo se desfez. Aquele homem era ideal só na minha imaginação. Estivemos casados por pouquíssimo tempo – quase dois anos – e dessa relação resultou algo incrível: Luka, o nosso filho.

Nosso filho nasceu, um menino lindo, perfeito e saudável. A alegria de pegá-lo no colo foi algo maravilhoso, mágico. Deus tinha me dado a honra de ser mãe, o dom de ser mãe, uma sensação inesquecível. Luka nasceu em um dia de neve, tudo estava branquinho lá fora – um dia que nunca mais sairá de minha memória. Mas, na realidade, eu era pai e mãe. Tudo estava sobre as minhas costas, e o que eu tinha era apenas um nome de casada, pois, na verdade, estava só. Então, eu me separei e segui minha vida. Mais uma vez, precisava recomeçar, porém agora não mais sozinha: eu tinha meu filho. Mesmo com uma criança, eu me desdobrava. Éramos Deus e eu.

Comecei de novo a trabalhar o perdão na minha mente e a buscar naquela situação o melhor que eu tinha aprendido. Eu olhava para o meu filho e via o presente que Deus tinha me dado – aquele ser incrível. Valia a pena continuar, seguir em frente, recomeçar. Não é fácil, mas é possível. Seguir em frente é o caminho.

Tenha a certeza de que ninguém aparece em nossa vida por acaso; todas as pessoas que conhecemos nos ensinam algo. Há uma frase que diz que nós nunca voltamos iguais após uma viagem. Digo que tampouco somos iguais depois de conhecer ou estar com uma pessoa, pois tem sempre algo bom que aprendemos com ela. Acredito que as pessoas passam por nossas vidas para nos moldar, nos ensinando coisas boas e ruins. E, mesmo em relação às coisas ruins, somos nós que escolhemos o que fazemos com aquilo que nos é dado.

O lema é sacudir a poeira e seguir em frente com o que tenho, reerguer-me e conseguir sempre cuidar de Luka, fazendo o melhor que eu sei e posso.

Luka ficou completamente ao meu encargo, e minha mãe me auxiliava com aquilo que podia. Mas confesso, era muito cansativo, porque eu trabalhava demais. Acordava à 1h30 da manhã, entregava Luka à minha mãe e saía para trabalhar até as 17h. O final da tarde era o tempinho que eu tinha para dedicar ao meu filho.

Em uma certa madrugada, quando estava prestes a sair de casa, às 2h, meu filho acordou do nada (o que não era normal) e pediu para eu não ir trabalhar. Eu fiquei sem saber o que dizer a ele. Pensativa, só soube falar: “A mãe vai trabalhar, mas volta. Tu ficas com a avó. Está bom?”. Dei um beijo nele e o entreguei à minha mãe.

Eu voltei, mas passado um par de dias.

Quando cheguei ao meu trabalho, peguei os jornais, coloquei-os na moto e saí. Lembro-me de fazer algumas entregas e de, depois, apagar. Quando acordei, estava em uma sala de hospital. Na realidade, eu acordei três dias depois. Era dia 3 de outubro de 2019, e eu estava em uma cama de hospital, sem lembrar o que tinha acontecido. Na hora que abri os olhos, meu filho e minha mãe estavam ali – as pessoas mais importantes. A presença deles naquele momento foi marcante. Quando abri meus olhos, dei de cara com aqueles olhos castanhos brilhantes do meu filho e só conseguia agradecer por poder ver aquele ser incrível de novo. Eu não me lembrava de me sentir tão feliz como naquele momento. Era uma felicidade imensa ver aqueles olhinhos cintilantes. Não sabia por que, mas eu só conseguia agradecer a Deus por estar ali. Estava viva, podia respirar.

Durante o percurso de entrega de jornal, eu sofri um gravíssimo acidente de moto, que causou um traumatismo craniano e uma fratura instável na bacia. Aos poucos, fui sabendo da gravidade do acidente. As mazelas eram evidentes. Eu não me lembrava dos nomes das pessoas; se ouvia algo, logo esquecia. Isso eram as sequelas da lesão craniana. Sentia tontura ao me levantar, por conta das vertigens causadas pelo deslocamento dos cristais no meu ouvido. Mas o pior se deu um pouco mais tarde, quando soube que não era certo eu voltar a caminhar. O medo tomou conta de mim. Eu sempre fui uma mulher muito ativa. E agora? Não, não podia ser. Tinha de haver uma solução.

E logo veio uma imagem em minha mente: os olhos de meu filho, o brilho daquele olhar me deu forças para acreditar que eu poderia me levantar daquela cama, que Deus me amava muito e que Ele iria me ajudar, afinal, foi Ele quem fez de um monte de ossos secos um exército forte (Ezequiel, 37-40). Ele me faria levantar e recomeçar.

Uma das coisas que a vida tem me ensinado é a agradecer, a focar nas coisas boas que acontecem. Creio que tudo em que o homem foca aumenta; então, cabe a cada um de nós usar a sabedoria para escolher o nosso foco.

Os meus primeiros passos até ao banheiro fizeram eu me sentir uma guerreira, uma vencedora. Dia após dia, eu acordava cedo para fazer minha conexão com Deus e agradecer por estar ali, viva. Eu tinha acordado uma outra pessoa, com uma vontade imensa de viver. Naquele processo, precisei aprender muitas coisas novas e reaprender tantas outras. Dentre elas, reaprendi a andar e a ter um novo olhar sobre mim mesma.

Com a ajuda de médicos e psicólogos, reaprendi também a me perdoar, a me aceitar. Descobri que eu tinha perdoado todos os que haviam me machucado, e isso era ótimo, mas faltava perdoar a pessoa mais importante da minha vida: eu mesma. Eu me culpava por tudo o que tinha acontecido comigo.

Sempre ouvi dizer que nosso corpo fala. Aquele acidente foi um grito que o meu corpo deu. Ele já não suportava mais o peso da mágoa. Trabalhar o perdão em mim mesma tem me proporcionado uma paz e uma alegria imensas. Hoje, sei que não eram os meus erros que bloqueavam minha vida, mas, sim, a mágoa, a qual me mantinha presa às mazelas do passado.

Como sempre digo: perdoar é uma decisão que deve ser tomada a cada dia, pois essa atitude nos deixa mais leves. Hoje, não tenho mais vergonha de mim, de quem eu sou. Hoje, eu gosto de ser quem eu sou, eu me amo. Decido a cada dia me perdoar, primeiramente; depois, também perdoo os outros. Tenho entendido que o perdão é a principal fonte de vida. Na realidade, o perdão é a melhor forma de dizer "eu te amo".

“O perdão é a principal fonte de vida e a melhor forma de dizer ***‘eu te amo’****.”*

Sónia Martins

Tatieli Schuster

Sou Tatieli Schuster, mãe, esposa, mentora e treinadora de mulheres brilhantes. Faço mulheres buscarem seu lugar no mundo e se sentirem inteiras. Fundadora do Espaço Terapêutico Evoluir, realizo um trabalho de autoconhecimento e expansão da consciência.

Já são mais de 4 mil pessoas atendidas e centenas de mentorandos guiados em todo o Brasil. Atuo com desenvolvimento pessoal há mais de 18 anos, mas minha história de sucesso não foi sempre assim. Superei grandes desafios e provei para mim mesma que é possível mudar a própria trajetória a partir de um novo olhar para a vida. Hoje, auxilio pessoas a se capacitarem e evoluírem em todas as áreas que desejarem.

tatielischuster

Tatieli Schuster

+55 (51) 99642-2201

tatielischuster@hotmail.com

www.evoluirterapias.com

Elas fazem ACONTECER

27 O poder do pensamento

Por Tatieli Schuster

Grávida de cinco meses, sentada na varanda, abri pela primeira vez um livro de autoajuda, e uma frase do livro *O segredo*, de Rhonda Byrne (2006), fez-me refletir: "Tudo o que somos é fruto dos nossos pensamentos."

Intrigada, continuei minha leitura. Descobri histórias de mulheres que usavam a lei da atração em todas as áreas de suas vidas para manifestarem seus desejos mais profundos. Essas mulheres encontraram a chave para transformar suas trajetórias, e eu sabia que poderia fazer o mesmo. Naquela época, eu tinha uma moto para locomover-me até o trabalho, porém, como no trajeto havia muita estrada de chão, o médico pediu meu afastamento do serviço. E, nessa parada, lendo *O segredo*, comecei a observar minha vida. Sempre tive sonhos e planos maiores. Percebi o quanto eu fazia força para caber no mundo da maioria das pessoas. Vi que estava criando uma vida igual à de todos ao meu redor, e isso não fazia sentido para mim. Eu queria mais!

Determinada a seguir aprendendo, procurei um mentor que pudesse me guiar nessa jornada de autotransformação. Eu sabia que precisava de alguém com experiência e sabedoria para me ajudar a entender os princípios fundamentais da lei de atração e como aplicá-los em minha própria vida. Após algumas semanas, encontrei a mentora Louise, conhecida por sua sabedoria e habilidade em ajudar as pessoas a alcançarem seus objetivos por meio da lei da atração.

Na primeira consulta, ao entrar na sala de atendimento, fui recebida por uma mulher amigável, sofisticada e acolhedora. Nós nos sentamos em cadeiras confortáveis e Louise começou a compartilhar sua própria trajetória com a lei da atração. Ela explicou que a chave para manifestar desejos era, primeiramente, visualizá-los com clareza em sua mente. Ela disse, também, que precisou ver, sentir e experimentar seus desejos como se eles já tivessem acontecido. Isso foi essencial para atrair o que ela queria para sua vida.

Fiquei intrigada com as palavras de Louise, que, para mim, pareciam vir de um mundo de fantasias, mas eu estava disposta a ganhar mais vida. Então, perguntei como poderia começar a visualizar o que desejo e manifestar isso em minha realidade. Ela me falou que havia exercícios simples que eu poderia praticar diariamente para fortalecer meu poder de manifestação.

O processo de criação tem três fases:

1 - você pede o que deseja;

2 - o universo responde;

3 - você recebe.

Ela sugeriu que eu começasse a criar uma lista detalhada de tudo o que desejava alcançar em relação à saúde, a relacionamentos e a dinheiro, ou escolher um desses tópicos para começar. Em seguida, me instruiu a reservar um tempo todos os dias para visualizar cada item dessa lista como se já tivesse virado realidade.

Louise também enfatizou a importância de cultivarmos uma atitude positiva durante esse processo. De acordo com ela, as limitações eram obstáculos importantes na jornada da lei da atração, então me encorajou a identificar e desafiar qualquer opinião negativa arraigada que pudesse estar bloqueando meu progresso.

Nos dias seguintes, mergulhei de cabeça nos exercícios recomendados por ela, criando uma rotina diária de visualização e reservando um tempo todas as manhãs para me concentrar em meus desejos e me imaginar vivendo-os plenamente.

Fiz a minha lista e foquei em um carro pequeno, simples e confortável. Eu me visualizava andando nesse carro todos os dias e a sensação era fantástica. Antes de comprá-lo, fui adquirindo coisas que eu colocaria nele. Primeiro, comprei um rádio; depois, um chaveiro para a chave. Nesse momento, o sonho de ter um carro estava se tornando real e possível. Comecei a olhar carros nos classificados e revendas. Um dia, fazendo algumas contas de custos e gastos, pensei: "Antes de comprá-lo, vou ver a diferença entre esse e um carro zero".

Além da visualização, Louise também me ensinou outros exercícios práticos para ajudar na manifestação dos meus desejos. Ela sugeriu que eu escrevesse afirmações positivas relacionadas aos meus objetivos e as repetisse diariamente, a fim de reprogramar minha mente para o sucesso. Eu sentia uma mudança profunda dentro de mim, porque minhas limitações eram derivadas de pensamentos positivos e fortalecedores.

Conforme continuava a jornada de autotransformação, percebi que havia muitas crenças limitantes profundas em relação a ter um carro zero quilômetro. Eu me peguei questionando minhas habilidades e desvalorizando meu próprio potencial, como se não merecesse um carro novo.

Com a orientação de Louise, comecei a identificar essas opiniões negativas e desafiá-las. Percebi que esses pensamentos não passavam de histórias de outras pessoas, que eu havia internalizado ao longo dos anos e que não tinham base na minha realidade.

Para substituir esses pensamentos limitantes, comecei a adotar afirmações positivas. Repetia frases como "Eu sou digna de amor e felicidade", "Eu sou capaz de alcançar todos os meus objetivos" e "Eu tenho um carro zero quilômetro", várias vezes ao dia.

Criei coragem e fui a uma loja para ver um carro zero. O vendedor, na época, entendeu meu ponto de vista e disse que chegaria um carro como o que eu queria em dois meses. Então, ele me informou o seu preço, as condições de pagamento, e eu falei: "Ele é meu". Quando decidi que esse era o carro que eu compraria, o dinheiro para deixar o sinal de entrada chegou de uma forma inesperada. Consegui vender a minha moto, mudei de trabalho e comecei em outro em que ganharia mais. Tudo fluiu de forma tão fácil. Ali eu entendi como a lei da atração funcionava.

O tempo foi passando e notei uma mudança significativa em minha mentalidade. Minha autoconfiança aumentou, e eu me sentia mais capacitada para atrair tudo o que desejava para a minha vida.

Passeando com meu filho no carro, eu refletia sobre a minha jornada até aquele momento. Fui grata por ter encontrado o livro e a minha mentora Louise, que me auxiliou no processo transformador. Eu estava pronta para continuar nessa jornada emocionante rumo à transformação pessoal completa.

Aos 25 anos, tinha encerrado um relacionamento; após essa transformação, estava determinada a aplicar a lei da atração para um relacionamento que funcionasse para mim. Eu sabia que, no caso de relacionamentos amorosos e valiosos, precisava começar a cultivar o amor-próprio e desenvolver minha autoconfiança.

Reconhecer meu próprio valor era essencial para desenvolver uma autoestima saudável. Listei todas as minhas qualidades positivas, desde as habilidades até minhas características pessoais únicas, e foquei nelas. Depois, peguei minhas anotações anteriores sobre a lei da atração. Fiz minha lista do relacionamento ideal e, então, a guardei dentro do livro. Com uma visualização clara em minha mente do tipo de relacionamento que eu desejava, mudanças sutis aconteceram. Comecei a atrair pessoas mais alinhadas com os meus desejos e valores pessoais. Na época, isso me afastou de algumas pessoas.

Oito meses depois, em um jantar na casa de uma amiga, conheci Evandro. Conversamos e percebi como nossos valores e projetos para o futuro eram parecidos. Ele havia, recentemente, passado por uma perda muito grande e acho que nossas conversas sobre a vida, projetos e desabafos, entre risos e choros, gerou um carinho, respeito e confiança. Quando as coisas acontecem de um jeito que não esperamos, tudo flui em nosso favor até hoje. Estamos longe de ser perfeitos, mas, com certeza, nos completamos do nosso jeito. Ele é o par certo para mim. Consegui atrair um relacionamento agradável e unido quando fiz minha lista sobre o relacionamento ideal.

Partes da minha trajetória mostram como nós, mulheres, podemos usar o pensamento para atrair tudo o que nos interessa em nossas vidas. Ao mudar minha forma de pensar nos relacionamentos, apliquei esse modelo no trabalho e na saúde. Assim, consegui transformar significativamente a minha realidade. Esta história nos mostra que todas as mulheres têm o poder de criar a vida que querem ter, basta acreditar em si mesmas, aplicar os princípios dos seus desejos e valores e tomar medidas consistentes em direção aos seus objetivos.

A vida é repleta de conquistas e realizações. Sabemos que a chave para atrair tudo o que nos interessa está na escolha de ir atrás do que desejamos, além de entender que é preciso cuidar de nós mesmos para alcançarmos o sucesso em todas as áreas da vida. Vamos, agora, explorar a importância do autocuidado e do bem-estar e como esses aspectos podem mudar drasticamente a forma como vivemos.

Para nós, mulheres, o autocuidado não é apenas uma opção, mas, sim, uma prioridade. Entendemos que só podemos ser realmente bem-sucedidas se estivermos saudáveis e equilibradas em todos os aspectos da vida. Por isso, dediquem tempo e energia para cuidar de si mesmas todos os dias.

Cada mulher tem suas próprias necessidades quando se trata de autocuidado. É importante identificar quais são suas necessidades pessoais para criar um plano eficaz de autocuidado.

Eu, por exemplo, preciso de momentos de tranquilidade para recarregar minhas energias. Gosto de passar algum tempo sozinha, lendo um bom livro ou fazendo uma caminhada ao ar livre. No entanto, também valorizo muito a companhia de pessoas que agregam valor à minha vida Reserve um tempo para estar com as pessoas que você ama!

Com minhas necessidades pessoais em mente, decidi criar um plano de autocuidado que abrangesse tanto o bem-estar físico quanto o emocional. Sabia que cuidar do corpo era essencial para ter energia e disposição, então, incluía atividades como exercícios físicos regulares e uma alimentação saudável em minha rotina diária.

Além disso, reconheço a importância de cuidar da mente e das emoções. Reservo alguns minutos, todas as manhãs, para praticar técnicas de respiração e meditação, o que me ajuda a começar o dia com calma e ter clareza mental. Essas práticas também são úteis para reduzir o estresse ao longo do dia. O estresse é uma realidade na vida de muitas mulheres, mas é possível lidar com ele de forma saudável. Para isso, incorpore práticas de relaxamento em sua rotina diária.

Percebi que a respiração profunda e consciente era uma ferramenta poderosa para reduzir o estresse imediatamente. Aprendi diferentes técnicas de respiração durante um retiro espiritual e as incorporei à minha rotina diária de ioga.

Quando me sentia sobrecarregada ou ansiosa, eu fechava os olhos por alguns minutos e me concentrava em minha respiração. Inspirava profundamente pelo nariz, segurava o ar por alguns segundos e expirava lentamente pela boca. Essa simples prática me ajudava a relaxar a mente e o corpo.

Além das técnicas de respiração, também faço outras atividades relaxantes, que ajudam a reduzir o estresse, como sessões de barras de *access* e massagens regularmente. Assim, não só fortaleço meu corpo, mas também acalmo minha mente.

Ao priorizar o autocuidado e o bem-estar na minha vida, percebi que estava mais equilibrada e feliz. Cuidar de mim é essencial para atrair tudo o que desejo.

Como é importante identificar quais são as nossas necessidades pessoais de autocuidado, criar um plano eficaz para promover o bem-estar físico e emocional, incorporar técnicas de relaxamento na rotina diária e explorar atividades relaxantes! O autocuidado é uma ferramenta incrível para que mulheres poderosas alcancem seus objetivos em todas as áreas de suas vidas. Assim, compartilhei aqui experiências pessoais que oferecem dicas práticas sobre como usar essa poderosa ferramenta para transformar qualquer área da vida.

Aos 37 anos, vivo a vida que desejei anos atrás e continuo sonhando e criando meu futuro. Hoje, sou mentora de mulheres que desejam encontrar seu lugar no mundo dentro das próprias escolhas.

"Você se torna suas escolhas. O que você escolhe agora?"

Tatieli Schuster

Vívian Carla

Eu me chamo Vívian Carla, sou nascida e criada em Cuiabá (MT), em 29 de maio de 1981. Filha, mãe, esposa, amiga e uma eterna apaixonada por servir.

Atuo como *coach* e mentora de mulheres empreendedoras e sou líder de uma comunidade de empreendedorismo feminino: Conexão Delas. Também, sou proprietária de um *coworking* feminino, com o nome carinhoso Casa Rosa 432.

Sou empreendedora há 21 anos, ao lado de meu parceiro de vida pessoal e profissional. Trabalhava no mundo dos eventos e da fotografia, mas, em 2019, uma transição de carreira me apresentou a metodologia *coaching* como um processo transformador. Desde então, me coloquei à disposição para viver o meu propósito: acompanhar mulheres em seus processos.

viviancarlavc

viviancarla.com.br

+55 (65) 99284-6677

Elas fazem ACONTECER

28

A mulher e seus múltiplos papéis

Por Vívian Carla

Ao longo dos anos, nós, mulheres, buscamos liberdade, espaço e direitos para vivermos o que consideramos ser importante em nossas vidas, e essas buscas causaram consequências em nossa rotina. Neste capítulo, falaremos um pouco sobre a realidade da maioria das mulheres que, à procura de melhores colocações no mercado de trabalho, além de mais conhecimento e oportunidades, acabam se culpando por não serem presentes como gostariam nos outros papéis que desempenham, que são tão ou mais importantes.

O alto índice de cobrança do ambiente externo e o sentimento de sobrecarga colocam em dúvida se realmente vale a pena tanta dedicação e entrega. Muitas de nós escolhem empreender de modo a ter uma liberdade geográfica e de tempo para conciliar os papéis e poder estar mais presente no ambiente doméstico. Mas, ao final do dia, se encontram também esgotadas por não conseguirem realizar nenhum dos papéis com um mínimo de assertividade.

Vivemos ocupadas, tentando provar ao mundo que somos capazes, que damos conta de tudo – e ai de quem falar o contrário. Nós nos colocamos no papel da mulher heroína que não se cansa nunca. Como isso dói!

Algumas optam por deixar sua vida profissional para um outro momento e vivem intensamente a maternidade, o casamento, a rotina. E, ainda que tentem romantizar, isso também cansa um pouco, especialmente pela falta de reconhecimento de como todas essas funções são trabalhosas, nos esgotando emocional e fisicamente. Mas, ao mesmo tempo, assumir essa angústia pode soar como falta de amor à família ou até ingratidão. Então, quanta coisa vai para debaixo do tapete? Quantas emoções são reprimidas? Quanto choro é engolido?

Independentemente da escolha que fizermos, as dificuldades e adversidades surgem, como a necessidade de abrir mão de algumas coisas para conquistar outras. Será justo isso?

Nesse processo, começamos a desacreditar de nós mesmas, e apenas o último horário, quando sobra tempo, é o nosso. As prioridades são sempre dos outros, e essa corrida faz parte do dia a dia – nos sentimos verdadeiras maratonistas na vida. Estamos sempre com a sensação de estar em falta, o que afeta a qualidade e o resultado da nossa entrega.

Ao navegarmos nesse mundo de responsabilidades e papéis múltiplos, acabamos nos perdendo em nossas prioridades – e esse é o grande perigo. Perdemos o foco daquilo que realmente importa e do que nos direciona. Em algum momento, nos encontramos seguindo o fluxo ou cuidando da vida de todos ao nosso redor, menos de nós mesmas. Tudo isso que contribui de forma negativa em nossas vidas em vários aspectos, inclui:

- mudança nos padrões menstruais;
- dores de cabeça, problemas estomacais e dores na coluna;
- perda ou ganho de peso;
- problemas na pele;
- dificuldade para dormir e se concentrar; e
- baixa imunidade.

E o quanto isso contribui para a ansiedade? Vivemos no limite do estresse, correndo de quadros depressivos. E como isso afeta nossa produtividade?

Nesse caminho de auxiliar mulheres empreendedoras, em inúmeras horas de escuta ativa e processos de transformação, pude observar quais são as principais dificuldades de mulheres-mães-empreendedoras, em sua grande maioria:

- a dificuldade de falar não;
- a dificuldade em estabelecer e/ou seguir uma rotina;
- a dificuldade de dizer o que pensa; e
- a dificuldade de fazer o que gosta.

Precisamos começar a ter a consciência de que não iremos corresponder a todas as expectativas, internas e externas, e falar desse assunto, muitas vezes, é bastante delicado. Assumir que erramos e que não damos conta de tudo incomoda e assusta diversas mulheres. Para muitas, assumir fraquezas não é sinal de força, e isso precisa ser ressignificado antes que nos percamos no abismo da depressão, da culpa e da sobrecarga.

O corpo não aguenta, as emoções ficam abaladas e, de repente, não estamos mais aqui para contar nossas histórias incríveis de superação, força e resiliência. De uma hora para outra, adoecemos e somos substituídas nas empresas, pelos nossos clientes e até pelas pessoas que amamos e a quem dedicamos o nosso melhor. Esquecemo-nos de nós mesmas, mas o mundo não para – as horas continuam a passar e não se pode voltar atrás e recomeçar de forma diferente.

A nossa vida é a nossa principal responsabilidade. Se ela não for olhada e entendida como algo que precisa de planejamento e metas bem definidas, as coisas tendem a desandar no caminho. Muitas mulheres ainda não perceberam o poder que têm nas mãos, ao equilibrarem com doçura um lar, um negócio e vidas.

Somos geradoras de vida, do amor incondicional, do amor que não se abala e não espera nada em troca. Sermos capazes de viver todos os nossos papéis sem culpa alguma deveria ser nossa meta de vida.

E se você, mulher, estiver passando por um período de confusão e:

– não sabe por onde começar ;

– não sabe nem para onde está indo; e

– parece não ter saída?

Essa fase é difícil, mas, ao mesmo tempo, transformadora. Sabe esse peso que sente em suas costas? Podem ser suas asas paradas! Tal frase, que li certa vez, revelou muita clareza sobre o processo que ia experimentar – e lhe garanto que foi a melhor coisa que vivi em minha vida.

Convido você a pensar sobre suas escolhas até aqui. Se elas ainda não são as que gostaria de estar vivendo, vamos nos organizar para que essa realidade, em algum momento, faça parte do seu passado e não do seu presente.

Se ainda não descobriu o que a faz feliz, é importante buscar ajuda e passar por um processo de autoconhecimento para entender o que a motiva e o que faz com que se sinta importante neste mundo.

O seu propósito pode estar nas coisas simples da vida, ou, talvez, você já viva seu propósito e nem tenha notado ou valorizado a importância da sua presença na vida das pessoas ao seu redor. Dedicar tempo para se conhecer e viver intensamente sua verdade revelará a clareza e a importância dos seus papéis.

A prática na minha vida

Toda esta narrativa sobre a multiplicidade de papéis, equilíbrio, produtividade e propósito diz muito sobre as minhas escolha. Viver no meio de tantas mulheres e seus processos me faz feliz e completa na minha jornada.

Um aspecto que para mim sempre foi difícil e que vejo em diversas mulheres é o hábito de começar e não terminar algo. Isso sempre foi um problema que, inclusive, gerou muito constrangimento, culpa e vergonha. Quantos cursos, faculdades, projetos e ideias foram abandonados no caminho? Tudo isso me incomodou bastante. Você também se conecta com essa dor?

Demorei para entender que não se tratava de preguiça ou de mau comportamento, mas, sim, de algo que estava relacionado a medos e incertezas, como o excesso de expectativas em relação ao futuro, a ansiedade e a preocupação em agradar os outros. Fui entender esse comportamento e buscar soluções.

Compreender quais eram os meus papéis, as minhas habilidades e prioridades foi fator decisivo para que eu pudesse estar aqui, agora, escrevendo esta história para você. Definir interna e externamente o que eu desejava viver foi minha grande virada. Passei a priorizar o que realmente importava levar e fazer para chegar ao lugar onde eu tanto desejava.

No caminho, foi muito necessário saber dizer não. Inicialmente, isso foi bem desconfortável, mas, com o passar do tempo, tornou-se imprescindível e, hoje, é bastante natural para mim.

Alinhar propósito, prioridades e tempo faz parte da minha rotina e do meu trabalho na vida de muitas mulheres que escolhem a si mesmas diariamente. Escolhem ser felizes, leves e produtivas.

Eu não vim aqui para contar uma história de conto de fadas, muito menos revelar uma fórmula mágica, de resultado rápido e fácil. Nada na vida funciona assim. Vim falar um pouco da minha visão em relação ao que tenho feito para ajudar muitas mulheres, a começar por mim mesma. Se não tivesse vivido esse processo e acompanhado de perto tantos outros sendo desenvolvidos com dedicação e comprometimento, eu não teria coragem de falar sobre tudo isso, porque, para mim, só se ensina o que se vive.

Se essas linhas a trouxeram até aqui, é sinal de que tal problema a afeta em maior ou menor grau. Por isso, apresento um roteiro que fez muito sentido para mim e para outras histórias, que vi ganharem um novo rumo. Isso se deu a partir da busca por soluções simples – não necessariamente fáceis –, aplicadas como atividades diárias, com disciplina e comprometimento voltadas à pessoa mais importante das nossas vidas: nós mesmas.

Iniciando um processo de solução para a multiplicidade de papéis

1. Reconheça quais são os seus papéis e valorize cada um deles. Muitas mulheres ainda não identificaram a quantidade de funções que exercem, tanto na vida pessoal quanto na profissional. O primeiro passo é identificar esses papéis e suas responsabilidades em todas as áreas da sua vida.

Aproveite essa oportunidade e seja sincera consigo mesma: em seu lar, quais atividades você exerce? Você gosta do que faz? Acha que seria mais interessante ter alguém para ajudá-la? Se sim, quem? Se pudesse, o que delegaria facilmente? E o que não terceirizaria de jeito nenhum? O que você faz mas não gostaria de fazer? O que você ama fazer?

Se trabalha para alguém, você gosta do que faz? Está nessa função só pelo dinheiro ou pelo benefício? Está satisfeita financeiramente? Sente-se sobrecarregada? É possível mudar esse cenário continuando no mesmo lugar? Alguém pode ajudá-la? É possível delegar ou potencializar seu tempo? Tem perdido tempo com coisas desnecessárias? Tem feito favores e/ou tarefas para os outros?

Se você empreende, atua sozinha, existe a possibilidade de ter alguém próximo para apoiá-la nos dias mais atribulados? Você pode terceirizar algo, como, talvez, a entrega ou a arte? Seria possível automatizar alguma função? Fechar uma parceria? Otimizar processos? Contratar um prestador de serviços para funções específicas?

2. É hora de definir suas prioridades. Depois de entender os papéis e as possíveis soluções para os papéis mais importantes, o que vem primeiro? O que é mais urgente? O que demanda mais sua atenção, neste momento? O que realmente precisa ser feito somente por você? O que pode ser delegado, terceirizado ou, talvez, até eliminado? É preciso ter foco na hora de decidir, para que não elimine coisas de que você gosta ou que são essenciais em sua vida.

3. Bem-estar e autocuidado: o item mais importante deve ser sua prioridade. Ter tempo em sua rotina para cuidar da sua saúde, das suas emoções, da sua conexão com a espiritualidade e de seu desenvolvimento intelectual e moral, esses são os primeiros compromissos a serem colocados na sua agenda e seguidos na sua rotina. Cada pessoa encontra o que for melhor, como horários e métodos, mas ter a si mesma como prioridade é o primeiro passo sempre.

4. Contar com o apoio e o compartilhamento das responsabilidades. Essa tarefa faz parte das reflexões geradas nos itens 1 e 2. Se você não mora sozinha, não deve assumir todas as responsabilidades e compromissos para si mesma. É preciso dialogar sobre esse assunto e definir em quais funções e horários todos podem colaborar. Esse mesmo processo pode ser repetido por quem empreende, ainda que sozinha. Existe um momento para cada papel e pessoas que podem colaborar em determinados pontos do seu negócio.

5. Ter flexibilidade. Ao finalizar planos, rotinas e estratégias, precisamos entender que planejamentos são flexíveis e que não há problema se precisarmos mudar alguma estratégia no meio do caminho. O que importa é estar com o foco no seu propósito, afinal, adversidades e mudanças fazem parte da jornada e com elas aprendemos a ser resilientes, fortes e intensas.

De todo o meu coração, espero que estas palavras tenham feito diferença na sua jornada, assim como estar aqui escrevendo para você fez diferença na minha.

Sinto-me grata por esta oportunidade e por você ter encontrado esse precioso tempo para aprendermos juntas sobre a importância dos nossos papéis e processos.

"Ao futuro das mulheres: que nossas decisões possam ser tomadas sem pressões e sem sentimento de culpa."

Vívian Carla

Referências bibliográficas

Capítulo 04 - Não existe idade para fazer acontecer - Cecília Amorim

VASCONCELOS, Gilmar de Freitas. *In:* PENSADOR. Disponível em: https://www.pensador.com/frase/NTc0ODk4/. Acesso em: 26 mar. 2024.

Capítulo 07 - Desafios na maternidade - Elda Ferraz

BROWN, Brené. *A coragem de ser imperfeito*. Rio de Janeiro: Sextante, 2013.

ELROD, Hal. *O milagre da manhã, o segredo para transformar sua vida (antes das 8 horas)*. Rio de Janeiro: Best Seller, 2016.

FREUD, Anna. *O ego e os mecanismos de defesa*. Porto Alegre: Artmed, 2006.

KNOST, L. R. *Gentle Parenting Workshop 1:* Getting Started on your Gentle Journey. Little Hearts Books LLC, 2013.

PETERSON, Eugene H. *A mensagem:* Bíblia de estudo. São Paulo: Vida, 2014.

ROGERS, Carl Ramsom. *Tornar-se pessoa*. Tradução de Manuel José do Carmo Ferreira. São Paulo: Martins Fontes, 1977.

Capítulo 08 - O impacto da autoconfiança nas conquistas pessoais e profissionais - Eleonora Waldeck

BROWN, Brené. *A coragem para liderar:* trabalho duro, conversas difíceis, corações plenos. Tradução de Carolina Leocadio. 8. ed. Rio de Janeiro: BestSeller, 2020.

CUDDY, Amy. *O poder da presença:* como a linguagem corporal pode ajudar você a aumentar sua autoconfiança. Rio de Janeiro: Sextante, 2016.

DISPENZA, Joe. *Como se tornar sobrenatural:* pessoas comuns realizando o extraordinário. Porto Alegre: CDG, 2020.

GOLEMAN, Daniel. *Inteligência emocional:* a teoria revolucionária que redefine o que é ser inteligente. Rio de Janeiro: Objetiva, 2012.

HAY, Louise. *Você pode curar sua vida*. 128. ed. Rio de Janeiro: BestSeller, 2021.

JUNG, Carl Gustav. *Os arquétipos e o inconsciente coletivo*. Rio de Janeiro: Vozes, 2014. Vol. 9/1.

PHELPS, Michael; ABRAHAMSON, Alan. *Sem Limites:* a incansável busca pelo prazer de vencer. Rio Grande do Sul: Editora Thomas Nelson Brasil, 2009.

Capítulo 10 - Estratégias para lidar com momentos difíceis - Elizabete Valentim

FREUD, S. *Luto e melancolia*. *In*: FREUD, S. Edição standard brasileira das obras psicológicas completas de Sigmund Freud. Vol. 14, Rio de Janeiro: Imago, 1996, p. 245-263.

PERES, U. T. *Depressão e melancolia*. Rio de Janeiro: Zahar, 2003.

ROSS, E. K. *Sobre a morte e o morrer*. São Paulo: Martins Fontes, 1996.

WORDEN, J.W. *Aconselhamento do luto e terapia do luto:* um manual para profissionais da saúde mental. São Paulo: Roca 2013.

Capítulo 12 - Fé e resiliência diante dos desafios - Gabriela Pita

ZAMBON, Cladismari. *Resiliência:* o que é o que você precisa saber sobre suportar as adversidades. Disponível em: https://zenklub.com.br/blog/trabalho/resiliencia-ajuda-volta-por-cima/. Acesso em: 22 mar. 2024.

Capítulo 18 - Propósito, diagnóstico e mentalidade de sucesso - Karla Tereza

HILL, Napoleon. *In:* SERAFIM, Juliana (coord.). *As donas da p**** toda:* celebration. São Paulo – SP: Literare Books International, 2022. p. 215.

Capítulo 19 - Os desafios do mercado de trabalho e como se destacar - Keila Daniele

BROWN, Brené. *A coragem de ser imperfeito:* como aceitar a própria vulnerabilidade, vencer a vergonha e ousar ser quem você é. Tradução: Joel Macedo. Rio de Janeiro: Sextante, 2016.

Capítulo 22 - Construindo uma carreira de sucesso - Nicoli Bortolin

TWAIN, Mark. *In:* PENSADOR. Disponível em: https://www.pensador.com/frase/MTA1ODI4MQ/#:~:text=em%20que...-,Os%20dois%20dias%20mais%20importantes%20da%20sua%20vida%20s%C3%A3o%3A%20o,que%20voc%C3%AA%20descobre%20o%20porqu%C3%AA.&text=Nota%3A%20A%20cita%C3%A7%C3%A3o%20%C3%A9%20atribu%C3%ADda,fontes%20que%20comprovem%20essa%20autoria. Acesso em: 26 mar. 2024.

ANOTAÇÕES

ANOTAÇÕES

ANOTAÇÕES

ANOTAÇÕES

ANOTAÇÕES

ANOTAÇÕES